LEÇONS

DE

LITTÉRATURE ALLEMANDE

MORCEAUX CHOISIS

DES POÈTES ET DES PROSATEURS CLASSÉS PAR GENRES

AVEC UNE TABLE DES PIÈCES ET DES AUTEURS

OUVRAGE PRÉCÉDÉ D'UN

COUP D'ŒIL SUR LA LITTÉRATURE ALLEMANDE

DEPUIS LUTHER JUSQU'A NOS JOURS

PAR

M. JULES LE FEVRE-DEUMIER

PARIS

LIBRAIRIE DE FIRMIN-DIDOT ET C{IE}

IMPRIMEURS DE L'INSTITUT, RUE JACOB, 56

1893

LEÇONS

DE

LITTÉRATURE ALLEMANDE

TYPOGRAPHIE FIRMIN-DIDOT ET Cie. — MESNIL (EURE).

PRÉFACE.

Malgré les nombreuses tentatives, que l'on a faites récemment parmi nous, pour initier notre ignorance, ou notre apathie, aux richesses de la Littérature allemande, nous ne sommes guère plus instruits que si l'on n'eût rien fait pour nous instruire. Sauf quelques noms privilégiés, qui ont obtenu droit de cité dans l'Europe, et d'autres qu'ont prônés les caprices de la mode, nous ignorons à peu près complètement ceux qu'on répète au-delà du Rhin. Cela ne nous empêche pas de blâmer ce que nous ne connaissons pas, voire même de soutenir qu'il n'y a d'admirable que ce que nous connaissons; c'est rétrécir beaucoup le champ de l'admiration. Il ne serait pas extraordinaire, aujourd'hui encore, d'entendre assurer sérieusement qu'il n'y a de littérature en Allemagne que depuis Klopstock, et qu'elle est morte avec Gœthe. L'un n'est pas plus juste que l'autre. Elle existait bien avant Klopstock, et elle n'est pas plus morte que le pays où elle règne. Il est vrai qu'elle ne date pas pour nous d'un siècle; mais elle n'en est pas moins aussi ancienne, plus ancienne même que la nôtre. Elle compte dans ses archives des titres tout aussi vénérables que ceux de nos ancêtres.

Sans remonter jusqu'à ses *Minnesänger*, qui peuvent lutter sans désavantage avec nos troubadours et nos trouvères, sans explorer les vieilles épopées de Gottfried, et des Niebelungen, il est facile de se convaincre qu'à une époque où nous n'avions qu'une langue vague et mal tissue, les Allemands possédaient déjà un idiome riche et habile, qui ne s'engraissait pas comme le nôtre de tous les détritus de l'antiquité. Un des hommes qui a le plus contribué à le perfectionner, c'est Luther, qui n'a pas, on le sait, tout amélioré. Sa traduction de la Bible est un monument plus durable que ses réformes, et il est peu probable qu'on proteste contre son style. L'influence de ce bel ouvrage eût été plus immédiate sans le chaos de dissensions, où le fanatisme de l'hérésie entraîna les peuples. Luther mourut en 1546, et ce n'est guère qu'en 1634, que la Littérature noyée dans le sang et l'encre de la polémique religieuse, se réveilla avec Opitz, le Malherbe de la Germanie. A partir de cette époque, les écrivains se succèdent sans de trop longs intervalles, et leur dénombrement fatigue aujourd'hui l'érudition.

Comme toutes les littératures qui se développent à une époque avancée de la civilisation, celle de l'Allemagne a longtemps tâtonné, avant d'adopter une forme et une couleur définitives. Elle s'est appuyée sur les autres, avant de se fier à ses propres forces. Elle a cherché des modèles, avant de pouvoir en fournir. Les anciens ont été ses premiers maîtres, puis les Français, puis les Anglais, puis elle s'est affranchie des lisières de l'imitation. Elle s'est mise à consulter les vieux caractères runiques qui se rongeaient sous la mousse, elle s'est rapprochée des siècles dont on s'était trop pressé d'effacer ou d'abandonner les traces, elle a rouvert des sources oubliées ou fermées, et après avoir été de tous les pays, sans être pour cela d'aucun temps, elle est enfin devenue allemande.

Ses diverses révolutions ont été rapides, et elle est arrivée en peu de temps à être ce que la nôtre n'est point encore, nationale, l'expression fidèle d'une société qui n'est pas, comme en France, un pastiche éclectique de toutes les mœurs, de tous les esprits, de toutes les manies. Nous sommes, nous, cosmopolites, ayant bien sans doute une pensée à nous, mais en empruntant de ci et de là le costume; et comme la pensée n'est sensible que par la forme, on nous a quelquefois accusés de *ne pas emprunter que l'habit*. C'est une injustice de nos voisins qui nous rendent avec usure la monnaie de nos dénigrements; mais il est certain que notre originalité consiste en grande partie à nous ajuster celle des autres. Nous n'avons guère qu'un caractère bien décidé, et il commence à se compromettre : la clarté. Il est naturel que picorant chez tous les peuples, pour justifier la prétention de nous adresser à tout le monde, nous ayons acquis le privilège d'être plus lucides. Les Allemands le sont beaucoup moins que nous, souvent même pas assez. Je n'ose pas dire que cela tient à ce qu'ils sont plus profonds; mais je le pense.

La plupart de nos livres n'ont pas de ces physionomies prononcées qui distinguent ceux des autres nations. Nous arrangeons habilement nos idées, mais nous n'avons pas l'air de les produire. Les Allemands produisent sans avoir l'air d'arranger. Un des traits les plus marquants de la physionomie germanique, c'est la rêverie; non pas celle qui se laisse aller nonchalamment à changer de sujets et d'objets, dont les tableaux capricieux et indécis varient avec autant de rapidité que les métamorphoses des nuages, mais cette rêverie qui amène la réflexion, quand notre esprit, décomposant tout ce qu'il examine, fait tourner un monde d'idées sur chaque molécule de ce qu'il regarde. C'est l'investigation aidée de l'imagination. Un Allemand semble ne pas articuler une parole, qu'il n'en ait cherché le pourquoi, expérimenté les échos, essayé ses effets. Il fait de son intelligence un microscope qui compte quatorze mille facettes sur l'œil d'une mouche; et il arrive fréquemment que ne voulant pas perdre son travail, voulant faire entrer dans l'expression de sa pensée tout ce qu'il a découvert dans son germe, cette expression complexe ne frappe pas notre esprit d'une manière nette et précise. Elle s'y présente vague et incertaine dans ses formes, encore à demi entourée des vapeurs du laboratoire, et elle entraîne le lecteur qui veut tout comprendre dans les mêmes spéculations que l'auteur qui veut tout embrasser. Que cette difficulté se renouvelle souvent, et pour peu que l'ouvrage ne soit pas très court, il vous faudra une tête réellement allemande, pour saisir le dessin d'un livre, pour le surprendre à travers le labyrinthe et le chaos des détails, surtout pour le retenir.

Ce caractère, que nous signalons, est surtout sensible dans les ouvrages de philosophie; mais on le retrouve à peu près partout, car il n'est rien, dans cette terre classique des spéculations intellectuelles, qui ne s'imprègne plus ou moins de la philosophie dominante. La métaphysique est le fonds de l'esprit allemand. Poètes, romanciers ou historiens, tous décèlent cette faculté inquisitive et raisonneuse, qui veut voir jusqu'à l'invisible. Chacun peut le savoir aussi bien que nous : on ne fait pas quatre pas sur un chemin quelconque, sans arriver à l'impénétrable. Une fois là, le plus sage peut-être est de tourner bride, et nous n'y manquons pas, mais les Allemands s'en gardent bien. Ils ne cessent de rôder autour du gouffre qu'ils ne peuvent sonder; ils s'y essaient de mille façons, ils multiplient, pour y parvenir, toutes les ressources de l'exploration. Ils creusent dans la nuit, qui est la mère des songes et des hallucinations, heureux quand ils ne s'y jettent pas la tête la première, pour n'en jamais sortir. De là cette teinte mystique qui embrume tant d'ouvrages, ceux qui s'adressent à la *plèbe* ou aux *matadors* de l'intelligence. C'est un cachet presque invariable qu'on retrouve dans la chanson comme dans l'ode, dans l'apologue comme dans le drame ou l'épopée. Wieland lui-même, l'esprit le plus coulant et le plus fleuri de l'Allemagne, se jette à chaque instant dans l'analyse des sentiments et les arguties de la métaphysique. On peut quelquefois se plaindre de cette nuance uniforme qui serpente sourdement dans tous les livres, mais il en résulte un grand avantage : c'est qu'en ne lisant que pour s'amuser, on est toujours sûr de s'instruire. Il n'en est pas de même parmi nous : ceux qui ne lisent que pour se divertir, sont presque toujours certains de s'ennuyer, sans rien apprendre.

La littérature allemande, à partir de l'époque où Opitz essaya de rajeunir la poésie en la rendant antique, peut se partager en quatre périodes. La première comprend depuis les dernières années du seizième siècle jusqu'à la fin du dix-septième. La seconde qui vit naître Klopstock et Lessing s'éteint avec Winkelmann en 1770. La troisième est l'ère de Kant, de Goethe et de Schiller; elle finit avec le siècle; et quant à la quatrième qui s'ouvre avec Jean-Paul Richter, nous y sommes. Nous dirons un mot de chacune d'elles.

Celle qui suivit les orages de la réforme est une époque d'essais et de fondations, mais tentés par des hommes qui n'avaient que du bon vouloir et du talent. Il leur manquait cette vigueur qui prend un siècle *à poigne-main,* et le marque, comme Dante ou Shakspeare, d'un chiffre indélébile. La poésie se fait grecque et latine avec Opitz, qui avait plus de sagacité que de génie, qui n'avait pas la force de produire ce qu'il avait le bon goût d'admirer. Elle se boursouffle à la Gongora, elle se mignardise à la marine sous Hoffmannswaldau et Lohenstein. Elle essaie l'allure froide et cadencée de Boileau avec le baron de Canitz. La prose s'étale dans des romans longs et diffus, aussi lourds à peu près que *Le Grand Cyrus, Cléopâtre* ou *Pharamond;* et cet âge, qui commence par le règne paisible et élégant d'un homme de goût, finit par l'anarchie. Chacun se fait roi, et personne ne l'est.

Vers le commencement de la seconde période, deux partis levaient intrépidement leurs enseignes : le parti français et le parti anglais. L'un avait pour chef un homme instruit, Gottsched, qui eut le malheur de discréditer ses conseils en les appuyant de ses ouvrages; l'autre, un Suisse, nommé Bodmer, qui eut le bon esprit de ne publier ses œuvres que dans un temps où elles ne pouvaient plus compromettre ses leçons. Les noms d'Hagedor, de Gellert, de Gleim qu'on voit, par autorité de date, briller en tête de cet âge, sont encore honorés aujourd'hui, comme appartenant à des hommes d'un talent heureux et facile; mais si l'Allemagne n'en avait pas d'autres sur sa liste, elle courrait grand risque de ne pas voir le sien sur celle de la Renommée. Rien d'original dans les productions qui se succèdent, rien qui sente le terroir; c'est de l'esprit français embarrassé dans une phraséologie qui ne lui convient pas, qui en change la tournure, sans en modifier le caractère. Il était temps qu'un homme énergiquement trempé vînt enfin imprimer aux lettres une allure nationale, et cet homme vint : ce fut Klopstock, génie tout patriotique, élevé à l'école d'Young et de Milton, dont il égale quelquefois l'éclat sans pourtant les imiter.

Le grand monument poétique de cette génération, c'est la *Messiade,* ouvrage qui manque peut-être de puissance créatrice, et dont les proportions sont plus lourdes que vastes, mais où brillent des beautés supérieures qui ne laisseront pas périr le nom du Barde qui les signe. Klopstock, en digne fils d'Hermann, ne voyait rien au-dessus du génie allemand, mais en homme nourri des sucs de l'antiquité, il ne trouvait rien de plus beau que les formes grecques. Il essaya de concilier ces deux admirations, et façonnant sa langue à l'hexamètre des anciens, il jeta tout son germanisme dans le moule mesuré de la poésie classique. Cette innovation ne fut pas toujours heureuse ; son génie druidique ne s'accommoda pas toujours bien de la sévérité du costume qu'il s'impose. La marche un peu sauvage de sa muse s'embarrasse parfois dans les plis comptés du pallium. Le manteau d'Homère jure sur les épaules du scalde ; mais quelque critique qu'on puisse faire de ses ouvrages, il lui restera toujours l'honneur d'avoir donné à son siècle une vigoureuse et salutaire impression, l'honneur d'avoir enseigné aux poètes allemands le secret d'être de leur pays : cette gloire-là compense et rachète bien des fautes.

Tandis que Klopstock se laissait emporter par son génie dans les régions trans-terrestres, et vivait plus avec les anges qu'avec les hommes, un de ses plus mâles contemporains cherchait ses inspirations dans le cercle moins large, mais tout aussi difficile à parcourir, de la vie humaine. Son nom est devenu européen : c'est Lessing, qui s'occupa tour à tour de théâtre, de philosophie, d'antiquité, et conduisit partout la prose allemande d'une main ferme et hardie qui ne lui permit pas de broncher. Il fit pour elle ce que Klopstock fit pour la poésie : il la créa. Penseur net et précis, d'une sagacité incisive et mordante, il ne faut pas lui demander d'enthousiasme ; mais il est plein de verve et de relief, logicien comme Leibnitz et spirituel comme Swift, quand il n'abuse pas de l'âcreté. Peu d'écrivains ont joui d'une aussi grande réputation, et ce qui est plus rare, il la méritait.

Deux hommes encore, qu'on n'oubliera jamais, ont rehaussé

le lustre de cette brillante époque : Wieland, esprit délicat et svelte, imagination tendre et voluptueuse, philosophe facile, poète caressant, qui n'eut de français que la grâce et la clarté, et Winkelmann, l'immortel auteur de l'*Histoire de l'art chez les anciens,* dont le style, dit Mme de Staël, est calme et majestueux, comme l'objet qu'il considère.

Durant les trente années dont se compose le cycle où nous entrons, la Littérature allemande achève de prendre un caractère qui la distingue de toute autre, et qui, s'il ne lui donne pas le premier rang, la place du moins en première ligne. C'est l'âge de Kant et de Herder, l'âge qui vit éclore le génie de Gœthe et de Schiller, et une foule de talents de tout genre qui gravitent autour de ces grands noms comme les planètes autour des grands astres. Le dix-huitième siècle finit, comme nos feux d'artifice, par une gerbe de météores. Ceux-là seulement ne s'éteignent pas, ils restent à l'horizon, comme un phare perpétuel qui éclaire et conduit l'avenir.

Il n'entre pas dans les bornes de cet essai de juger Kant comme philosophe. Il a porté si avant ses investigations, qu'il n'est pas habituellement très aisé de le suivre ; mais il ne faut pas pour cela se presser de le déclarer incompréhensible. Nous sommes, en général, d'une excessive promptitude à délivrer de ces sortes de brevets aux génies qui dépassent la mesure commune. Il faudrait cependant y regarder à deux fois, quand il s'agit d'un homme comme Kant. Pourquoi rougirait-on de se reconnaître une intelligence inférieure à la sienne, et de l'avouer ? On peut être très fort, et n'être pas de sa force. On trouve également commode de mettre avec un mot ses ouvrages à l'index : on en décrète l'inutilité. Parlez-moi des sciences positives, à la bonne heure ; mais la pensée ! Il est vrai que la plupart du temps la pensée n'est rien moins que positive, et le livre alors repose sur une exception si rare, que ce n'est presque pas la peine de s'y arrêter. Malgré ces conclusions, nous persistons à croire que l'examen des phénomènes moraux fait tout aussi bien partie de la *Physique* que l'examen des phénomènes matériels, et nous demandons la permission de ne parler de Kant qu'avec respect. Comme savant, il est fort au-dessus de nos critiques; comme écrivain, on peut lui reprocher de ne pas se soucier assez du style, d'envelopper ses abstractions d'une technologie barbare, qui les rend obscures sans ajouter à leur profondeur. On peut ne penser que pour soi, mais quand on écrit ce qu'on pense, il ne faut pas mépriser l'éloquence qui éclaire, soutient, et délasse le lecteur. Kant au reste n'eut pas toujours le même dédain, et ses premiers écrits prouvent qu'il n'eût tenu qu'à lui d'être moins *escarpé,* sans cesser d'être *colosse*. Il ne l'a pas voulu, et c'est un tort qui ne justifie pas, mais qui excuse jusqu'à un certain point la négligence qu'on affecte quelquefois pour ce grand homme.

Herder fut son élève, et son style est aussi pur, aussi limpide, que celui de son maître est souvent tortueux et sombre. Poète, historien, philosophe, théologien, il n'est pas une branche de la littérature qu'il n'ait fait fleurir en la cultivant. Son ouvrage sur la philosophie de l'histoire de l'humanité est un des livres allemands écrits avec le plus de charme et d'attrait. C'est une véritable épopée en prose, dont le genre humain est le héros. On pourrait y désirer de temps en temps plus de profondeur, une pensée plus forte et mieux serrée : le philosophe cède souvent trop de place au poète. On voudrait en effacer quelques répétitions et des longueurs. Mais ces défauts n'ôtent rien au mérite intrinsèque de cette large composition, qui atteste un esprit délié et pénétrant, une imagination chaude et brillante, un œil qui juge de haut, et qui voit loin. Nous n'avons certes pas la prétention d'apprécier en quatre lignes un génie aussi étendu que Herder. Contentons-nous de dire que partout, quelque sujet qu'il traite, il se fait remarquer par le même caractère d'élévation, de candeur et de vertu. Il a le secret de faire aimer tout ce dont il parle. Je ne sache pas d'écrits qui inspirent pour leur auteur une plus affectueuse vénération, et quand on sait que sa vie pure et exemplaire fut un commentaire continuel de ses nobles œuvres, je ne sais si le plus grand hommage qu'on puisse lui rendre n'est pas de l'envier autant qu'on l'admire.

Si l'on paie le même tribu à Gœthe, ce ne sera pas pour les mêmes motifs. Son génie est loin d'être aussi digne, aussi tenu que celui de Herder. Peut-être était-ce un esprit plus vaste, plus vigoureusement organisé ; mais il n'inspire à ses lecteurs ni le même respect, ni la même affection. Il étonne et n'entraîne pas ; il séduit sans se faire aimer. Ce qu'il y a de plus surprenant dans cet homme, qui a parcouru presque en entier le cercle de la littérature, c'est qu'il eut non seulement le talent de se faire admirer dans chacun des genres qu'il a traités, mais l'art de s'y faire donner la première place. Il est douteux qu'il la garde ; mais il l'a reçue. Gœthe s'était fait le Roi littéraire de son âge, et il en fut le tyran. Il s'est asservi le public en le courtisant, et s'en est fait applaudir en se moquant de lui. Tour à tour flatteur et contrariant, il s'est amusé à se montrer sous toutes les formes passionné ou indifférent, simple jusqu'à la nudité, opulent et prodigue jusqu'à la magnificence, sultan ou dervicbe. Tantôt rêveur, tantôt positif, il descend des plus hautes régions de la poésie aux naïvetés les plus triviales des détails domestiques. Gai au recto de la page, il sera morose au verso ; aujourd'hui caustique et demain bonhomme : ce dernier rôle est celui qui lui sied moins. Mais quelque masque qu'il ait pris, jamais il n'a paru qu'on ne lui ait battu des mains.

Gœthe a été mis au-dessus de tout, et il est craindre que la réaction ne l'abaisse au-dessous de ce qu'il est. N'importe au reste les vicissitudes de sa gloire, il n'en demeurera pas moins un homme supérieur, qui surpassé dans plus d'un genre, ne l'a pas encore été sous le rapport du style. Gœthe n'est pour nous du moins, ni un penseur sublime, ni un penseur profond. Il ne fait ni tressaillir ni palpiter; son imagination luxueuse et féconde n'est ni brûlante, ni contagieuse, malgré l'épidémie Wertherique dont on lui doit le développement. Il est plus artiste que poète, quoique l'un n'empêche pas l'autre. Il joue de la pensée avec une merveilleuse dextérité. C'est un des plus habiles virtuoses qui se puisse voir : mais je crois que la manière dont il parle abuse sur ce qu'il dit. Ce qui lui manque à nos yeux, c'est un cœur comme celui de Herder, dont les battements généreux gagnent le nôtre. Il anime, il fait vivre les personnages qu'il invente, on ne peut le nier, mais c'est le père le plus égoïste du monde; tous ses enfants lui ressemblent. Il était certainement fort beau, mais il abuse de son portrait. Il n'y a que sur les pièces de monnaie qu'on ne se lasse pas de voir la même image : d'abord parce qu'on ne la regarde pas, et ensuite parce que c'est un *moyen de s'en procurer d'autres*. Les œuvres de Gœthe valent sans doute beaucoup mieux que l'or, seulement ce n'en est pas, et il eût bien fait de changer quelquefois d'empreinte. Il n'en serait pas plus pauvre et nous serions plus riches.

Ce que nous regrettons de ne pas trouver dans Gœthe, une âme profonde et sensible, qui vibre à toutes les impressions généreuses, qui s'émeuve de nos douleurs et de nos joies, qui pleure à nos infortunes, sans se railler de nos misères. Le ciel n'en avait pas été économe pour Schiller. Schiller est un des plus nobles cœurs, un des plus beaux génies dont se puisse vanter, je ne dis pas l'Allemagne, mais l'humanité. Talent souple et fertile, partout où il s'est montré, il a paru en maître Partout où son génie a passé, il a laissé d'ineffaçables traces. Philosophe, il sacrifie trop souvent la précision à l'abondance, la netteté à l'éclat. La marche de sa pensée s'embarrasse dans des explications qui la ralentissent, dans des subtilités qui l'obscurcissent, mais la nuit ne dure pas, et il rompt ces ténèbres par des éclairs éblouissants. Historien, il s'occupe plus de juger que de narrer; il ne ressuscite pas les faits, il les dissèque pour en découvrir la cause, et il nous montre les éléments du drame beaucoup plus que le drame lui-même. Il est peut-être possible de mieux pénétrer dans le secret des événements et des hommes, difficile d'exposer le résultat de ses recherches avec une conscience plus rigide, une simplicité plus mâle, une éloquence plus austère. Poëte lyrique, son chef-d'œuvre est toujours le dernier morceau qu'on lit, et nous en désirons volontiers autant de ses tragédies. Ses pièces de théâtre ne sont sans doute pas les plus parfaites que nous ayons, mais nul homme n'a conçu et exécuté de plus belles scènes, n'a dans un but plus noble remué avec plus de puissance toutes les passions de l'humanité. Tel est l'homme que l'Europe perdit à l'âge de quarante-cinq ans, génie pur et sans alliage, qui détourna les yeux de ce qu'il y a de bas sur la terre, pour n'y voir que ce qu'il y a d'élevé, âme candide et fière, vertueuse et libre, à laquelle on ne peut reprocher qu'une faute qui ressemble à une qualité, celle de paraître douter des vices qu'il n'avait pas, et de voir partout les vertus qu'il avait. Ce qu'il y a de remarquable dans les œuvres de Schiller, c'est un merveilleux mélange de passion et de pureté, de scepticisme et de foi, d'audace et de candeur, d'enthousiasme et de mélancolie, et au milieu de tout cela une largeur de vue, un souffle de philosophie qui prête à ses tableaux une vie qu'on ne trouve *que dans les siens.* Gœthe a écrit pour les hommes à peu près tels qu'ils sont, Schiller pour les hommes tels qu'ils devraient être. A l'un les applaudissements de son siècle, à l'autre le respect de son âge et de tous ceux qui le connaîtront.

Une foule de talents connus et qui méritent de l'être se groupent autour de ces grands centres, et achèvent d'imprimer à la Littérature de leur pays un caractère particulier et indélébile. Engel, qui met la philosophie à la portée des gens du monde; Garve qui s'élève au beau, en en recherchant les causes; Jacobi, spiritualiste paradoxal, qui parle de la vertu comme Platon des idées : Hippel, disciple épigrammatique de Kant, qui détrempe de fiel sa métaphysique acerbe et capricieuse; le religieux et poétique physiologiste Lavater; Reinhard, le Cicéron de la chaire protestante; Bürger, l'Homère du peuple; l'élégiaque Hölty, le vagabond Schubart, l'élégant Mathisson, le mélancolique Salis, Musæus, qui donne avec des contes des leçons de philosophie, et Klinger aussi éloquent dans ses drames qu'il est amer dans ses romans; Jean de Müller, enfin le Thucidyde de la Suisse, et l'une des colonnes de cette époque. Ce puissant historien meriterait un éloge plus développé que le peu de mots que nous lui consacrons. Il est peut-être de tous les modernes celui qui a le mieux saisi le mouvement des peuples, qui l'a rendu avec le plus de relief et de vivacité. Son histoire universelle est, quoique inachevée, un des plus beaux monuments qu'un homme ait élevé à la mémoire des hommes. On ne doit pas s'étonner que cette œuvre soit restée incomplète; s'il l'eût terminée, c'eût été un phénomène, et les humains n'ont pas l'habitude *d'en faire.*

La Littérature allemande remuée par tant de mains souveraines, portait depuis trente ans le cachet de ces grands hommes;

nous oserions presque dire la livrée. Les écrivains les plus indépendants ou les moins soumis, obéissaient à leur insu à une impulsion cachée quoique active. Mais si l'esprit des langues se fixe, les langues elles-mêmes ne sont pas plus fixées que ce qu'elles expriment. La littérature est comme l'eau, qui se corrompt quand elle dort; il faut qu'elle marche, il faut, sous peine de mort, qu'elle change de lit et de mouvement, et c'est ce qui eut lieu au commencement du dix-neuvième siècle. Un homme parut, qui n'était pas de nature à recevoir un frein, mais de force à imposer le sien. Il n'imposa cependant que l'admiration; personne n'osa l'imiter, et après lui il fallut une coalition de talents pour opérer la révolution qu'un homme fait ordinairement à lui tout seul. L'auteur dont nous voulons parler est celui que ses concitoyens ont à juste titre appelé *l'unique*. Il se nommait Jean Paul Friedrich Richter, et a régné sous le nom de Jean Paul, seul de sa race et de sa dynastie.

On a écrit en France plus d'une page éloquente sur ce génie singulier; mais on en écrirait vingt fois plus, qu'on ne l'expliquerait pas davantage. Son imagination infatigable embrasse tout les sujets depuis les problèmes les plus ardus de la philosophie transcendante, jusqu'à l'art de s'endormir. Beaucoup de gens pourront croire que c'est le même sujet, mais ce n'est pas pour ceux-là qu'il travaille. Jean Paul réunit tous les extrêmes. Il y a dans cette tête du Sterne et du Bacon, du Raphaël et du Callot; c'est un homme qui voit tout, et qui voudrait montrer tout ce qu'il voit, qui emploie alternativement pour vous percer de son coup d'œil, la plaisanterie ou le sentiment, l'idéal et le positif, le grotesque et le sublime. Poète d'image et d'expression, il en est prodigue comme d'un trésor intarissable : il est étincelant de verve, plein de fougue et d'exaltation, grimacier comme un bateleur et gourmé comme un pédant, ironique jusqu'à l'acreté, fantasque jusqu'au dévergondage, s'élevant aussi haut que Platon, descendant aussi bas que Rabelais. Il échappe à la critique en se dérobant à toutes les règles. Son plus grand défaut, c'est de mettre trop de choses dans ses livres. On voudrait tout retenir, et on ne retient rien. Et quand je dis défaut, c'est pour me servir d'un mot qui n'a pas d'équivalent, car quand on l'a lu, cette surabondance de richesse donne occasion de recommencer, et on ne s'en plaint jamais.

Ce que Jean Paul aurait pu faire, s'il eût été moins excentrique, moins à part de tous les hommes, les deux frères Schlegel ne tarderont pas à le tenter. Ils essayèrent de changer l'art de la littérature, en ramenant vers le moyen âge nos yeux tout épris des lumières modernes. Mais ils vantèrent les vieux temps sans en prendre l'esprit. Il nous donnèrent pour de véritables aïeux des ancêtres de convention. Au lieu de ressusciter le passé, ils en ont fait un miroir qui refléchit le présent. Ils ont eu autant d'admirateurs qu'ils ont maintenant d'ennemis. Sans nous faire juges des uns et des autres, nous devons reconnaître dans ces deux hommes une haute capacité soutenue d'une vaste érudition, et une adresse de critique, qui eût rendu plus de services, s'ils n'eussent fait servir leur talent de marche-pied à leurs passions. Ils ont trop oublié qu'il n'y a pas de vrai génie sans vertu, et que sauf de rares exceptions, on fait peu de cas des œuvres dont on n'estime pas l'auteur.

Parmi leurs plus chauds partisans il faut citer Tieck et Novalis. Malgré les satires dont il est aujourd'hui l'objet, Tieck n'est pas encore déchu dans l'opinion. Les esprits impartiaux, qui s'inquiètent peu des querelles d'école, l'admirent toujours comme poète et comme romancier. Ses comédies, quoique défigurées par des personnalités trop intelligibles, sont cependant à plus d'une page, remplies de finesse et d'atticisme. Sa légende dramatique de Geneviève de Brabant, respire un parfum de poésie gothique, qui chatouille heureusement nos esprits raffinés. Il y a peut-être affectation de la naïveté de nos pères, et la simplicité y touche de trop près à la recherche. C'est, je crois, le seul reproche qu'on puisse lui faire. L'imagination la plus brillante circule à pleins bords dans les récits capricieux de Phantasus : rien de plus suave que les rêveries voyageuses de Steinbald. Enthousiaste et caustique, sentimental et gai, romanesque et moqueur, homme sérieux, ami des fabliaux et des fées, panthéiste comme Schelling, neo-catholique comme Schlegel et protestant dans l'occasion, il est rare d'avoir un talent plus à facettes que Tieck, et il est à craindre pour ses détracteurs qu'il ne vive plus longtemps qu'eux.

Quand à Novalis l'un des plus fermes piliers du romantisme, il fut peut-être semblable à la colonne du désert, sombre d'un côté et lumineuse de l'autre. Tout ce que nous pouvons dire, c'est qu'il traite par trop le lecteur en Egyptien : la face obscure est toujours tournée de son côté. Le philosophe Fichte, son contemporain, n'est pas non plus fanatique de clarté, et on peut en reprocher autant à Schelling, qui à force de vouloir élever la matière jusqu'à l'âme, fait souvent descendre l'âme jusqu'à la matière. Ce qui étonne, quand on lit leurs œuvres, c'est que la splendeur du style, l'état de l'expression n'élucide pas davantage la pensée. On pourrait les comparer à ces belles nuits d'hiver, toutes chamarrées d'étoiles, où malgré ces myriades de flambeaux, il est difficile de distinguer à deux pas devant soi. Ce sont des ténèbres éblouissantes.

N'oublions pas en parcourant les premières années de notre siècle, de rappeler le baron de la Motte-Fouqué, qui eut un instant de vogue, et qu'on accuse aujourd'hui d'être plus baron que poète; Körner, le ménestrel guerrier qui chante, en s'accompagnant de son épée; Schulze qui essaie de plier l'allemand aux fantaisies vagabondes de l'artiste; le tragique Kleist, dont le drame le plus sanglant est celui de sa vie; le bizarre Hoffmann, dont les cauchemars métaphysiques ont mis en France tant de têtes à l'envers, et l'enthousiaste Werner dont les tragédies déréglées devraient avoir, pour réussir complètement, des Hoffmanns pour spectateurs et ses fantômes pour acteurs. On ne les lira peut-être pas toujours, mais il est probable qu'on les lira encore longtemps. Le public est ingrat, mais il est égoïste, et pour peu que ceux qui l'amusent soient morts, il ne se fait pas scrupule de les admirer; c'est rassurant pour le mérite.

Nous excèderions les limites d'une préface, et c'est peut-être déjà fait, s'il nous fallait passer en revue tous ceux qui, nés dans le siècle précédent, se sont distingués dans celui-ci. Quelque concision que l'on y mette, il n'est pas aisé de faire un cours de littérature allemande en vingt pages, si l'on songe surtout que le nom seul des écrivains, qui ont surgi depuis Klopstock, en remplirait plusieurs. Ce serait l'objet d'un ouvrage spécial, que nous tenterions volontiers, si notre sympathie pour ces richesses pouvait remplacer les ressources qui nous manquent.

Bornons-nous à signaler en peu de mots l'état actuel de l'Allemagne littéraire. Elle se partage aujourd'hui, comme la France, en plusieurs sectes. Quelques hommes, en petit nombre, suivent encore l'impulsion donnée par les Schlegel; d'autres se sont frayé une route nouvelle dans le romantisme, et au lieu de faire du passé un mirage et un écho du présent, ils cherchent à faire du passé, fidèlement reproduit, l'exemple et la leçon de leur siècle. Ceux-ci s'essaient à imiter Goethe et ne font guère que le parodier; ceux-là secouent vigoureusement sa renommée, et finiront par l'ébranler, sans peut-être s'y substituer.

Il en est enfin qui, sans s'occuper de choisir des chefs et de trouver tel ou tel principe, s'efforcent de faire du mieux qu'ils peuvent, laissant aux critiques le soin de les classer comme ils voudront, et n'apposant sur leurs œuvres d'autre timbre que le leur. Si ce ne sont pas les plus habiles, ce sont du moins les plus sages.

Quelques-uns ont déjà des droits à être illustres, et quoi qu'en disent ceux qui ne voient de gloire qu'en arrière, une littérature est loin de mourir, quand elle peut opposer au fanatisme rétrograde, des noms comme ceux d'Uhland, de Rückert et de Menzel, d'Immermann, et d'Henri Heine. En attendant que nous puissions payer à leurs œuvres le tribut d'éloges qu'elles méritent, contentons-nous de les citer comme pouvant faire honneur à toutes les époques littéraires d'un pays, même les plus riches et dignes de vivre dans la mémoire de ceux pour qui le talent est autre chose qu'une frivolité et une occupation de désœuvré. Ces gens-là ne sont pas plus communs que les bons livres; mais il s'en trouve.

Il nous reste maintenant à dire un mot de ce volume; ce sera plus court que si nous parlions de ceux qui ont servi à le composer. La France presque tout entière est de l'avis de Lafontaine : les longs ouvrages lui font peur. C'est sans doute autant à cette frayeur qu'à notre peu d'habitude des régions philosophiques, qu'il faut attribuer notre peu de sympathie pour la littérature allemande, malgré tant d'habiles efforts pour nous l'inoculer. Non seulement nous craignons de nous ennuyer, nous craignons encore de nous amuser trop longtemps, avec la même personne surtout. On croit relayer *de plaisirs,* en changeant d'auteurs. Il nous faut des jouissances accélérées, et dans cette forme d'activité, ce qui ne nous entre pas tout droit et du premier coup dans l'esprit, nous le regardons comme inintelligible ; nous ne voulons pas prendre le soin de réfléchir cinq minutes sur une pensée qui a peut-être coûté un mois de méditation, et nous rejetons le livre où elle se trouve comme atteint et convaincu d'obscurité. Ce n'est pourtant pas le livre qui est obscur, c'est nous qui sommes myopes; et si j'étais plus franc, je dirais aveugles. Je ne sais si nos yeux se dessilleront, mais nous avons besoin pour cela de nous familiariser avec la manière de voir de nos voisins, d'en essayer quelques fragments avant d'en embrasser un volume. C'est à cette paresse un peu dédaigneuse du goût français, à ce nonchaloir endémique de l'esprit qui veut s'instruire sans se fatiguer, que s'adresse aujourd'hui le recueil que nous publions. En tirant d'un gros livre qui épouvante un morceau qu'on ne manquerait pas d'y admirer, si l'on prenait le temps d'arriver jusqu'à lui, peut être sera-t-on curieux de voir s'il n'en est pas dans le même ouvrage quelques-uns de semblables. Nous pouvons garantir qu'on les y trouvera, car il est impossible de presser en quelques feuilles tout ce qu'il y a de saillant dans une Littérature qui compte presque autant de notabilités que ces extraits comptent de pages. L'éditeur ne suppose pas qu'il y ait le moindre mérite à les avoir choisis ; mais il avouerait volontiers qu'il se trompe, s'il parvenait à encourager une étude qu'il aime. On vaut, disait un empereur, autant d'hommes qu'on sait de langues. C'est un beau mot de la part d'un Prince qui ne savait que la sienne. Mais la mesure n'est point exacte. Il y a des langues qui en valent plusieurs, l'allemand par exemple. En l'apprenant par économie, la vérité y trouvera son compte. N'est-il pas doux de se trouver savant comme quatre, en ne travaillant que comme un? C'est voyager dans la science avec les bottes du Petit Poucet; et ce n'est point à dédaigner, quand on est, comme aujourd'hui, pressé de faire beaucoup de chemin, sans se donner la peine de marcher.

J. L.

COUP D'OEIL

SUR LA

LITTÉRATURE ALLEMANDE

DEPUIS LUTHER JUSQU'A NOS JOURS.

Quoique la littérature allemande ne date pas pour nous d'un siècle, elle n'en est pas moins tout aussi ancienne, plus ancienne même que la nôtre. Elle compte dans ses archives des noms tout aussi vénérables que ceux de nos ancêtres. Sans remonter jusqu'à ses Minnesänger qui peuvent rivaliser sans crainte avec nos troubadours et nos trouvères, sans explorer les vieilles épopées de Gottfried, et des Niebelungen, nous voyons qu'à une époque où nous n'avions encore qu'une langue vague et mal tissue, les Allemands possédaient déjà un idiome riche et vigoureux.

Pour ne pas nous égarer dans ce labyrinthe d'auteurs, nous partagerons, à dater d'Opitz, la littérature allemande en quatre périodes. La première comprend depuis les dernières années du seizième siècle jusqu'à la fin du dix-septième. La seconde qui vit naître Klopstock et Lessing, s'éteint avec Winkelmann en 1770. La troisième est l'ère de Herder, de Kant, de Gœthe et de Schiller ; elle finit avec le siècle. Et quant à la dernière, nous y sommes.

Comme toutes les littératures qui commencent à un âge avancé des peuples, celle de l'Allemagne ne présente pas d'abord de caractère déterminé. Elle n'est point une production du sol : c'est une plante exotique qui, venue de Grèce ou d'Italie, cherche à s'acclimater au froid et au brouillard ; ses feuilles sont pâles et sans vigueur, et il lui faut traverser de longues saisons, avant d'oublier son origine, pour fleurir au vent du Nord aussi bien qu'au soleil.

Vers la fin du seizième siècle, Rudolph Weckherlin et Friedrich Spee s'étaient fait quelque réputation par des poésies lyriques moins rocailleuses que les vers de Hans Sachs et autres meistersänger ; mais ils ne firent qu'annoncer le poète qui devait les éclipser. On l'appelait, nous l'avons dit, Opitz, Martin Opitz de Roberfeld, né à Bunzlau, en Silésie, en 1597. Il ne faut pas le ranger parmi ces hommes puissants qui prennent un siècle et le marquent à leurs pensées, comme Dante ou Shakspeare : c'était un homme instruit, qui avait plus de sagacité que de génie, une intelligence prompte à saisir le beau, et à s'assimiler ce qu'elle ne pouvait produire. Il n'a pas, comme on le croit, créé la poésie allemande, mais il en a perfectionné l'instrument. Il est le premier qui introduisit le rythme dans la versification. Jusque là on s'était borné à compter les syllabes, sans se soucier des longues ou des brèves ; lui voulut à la gêne de la rime ajouter celle de la quantité, et il réussit à marcher d'un air libre sous ce double joug.

L'art des vers devint plus difficile, mais cela ne sert à rien. Les difficultés n'effraient personne : les maîtres s'en jouent et les scribes passent à côté. Opitz a écrit dans presque tous les genres ; homme de style plutôt que de pensée, il eut la renommée d'un grand poète et conserve encore aujourd'hui la réputation qu'il mérite, celle d'un habile écrivain.

Comme cela se présente fréquemment, quand un homme s'est frayé une voie nouvelle, il s'élève des ambitieux qui veulent en faire autant ; et pour être novateurs, ils se percent une route en sens inverse de la première. Hoffmann de Hoffmanswaldau et Daniel Gaspard de Lohenstein l'essayèrent. Compatriotes d'Opitz, ils poursuivirent sa gloire en fuyant ses traces, et furent tous deux aussi maniérés que leur prédécesseur avait tenté d'être simple. Ce sont les Marini de la poésie allemande, qui n'attendirent pas, pour se montrer, la venue du Tasse et de l'Arioste ; ils ont la recherche et l'affectation du poète italien, et y joignent assez souvent le *bombast* espagnol de Gongora. C'est assez dire qu'ils furent célèbres. Malgré leurs erreurs, il est juste cependant d'ajouter qu'inférieurs à Opitz comme écrivains, ils lui sont supérieurs comme poètes. L'enflure est un défaut qui décèle presque toujours une qualité. Elle dénote un effort qui ressemble à de la force. Pour être grand homme, il faut voir le sublime et l'atteindre ; mais c'est déjà quelque chose que de le voir, et n'est-ce pas prouver qu'on l'a vu que de se tordre pour y arriver ?

Quoiqu'il n'ait fait qu'obéir à l'impulsion d'Hoffmanswaldau, Lohenstein est plus remarquable que son maître. Au milieu de son dévergondage, on rencontre parfois de ces traits inattendus qui font bondir le cœur. Il y a du Lucain et du Brébeuf dans son style, et les étincelles de Brébeuf viennent de la foudre : elles frappent. Haller convient que c'est la lecture de ses œuvres qui éveilla chez lui le sens poétique : on lui doit bien pour cela quelque reconnaissance. Lohenstein est aussi l'auteur d'un poème en prose dont le héros est Arminius. Écrit avec plus de pureté que ses vers, il conserve encore des lecteurs parmi ceux qui aiment le patriotisme et l'éloquence. J'ai entendu dire à un Allemand qui voulait m'en donner une idée en le comparant à nos vieux auteurs, que c'était un roman de la Calprenède écrit par Pierre Balzac.

On compte aussi à cette époque plusieurs ouvrages du même genre, qui ne sont point tout à fait à dédaigner. *Octavie* et *Aramène* du duc de Brunswick, l'*Onogambo* de Hoppel, *Hercule et Waliska* de Buchholz, *Bannis d'Asie*, par Anselme de Ziegler. Tous ces romans volumineux dont on admire quelquefois l'imagination comme celles de nos *Pharamonds*, de nos *Cyrus*, et de nos *Clélie*, ont les mêmes défauts que les nôtres. Le style en est d'une diffusion fatigante, tantôt d'une simplicité qui touche à la platitude, tantôt d'une exagération qui ressemble aux rodomontades de Scudéry.

Après ces boursoufflures, la poésie allemande fut ramenée au naturel par le baron de Canitz, esprit fin et délié, qui chercha dans ses satires à être l'Horace de sa patrie ; mais en prêchant d'exemple contre les poésies ampoulées de son siècle, il fit tomber ses imitateurs dans le défaut contraire. De peur de voler trop haut, et ils pouvaient se dispenser d'avoir peur, ils se traînèrent si bas que c'est tout au plus si on les apercevait de leur temps. Jugez ce qu'on en voit dans le nôtre. Gœthe cependant fait l'éloge d'un poète de cette époque, qui ne mérite pas le même oubli : c'est Johann Christian Günther. Quoique prolixe et incorrect, on voit cependant briller dans ses œuvres quelques éclairs de génie; on peut croire qu'il serait devenu un homme véritablement remarquable, si, livré de bonne heure à une vie déréglée et à tous les vices qu'elle entraîne, il ne fût mort à vingt-huit ans, d'épuisement et de misère.

L'auteur le plus célèbre ou le moins inconnu après ceux que nous venons de citer est le poète Barthold Heinrich Brockes, né à Hambourg en 1680. Ses poésies physico-théologiques rassemblées en 9 volumes in-8°, sous le titre de : *Délices terrestres en Dieu*, n'avaient aucun modèle dans la littérature, et n'en n'ont pas servi. Il chante les saisons, les heures du jour, les sens, les éléments, tous les phénomènes de la nature, mais presque toujours sur le même ton. Il cherche partout les traces de Dieu, sans s'élever jamais jusqu'à lui. Plus chrétien que poète, il admire la création sans entrer dans les secrets du Créateur. Il décrit et ne peint pas; il s'appesantit sur le moindre détail, à écraser l'attention la mieux disposée. Son style est généralement lâche, filandreux, monotone, et avec tout cela cependant la poésie lui a des obligations. Il n'est pas rare de rencontrer dans ses œuvres une pensée forte et fortement rendue. Ce qu'il y a de malheureux, c'est qu'il faut l'aller chercher, et on a de la peine à s'y résoudre.

Les littératures qui s'essaient n'osent pas marcher seules; elles cherchent partout des lisières ou des béquilles. Nous en sommes nous-mêmes un exemple, quoique nous ayons la prétention contraire. Jusqu'ici les lettres allemandes n'ont pas de cachet; ce sont les pensées de l'antiquité revêtues de formes qui ne sont ni antiques ni modernes. Ce fut bien pis encore après l'âge qui vient de s'écouler. Le souffle du gallicisme commença à se glisser dans les vielles forêts de la Germanie et à leur faire rendre d'étranges accords, si cela peut s'appeler des accords. Deux hommes eurent l'honneur de résister à l'invasion, et leurs efforts ont contribué à engager les lettres dans une voie nationale : Jacob Bodmer et Johann Christoph Gottsched. Ce dernier, professeur à Leipzig, a rendu de véritables services à la langue par ses ouvrages élémentaires, mais il eut le tort de donner ses productions à l'appui de ses conseils : c'était le meilleur moyen de les discréditer. Il n'en fut cependant rien; on oublia les unes, et on suivit les autres. Gottsched s'est exercé dans presque tous les genres de la poésie, et n'a mérité de souvenir dans aucun. Il n'en a pas moins joui de son vivant d'une grande réputation. Mais s'il a régné, dit un critique, c'est comme la nuit, par son obscurité, et sur un peuple qui dormait.

Johann Jacob Bodmer, né à Zurich en 1698, tâcha de démontrer dans un recueil périodique que la littérature anglaise s'accordait mieux avec le génie des Allemands que la nôtre, et il avait raison, quoique ce ne soit point un motif pour persuader. Il convainquit des hommes qui devaient en convaincre d'autres, Klopstock surtout. Jacob Bodmer traduisit le Paradis perdu ; et se faisant plus tard le disciple d'un homme dont il avait encouragé la jeunesse, il donna après la publication des premiers chants de la Messiade, une épopée de *Noé*, en vers hexamètres, comme ceux de Klopstock : c'est plutôt un long roman biblique qu'un poème. Quelques nobles sentiments, quelques belles pensées ne rachètent pas la pauvreté de l'invention, et la fatigue laborieuse du style. Sans vouloir faire de jeux de mots, on peut dire que Bodmer s'est noyé dans son Déluge.

On attendait un véritable poète, et il parut. Ce poète est un des savants les plus justement célèbres de l'Europe, Albrecht de Haller, né à Berne en 1708. Signalé dans la science comme un des plus grands physiologistes connus, il est resté dans la mémoire des gens du monde comme un écrivain vigoureux, soit en prose, soit en vers. Il est le premier homme remarquable qui, prenant les Anglais pour modèles, ait traité poétiquement des sujets philosophiques. Son style est nerveux et imagé. Il a l'art de prêter le mouvement lyrique à sa poésie didactique, et on admire encore aujourd'hui son poème des *Alpes*, qui est peut-être en France le seul que l'on connaisse, bien qu'on ait traduit toutes ses œuvres. Haller se recommande encore à la mémoire par des écrits en prose qui ne sont point du domaine de la science. Ses romans politiques d'*Usong*, d'*Alfred*, de *Fabius et Caton*, sont énergiquement pensés et vigoureusement écrits. On lui doit aussi une apologie de la religion chrétienne, qui prouve qu'on peut être un très grand savant, sans cesser pour cela d'être religieux.

Né à Hambourg la même année que Haller, Friedrich de Hagedorn s'est, dans un genre plus doux, fait un nom mérité. Écrivain facile et spirituel, il avait plus de sympathie pour la grâce française que pour la sévérité des Anglais, et il est plus poète par la forme que par le fond. Il s'est distingué dans ce qu'on appelle la poésie légère; des fables, des contes, des chansons, des épigrammes ont contribué à lui faire une réputation qui a vieilli, mais que soutiennent encore des pensées fines et délicates, et un style élégant aussi léger que ses sujets.

Les critiques allemands comptent plusieurs écoles : celle de Saxe, dont nous allons examiner les disciples, puis celle de Prusse, celle de Gœttingue. Ces distinctions nécessaires peut-être chez une nation divisée en tant d'États différents, ne nous paraît pas nécessaire à suivre dans un coup d'œil général jeté sur une littérature plus compacte que la société qu'elle exprime. Nous aimons mieux suivre époque à époque l'ordre chronologique des noms et des influences.

Christian Fürchtegott Gellert, né à Heinichen en 1715, surpasse, de beaucoup, Hagedorn dans l'apologue et dans la fable. Quelques-unes sont des modèles de narration. Quoique les Allemands leur reconnaissent le mérite de la naïveté, elles sont plus ingénieuses que naïves; elles ont dans le récit plus de laisser-aller que de bonhomie. Plusieurs pièces visent à la satire, ont le mordant de l'épigramme; le style en est franc, alerte, dégagé, et d'une grâce remarquable. On a complètement oublié ses essais dramatiques, mais on se rappelle encore quelques-uns de ses cantiques dont le sentiment religieux est aussi pur que l'harmonieuse éloquence. Gellert n'est pas moins recommandable comme prosateur; ses lectures morales sont pleines de douceur et d'onction, et font autant que l'auteur aimer la vertu qu'il conseille. Il a été longtemps sans rivaux dans l'art épistolaire. La *Vie de la comtesse de G**** est un roman à peu près nul sous le rapport de la conduite et de l'invention; mais il est en Allemagne le premier ouvrage de ce genre écrit avec autant de naturel, avec une élégance soutenue aussi dénuée de recherche que de prétention. Gellert mourut en 1769, et sa mort mit l'Allemage en deuil; il fut pleuré par les poètes comme un de ses plus nobles enfants. Sa renommée peut faiblir, mais son nom doit rester comme celui d'un homme qui mit de rares talents au service de ses vertus.

Ami et compatriote de Gellert, Gottlieb Wilhelm Rabener n'a, je crois, écrit qu'en prose; mais ses satires appartiennent presque à la poésie par la richesse de la composition, et la vérité si incisive de ses portraits. Rabener en publia la dernière édition en 1755, puis, autant par bizarrerie que dans la crainte de se faire trop d'ennemis, jura de ne plus rien imprimer de son vivant. Cela ne l'empêchait pas de beaucoup travailler ; il espérait laisser un riche héritage à la postérité, mais il ne lui a pas légué autre chose que ce qu'il avait donné à ses contemporains. Dans le bombardement de Dresde par le roi de Prusse, ses effets furent pillés, et ses manuscrits incendiés. Il supporta ce malheur avec une philosophie peu commune, témoin cette lettre, qu'il écrivit peu de temps après à un ami : « J'ai tout perdu, mon cher Ferber; de mes effets qui montaient à plus de 3000 rixdales, je n'ai pas sauvé la valeur de dix écus. Et ces beaux manuscrits, qui devaient être imprimés après ma mort! Ils ont péri dans les flammes avec le reste, à la grande consolation des fous à venir. J'espérais quelquefois qu'on me souhaitait la mort, pour avoir la suite de mes œuvres, et cela me tranquillisait quand je songeais qu'il faut bien finir par s'en aller. Maintenant, ce n'est pas la peine que je meure, puisqu'on n'aura rien de moi. Je crois que je n'ai pas d'autre parti à prendre que de vivre toujours, et de m'accommoder du monde le mieux que je pourrai. Je regrette infiniment mes beaux livres, mais quelquefois, je l'avoue, je regrette encore plus mes chemises. Finalement, mon ami, je n'ai plus rien, et me voilà pour le coup tout à fait poète. Homère est plus grand que moi, mais je suis plus gueux que lui ».

Voici comme Rabener a été jugé par un de ses plus célèbres contemporains :

Cet auteur unit dans ses ouvrages la grâce et l'esprit de Lucien au jet mordant de La Bruyère. Un génie satirique, mais gai, piquant sans âcreté, rigide sans animosité, inflexible sans fureur, vigoureux dans le style, juste dans la censure, instructif dans ses leçons, voilà Rabener. Quelle immense galerie de tableaux! Quelle variété de caractères dans son *Testament de Swift*, dans les *Contes du premier avril*, dans le *Dictionnaire allemand*, dans la *Chronique de Guertequitsch* et la liste des morts, dans le *Traité des proverbes de Punsa*, et surtout dans ses lettres! Nous le donnons à nos concitoyens comme un homme qui sait, à l'exemple de Molière, s'adresser à toutes les classes de la société, amuser plus d'une faculté de l'esprit, et gourmander toutes les folies, celle même de la sagesse.

On cite encore comme s'étant distingué à cette époque, Johann Élias Schlegel, auteur de quelques épîtres dont la morale vaut mieux que les vers, et de deux tragédies : *les Troyennes, Hermann et Canut,* qui ne sont guère connues que des érudits. Johann Adolph, son frère, a laissé plusieurs livres de fables fort inférieures à celles de Hagedorn et de Gellert, et une épopée satirique du *Mécontent* où on assure qu'il y a des beautés. Il est le père des deux Schlegel, dont la réputation, sans doute exagérée, a été récemment attaquée avec plus de virulence que de justice, et plus de talent que de justesse. Le poème des *Solitudes,* par le baron de Cronegk, n'est qu'un pâle reflet d'Young. Son talent avait grandi dans la tragédie de *Codrus,* et on doit regretter qu'il soit mort à 26 ans. Nicolaus Dietrich Gisecke est un poète gracieux, mais sans fond, dont on lit, je crois, rarement les *Présents à Daphné,* et encore plus rarement les fables. Magnus Lichtwer, né en 1719, a publié aussi des fables. Le style en est généralement négligé, mais quelques-unes sont d'une invention heureuse, et habilement racontées. Il s'est montré avec moins d'avantage, comme poète didactique. Son poème en cinq chants sur *Le droit de la raison* n'eut aucun succès, et quoique cela ne prouve rien, il n'en méritait pas.

Johann Peter Uz, né en 1710 dans le margraviat d'Anspach, est un esprit mieux trempé que les précédents; mais le rang qu'il conserve dans nos bibliothèques tient plutôt au souvenir de la réputation qu'il a eue, qu'à celle qu'il mérite. Il y a beaucoup de clinquant dans ses odes, et un enthousiasme soufflé, qui n'a pas plus de consistance que le vent dont il se gonfle. Elles sont plus remarquables par le choix du rythme et l'harmonie de la versification, que par la force et le coloris de la pensée. Quelquefois élevée, elle est si rarement profonde, qu'on pourrait dire jamais. On cite, parmi les meilleures, *Dieu le créateur* qui n'est qu'une paraphrase brillantée des premiers versets de la Genèse, et la *Théodicée* que nous avons traduite dans ce recueil. Quant à ses odes anacréontiques, ce qu'il y a de mieux à en dire, c'est qu'il n'en faut pas parler.

Christian Félix Weisse, né en Saxe en 1726, et qui n'est guère connu aujourd'hui en France, l'était beaucoup du temps de l'abbé Arnaud qui en parle comme d'un grand poète. Il n'était pas plus grand poète que M. Arnaud n'était grand critique, mais il est loin d'être sans mérite. On a de lui plusieurs tragédies dans lesquelles il a cherché à concilier le génie français d'alors et le génie anglais de Shakspeare. On trouvera de beaux passages dans Richard III, Roméo et Juliette, Atrée et Thyeste. Ses *Chants d'une amazone* qui ont eu un grand retentissement dans son pays et même au delà, ne manquent comme ses autres poésies lyriques, ni d'élan ni de poésie, mais c'est vieilli. Weisse a beaucoup travaillé pour les enfants, et les enfants sont moins ingrats que les hommes. Ils lisent encore avec bonheur ce qui fut écrit pour leur plaisir.

Johann Wilhelm Ludwig Gleim, que l'on place à la tête de l'École prussienne, est né à Ermsleben en 1719. Il commença à se faire connaître par un recueil de fables. Moins original que Gellert, il se distingue comme lui par le mérite de l'expression et l'art du narrateur. Son style est bref et concis sans être sec, mais il est plus spirituel que naïf; il ressemblerait plutôt à Phèdre qu'à La Fontaine. Mais c'est surtout par ses poésies lyriques que Gleim s'est acquis une réputation, qui dure encore. Ses *Chants de guerre d'un Grenadier prussien* l'ont fait surnommer le Tyrtée de l'Allemagne. Ces sortes de dénominations sont toujours un peu exagérées, mais il vaut encore mieux dire trop sur les hommes qui honorent leurs pays que de n'en pas dire assez. Ses *Odes anacréontiques* ne manquent ni de grâces ni d'abandon. Comme poète didactique, on estime sa traduction des vers dorés de Pythagore, et son poème d'*Halladat*. Gleim est mort en 1802, à l'âge de 82 ans, après avoir vu se succéder, sans les envier, une foule de noms qui l'éclipsaient : celui de Kleist, entre autres, dont nous allons parler.

Ewald Christian de Kleist, né en 1715 dans la Poméranie prussienne, a été longtemps regardé en France comme le seul poète qu'eût l'Allemagne. Son poème du *Printemps* fait époque dans son pays. C'est le premier ouvrage de réputation écrit en vers hexamètres, à l'exemple des Grecs et des Latins. Il partage avec Klopstock la gloire d'avoir introduit dans sa langue un rythme dont peu de langues modernes sont susceptibles. Le *Printemps* et les premiers chants de la *Messiade* ont paru dans la même année. Quoique fort loin d'être un chef-d'œuvre, ce petit poème méritait le succès qu'il a obtenu. Le style en est pur, élégant, correct; les images gracieuses, mais peu nouvelles.

La pensée manque de force et d'originalité. Les mêmes qualités se remarquent dans la plupart de ses écrits : ses odes, ses hymnes, ses élégies, ses idylles. Son récit épique de *Cissides et Paches,* a été longtemps admiré. La noblesse et la pureté des sentiments, le style qui a de la dignité, lui ont sans doute valu cet honneur, car il manque de ce qui constitue surtout la poésie épique, l'invention. Le meilleur ouvrage de Kleist, suivant nous, est une *Idylle d'Isis ;* elle est écrite en vers iambiques, pleine d'une mélancolie religieuse qui touche le cœur. Ce poète recommandable fut blessé mortellement à la bataille de Kunersdorf et mourut quelques jours après de ses blessures.

Il avait dit dans un de ses poèmes :

« La mort pour la patrie est digne d'une éternelle vénération. Et moi aussi, que je mourrais volontiers de cette noble mort, si ma destinée m'y appelait ! »

Carl Wilhelm Ramler, né à Colberg en 1725, s'est fait connaître comme poète et comme critique. Il a donné une traduction du cours de Belles-Lettres de Le Batteux, ouvrage essentiellement médiocre en français, qui s'est amélioré sous la plume de Ramler, qui l'a augmenté de plusieurs chapitres. Il s'est distingué dans la poésie lyrique. Ses cantates sacrées, espèces de poème que les Italiens appellent des oratorios, n'avaient point de modèle en Allemagne, et lui firent une réputation méritée. La plus remarquable de ces cantates est la *Mort de Jésus,* dont le style simple, énergique, et grandiose ne couvre pas toujours une pensée digne du sujet. Somme toute, cependant, c'est un ouvrage qui mérite d'être lu.

De tous les écrivains distingués qui honorent cette époque, nous n'avons encore cité aucun nom qui approche de celui qui se présente ici à son rang de naissance. Malgré ses richesses, l'Allemagne ne comptait pas encore un grand poète ; Klopstock vint remplir le vide. Friedrich Gottlieb Klopstock, né à Guedlinburg en 1724, fut le Luther de la poésie, dans ce sens seulement qu'il lui fit subir une réforme générale, car la comparaison ne va pas plus loin. La poésie avait besoin de réforme, et le christianisme pouvait fort bien s'en passer. Malgré les Kleist, les Gleim, les Ramler et leurs prédécesseurs, la littérature manquait toujours de nationalité. La langue s'était formée, mais les idées qu'elle exprimait n'avaient pas, comme elle, ce goût de terroir qui distingue les peuples. On imitait les anciens avec le goût français. Nous n'irons pas jusqu'à dire, avec un critique moderne, que la Muse Germanique portait la perruque poudrée de Mme de Pompadour, et Apollon une queue comme le roi de Prusse ; mais il est certain qu'il y avait de l'Apollon dans son affaire, et pas trace d'Irmensul. La passion assez malheureuse de Frédéric II pour la poésie française ne laissait pas que d'avoir de l'influence sur celle de son pays. Il gênait l'inspiration, en ne l'encourageant pas. Il semblait réellement qu'on eût peur d'être Allemand. Klopstock n'eut pas cette frayeur, et son génie patriotique tenta de secouer le joug ; il ne réussit pas complètement. Il se sentait en lui du Druide et du Barde ; mais purement Germain par l'idée, il n'en admirait pas moins les belles formes de l'antiquité. Il crut pouvoir concilier sa nature et ses affections ; et pressant sa pensée au pied nombreux d'Homère, il jeta tout son germanisme dans le moule cadencé de la poésie grecque. L'alliance n'est pas toujours heureuse ; malgré son adresse, la marche étudiée du moderne s'embarrasse dans les larges plis du pallium. Le costume oriental de la Grèce jure sur les épaules du Scalde.

Le plus beau titre de gloire de Klopstock, c'est sans contredit la *Messiade,* ouvrage inférieur au grand poème de Milton dont il n'a ni la profondeur, ni l'énergie, ni la mâle et inflexible rudesse, mais sublime dans quelques parties, plein d'enthousiasme religieux et de noble mélancolie. Lorsqu'on commence ce poème, dit Mme de Staël, on croit entrer dans une grande église au milieu de laquelle un orgue se fait entendre, et l'attendrissement, le recueillement qu'inspirent les temples du Seigneur, s'emparent de l'âme en lisant la Messiade. Il faut le dire pourtant, malgré tant de qualités précieuses, la lecture de cet ouvrage est souvent pénible. Le mètre en est lourd, la période traînante ; la pensée manque de netteté, ses contours en sont vagues et indécis. Sa poésie manque de mouvement et de chaleur, elle fait plutôt rêver que penser. Elle ressemble un peu à ces clairs de lune nuageux, qui ne révèlent qu'indistinctement un paysage aussi incertain que la lumière. Klopstock n'a pas de ces imaginations vigoureuses qui vous griffent le cœur et ne le lâchent pas. Les brouillards qu'il faut traverser pour arriver à ses créations vous restent constamment sous les yeux, et on n'est jamais bien sûr d'être arrivé. Il n'est pas de ces hommes absolus qu'il faut suivre bon gré mal gré, qui tyrannisent l'admiration. Il me fait moins l'effet d'un grand homme que d'un grand fantôme qui se promène autour de notre esprit, comme l'ombre d'Hamlet dans les longues galeries du palais d'Elseneur.

Son patriotisme, dit Menzel, l'exaltation de ses idées religieuses, a plus contribué à la haute position qu'il occupera toujours, que ses tentatives pour perfectionner la langue. Il perd beaucoup, quand on l'examine de près et en détail. C'est en masse qu'il faut le voir et à distance. Quand nous le lisons, il nous paraît souvent pédantesque, monotone, ennuyeux; mais quand après l'avoir lu, nous nous replions sur nos souvenirs, il nous apparaît grand et majestueux : il nous semble contempler quelque esprit gigantesque d'Ossian, touchant dans les nuages sa harpe démesurée. Qu'on approche, le génie fantastique s'évanouit en brouillard, mais la première impression demeure, et donne à nos esprits le ton des sentiments qui l'élèvent.

Quels que soient au reste nos jugements sur la Messiade, on doit beaucoup pardonner au créateur d'*Abbadona*, au poète qui chanta les amours des ressuscités, à l'apôtre inspiré qui pleura de ses nobles larmes sur la mort de son Dieu, au prophète qui envoya à notre premier père la magnifique vision du jugement dernier. Ce poème mériterait d'être traduit complètement en français. Il ne l'a été qu'à moitié par M. d'Anteling qui a trop francisé l'allemand, et Mme de Kourzrock qui a trop germanisé le français.

Peu connu parmi nous comme poète épique, Klopstock l'est encore moins comme poète dramatique et lyrique, et cependant il n'eût pas fait la *Messiade* qu'il mériterait encore le rang qu'il tient dans le monde par la *Mort d'Adam*, par ses *Bardits* sur les exploits et la mort d'Arminius, et surtout par ses odes. La plupart peuvent être considérées comme des psaumes chrétiens : c'est le David du Nouveau Testament que Klopstock. Le plus bel éloge qu'on en ait fait, c'est l'anxiété où Gleim était de lire ses poésies longtemps annoncées, et qui ne furent publiées qu'en 1798. Agé de 80 ans, il croyait avoir besoin de cette lecture, pour s'endormir en paix. Trois années auparavant, après s'être maintes fois informé de ce livre, il avait appris que le libraire Nikolaï avait refusé à Klopstock le prix qu'il en demandait. « Quel est ce prix? demandait-il; qu'on me le dise, et s'il n'excède pas les limites de ma fortune, je le donne. Je me croirai trop payé en voyant ses odes de ce côté-ci du tombeau ».

On trouve dans la deuxième partie de la *Messiade*, dit encore Mme de Staël, un très beau morceau sur la mort de Marie, sœur de Marthe et de Lazare, désignée dans l'Évangile comme l'image de la vertu contemplative. Lazare qui a reçu de Jésus-Christ la vie une seconde fois, dit adieu à sa sœur avec un mélange de douleur et de confiance profondément sensible. Klopstock a fait des derniers moments de Marie le tableau de la mort du Juste. Lorsqu'à son tour il était aussi sur le lit de mort, il répétait d'une voix expirante ses vers sur Marie. Il se les rappelait à travers les ombres du cercueil et les prononçait tout bas pour s'exhorter lui-même à bien mourir. Ainsi les sentiments exprimés par le jeune homme étaient assez purs pour consoler le vieillard. Il expira en les murmurant, à l'âge de 79 ans.

Tandis que Klopstock se laissait conduire par son génie dans des régions trans-terrestres, et vivait plus avec les anges qu'avec les hommes, un de ses frères en génie cherchait ses inspirations dans le cercle moins vaste, mais tout aussi difficile à parcourir, de la vie humaine ; cet homme est Ephraïm Gotthold Lessing, né à Camenz, en Saxe, en 1729. — On peut regarder Lessing comme le créateur de la prose allemande. Il est net, précis, d'une sagacité incisive et mordante. Il ne faut pas chercher chez lui l'enthousiasme ; mais il est plein de verve et de relief, logicien comme Leibnitz, et spirituel comme Rabener.

Lessing, dit Mme de Staël, s'occupa tour à tour du théâtre, de la philosophie, des antiquités, de la théologie, poursuivant partout la vérité, comme un chasseur qui trouve encore plus de plaisir dans la course que dans le but. Il tendait à rendre l'allemand classique. Les écrivains de la nouvelle école embrassent plus de pensées à la fois, mais Lessing doit être plus généralement admiré. C'est un esprit neuf et hardi, et qui reste néanmoins à la portée du commun des hommes ; sa manière de voir est allemande, sa manière de s'exprimer européenne. Dialecticien spirituel et serré dans ses arguments, l'enthousiasme pour le beau remplissait cependant son âme. Il avait une ardeur sans flamme, une véhémence philosophique toujours active, et qui produisait par des coups redoublés des effets durables.

Il s'opposa comme Klopstock à l'invasion du goût français dans son pays et fit tous ses efforts pour que les Allemands fussent Allemands. Après avoir écrit contre notre théâtre deux volumes de critiques, remplis d'ailleurs d'aperçus et d'ingénieux arguments, il essaya de justifier son système par des drames qui ont fait école. Pour mieux se soustraire au joug d'une imitation qu'il condamnait, il écrivit en prose ces espèces de tragédie qu'on appelle *Sara Sampson, Minna de Barnhelm,* et *Émilia Galotti.* La dernière surtout est une des meilleures preuves qu'il pût apporter à l'appui d'un paradoxe. C'est une œuvre habilement tissue, pleine d'esprit, de vigueur, et d'éloquence, mais elle est loin de résoudre la question de savoir si la prose convient mieux au drame que les vers. *Adhuc sub judice lis est.* Nous croyons, quant à nous, qu'on ne peut établir là-dessus de règles fixes. Ce sont les sujets qu'on choisit qui décident. Quelques-uns peuvent se contenter du langage usuel, d'autres exigent davantage. Lessing lui-même paraît être de cet avis, car après avoir fait tout ce qu'il fallait pour terminer la controverse, il la recommença en écrivant son chef-d'œuvre dramatique, *Nathan le Sage,* en vers.

Notre intention n'est pas d'examiner en détail les pièces de Lessing, et d'en discuter le mérite. Nous devons nous contenter de l'apprécier. Ces pièces ne sont pas d'une haute invention, mais elles sont toutes remarquables par l'exécution. Le comique et le sérieux, la gaieté et l'attendrissement y sont habilement ménagés et adroitement mêlés. Le style en est pur, nerveux, limpide, ciselé comme du marbre, mais peut-être aussi froid. Lessing avouait lui-même, un peu dédaigneusement, qu'il n'avait aucune prétention à être poète. Il n'y a pas de quoi se vanter, et ce qui manque à ses drames, c'est précisément ce qu'il n'a pas l'air d'estimer, la poésie. Il y a dans ses ouvrages plus d'artifice que d'art, et l'art, quoi qu'on en dise, ne consiste nullement à copier textuellement la nature. Il consiste à produire les mêmes effets, et c'est ce que vous ne pouvez pas faire en la copiant, car elle a des ressources que vous n'avez pas, une opulence, un luxe de vie qui vous manque. Elle est prodigue, et l'homme ne peut pas l'être. Il y a des tableaux repoussants dans la nature, mais l'entourage les corrige; elle fait circuler autour d'eux un fluide électrique qui ne circulera jamais dans vos copies. Si vous voulez la reproduire absolument telle qu'elle est, vous la contreferez, vous ne l'imiterez pas. Porter plus de clarté sur un point, épaissir les ombres sur un autre, élaguer ce qui répugne au profit de ce qui séduit, répartir ses richesses de manière à arriver au même but que le créateur qui ne compte pas les siennes, c'est là ce que fait le véritable poète ; et quand on ne l'est pas, c'est un malheur dont il ne faut pas se targuer comme d'une vertu. Pauvreté n'est pas vice ; mais en fait de littérature, c'est bien pis.

Cela n'empêche pas que les drames de Lessing ne soient des ouvrages dignes d'éloges et d'attention. Le meilleur de tous, au dire de toute l'Allemagne, c'est le dernier où il a jeté tout ce qu'il avait de poésie dans l'âme, et qui serait à coup sûr plus beau s'il avait pu en mettre davantage. Tel qu'il est cependant, *Nathan le Sage* est une œuvre qui restera, un admirable traité de tolérance et de philosophie, écrit avec le calme de la force et la pureté d'une belle âme. Peu de livres ont obtenu un succès aussi éclatant ; on en attribue quelque chose à la nouveauté du style. Lessing tenta le premier dans cet ouvrage l'iambe allemand non rimé, innovation heureuse, qui fit révolution dans le théâtre. Dix ans après, Schiller abandonna la prose pour adopter le mètre de *Nathan* qui est celui de *Don Carlos*.

Au reste ce n'est pas comme poète, mais comme philosophe qu'il faut juger Lessing. La pente de son esprit l'entraînait moins à créer un art qu'à en scruter les lois. Il sait unir à la profondeur et à la clarté de Leibnitz, une souplesse et un fini de style dont ce dernier ne se doutait pas. Aussi logicien que Bayle, son coup d'œil est plus perçant, son esprit plus vif, ses investigations plus subtiles. Il y a toujours un trait au bout de sa sonde, un trait aigu et acéré, qui pénètre au cœur de son sujet. C'est un homme qui s'entendait mieux peut-être à essarter le champ de la littérature, qu'à l'ensemencer de son propre grain ; mais sous ce rapport il a peu de rivaux à craindre, et nul n'a rendu plus de service à son pays. Chimiste intellectuel de premier ordre, il a été pour la critique ce que Lavoisier fut dans les sciences. Il a réformé l'intelligence, en en décomposant les éléments.

Parmi les écrits philosophiques de Lessing on distingue ses *Dialo-*

gues des francs-maçons, ouvrage plus important que ne l'indique son titre, et le *Laocoon*, ou essai sur les bornes de la peinture et de la poésie. Livre plein de finesse et de sagacité, où l'analyse est éloquente et l'érudition spirituelle. C'est assez rare pour le constater.

Malgré tant de titres à l'attention, il est probable que Lessing serait fort peu connu parmi nous, s'il n'eût point fait de fables. Ce sont de petits drames en prose comme les grands. La plupart sont d'une brièveté qui étonne, quand on réfléchit sur ce qu'elles renferment ; on ne conçoit pas que tant d'esprit tienne si peu de place. Quelques-unes sont des épigrammes, et il est difficile d'être plus ingénieux et d'une simplicité plus mordante. Le style a toutes les qualités de l'auteur, une concision qui n'exclut ni le charme, ni l'élégance, et une netteté, une précision d'expression, qui enchantent. Plusieurs de ces apologues sont de véritables chefs-d'œuvre, qui devraient suffire pour établir une réputation, si dans ce siècle on n'imaginait pas qu'il n'y a de talents que dans les gros livres. C'est peut-être pour cela que les petits ne valent pas mieux que les gros.

WIELAND.

Né quelques années plus tard que Lessing, Christophe Martin Wieland a exercé dans ce pays une influence qui n'a pas duré aussi longtemps que sa vie, mais qui ne laisse point que d'avoir été marquée. Il n'a pas fait école comme Lessing, mais il s'est acquis comme lui une renommée européenne, et qui méritait de l'être. C'est un peu la mode aujourd'hui de décrier nos pères et de les traiter comme des enfants ; c'est un enfantillage qui passera problement aussi vite que nos œuvres. Quelques-uns de nous sont peut-être des aigles. Mais généralement nous ne sommes que des corbeaux qui coassons fort bien, et qui volons fort mal. Wieland n'a échappé à cette manie de dénigrement, ni dans son pays, ni dans le nôtre. En Allemagne on l'injurie, ici on se contente de l'oublier. Il ne mérite ni l'un ni l'autre. Wieland est un génie heureux et facile qui a rendu de grands services à la littérature, qui a perfectionné la prose allemande en lui donnant plus de souplesse et de fluidité, qui a fait courir le vers allemand presque aussi légèrement que s'il était Italien.

On a prétendu que Wieland était de l'École française du dix-huitième siècle ; c'est une erreur propagée en Allemagne par nos ennemis et les siens, et entretenue par notre vanité.

On l'a comparé à Voltaire, et on a dit plus tard la même chose de Gœthe. L'un n'est pas plus juste que l'autre. Ces trois hommes n'ont de commun que d'avoir vécu presque aussi longtemps et écrit presque autant. Rien de moins semblable au despote de Ferney que le patriarche de Biberach. Wieland est souvent ironique, mais sa moquerie a de la candeur et de la bonhomie; il n'a pas l'insouciance caustique, la raillerie fielleuse et irascible de celui qu'on lui compare. Voltaire a le doute acerbe et intolérant, son scepticisme est haineux; Wieland l'a quelquefois gai, quelquefois plaintif, jamais amer. Le philosophe français fustige ses antagonistes, l'Allemand ne fait que leur montrer les verges. Il sourit plus qu'il ne mord.

L'auteur d'*Obéron* avait de l'idéal dans l'âme, une sensibilité vraie, une bienveillance toute fraternelle pour l'humanité. L'auteur de *la Pucelle* manquait tant soit peu de ces vertus, et s'entendait mieux à se gausser des hommes, qu'à les plaindre et les aimer. Adversaire ou non, Voltaire écrase d'une plaisanterie le malheureux qu'il attaque ; et il faut le dire, Wieland, quand il plaisante, n'écrase trop souvent que lui-même. Il badine lourdement ; c'est qu'aussi le badinage dépend beaucoup de l'expression, de l'agilité du langage, et la langue allemande n'est pas très svelte. Il est bien difficile d'être leste avec des mots où il faut traverser quatre ou cinq consonnes avant d'arriver à une voyelle.

Wieland s'est exercé dans presque tous les genres de poésie, et il a réussi dans presque tous, excepté dans le drame. Sa tragédie de *Jeanne Grey* et son drame de *Clémentine* méritent l'oubli où on les laisse. Il avait à onze ans commencé un poème épique dont le sujet était la destruction de Jérusalem. Il n'en reste heureusement que le titre. A 17 ans, il publia un poème philosophique en six chants, intitulé : *La nature des choses ou le plus parfait des mondes*, où l'on remarque des beautés qu'il pouvait avouer dans son âge mûr. A partir de cette époque, ses productions se succédèrent avec rapidité, et obtinrent presque toutes du succès. Ses *Épîtres morales,* ses *Épîtres des vivants aux morts* offrent des beautés remarquables, quoiqu'il eût peu de talent pour la poésie lyrique, et pas assez d'enthousiasme pour y réussir. Il y a dans ses hymnes, dans ses contemplations platoniques, des beautés dignes de son maître. *Obéron, Amadis,* sont des épopées dans le genre de l'Arioste où il a mieux réussi que dans *Cyrus,* poème resté imparfait, et qui laisse peu regretter de n'avoir pas été achevé. C'est surtout par ses ouvrages en prose que Wieland a été connu parmi nous. *Agathon, Aristippe, Peregrinus, Protée,* et surtout ses *Abdérites,* méritent d'être lus, et le seront encore longtemps par des lecteurs sans prévention.

Wieland n'est point de ces esprits originaux et créateurs qui ouvrent de nouvelles voies dans les arts et les sciences. Il ne marche pas dans le même cercle qu'Homère, Dante, Shakspeare ou Schiller ; il perfectionne plutôt qu'il ne découvre. Son esprit avait plus d'activité que de force, plus de fécondité que d'invention. Puissant dans sa variété, il aime mieux arranger, simplifier, embellir ce qu'ont conquis les autres, que d'ajouter à nos acquisitions. Il ne sonde pas dans sa poésie les profondeurs de l'esprit humain. Il ne fait pas vibrer d'un mot ces cordes mystérieuses de l'association que les grands poètes ébranlent à chaque instant. Il n'a pas de ces orages que gouvernent en maître les héros du langage. Il habite constamment des régions plus douces, mais il a le bon esprit de n'en pas sortir pour s'égarer. Philosophe aimable et gracieux, alliant Épicure à Platon ; savant sans morgue et sans pédantisme ; poète souple et léger, plein de finesse, d'élégance et de raffinement, Wieland survivra à ses détracteurs, et l'Allemagne qui le dédaigne aujourd'hui, ne le mettra peut-être pas un jour bien loin de Gœthe qu'on élève beaucoup trop haut, et qu'on finira par mettre beaucoup trop bas.

Salomon Gessner, né à Zurich en 1730, fut à la même époque que Wieland renommé dans toute l'Europe pour ses poésies en prose. L'Europe n'en fait pas plus de cas aujourd'hui que si elles étaient en vers. Je ne crois pas qu'on les estime beaucoup en Allemagne, mais ce qu'il y a de sûr, c'est qu'on ne devrait les estimer nulle part.

J'en excepte la *Mort d'Abel*, qui n'est pas dénuée de mérite. Quant à ses idylles, et ses poèmes (en prose bien entendu), ses poèmes de *Daphnis*, et du *Premier navigateur*, je doute qu'il soit facile de déterminer ce que c'est. Il n'a pas, comme M. de Fontenelle, mis des bas de soie à ses bergers, mais il leur donne un costume complet de son invention, qui ne leur sied guère mieux. Ces gens-là n'ont de compatriotes que dans les vieux bocages de nos coulisses ; on ne sait ni de quel siècle ils sont, ni de quels pays, ni de quelle religion. Ils s'appellent Myrtile, Chloé, Thyrsis, Amyntas, etc., et tout cela dans une sphère fantastique d'innocence imaginaire, fort désirable sans doute, mais qui n'a pas la moindre analogie avec la terre. Gessner était un très honnête homme et un très bon père de famille, qui pratiquait les vertus mieux qu'il ne les célébrait. C'est une gloire qui les vaut toutes, aussi nous est-il impossible de lui en accorder une autre.

Bronner imita en vers l'innocence en prose de Gesser et fut presque aussi heureux que son modèle. Il travailla davantage pour être oublié plus vite : c'est injuste ; on aurait dû les oublier en même temps.

Ami de Klopstock, Johann Andreas Cramer, prédicateur du roi de Danemark, a plus d'un droit à nos souvenirs, comme prosateur et comme poète. On a de lui des *Sermons*, dont la piété n'est pas le seul mérite, et une continuation de l'histoire universelle de Bossuet, qui pourrait en avouer quelques pages. Cramer publia aussi un recueil périodique intitulé : *Le Spectateur du Nord*, qui rappelle souvent le goût d'Addison, et plus rarement son esprit. La plupart de ses poésies appartiennent au genre lyrique. Sa traduction en vers des Psaumes est une œuvre de patience, où le talent fait de fréquentes apparitions. Plusieurs de ses odes sacrées ont un retentissement de Klopstock, et ne sont pas indignes de ce grand maître. On doit citer avec éloge le *Mystère de la Rédemption,* et l'*Hymne de la Résurrection*. L'auteur de la Messiade n'eût certainement pas craint de signer la première.

Imitateur assez pâle de Wieland, Johann Baptist d'Alxinger a sur la conscience deux poèmes chevaleresques, qui la chargeront longtemps, s'il faut les lire pour l'en débarrasser. *Doolin de Mayence* et *Bliombéris* ont peut-être été admirés lors de leur naissance, mais nous n'avons jamais pu en retrouver la preuve.

Quelques poésies lyriques d'Aloys Blumauer ne déparent pas les recueils où on les rencontre de temps en temps. Mais un homme est jugé quand il s'amuse à travestir l'Énéide ; c'est une profanation et le comble de l'égoïsme, car il est bien certain qu'il s'amuse tout seul.

Nous ne citerons que pour mémoire Michael Denys, traducteur d'Ossian, Nicolaus Gœtz, chapelain de régiment qui mit tant bien que mal la guirlande d'Anacréon sur son bonnet de docteur, Wilhelm Zachariä dont les poèmes héroï-comiques sont sérieusement ennuyeux et, comme du Rivarol, écrits avec de l'opium sur des feuilles de plomb ; puis Blum, poète promeneur dont on accompagne rarement les *Promenades* (*die Spaziergänge*) et enfin Heinrich de Gerstenberg, dont les *Bagatelles* (*Tändeleien*) sont à donner des nausées de mythologie, et qui serait sans doute resté tout à fait inconnu sans sa longue lamentation tragique d'*Ugolin*, mauvais drame où brillent de véritables beautés.

Parmi les prosateurs de cette époque, nous devons nommer avec éloge Christian Ludwig Liscow, écrivain satirique qu'on mit en prison pour le corriger, et qui ne se corrigea qu'en mourant, et Justus Möser, dont les fantaisies patriotiques honorent le nom et le talent. La *Théorie générale du beau dans les arts* de Johann Georg Sulzer a passé longtemps pour un chef-d'œuvre, et reste un bon ouvrage. Moses Mendelsohn, ami et disciple de Lessing, est connu par ses lettres sur les sentiments, et surtout par le *Phédon*, drame philosophique, qui s'absout par ses beautés de la témérité de son titre. Thomas Abbt a écrit un *Essai sur la mort pour la patrie*, et un *Traité du vrai mérite*. Les premiers de ses contemporains le regardaient comme un homme destiné à honorer son pays. Il lui fut enlevé à 28 ans. Isaac Iselin mérite une mention pour son *Histoire de l'humanité*, et ses *Rêves d'un ami des hommes*, aussi bien que Mathias Schrœk, pour sa *Biographie des hommes célèbres* et son *Histoire universelle*. Il passe pour un des meilleurs historiens de l'Allemagne. Le roman satirique et religieux de *Sebaldus Nothanker*, par Friedrich Nicolaï eut autant de lecteurs qu'il en a peu maintenant. Son nom survit à ses ouvrages ; mais ceux qui ont laissé une réputation plus durable et plus étendue que celle des écrivains que nous venons de citer, sont sans contredit Zimmermann et Johann Joachim Winkelmann.

Jean George Zimmermann, né à Brugg en Suisse, l'an 1768, est célèbre comme médecin et comme littérateur. Le plus renommé de ses ouvrages est celui qu'il a composé sur la *Solitude,* livre plein d'onction et de sentiments, de pensées ingénieuses et profondes, mais mal ordonné. Il ressemble à ces forêts vierges du nouveau monde où le jour ne s'introduit qu'avec peine, et où le voyageur pénètre aussi difficilement que la lumière. C'est un pêle-mêle de réflexions philosophiques, d'anecdotes et de citations dans lequel il est assez malaisé de reconnaître le plan de l'auteur. On l'aime et on l'estime après l'avoir lu, mais on ne sait trop ce qu'il a voulu faire. Le style nous en a paru inégal, souvent fort élevé, quelquefois tendu, quelquefois aussi trop lâche ; généralement clair, il est quelquefois aussi confus que le dessein du livre. C'est un ouvrage qui gagnerait à être abrégé par une main habile, en élaguant tout ce qui nous semble parasite. Il en résulterait un volume qu'on aimerait à lire là où il fut inspiré, dans la retraite.

Ce que Lessing fit pour la littérature, en y portant, si je puis dire, le scalpel lumineux de l'analyse, Winkelmann le fit pour les arts. Fils d'un pauvre cordonnier du Brandebourg, il s'éleva par sa persévérance et son travail au rang le plus élevé de l'ordre social, en supposant que ce soit l'intelligence qui donne les places. Les érudits ne sont pas en général éloquents ; satisfaits de leurs connaissances, il semble qu'ils ne daignent pas rendre agréable aux autres ce qu'ils ont acquis avec tant de peine. Ils sont presque toujours aussi ennuyeux qu'instruits, et ils écrivent sur la beauté au point de la faire fuir comme la laideur. Winkelmann est le premier qui ait su porter légèrement le poids d'une vaste et consciencieuse érudition. Son *Histoire de l'art dans l'antiquité* est un monument que toutes les nations peuvent envier à l'Allemagne. C'est un homme qui pénètre aussi avant dans le monde de l'art que le poète dans le monde de Dieu. Il y a du soleil de Grèce et d'Italie dans son style. Il parle avec passion de ce qu'il sent avec ivresse. Il est à la fois savant, poète, philosophe et artiste. Quelle éloquence contemplative, dit Mme de Staël, dans ce qu'il écrit sur l'Apollon du Belvédère, sur le Laocoon! Son style est calme et majestueux comme l'objet qu'il considère. Il donne à l'art d'écrire l'imposante dignité des monuments, et sa description produit la même sensation que la statue. Le beau de cet éloge, c'est qu'il est vrai.

On peut regarder comme appartenant à la même époque, quelques écrivains ascétiques, qui sont comme les pères de l'Église réformée.

Johann Friedrich Wilhelm Jerusalem, né en 1709, se fit une réputation remarquable comme orateur ; on estime ses *Méditations sur les vérités les plus éminentes de la religion*. Il y a dans ses ouvrages plus d'onction que de grandeur, plus d'élévation que de profondeur.

Johann Joachim Spalding, né en 1714, s'appliqua dans ses nombreux écrits à rappeler le style ancien de Luther ; le plus estimé est son ouvrage sur la destination de l'homme.

Zollikofer, né en 1730, passe encore, je crois, pour le premier orateur de la chaire réformée en Allemagne. On admire sa chaleur, sa clarté, la richesse, le nombre, et l'éclat de son style ; la hauteur de sa morale et de sa philosophie. Il a beaucoup écrit, et ses sermons ont été traduits dans presque toutes les langues.

Nous voici enfin arrivé à une époque où la littérature allemande se revêt d'un caractère spécial et distinctif, où la pensée plus originale imprime à la langue un cachet qu'elle n'avait pas encore. Les grands noms de cette époque sont ceux de Kant, de Herder, de Gœthe et de Schiller, et nous voyons se grouper autour d'eux une foule de noms que leur génie a fait éclore, une multitude de talents ou qui ont subi leur influence, ou qui, pressentant l'impulsion qu'allait recevoir la littérature, ont précédé le mouvement qu'ils paraissent avoir reçu. Peut-être faudrait-il terminer la revue de ce siècle par ceux qui en ont résumé l'esprit, et traverser les constellations subalternes avant d'arriver aux grands astres ; mais peut-être aussi n'est-il pas mal de se placer d'abord sur les sommités pour mieux embrasser ensuite soit les esprits qu'ils ont échauffés, soit ceux qui les voyant briller, ont dû regretter de ne s'être point trouvés dans leur sphère d'activité. Quoi qu'il en soit, nous commencerons dans l'espace de trente ans que nous allons parcourir, par examiner ceux qui sont à eux seuls une littérature. Nous suivrons seulement pour les quatre grands hommes que nous avons cités en tête de ce paragraphe, l'ordre chronologique de leur naissance.

Emmanuel Kant, né à Kœnigsberg en 1724, était déjà un vieillard quand parut son célèbre traité sur la *Nature de l'entendement humain,* intitulé : *Critique de la raison pure.* Plus âgé que Lessing et Winkelmann, ces deux grands hommes n'étaient déjà plus lorsque Kant le devint, et c'est pour cela que nous le rangeons dans cette nouvelle période de la littérature plutôt que dans la précédente où son âge paraîtrait devoir le placer.

« Kant a vécu jusqu'à un âge très avancé, et jamais il n'est sorti de Kœnigsberg : c'est là qu'au milieu des glaces du Nord, il a passé sa vie entière à méditer sur les lois de l'intelligence humaine. Une ardeur infatigable pour l'étude lui a fait acquérir des connaissances sans nombre. Les sciences, les langues, la littérature, tout lui était familier ; et sans rechercher la gloire dont il n'a joui que très tard, n'entendant que dans sa vieillesse le bruit de sa renommée, il s'est contenté du plaisir silencieux de la réflexion. Solitaire, il contemplait son âme avec recueillement, l'examen de sa pensée lui prêtait de nouvelles forces à l'appui de la vertu, et quoiqu'il ne se mêlât jamais avec les passions ardentes des hommes, il a su forger des armes pour ceux qui seraient appelés à les combattre ».

C'est ainsi que, comme homme, Kant est jugé par Mme de Staël, et cette appréciation est aussi exacte que bien sentie. Nous ne croyons pas qu'on puisse en dire autant de l'appréciation de ses ouvrages. Il paraît douteux que Mme de Staël ait lu les ouvrages qu'elle examine, et cela se conçoit, car ce n'est pas facile. Elle s'est fait un système de Kant à elle, sur lequel elle dit de fort belles choses, comme elle avait coutume d'en dire, mais qui eussent, je crois, grandement étonné le vieux philosophe, s'il avait pu les lire. Il aurait eu bien de la peine à se persuader que c'était de lui qu'on parlait.

Nous n'avons pas à juger la science philosophique de Kant ; ceux qui voudraient en avoir une idée exacte peuvent lire un ouvrage remarquable de Charles Villiers sur ce sujet, un excellent article du Docteur Brown, professeur de philosophie à Édimbourg inséré dans le premier volume de la Revue, et surtout un traité de M. Ancillon sur les trois derniers systèmes de philosophie en Allemagne. Ce dernier ouvrage est aussi lucide que ce qu'il examine est obscur.

C'est surtout comme penseur que Kant est remarquable. Comme

écrivain, il est rebutant à lire, et presque illisible pour des Français. Un style aride et scholastique, une terminologie barbare, faillirent étouffer à sa naissance un système qui en devait supplanter tant d'autres. Kant cependant avait prouvé par ses premiers écrits, ses *Considérations sur le sentiment du sublime et du beau*, ses *Rêves d'un visionnaire*, ses *Rêves de métaphysique*, son plan d'histoire universelle, que le talent du prosateur était loin de lui manquer. Il dédaigna plus tard cette ressource et il eut tort. La pensée la plus profonde ne peut se passer de l'expression. Il est peut-être vrai jusqu'à un certain point de dire que la parole a été inventée pour déguiser la pensée, mais il ne faut pas en abuser.

Disciple de Kant et l'une des gloires de la littérature allemande, Johann Gottfried Herder, fils d'un humble maître d'école, est né à Mohrungen, en Prusse, en 1744. Poète, orateur, philosophe, théologien, Herder a réussi dans tous les genres qu'il a tentés. Partout où Herder a marché, il a laissé la trace lumineuse de sa divine intelligence; tout jeune encore, il se fit connaître par ses fragments sur la nouvelle littérature allemande, et ses *Sylves critiques* (*Kritische Wälder*); on dirait d'un ouvrage de Lessing revu et corrigé par un poète. Quelques années plus tard, il publia une dissertation sur l'origine du langage et son ouvrage théologique intitulé : *Le plus ancien document du genre humain*. Quand on parcourt les ouvrages de Voltaire, on est quelquefois étonné qu'un homme ait eu le temps de les écrire ; quand on parcourt les œuvres moins volumineuses de Herder, on est étonné qu'un homme ait suffi pour acquérir la variété de connaissances qu'il suppose. Il savait toutes les langues, et on eût dit qu'il les savait d'inspiration, que leur génie était une faculté innée de son esprit, tant il pénétrait habilement dans le génie des peuples dont il avait à parler. Son *Essai sur la poésie hébraïque* est un chef-d'œuvre dans ce genre. Il recrée ce qu'il étudie, il devient ce qu'il examine ; c'est Platon s'entretenant de la Bible, et gagné par cette poésie contagieuse, faisant de l'univers, le commentaire imagé de la parole divine. Le même caractère se remarque dans ses lettres sur Persépolis ; c'est un poète archéologue qui ressuscite ce qu'il regarde, et qui se promène dans ces ruines qu'il explique aussi bien en prophète qu'en poète : c'est le Persan Zoroastre qui parle avec la voix d'Homère.

Il nous semble, en lisant les écrits de Herder, voir ce beau et pur génie aller de peuple en peuple à la recherche des monuments du genre humain, et se multiplier pour les déchiffrer, étudier les poètes et les philosophes, les religions et leurs erreurs, les traditions et les légendes, devenir peintre et sculpteur, pour deviner le sens des tableaux et des sculptures, architecte pour découvrir le sens mystique ou historique des édifices : c'est à ces recherches peut-être qu'on doit la plupart de ses poésies. Ses légendes, ses paraboles, ses bouquets de poésie orientale, ses traductions d'Horace et de Pindare, nous semblent des études de poète faites pour mieux se pénétrer des esprits des peuples, pour s'initier plus avant dans les mystères de leur vie intellectuelle, pour mieux découvrir les secrets qu'il devait déposer dans le plus beau de ses ouvrages.

Avant de se résumer dans ce beau livre totalement ignoré en France, on peut le dire, avant la noble et belle traduction de M. Quinet, Herder avait préludé à son chef-d'œuvre par plusieurs ouvrages qui en sont comme le frontispice : une *Philosophie de l'histoire des lettres sur les progrès de l'humanité,* Propylées de l'histoire de l'humanité.

Ce livre intitulé : *Idées sur la philosophie de l'histoire de l'humanité,* constitue avec le *Postscenien* une véritable épopée dont le genre humain est le héros. Cet ouvrage dans lequel on pourrait désirer quelquefois plus de profondeur, et où le philosophe cède quelquefois trop de place au poète, est un des livres allemands écrits avec le plus de charme et de pureté, malgré quelques longueurs et quelques répétitions qu'il eût été facile de faire disparaître. Peut-être Herder s'est-il un peu trop abandonné à l'imagination ; mais quand on le voit grâce à elle inventer le passé, et nous y conduire en nous ravissant, on lui fait grâce des réflexions qu'il ne fait pas et que notre vanité nous suggère.

Nous n'avons pas la prétention de donner dans un si court aperçu une idée complète du génie de Herder; il nous resterait à l'envisager sous le rapport de ses écrits théologiques, mais le même caractère de candeur et de vertu s'y fait remarquer. Herder a le secret de faire aimer tout ce dont il parle : je ne sache pas d'homme dont les écrits inspirent pour leur auteur une plus affectueuse vénération ; et quand on sait que sa vie pure et exemplaire fut un commentaire perpétuel de ses chastes écrits, je ne sais si le plus grand hommage qu'on puisse lui rendre n'est pas de l'envier autant qu'on l'admire.

GŒTHE.

L'homme qui a eu sans contredit le plus d'ascendant sur la littérature, c'est celui dont nous allons parler : Johann Wolfgang Gœthe, né à Francfort-sur-le-Mein en 1749, et qui est mort en 1832 au bruit des louanges et des sanglots de l'Europe, qui n'y pense plus. Gœthe a passé toute sa vie pour le plus beau génie de l'Allemagne, et jouit encore à peu près pleinement de la même réputation. On l'a comparé à tout ce qu'il y a de grands noms dans le monde ; on l'a mis tour à tour à côté de Shakspeare et de Sophocle, à côté d'Homère et d'Horace. On a accablé de sa supériorité tous ceux qui ont osé faire des romans après les siens ; il a effacé Winkelmann en parlant des arts ; Lessing est devenu un enfant, et l'intelligence encyclopédique de Bacon n'approche pas de la sienne. Tous ces éloges sont exagérés, et on commence à en rabattre. Après la crise de l'enthousiasme vient celle de la réaction, et on demande compte à l'idole de l'autel qu'on lui a dressé ; on le lui demande souvent même avec brutalité. On a tort. Parce qu'un homme a usurpé quelques hommages pendant sa vie, ce n'est pas une raison pour l'injurier après sa mort, pour cracher dans sa fosse, et jeter de la boue à sa statue. La boue ne prouve rien, et ne salit guère que celui qui la jette. On critique aujourd'hui Gœthe avec autant d'acharnement qu'on l'a loué ; on le dépouille une à une de toutes les vertus qu'on lui a reconnues ; on ne lui laisse que son style ; et pour peu que la réaction s'exaspère, on ne lui laissera rien du tout. Il est assez téméraire à un étranger de se poser comme juge entre ce double enthousiasme, et de jeter entre les deux camps le verdict de son opinion. Quand on aime le vrai, il ne faut cependant pas craindre de dire ce qu'on croit la vérité, et la vérité pour nous c'est que si Gœthe n'est pas un très grand génie, c'est du moins un homme d'une rare et belle organisation, et assez riche pour faire supposer qu'il l'était davantage.

On lui reproche aujourd'hui de n'être pas créateur, comme il a voulu le faire croire, de n'avoir jamais suivi que des sentiers battus; on ne lui accorde d'autre mérite que d'avoir revêtu d'une forme plus habile et plus brillante des idées d'emprunt. Tout cela est injuste; une idée appartient à celui qui l'exprime le mieux, qui en tire le mieux parti. Ce qu'il faut examiner, c'est la couleur qu'elle a reçue du nouvel artiste; s'il a fait sortir de la pensée qu'il empruntait tout ce qu'elle renfermait; s'il lui a imprimé un tel cachet, qu'il soit impossible à un autre de s'en emparer sans faire crier au plagiat. C'est à quoi Gœthe ne réussit pas toujours. Gœthe est un esprit fécond et infatigable, mais le caractère de l'homme se retrouve dans ses pensées. Il était cosmopolite, et sa manière de sentir et de s'exprimer est aussi de tous les pays. Ses pensées les plus personnelles ne sont pas, ce nous semble, revêtues de ce caractère typique qui distingue celle de Schiller ou de Jean Paul. Quelque ouvrage que vous lisiez de ces deux hommes, il est impossible de les méconnaître. Traduisez leurs pensées dans telle langue que vous voudrez, ce sera toujours du Jean Paul et du Schiller. Traduisez Gœthe, l'élégance et l'harmonie de son style disparaît, le nombre de sa phrase s'efface, et ce n'est pas plus Gœthe que Tieck par exemple, ou Schlegel. Les traductions (quand elles sont passables, s'entend) ne sont pas aussi inutiles qu'on le croit à l'appréciation des hommes. C'est une pierre de touche à laquelle se reconnaît la trempe et la force d'un homme. Le talent s'efface, mais le génie demeure. Les grands penseurs résistent; les gens habiles déclinent. Je ne veux pas dire que Gœthe ne soit qu'habile; mais je suis loin de le mettre au premier rang des penseurs, quoiqu'il ait fait *Faust*.

En prose comme en poésie, Gœthe a écrit dans tous les genres, et ce serait un ouvrage entier à faire que l'examen et l'analyse des siens. Nous n'avons nullement la prétention de le faire dans le peu de lignes que nous avons encore à lui consacrer; nous sommes également bien éloignés de donner notre jugement comme le meilleur; mais, en y ajoutant le correctif de l'admiration des autres, nous le donnons comme l'impression que nous a laissée la lecture de ses différents ouvrages.

Gœthe débuta dans le monde littéraire par le drame ou la tragédie de *Gœtz de Berlichingen,* et le succès qu'il obtint, en combinant adroitement la manière de Shakspeare et de Lessing, l'encouragea sans doute à de nouveaux efforts dramatiques. On aura tort de croire que cette pièce ne dut son succès qu'à un reflet fidèle de la chronique du vieux chevalier à la main de fer. C'est un ouvrage habilement conçu, et bien empreint de la couleur du seizième siècle. Quoique inégalement exécuté, cet ouvrage reste à nos yeux la meilleure pièce de Gœthe. Il fut salué avec enthousiasme, et l'Allemagne crut à un nouveau Shakspeare, mais l'Allemagne se trompa. Il n'y a de Shakspeare qu'en Angleterre.

Ce fut encore à l'étude de ce grand homme qu'on doit le second ouvrage dramatique de Gœthe, *Le comte d'Egmont.* Si l'histoire y était fidèlement observée, on pourrait dire que c'est de la chronique dialoguée. Le plan m'en paraît nul, l'intérêt peu puissant. Ce n'est pas un drame, c'est une suite de scènes plus ou moins bien faites, dont une au cinquième acte est parfaitement belle. *Le comte d'Egmont* est écrit en prose, et on en préfère généralement le style à celui de *Gœtz de Berlichingen.*

Mme de Staël qui s'extasie un peu bénévolement sur ce drame, fait à l'occasion de Gœthe une remarque ingénieuse que nous croyons devoir relever. Gœthe, dit-elle, fait toujours de nouveaux essais en littérature. Quand le goût allemand lui paraît pencher vers un excès quelconque, il tente aussitôt de lui donner une direction opposée. On dirait qu'il administre l'esprit de ses contemporains, comme son empire, et que ses ouvrages sont des décrets qui tour à tour autorisent ou bannissent les abus qui s'introduisent dans l'art.

Cette remarque est plus juste dans le fond que dans la forme. Gœthe n'innove pas, il joue avec le public. Enfant gâté du succès, il a voulu se faire admirer sous toutes les formes. Il a commencé pour réussir par flatter le goût dominant d'alors qui avait adopté les théories de Lessing, et il a réussi. Une fois qu'il s'est cru sûr de lui, il a cherché le moyen de capter autrement l'admiration. Il a tour à tour flatté et contrarié les penchants du public. Il fait de la coquetterie. Gœtz et d'Egmont font pulluler le drame bourgeois et le mélodrame : il donne *Iphigénie en Tauride,* qui est en vers et plus simple qu'une pièce grecque. On admire et ses vers qui sont admirables, et l'absence de drame et d'intérêt qui n'est pas admirable : il change d'allure, et donne au théâtre le roman en prose de *Stella;* on admire la prose et les vers. Il donne le drame en vers de *Torquato Tasso;* on l'admire. Il donne des comédies, puis il retombe dans le mélodrame. Il réussit ; on le loue d'avoir renoncé au goût français. Il traduit Tancrède et Mahomet. On s'extasie sur l'habileté avec laquelle il saisit la couleur locale. Il donne la *Fille naturelle,* où le lieu de la scène n'est pas indiqué, où les personnages n'ont pas de nom ; puis quand il a bien embarrassé le public, il se moque de tout le monde en donnant *Faust.*

Ce n'est pas seulement dans son théâtre qu'on peut remarquer cette marche capricieuse, c'est dans tous ses ouvrages, dans ses poésies de tout genre, ses ballades, ses élégies, ses poèmes, ses romances, ses œuvres philosophiques.

Avec la meilleure volonté du monde, il serait bien difficile de prendre *Iphigénie en Tauride* pour une tragédie, soit classique, soit romantique. Il n'y a là ni action, ni péripétie, ni terreur, ni pitié, rien de ce qui constitue ce qu'on appelle parmi nous un drame ; cela ne ressemble ni à Sophocle, ni à Racine. C'est une suite de nobles et belles conversations épiques qu'on ne peut lire sans attendrissement, mais qu'on doit écouter avec froideur. Cette pièce fait sur nous l'effet de ces belles sculptures grecques où les passions ont tant de calme et de dignité. On dirait la traduction en vers de quelques beaux bas-reliefs de l'antiquité. Le style en est plein de force, de grâce et d'élégance, et d'une admirable limpidité. C'est en poésie, le plus beau titre de gloire de Gœthe, et suivant nous, son plus bel ouvrage.

On place en Allemagne le *Torquato Tasso* sur la même ligne que l'*Iphigénie;* mais c'est à tort suivant nous. Le calme de discours et d'action, ne va plus quand il s'agit d'un caractère aussi douloureux et aussi passionné que celui du Tasse. Aussi ce n'est plus dans cette pièce l'auteur de la *Jérusalem délivrée,* qu'on entend et qu'on voit, c'est un métaphysicien allemand, qui s'exprime en fort beaux vers, mais qui n'a pas plus d'analogie avec le malheureux Torquato, que Torquato n'en avait avec Gœthe. Le style cependant fera toujours lire et admirer cette pièce.

Dans l'impossibilité où nous sommes d'examiner en détail tous les ouvrages de Gœthe, nous arriverons de suite à son chef-d'œuvre dramatique. Suivant la tradition populaire, le docteur Faust fut un des inventeurs de l'imprimerie, et de son vivant même passa dans son pays pour un être fantastique, pour un magicien profond qui franchit les bornes de la science humaine, se dégoûta du vide de la science et de la vie, et fit, pour y échapper, un pacte avec le diable, qui finit par l'emporter. Ce sujet qui en Angleterre avait été puissamment traité par un des contemporains de Shakspeare, le poète Marlowe, qui avait tenté récemment le génie de Lessing, tenta à son tour celui de Gœthe. Il s'en empara, et en fit une œuvre que tout le monde admire et que personne n'est sûr de comprendre. Faust est une longue allégorie; mais celle-là, on peut le dire, n'habite pas un palais diaphane. Je n'ai pas vu deux individus se l'expliquer de la même manière. Il est possible que ce soit un mérite : personne n'entendant la vie de la même manière, il se peut que ce drame en étant le symbole, se présente et doive se présenter à chacun sous un jour différent. Si cela était vrai, il n'y aurait pas d'expression pour louer cette pièce. Mais il est certain que cela n'est pas, car il n'y a pas de génie humain capable d'un pareil effort; et Faust ne serait pas l'œuvre d'un homme, ce serait celle de Dieu, ce que je suis fort loin d'admettre.

Chacun pouvant voir dans Faust à peu près ce que bon lui semble, nous ne croyons pas défendu de dire ce que nous y avons vu. Cette pièce nous a paru la représentation matérielle des combats intérieurs de l'âme, tiraillée tour à tour par le bon et le mauvais principe. Et ce point admis, on se rend assez facilement compte de tout ce qui se rencontre de bizarre et d'élevé, de diabolique et de divin dans ce singulier ouvrage. On comprend à peu près tout, excepté ce que j'ai entendu louer comme le *nec plus ultra* du génie : les scènes de Faust chez les sorcières et dans la vallée de Schirke. Je veux bien croire que c'est sublime, mais il nous a été impossible d'en saisir le sens.

Les bornes de cette esquisse ne nous permettent pas d'entrer dans l'analyse détaillée de cet ouvrage. Nous renvoyons les curieux à la pièce elle-même, et à l'analyse brillante qu'en a donnée Mme de Staël dans le premier volume de l'*Allemagne*. Sous le rapport de l'exécution, il n'y a guère dans le pays de Gœthe qu'une voix pour l'admirer. La souplesse du style en est réellement merveilleuse. Il monte, il descend, il rampe et vole avec une égale facilité. Il est caustique et passionné, plaisant et sérieux, trivial et idéal, sans que l'un paraisse coûter plus que l'autre. L'auteur est hardi, jusqu'au dévergondage ; et cependant, le dirai-je, rien ne semble spontané. Tout paraît étudié. Le dérèglement est mesuré au compas. Les doses de chaque élément y semblent pesées par grains et par scrupules. L'impression qui reste d'un pareil ouvrage est plutôt l'étonnement que l'admiration ; c'est un chaos, coupé c'est vrai, d'admirables éclairs, mais un chaos qui ne peut pas vous entrer dans la mémoire ; et je déficrais qui que ce soit, l'auteur lui-même peut-être, de dire ce qu'il a fait et ce qu'il a voulu faire, sans avoir le livre sous les yeux. Ce que nous allons dire est sans doute aujourd'hui l'hérésie des hérésies, mais nous aimerions mieux avoir fait l'*Œdipe Roi* de Sophocle que dix drames comme Faust.

Quoique le drame de *Faust* paraisse un ouvrage complet, Gœthe n'en a pas jugé ainsi. Celui dont nous venons de parler est suivi dans ses œuvres complètes d'une seconde partie, jointe à la première par un intermède fort long qu'il nomme Helena (*Helena, eine classico-romantische Phantasmagoria*). Gœthe qui s'était constitué dans sa patrie le grand prêtre de la littérature, aimait comme les Hiérophantes à s'envelopper de voiles et de bandelettes, à parler la langue mythique du symbole. Il aimait à éveiller l'attention par des demi-confidences, et à la tenir en haleine en s'enveloppant à chaque éclair d'un voile de plus. Cette fois, il a tant soit peu abusé de sa position d'augure, et ses voiles sont restés pour le vulgaire à peu près impénétrables. Malgré des beautés évidentes, cette publication fut reçue froidement du public qui l'attendait avec impatience. Ce nouveau poème aurait plus souvent besoin que le premier d'un commentaire que l'auteur seul pouvait faire. Son obscurité l'a fait rester dans l'ombre.

Gœthe qui a parlé si chaudement d'Homère dans son roman de *Werther*, ne pouvait pas, ambitieux qu'il était de tous les genres de gloire, ne pas aspirer à la palme épique. Il avait commencé un poème épique de l'*Achilléide* dont il n'a donné que le premier chant. Ce fragment fait regretter qu'il ait mieux aimé escompter sa réputation en petites pièces de poésie, que d'achever un ouvrage qui se serait placé sous le rapport du style à côté d'*Iphigénie en Taurde*.

Il existe dans la vieille littérature allemande une épopée satirique du poète pseudonyme Heinrich d'Alkmaer, *Reinecke le renard*. Cet apologue dont la longueur rappelle l'interminable fable des animaux parlants de Casti, n'était pas plus lu en Allemagne, que ne le sont parmi nous le poème du Renard et celui de la Rose, malgré les traits comiques dont l'auteur a semé son sujet. Gœthe, séduit par ce vieil esprit encore brillant, tenta de rajeunir cet ouvrage, et d'habiller ses antiques idées de jeunes et élégants hexamètres. Pour nous, il est incontestablement supérieur à son modèle, mais les amateurs de vieux langage lui reprochent d'avoir sacrifié la naïveté à l'élégance, et d'avoir plus d'esprit que son modèle ; c'est une faute bien pardonnable.

Un poète contemporain de Gœthe, dont nous aurons bientôt à parler, Voss, traducteur de l'Iliade et de l'Odyssée, avait puisé dans ce dernier poème le goût des détails de la vie privée, et il avait essayé de naturaliser la simplicité homérique dans un poème assez insipide qui eut un immense succès : *Louise*, la fille du pasteur de Grünau. Soit que les lauriers de Voss empêchassent Gœthe de dormir, soit habileté à saisir le goût du public pour lui servir de suite un mets qui lui plaise, Gœthe publia quelque temps après un nouveau poème dans le genre d'Homère, dont les héros sont des aubergistes, un pasteur de village et un apothicaire. Ce poème est très supérieur à celui de Voss ; il est écrit avec charme et avec pureté. La simplicité a de la grâce et de l'onction, mais c'est se moquer du monde que de nous donner ces broutilles pour des épopées, et, oubliant le noble but que doit avoir la poésie, de traîner ses belles formes sur des détails puérils de garderobe et de pot-au-feu, de faire de l'élégie à propos d'une vieille robe de chambre d'indienne doublée de flanelle, et des regrets sur un bonnet de coton. Qu'on jette là-dessus une vingtaine de vers, à la bonne heure, mais un poème sur ce ton, cela passe la permission.

Il nous est impossible de suivre Gœthe dans le détail de toutes ses compositions. Ses poésies de différents genres composent elles seules plusieurs volumes. Épigrammes, distiques, chansons, romances, élégies, ballades, odes, sonnets et cantates, *ghazels* orientales, poésies sérieuses et badines, il a tout traité, et ce qui doit étonner, il a dans tout réussi. On pourrait dire de ces poésies ce que Martial disait des siennes ; je crois cependant que le bon l'emporte sur le médiocre, et que le mauvais est plus rare que dans le poète latin. Parmi les plus remarquables nous citerons : *Consolation dans les larmes*, le *Chant de nuit du voyageur*, le *Chant du soir du chasseur*, la *Violette*, le *Pêcheur*; le *Roi des aulnes* est une ballade charmante, poétiquement imitée par M. de la Touche à une époque où on ne connaissait encore de Gœthe que son *Werther*. La *Fiancée de Corinthe*, traduite en français par M. Deschamps avec une fidélité dont on ne croyait pas la poésie française susceptible, et le charme qu'il sait mettre dans toutes ses compositions. *Le Dieu et la Bayadère*, légende indienne, a l'éclat du soleil asiatique. *Alexis et Dora*, *Le nouveau Pausias*, le *Voyageur*, les *Métamorphoses des plantes* sont des élégies qu'on relit plus d'une fois quand on ne les sait pas par cœur. Gœthe a fait preuve dans toutes ses poésies d'une grande flexibilité de talent. Le style en est d'une élégance remarquable, mais on n'y admire pas comme dans Schiller la profondeur et l'éclat de la pensée. Il est, si je puis dire, plus à fleur de peau.

Gœthe, jugé comme poète, n'est encore qu'à demi jugé. Il nous reste à le considérer comme prosateur, et il est dans ce genre aussi varié que dans l'autre. Nous avons de lui trois romans, qui méritent tous l'attention de la critique. Le premier fut la seconde de ses publications, et il obtint un succès qui ne s'est jamais démenti. Gœthe a peint avec passion, dans les souffrances du jeune Werther, quelques-unes de celles qu'il éprouvait alors, et ce malaise d'une âme large et poétique qui ne sait où se prendre, quand le bien qu'il regarde comme le seul au monde vient à lui manquer. *Werther* est un ouvrage plein de verve et d'éloquence de cœur, que les critiques prévenus regardent bien injustement comme une contre-épreuve de l'*Héloïse* de Rousseau. Rien ne se ressemble moins ; il y a plus de tête dans Rousseau, et plus d'âme dans Gœthe. Quelques jeunes fous, séduits par le succès de cet ouvrage, crurent éprouver les souffrances qu'ils voyaient peintes avec tant de vivacité, et poussèrent le fanatisme de l'imitation jusqu'à y mettre fin comme le héros. Ils oubliaient que l'auteur s'était peint dans ce livre, et qu'il s'était, Dieu merci, bien gardé de se tuer. C'est là ce qu'ils devaient imiter de *Werther*, et son style, ce qui était moins aisé.

Wilhelm Meister est un ouvrage qu'on appelle un roman et qu'il est assez difficile de caractériser surtout en peu de mots. L'intrigue est un canevas sur lequel sont brodés des discussions, des raisonnements, des théories sans nombre; c'est une revue philosophique de la vie humaine, dans laquelle l'auteur touche à toutes les conditions qu'il rencontre, distribue alternativement le blâme, la satire et l'éloge, discute une question comme cela se rencontre dans la vie, au milieu de ses événements qui n'en marchent pas moins. Mais une discussion tient deux ou trois heures dans la vie, et quarante ou cinquante pages dans un livre, qui s'arrête pendant ce temps-là. Aussi peut-on dire de cet ouvrage que ce n'est pas la discussion qui entrave la marche du roman : c'est le roman qui entrave la discussion. Cela n'empêche pas que ce ne soit une des œuvres les plus marquantes de Gœthe. C'est *Faust* et *Méphistophélès* combinés, le philosophe qui juge et qui raisonne, et qui n'a pas besoin que le diable lui apparaisse et l'entraîne; il est en lui. Dans le drame, c'est Méphistophélès qui en remontre au docteur; ici c'est le docteur qui en remontre au démon.

Le dernier ouvrage de ce genre fut reçu très froidement dans le monde. Gœthe avait dans sa jeunesse été pris de passion pour la chimie et l'alchimie. Il se souvint de ses premières études pour trouver le titre de son nouveau roman, qu'il nomma les *Affinités électives*. Ce livre, dont le sujet est heureux et dramatique, demandait à être écrit comme *Werther*. Mais la plume du vieillard qui juge et observe plus qu'il ne sent, s'y fait trop souvent sentir. Il abonde en pensées fines, en observations ingénieuses, mais il est lent et froid; les détails de ménage y sont prodigués avec une fécondité qui fait honneur aux connaissances de l'auteur dans ce genre, mais qui intéresse peu vivement le lecteur.

On pourrait presque ranger dans la classe des romans son *Benvenuto Cellini*. Ce ciseleur florentin du seizième siècle a écrit sur sa vie aventureuse et bizarre des mémoires dont on admire la franchise originale, et le langage mauvais sujet. Gœthe les a remaniés, corrigés, abrégés, et l'ouvrage n'y a pas toujours gagné.

Il y a aussi un peu du caractère du roman dans les mémoires que le poète allemand nous a laissés sur sa vie. Ce livre intéresse, quand on songe à l'énorme ascendant que Gœthe a eu sur son siècle. Les Mémoires d'Alfieri étonnent, ceux de Rousseau dégoûtent, ceux de Gœthe ont le caractère de la plupart de ses ouvrages. L'impression qu'il vous laisse est complexe, et on n'est pas bien certain d'aimer l'auteur ; sa corresrespondance a produit sur nous le même effet.

Nous sommes loin d'avoir épuisé la liste de ses ouvrages. Gœthe avait un peu en littérature la manie de la monarchie universelle, et ses écrits mêlés prouvent la variété de son aptitude et la flexibilité de son esprit, ou comique, ou sérieux. Il a écrit sur tout : sur la poésie et la religion, sur l'esthétique et l'histoire, sur les hommes et sur les choses, montrant partout l'écrivain plus ingénieux que profond. Après avoir labouré toute sa vie le champ littéraire, il est revenu dans sa vieillesse aux goûts de sa jeunesse pour les sciences physiques et naturelles. On a de lui un *Traité des couleurs,* dont on estime les recherches, et d'autres ouvrages qui attestent ses connaissances. Rassasié d'honneurs et d'éloges, il ne lui restait plus qu'à mourir, et c'est ce qu'il a fait en 1832, à l'âge de 83 ans.

Il semble que Gœthe ait deviné, pour tâcher de la justifier, la comparaison qu'on a faite de lui avec la nature qui produit tout, et de tout. C'est fort bien de la part de la nature, qui est toujours certaine de mettre, quand elle le veut, le bien à côté du mal, un chef-d'œuvre à côté d'une difformité. Mais l'homme, quelque puissant qu'il soit, n'a pas les mêmes ressources ; il n'est jamais sûr de faire le bien qu'il veut, et c'est pour cela qu'il doit scrupuleusement éviter le mal. Gœthe n'a pas eu cette précaution ; il a été aussi soigneusement au devant du bien que du mal qui n'est jamais difficile à trouver ; il les a rapprochés, opposés, combinés, séparés, et il est résulté de ces opérations chimiques des travaux qui étonnent, mais qui froissent, et qu'on admire moins que l'adresse de l'opérateur. Le mal qu'il cherche gâte le bien qu'il rencontre, et au lieu de nous apparaître, dans son ensemble, grand et sublime comme la nature, il nous semble un de ces audacieux Titans qui voulaient conquérir le ciel, et qui, à demi ensevelis sous les montagnes qu'ils avaient soulevées, roidissaient leurs bras contre les dieux, tandis que leurs pieds étaient déjà rongés des vers. C'est sans doute quelque chose d'être un Titan, mais il vaut mieux ne pas déraciner les montagnes, que de s'en faire écraser. Esprit versatile et capricieux, dédaignant une beauté pour courir après une tache, oubliant la tache pour s'élancer vers une beauté qu'il manque, Gœthe ne satisfait jamais pleinement; on n'est jamais avec lui ni content de soi, ni content de lui. Il ne transporte pas, il ne fait pas pleurer; dans les situations les plus poignantes, il ne vous déchire pas le cœur, il le frappe, il lui laisse une douleur de contusion plutôt qu'une blessure. S'il rencontre sur son chemin quelque être divin comme Marguerite ou Mignon, on n'a pas le temps de s'émerveiller, que la créature divine est déjà disséquée et injectée, et plus propre à entrer dans un cabinet d'anatomie que dans un sanctuaire. Gœthe s'est amusé de son génie comme Méphistophélès de Faust, et je crois que le diable a emporté son génie comme le docteur.

SCHILLER.

Ce fut longtemps une habitude, quand on parlait de la littérature allemande, de placer Gœthe avant Schiller. Je ne vois à cela qu'une raison plausible, c'est que Schiller est venu après. Quant aux distinctions de maître et de disciple, elles reposent sur les mêmes bases. Le plus âgé donna sans doute quelques conseils au plus jeune; mais ce qui me semble évident, c'est que comme poète dramatique, ce n'est pas le disciple qui est l'écolier. Nous ne voulons empêcher personne de mettre Gœthe tout seul dans un temple, mais nous demanderons la permission de n'en pas être le prêtre. S'il faut absolument brûler de l'encens à un homme, nous réserverons le peu que nous en avons pour celui que nous regardons comme le plus grand poète de l'Allemagne, Schiller.

Johann Christoph Friedrich Schiller, né à Marbach dans le Würtemberg en 1759, est un de ces hommes rares qui apparaissent de temps en temps pour relever la condition des lettres, profanées par tant d'intrigants qui en font un métier. Les difficultés, les persécutions même qui gênèrent les commencements de sa carrière, ne furent qu'un aiguillon de plus pour ce hardi génie, qui devait effacer ses contemporains et faire pâlir ses successeurs. Après différents essais dramatiques dont il ne nous est rien resté, Schiller débute dans la renommée par la tragédie en prose des *Brigands*. Il avait alors vingt et un ans, et il est difficile d'imaginer une plus vigoureuse promesse d'un talent qui ne s'est jamais démenti. Il y a sans doute dans cet ouvrage bien des traces d'inexpérience, mais ces taches rachetées en partie par la fougue et la verve de la jeunesse, achèvent de l'être par une foule de pensées pleines de grandeur et d'énergie. On a comparé ce début à celui de Gœthe dans *Gœtz de Berlichingen*. C'est apparemment parce que les deux ouvrages sont écrits en prose, et qu'ils eurent tous deux un brillant succès. C'est la seule analogie que j'y remarque. Ce drame eut un succès aussi éclatant et aussi fatal que celui de *Werther*. Il excita de même une fureur d'imitation dangereuse. Quelques jeunes gens prirent la chose au sérieux, et jugeant qu'il n'y avait pas de meilleur moyen de réformer la société que de la piller, ils s'érigèrent en magistrats de grande route, et prirent tous les grands chemins pour celui de la gloire! On a beaucoup reproché à Schiller cette interprétation de son œuvre; comme si un poète pouvait être comptable de la sottise de ses scholiastes.

La *Conjuration de Fiesque*, l'*Intrigue et l'amour* suivirent d'assez près l'apparition des *Brigands*. L'imagination de Schiller nous paraît dans ces ouvrages gênée par les nouvelles études qu'il avait faites pour se perfectionner dans son art. Les imitations de Shakspeare y sont fréquentes, l'influence de Lessing manifeste. Ces deux drames sont cependant plus fortement tissus que ceux de Lessing. L'intérêt en est plus vif, plus soutenu, le pathétique plus impressif. L'*Intrigue et l'amour* est une véritable tragédie bourgeoise, qu'il est impossible de quitter quand on en a commencé la lecture, et dont les fautes contre le goût n'empêcheront jamais d'admirer des beautés telles que Schiller seul pouvait les trouver. Le traducteur de ses œuvres a jugé plus que sévèrement la tragédie républicaine de *Fiesque*. Il y a cependant dans cette œuvre une verve et une chaleur italiennes, une vivacité de pensées qui auraient pu lui faire excuser quelques scènes mal entendues, et un style souvent déclamatoire, qui s'accorde mieux avec la jeunesse de l'auteur, qu'avec la sévérité de l'histoire. Ces trois ouvrages ne doivent être considérés que comme des préludes, mais plus d'un auteur famé ne serait pas fâché de finir par de pareils commencements.

Jusqu'ici Schiller n'avait écrit qu'en prose. De nouvelles études lui firent enfin sentir que sa pensée avait besoin du rythme, et que là où le vers serait simple et naturel, la prose devenait emphatique et guindée. Il renonça à enfermer le pied de sa muse dans le cothurne bâtard de Diderot, et suivant l'exemple de Lessing, qui avait abandonné la prose pour l'iambe non rimé qui avait fait une partie du succès de *Nathan*, il adopta, pour ses œuvres futures, ce mètre qu'il devait consacrer.

Le fruit de ses nouvelles méditations fut la tragédie de *Don Carlos*. C'est une de celles que les Allemands préfèrent, et cette préférence peut se justifier par une foule de beautés de premier ordre, que l'auteur seul pouvait surpasser. L'entrevue de Don Carlos et de la reine Élisabeth est une de ces scènes admirables qui font drame à elles seules, et telles qu'on n'en avait vues nulle part depuis la mort de Shakspeare. Celle de Philippe II et du marquis de Posa n'a de modèle dans aucune langue : c'est le prince de Machiavel aux prises avec les vertus de l'Évangile, si mal compris par Philippe II. Les caractères de ce drame sont vigoureusement tracés ; l'intrigue en est attachante, quoique peut-être un peu compliquée. Le cinquième acte est plein de larmes et de terreur. Le style en est encore parfois un peu déclamateur ; mais toutes les critiques dont le drame a été l'objet n'ont pas désabusé l'Allemagne de l'applaudir, et nous sommes du parti de l'Allemagne.

Un intervalle de douze ans s'étend entre cet ouvrage et la première production dramatique du poète. Cet intervalle fut rempli par la composition de plusieurs ouvrages soit en prose, soit en vers, sur lesquels nous reviendrons ci-après quand nous aurons achevé d'envisager Schiller comme poète dramatique.

On prétend que la guerre de Trente ans dont il s'était fait l'historien lui avait inspiré l'idée d'un poème épique dont Gustave-Adolphe devait être le héros. Ce projet d'épopée qui ne paraît pas avoir reçu de commencement d'exécution tourna au profit du théâtre, et valut à l'Allemagne la trilogie de *Wallenstein*, un des plus beaux ouvrages dont elle puisse se glorifier. Les deux premières parties peuvent être considérées comme des prologues de la troisième. La première, le *Camp*, est une peinture animée de l'armée de Wallenstein ; il n'y a ni action ni dénouement, mais le caractère du soldat est plein de vie et d'esprit. Ce qu'il a fait pour le soldat, dans le *Camp*, il l'a fait pour les chefs dans ses *Piccolomini*. Ce drame en cinq actes, sans action et sans dénouement comme le premier, est destiné tout entier à la peinture des caractères qui doivent se déployer dans le véritable drame qui est la *Mort de Wallenstein*. C'est une grande et magnifique exposition, qui a l'avantage de si bien familiariser le lecteur avec les personnages et les circonstances, que son intérêt est déjà tout créé quand il arrive à l'action principale : il n'a qu'à se laisser aller. Comme style et comme pensée, les *Piccolomini* sont peut-être supérieurs à la tragédie elle-même, qui est une des plus belles que nous connaissions. La vision de Wallenstein, sa harangue après la révolte, son monologue avant sa mort, sont des morceaux de poésie de la plus haute beauté. La scène de Thecla se faisant raconter par un officier de Suédois la mort de Max Piccolomini, et celle où elle part pour aller se rejoindre à son cadavre, sont au-dessus de tout éloge. Il est impossible de pousser plus loin le pathétique et l'attendrissement. C'est aussi dans cette tragédie que se trouve le plus beau mot peut-être qui ait jamais été prononcé au théâtre. Octavio Piccolomini a trahi par ambition Wallenstein, son ami, et l'a fait lâchement assassiner. Le corps de son général est à deux pas, et un courrier arrive qui lui remet une lettre de l'empereur dont il lit l'adresse : Au prince Piccolomini. Toute l'âme généreuse de Schiller éclate dans ce mot si simple et si sublime. Quelle vengeance de la vertu que cette couronne jetée à la tête d'un meurtrier ! Que de mépris dans cette récompense ! Il n'y a que le génie allié à la vertu qui puisse imaginer une punition à la fois si simple, si mâle, et si hautaine.

Une fois arrivé à cette hauteur, il était à craindre que Schiller ne s'y soutînt pas. Mais non seulement il ne devait pas descendre, il devait monter encore. Un an ou deux après *Wallenstein* parut *Marie*

Stuart, qui l'égale dans ses beautés, et le surpasse sous le rapport de la conduite et de la conception. Il n'est pas dans cette tragédie de scène, de page, dont on ne puisse citer quelque passage ; les caractères y sont d'un bout à l'autre dessinés de main de maître. Marie Stuart qu'il a su rendre si intéressante, tout en la reconnaissant coupable, dont les crimes s'excusent à l'aspect de tant de malheurs et de remords, est une peinture achevée, et un chef-d'œuvre de difficulté vaincue. Son entrevue avec Élisabeth, la scène où la reine d'Angleterre signe la sentence de sa rivale, celle où Talbot demande sa grâce, sont d'admirables morceaux d'emportement, de raison et d'éloquence. Le cinquième acte me paraît un des plus beaux et des plus touchants qui existent. La confession et la communion de Marie Stuart, ses adieux à ses serviteurs, ses derniers moments qu'on entend, et qu'on ne voit pas, n'ont comme pathétique, de rivalité à craindre dans aucune langue.

Schiller ne s'arrête pas dans sa marche ascendante ; il semble qu'il ait le pressentiment de sa fin, et il donne coup sur coup ses chefs-d'œuvre. Il semble qu'il se presse pour arriver au summum de sa gloire. Il ne prend pas haleine après avoir fait *Marie Stuart*. Il lui fait presque immédiatement succéder la *Pucelle d'Orléans*, inférieure sans doute comme drame aux ouvrages précédents, mais supérieure peut-être comme poésie ; elle coule à flots dans cet ouvrage. Il est difficile de deviner par quelle raison systématique Schiller s'est refusé au dénouement de l'histoire, pour en substituer un de son invention, qui n'est ni aussi beau, ni aussi touchant, et qui a l'inconvénient de contrarier tous les souvenirs. C'est une erreur de goût dont il ne pouvait s'absoudre qu'à force de beautés ; mais à nos yeux les beautés existent, et la faute aussi.

La poésie qu'il venait de répandre avec tant de profusion dans la *Pucelle*, contribua sans doute à ramener les yeux de Schiller vers la poésie antique, et il essaya, dans la *Fiancée de Messine*, les formes grecques d'Euripide et de Sophocle. Il tenta d'adapter un sujet moderne à la sévérité des formes classiques, et de monter ce sujet moderne sous les traits d'un sujet antique. Il choisit les *Frères ennemis*, et peut-être fut-il guidé dans ce choix par une admiration de sa jeunesse pour la tragédie de *Julius de Tarente* qui repose sur la même donnée. Quoiqu'il en soit, il fallait tout le génie de Schiller pour se faire jour à travers tous les obstacles qu'il s'était volontairement créés, et il y a si bien réussi que, malgré les défectuosités du plan, les entorses qu'il a été obligé de donner à son système, la *Fiancée de Messine* demeure un de ses plus beaux ouvrages.

Après cette tentative qui nous valut un beau poème au lieu d'un beau drame, Schiller revint aux idées qui l'avaient soutenu dans *Wallenstein* et *Marie Stuart*, et il enfanta le chef-d'œuvre de *Guillaume Tell*. Je ne sais s'il était donné à cet homme de s'élever encore, et ce qu'il eût fait si le Ciel lui eût accordé de vivre quelques années de plus; mais le Ciel ne voulut pas, et il rappela celui qu'il n'avait fait que prêter au monde. Mendelsohn ne se figurait pas qu'une œuvre humaine pût être supérieure à *Nathan le Sage*. S'il eût vu *Guillaume Tell*, il eût sans doute changé d'opinion, bien que Guillaume Tell ne fût pas juif. Cette pièce respire d'un bout à l'autre un enthousiasme de grandeur, de simplicité, de patriotisme et de vertu, qui ne se retrouve nulle part, pas même dans Corneille ou dans Shakspeare. S'il y avait un dynamomètre du génie humain, on trouverait sans doute quelque chose de plus du côté de Shakspeare, qui ne s'est appuyé que sur lui-même pour s'élever, tandis que Schiller avait sous les yeux ce grand homme pour se former, mais quoique Shakspeare ait fait *Macbeth*, je doute qu'il ait écrit une œuvre aussi complètement belle, aussi régulièrement admirable que *Guillaume Tell*. Le premier acte, le serment du Grütli au second, la mort de Gessler au quatrième, sont à désespérer tous ceux qui s'occupent du théâtre. Le cinquième acte renferme la plus belle scène, non seulement que Schiller ait écrite, mais qui ait jamais été écrite, celle qui se passe entre Jean le parricide, et le meurtrier de Gessler. On peut feuilleter Gœthe d'un bout à l'autre, par la droite et par la gauche, on n'y trouvera rien de semblable; c'est la plus noble inspiration qui soit jamais tombée dans la tête d'un homme, et il n'y a qu'une chose qui console de ne pas l'avoir eue, c'est qu'elle appartienne à Schiller, qu'on aime sans l'envier, et qu'on respecte autant qu'on l'admire, ce qui arrive assez rarement aux grands hommes, même quand ils sont morts.

Schiller ne se contentait pas de produire : il étudiait les maîtres en les traduisant. C'est à ce désir infatigable de se perfectionner qu'on doit ses traductions du *Macbeth* de son poète favori, de la *Phèdre* de Racine, de l'*Iphigénie en Aulide*, et de quelques scènes des *Phéniciennes* d'Euripide. Il est douteux qu'il eût réussi dans la comédie, mais il s'y était essayé en traduisant du français deux petites pièces de Picard, l'*Oncle et le Neveu,* le *Parasite,* et de l'italien, le *Turandot* de Gozzi. On a retrouvé dans ses papiers les plans de plusieurs tragédies et drames projetés, un acte du *Misanthrope, Warbeck,* le *Faux Démétrius,* les *Chevaliers de Malte,* et je crois aussi quelques fragments d'un *Attila.* Ces morceaux sont curieux, et méritaient d'être recueillis. Rien ne doit être perdu d'un homme comme Schiller.

Ayant fait *Guillaume Tell,* il mourut, laissant au théâtre dix pièces, dont sept sont des chefs-d'œuvre. L'ambition pourrait se contenter à moins. Mais ce ne sont point encore là, tant s'en faut, les seuls titres de Schiller à la gloire. Il a laissé au monde deux volumes de poésies mêlées, dont la meilleure pièce est toujours la dernière qu'on lit. Il nous suffira de citer *Cassandre,* la *Résignation,* l'*Idéal,* le *Plongeur,* l'*Anneau de Polycrate,* la *Statue voilée,* le beau poème lyrique de la *Cloche,* qui a été lu avidement en France, bien qu'il fut traduit en vers, et parfaitement encore, par M. Em. Deschamps ; il a prêté au genre didactique l'élan et la passion de la poésie lyrique.

Ce qui distingue surtout Schiller dans ses poésies, c'est qu'il ne s'amuse pas, comme cela arrive trop souvent à Gœthe, à faire des vers pour le plaisir d'en faire, à revêtir des riens de grâce et d'élégance. Il y a toujours chez lui un sentiment ou une pensée profonde cachée sous le vernis des mots, ou l'éclat des images. Il est avant tout penseur, et il se sert des vers pour donner des ailes à ses idées, des ailes ou un dard.

Deux ouvrages historiques, dont la *Révolte des Pays-Bas* et la *Guerre de Trente ans* sont le sujet, ont classé Schiller parmi les meilleurs historiens de l'Allemagne. Il paraît avoir craint, dans ces ouvrages, de passer plutôt pour un poète qui dispose les événements à sa guise, que pour un magistrat qui les juge. Il raconte en examinant, oubliant que c'est un jugement et un examen que la manière même dont on raconte : c'est plutôt la philosophie de l'histoire aux époques qu'il a choisies que l'histoire même qu'il nous présente. Ses liaisons avec Herder peuvent avoir influé sur sa manière d'envisager l'histoire, qui ne fut point celle de Jean de Müller. Quant au style, il est irréprochable.

Schiller s'est exercé aussi dans le roman, et cet essai prouve qu'il ne tenait qu'à lui d'y réussir. Le *Visionnaire* est une nouvelle qui n'a jamais été achevée, mais qui, telle qu'elle est, excite puissamment l'imagination ; c'est un ouvrage qu'on lit plusieurs fois, toujours dans l'espoir d'en deviner le mot, d'en prévoir le dénouement. Il eut peut-être été moins lu, s'il l'eût terminé, et on pourrait croire que c'est dans l'impossibilité de l'achever d'une manière satisfaisante que l'auteur l'a interrompu. Il prétendait pourtant que son intention était de le finir, et on assure qu'il lui est arrivé plusieurs fois d'en raconter la suite. Mais je crois qu'il en est du *Visionnaire* comme du conte merveilleux de *Christabel* par le poète anglais Coleridge ; il disait aussi que le poème était tout fait dans sa tête, et qu'il n'avait plus qu'à l'écrire. Il a vécu comme cela pendant trente ans, et le poème tout fait est demeuré lettre close pour le lecteur.

Les lettres sur Don Carlos, l'examen des poésies de Bürger et de Mathisson, et du comte d'Egmont de Gœthe, attestent la sagacité de Schiller, comme critique, et pas toujours son impartialité. La philosophie de Kant lui avait inspiré une véritable passion pour la métaphysique, à ce point qu'il se croyait plutôt appelé à être un philosophe qu'un poète, et il écrivait à ce sujet : Plus je vais, plus je vois, plus je me persuade que je ne suis pas né poète. S'il m'échappe de temps en temps quelques saillies poétiques, ce n'est qu'en méditant sur des sujets de métaphysique. Quoi qu'il en soit, c'est à ses méditations, que nous devons quelques-uns de ses meilleurs ouvrages : ses divers traités, sur le pathétique, sur l'art tragique, sur l'éducation esthétique de l'homme, sur la poésie naïve et sentimentale, sur le sublime, sur la direction morale du théâtre. Dans quelques parties de ces ouvrages, Schiller se ressent un peu de l'École dont il s'était fait le disciple. Il s'enveloppe parfois dans une phraséologie nuageuse, où il n'est pas très facile de distinguer sa pensée. Mais il n'est pas toujours coupable de ténèbres, et alors il faut admirer la finesse de ses aperçus, la profondeur subtile de sa pensée, et son style sévère et éclatant, et la richesse de ses images qui prouvent que le philosophe était plus grand poète qu'il ne croyait, et ne cessait pas de l'être alors qu'il ne se croyait que philosophe.

Tel est l'homme que l'Allemagne perdit à l'âge de quarante-cinq ans. Génie pur et sans alliage, qui détourna ses yeux de ce qu'il y a de bas dans l'humanité, pour n'y voir que ce qu'il y a de noble ; âme candide et fière, vertueuse et libre, à laquelle on ne peut reprocher qu'une faute bien pardonnable, celle de douter des vices qu'il n'avait pas et de voir partout les vertus qu'il avait. Ce qu'il y a de remarquable dans les œuvres de Schiller, c'est un merveilleux mélange de passion et de pureté, de scepticisme et de foi, d'audace et de candeur, d'enthousiasme et de mélancolie, et au milieu de tout cela, une largeur de vue, un souffle de philosophie qui prête à ses tableaux une vie qu'on ne trouve que dans les siens. Gœthe a écrit pour les hommes à peu près tels qu'ils sont, Schiller pour les hommes tels qu'ils devraient être. Gœthe nous fait plus petits que nous ne sommes, et Schiller plus grands ; à l'un les applaudissements et les cris de la foule, à l'autre le respect des gens d'élite. Gœthe ne peut que perdre en avançant : si l'homme se perfectionne, on le méprisera ; s'il se détériore, et c'est difficile, on l'accusera de myopie, et de n'avoir ri que de la moitié de nos vices. Schiller au contraire ne peut que gagner. Si l'homme s'améliore, il sera encore loin du modèle idéal qu'il en a tracé, et on lui tiendra compte d'avoir devancé tellement son siècle. S'il dégénère, on se cachera de ses ouvrages comme d'un reproche immortel, car le crime même a sa pudeur, et le plus bel hommage qu'obtienne le génie, ce n'est pas peut-être la vénération des gens de bien, c'est la rougeur du vice devant son nom et en présence de son ombre.

Tandis que Gœthe se faisant école à lui seul, poussait la littérature allemande dans une voie où n'avait pu complètement l'engager le génie de Klopstock et de Lessing, quelques-uns de ses jeunes contemporains pleins d'enthousiasme pour la poésie nationale s'étaient réunis dans le même but que l'avaient fait trente ans auparavant, à Leipzig, Gellert et ses amis. Cette association littéraire connue sous le nom de l'École de Gœttingue, se composait de Bürger, Voss, Hölty, les deux Stolberg, Leisewitz et Miller. Nous examinerons brièvement les titres de ces hommes distingués dont les talents ne furent pas sans influence, et dont le mot de ralliement était Klopstock et Homère.

Le plus célèbre des associés de Gœttingue est sans contredit le premier que nous avons cité, Gottfried August Bürger, né à Wolmerswende en Prusse, en 1748. Bien qu'il soit encore aujourd'hui un des écrivains les plus populaires de l'Allemagne, Bürger ne mérite pas, suivant nous, la dénomination de grand poète, qu'on lui accorde volontiers. Ce nom ne nous semble appartenir qu'à ceux dont les ouvrages sont dignes de faire faire un pas à l'humanité, qui savent prêter à de hautes et profondes pensées le relief et l'éclat qui les font vivre. Bürger n'a rien de ce caractère, mais il est, comme parmi nous Béranger, le premier dans son genre. La ballade de *Lenore,* celle de *l'Enlèvement,* et du *Chasseur forcené,* sont dans toutes les mémoires. On doit remarquer dans ces petits poèmes une rare habileté de style, une étude profonde des ressources du langage, une adresse incroyable à faire saillir certains mots du cadre de la phrase, et à promener l'intérêt dans les détours du récit. Presque toutes ses poésies sont du genre lyrique. Il écrit avec chaleur et souvent avec passion. Il a su faire plaindre les douleurs qu'il a chantées, et on sent, quand il écrit, que ses vers tombent du cœur comme les larmes de ses yeux. Il est le premier qui ait, avec succès du moins, introduit le sonnet dans la littérature de son pays. Il se serait sans doute élevé plus haut sans le malheur qui le persécuta toute sa vie, et multiplia ses formes pour le frapper. Schiller qui ignorait ses malheurs, jugea le poète avec une justice plus dure peut-être que sévère, qui l'affecta vivement ; il n'avait pas besoin de ce surcroît de peine. Bürger est mort de misère et de chagrin, à l'âge de quarante-six ans.

Johann Heinrich Voss, né dans le Mecklembourg en 1751, s'est acquis par son idylle de *Louise* une popularité presque aussi grande que Bürger, mais beaucoup plus contestable et beaucoup plus contestée. Nous avouerons franchement que nous ne sommes pas grand admirateur de cette naïveté de commande, de cette puérilité de détail qui frôle la niaiserie, et dont nous avons déjà fait justice en parlant d'*Hermann et Dorothée.* La poésie peut bien toucher de temps en temps aux détails les plus familiers de la vie domestique, mais se traîner pendant des milliers de vers autour d'un vieux fauteuil ou d'un pot-au-feu, c'est passer les bornes. Voss est surtout connu en France par ses traductions des auteurs anciens, non pas parce qu'on les a lues, mais parce qu'on s'en est servi pour décrier les nôtres. Un célèbre critique moderne, Menzel, ne les a pas épargnées, et jetant le ridicule à pleines mains sur le vieux Voss, a opposé à notre enthousiasme français sans base, de solides raisons allemandes. Il l'accuse de disloquer la langue, pour approcher tout de travers de la mesure et de la construction grecques ; d'avoir sué un demi-siècle pour rouler au sommet de l'antique Parnasse le vieux rocher runique de la langue teutone, qui retombe impitoyablement comme la foudre sur la tête et les épaules du Sisyphe philologue. « Ses traductions, dit-il, sont si servilement fidèles au mot, et si traîtres à l'esprit, qu'elles ne deviennent intelligibles qu'en s'en référant à l'original. Qu'il traduise Hésiode, Homère, Virgile, Théocrite, Ovide, Horace, Shakspeare (et il les a tous traduits) ou une ancienne chanson d'amour, c'est toujours la même chose : vous n'entendez rien autre que le pas roide et lourd de sa prose, qui se prétend des vers. Le puissant génie de Shakspeare ne peut pas même le tirer de sa régulière monotonie. Tous ces dignes poètes d'autrefois sont jetés frais et vermeils de santé dans son chaudron de sorcier, et ils en sortent de misérables bénêts, tous métamorphosés en autant de petits Voss ridés, tous marchant en uniformes de bougran. » Ce jugement est spirituel mais beaucoup trop dur. Voss a eu le tort d'abuser de la traduction. Il est certain que son Horace est inintelligible, que son Virgile n'a d'autre analogie avec l'original que de n'avoir pas un vers de plus. Son Shakspeare ne vaut pas mieux. Mais sa traduction d'Homère restera toujours comme un monument de patience et de fidélité, où le talent ferait quelquefois croire à l'inspiration. Quant à ses poésies lyriques, il eût peut-être bien fait d'être moins laborieux ; il en eût laissé un peu moins, mais elles seraient meilleures.

Après la traduction d'Homère par Voss, on doit citer celle de Friedrich Léopold comte de Stolberg qui, quoique moins fidèle, est peut-être plus animée : c'est Cesarotti comparé à Monti. Il avait été l'ami de Voss, qui ne lui pardonna pas de s'être fait catholique, et qui écrivit contre lui des pamphlets qui lui font peu d'honneur. Les poésies de Léopold ont été réunies avec celles de Christian, son frère. On y trouve de l'élévation, et de nobles pensées bien rendues. L'*Hymne au Soleil* et *A la Terre* méritent d'être citées. Leurs tragédies avec des chœurs manquent d'intérêt dramatique, mais le style en est remarquable et on les lit avec plaisir, même après la *Fiancée de Messine*.

Ludwig Heinrich Christoph Hölty, né à Mariensee, dans le Hanovre, en 1748, eût peut-être égalé ses amis plus célèbres de Gœttingue, s'il ne fût mort à vingt-huit ans. Il est douteux qu'il fût jamais devenu grand poète, mais ses œuvres peu nombreuses ont du charme et de la grâce.

Pur et religieux, son style est plein de tendresse et de mélancolie. Il aimait la nature, et lui empruntait volontiers ses plus gracieuses images. On relit encore avec plaisir ses chants élégiaques, sur sa fin prochaine, *Sur une jeune fille de campagne*, le *Pauvre Wilhelm* et ses plaintes au tombeau de son père ; ce ne sont pas des chefs-d'œuvre mais ce sont des vers heureux, faciles, et bien sentis.

Johann Martin Miller, né à Ulm en 1750, écrivit dans le genre de Hölty quelques poésies qu'on ne lit plus, quoique peu inférieures à celles de son modèle. Il se fit un instant une grande réputation par son roman de *Siegwart*, histoire de couvent. *Werther* avait mis le genre sentimental à la mode, et Miller en a abusé. Cette œuvre lachrymatoire fut traduite en danois, en hollandais, en polonais, en suédois, en français, etc., et elle est maintenant oubliée dans toutes les langues, y compris l'allemand.

Le dernier des amis de Gœttingue que nous ayons à mentionner est Johann Anton Leisewitz, né en Hanovre en 1752. Une seule tragédie fit sa réputation et la maintiendra. *Julius de Tarente* est un drame en prose, habilement conçu et énergiquement exécuté. C'est le sujet des frères ennemis transporté dans les temps modernes. Un style vigoureux, de hautes et belles pensées, une chaleur soutenue, de la passion dans les caractères, des situations bien posées justifient le jeune enthousiasme de Schiller, qui avait appris cette pièce par cœur. Elle eut un succès prodigieux, et l'auteur renonça au théâtre. On peut s'étonner que Leisewitz qui avait débuté d'une manière si brillante, et déployé un rare talent d'écrivain, se soit arrêté tout à coup. Mais il ne s'est point arrêté ; c'était un homme bizarre et fantasque, qui travailla toute sa vie pour la gloire, sans lui donner d'autre gage que le premier. Il avait imaginé d'écrire l'histoire de la guerre de Trente ans, et de consacrer à l'écrire, le temps qu'elle avait duré. Il exécuta religieusement son œuvre qu'il eut le temps de terminer ; une fois finie, il la garda dans son portefeuille, pour qu'elle ne parût qu'après sa mort, et quand il se vit près de mourir, il se releva pour la brûler.

Avant de reprendre la liste des poètes qui ont honoré en même temps que Gœthe et Schiller cette époque de la littérature, qui est la plus courte et la plus féconde, nous examinerons les écrivains qui, dans différents genres et sur différents points de l'Allemagne, ont honoré leur pays et les lettres.

Johann Georg Hamann, né en Westphalie en 1730, est, je crois, totalement inconnu en France. Il ne le fut pas de ses contemporains, et les plus célèbres l'admiraient. Herder, Gœthe, Friedrich Jacobi sont de ce nombre, et avaient contribué à lui faire un nom qu'il n'a pas conservé. On remarque parmi ses nombreux écrits, les *Croisades du Philologue,* ses *Considérations sur l'Écriture sainte,* les *Soliloques d'un auteur.* Une pensée originale et féconde, une expression souvent heureuse et piquante, maintiennent parmi les littérateurs une réputation à peu près perdue pour le public. Un *Florilegium* de ses œuvres a été publié par Cramer en 1819 sous le nom de *Feuilles sybillines.* Ce nom semble indiquer une destinée fugitive qu'elles ne méritent pas, bien qu'on y trouve plus d'une pensée ayant l'obscurité des oracles, apparemment pour justifier le titre du recueil.

Un des meilleurs prosateurs de ce temps est Johann Jacob Engel, né en 1741 à Parchim, dans le duché de Mecklemburg-Schwerin. Philosophe aimable et facile, quelquefois profond, souvent élevé, il a beaucoup écrit, et rarement fatigué ses lecteurs. On cite au nombre de ses meilleurs ouvrages : le *Philosophe pour le monde,* le *Miroir des princes* et son roman de *Laurent Stark.* Engel ne passera jamais pour un homme de génie ; il était de ceux qui suivent une impulsion, et ne la donnent pas ; mais s'il ne fallait lire que les hommes de génie, on serait trop souvent à court de lecture.

Christian Garve, né à Breslau en 1742, a rendu par ses écrits de véritables services à la science philosophique. Esprit calme et lucide, ses livres sont plus faits pour nous apprendre à vivre, que pour expliquer la vie. Son style formé sur l'étude des vieux classiques et celle des écrivains anglais les plus remarquables de son temps, Burke, Adam Smith, Ferguson, a les qualités de son esprit, de la gravité et de la netteté. On lui doit une traduction des *Offices* de Cicéron, enrichis de commentaires philosophiques. Ses essais sur divers points de la littérature, de la morale, de la vie sociale, seront toujours lus avec plaisir, et jamais sans fruit.

Les *Aphorismes philosophiques* d'Ernst Platner sont l'ouvrage d'un homme spirituel et instruit. La *Nouvelle apologie de Socrate,* recommande encore le nom d'Eberhard, et on n'a pas oublié son *Traité d'Esthétique* par lettres, malgré les ouvrages supérieurs qui ont effacé le sien. On se souvient aussi de Hirchfeld qui écrivit avec succès sur la *Vie de campagne*, sur *Les curiosités les plus remarquables de la Suisse*, sur *L'art et la théorie des jardins*. Ce dernier ouvrage est un des meilleurs qui aient été écrits sur ce sujet.

Un homme supérieur à tous ceux que nous venons de citer, c'est Friedrich Heinrich Jacobi, né à Düsseldorf en 1743. Quoique plus remarquable encore par ses vertus que par son talent, Jacobi est un des écrivains dont s'honore l'Allemagne. Son roman de *Waldemar* a acquis une grande célébrité. Nous ne dirons rien du sujet, véritable invention de philosophe allemand qui vit dans sa tête au lieu de vivre dans le monde, et qui est d'ailleurs médiocrement intéressant. Mais la doctrine de l'auteur qui rapporte toute la destinée humaine au sentiment, y est développée avec une rare éloquence. Ses *Lettres sur la doctrine de Spinosa*, ses entretiens *Sur l'idéalisme et le réalisme* ont achevé sa réputation. Jacobi est un penseur, dont le style parfois embarrassé ne sert pas à élucider une pensée qui n'est pas toujours bien claire. Il a vécu dans une solitude qui excuse et explique ses paradoxes ; on l'a nommé le Platon chrétien. Il a souvent l'obscurité du philosophe grec, et pas assez souvent l'éclat.

Johann Caspar Lavater, né à Zurich en 1741, est un des écrivains distingués que revendique l'Allemagne. Son *Traité physiognomonique* est universellement connu, beaucoup plus, je crois, qu'il n'est lu. Il y a dans cet ouvrage plus d'esprit et de subtilité que de profondeur et de science, mais on y retrouve la morale et la pureté éloquente de ses sermons. Sa renommée comme prédicateur aura toujours pour elle le témoignage de Jean de Müller qui le regarde comme un Père de l'Église (protestante bien entendu). Il ne connaît pas un théologien qui ait une foi plus ferme et plus sincère, qui sente plus profondément, et qui embrasse davantage de cœur et de pensée. Lavater s'est fait aussi connaître comme poète ; ses chants de la Suisse offrent des beautés dignes du sujet. Il eut le malheur d'oublier que Klopstock avait fait la *Messiade*, et il publia sous le même titre un poème qui n'ôte rien à la gloire de Klopstock et n'ajoute pas davantage à la sienne.

August Hermann Niemeyer, professeur de théologie à Halle, s'est fait comme prédicateur une réputation d'éloquence qu'il justifie mieux que celle qu'il s'est faite comme poète.

Parmi ceux qui se sont distingués dans la philosophie sacrée, personne en Allemagne ne s'est fait un nom plus célèbre que Franz Volkmar Reinhard, né en 1753, et mort à Dresde en 1812. Le recueil de ses sermons forme plus de quarante volumes. Böttiger, son biographe, les regarde comme des modèles d'ordonnance et d'invention. Une richesse inépuisable de pensées, un choix admirable de sujets, un style clair, élégant et facile, qui, avec l'onction évangélique du prêtre sait unir la netteté énergique de Démosthène à l'abondance de Cicéron, feront vivre le nom de Reinhard aussi longtemps que le Christianisme. Il ne nous appartient pas de trouver ces éloges exagérés, mais si on croyait qu'ils le sont, nous ferions observer que l'exagération d'une qualité en suppose nécessairement l'existence. Cela posé, il restera toujours à Reinhard une parure assez belle, pour qu'on la lui envie.

Parmi ceux qui se sont distingués comme philosophes et comme poètes, nous citerons Carl Heinrich Heidenreich. Son *Esthétique,* sa *Vesta* sont des ouvrages recommandables. Philosophe, il n'est pas toujours assez poète. Poète, il procède trop souvent comme un philosophe.

Carl Ludwig Fernow a marché, mais d'assez loin, sur les traces de Winkelmann dont il a édité les œuvres. On estime ses études romaines, et on ne lit pas sans plaisir ses poésies qui se trouvent la plupart dans l'*Anthologie lyrique* de Matthisson.

Les *Principes d'Esthétique* de Carl Théodor Anton Maria de Dalberg, né en 1744, primat de la Confédération du Rhin, sous Napoléon, ses *Méditations sur l'univers* l'ont fait estimer comme auteur, autant qu'il était aimé comme homme. Il a publié dans le *Mercur* de Wieland quelques poésies sans importance.

Friedrich Bouterwecke, né en 1766, a écrit aussi sur l'Esthétique, sujet favori des méditations des philosophes allemands. Son ouvrage sur cette matière est un des meilleurs. Mais ce qui établit sa réputation sur des bases encore plus solides, c'est son *Histoire de la poésie et de l'éloquence.* Cette histoire qui comprend la littérature de l'Italie, de l'Espagne, du Portugal, de la France, de l'Angleterre et de l'Allemagne, est unique dans son genre. Une érudition étendue, un jugement solide, en sont les qualités distinctives ; mais on lui désirerait souvent un goût plus délicat, des aperçus plus nouveaux. Malgré d'inévitables erreurs, c'est un ouvrage qui doit rester. Le style de Bouterwecke manque de précision et de légèreté. On doit encore à sa plume la *Nouvelle Vesta*, et une foule de petits écrits qui se distinguent par les mêmes qualités et les mêmes défauts. Il a écrit des poésies qui ne sont pas sans grâce, et un roman, le *comte Donamar*, qu'il regarde à juste titre comme un péché.

Un genre qui ne devait recevoir le sceau d'un vrai génie que dans l'époque suivante, le genre humoristique, dont la définition est assez embarrassante, qui consiste dans la bizarrerie des formes, dans l'art de dire plaisamment des choses sérieuses et tristement des choses plaisantes, dans le choix imprévu des images, dans les tortuosités singulières qu'on fait subir à sa pensée, dans l'art d'enchaîner les digressions, sans se perdre, et de sauter sans tomber d'immenses intervalles, ce genre importé d'Angleterre, et qui sied merveilleusement à l'esprit allemand, avait déjà de nombreux sectateurs.

Johann Christoph Lichtenberg, né en Darmstadt en 1742, est un des écrivains les plus volumineux et les plus spirituels de l'Allemagne. Il offrait, dans sa manière de vivre, les mêmes bizarreries que dans ses écrits, et elles lui ont fait autant de renom que ses ouvrages où il a dépensé beaucoup de saillies et de connaissances, où il n'est pas rare de trouver une pensée profonde cachée sous un bon mot.

Nous nommerons ensuite Theodor Gottlieb Hippel, né à Gerdauen en Prusse en 1741, homme singulier, dont le génie égalait presque la bizarrerie, et ce n'était pas peu dire. Jamais il n'avoua ses ouvrages, et il garda l'anonyme durant toute sa vie, avec tant d'adresse qu'on les attribua à tout le monde excepté à lui, à Kant entre autres, dont les principes se retrouvaient partout. Les titres de ses livres sont aussi bizarres que ce qu'ils contiennent. L'un d'eux s'appelle : *Kreuz und Querzüge des Ritters A. bis Z*, ce qui est trop difficile à traduire pour que nous l'essayons. Un autre se nomme le *Cours de la vie en ligne ascendante,* et on peut être certain qu'il n'arrive pas au but en ligne droite. On remarque dans tous les ouvrages de Hippel une connaissance profonde du cœur humain, une imagination pétillante, un esprit plein de sève et de vie, un brillant de style rare et, par-dessus tout, des éclairs de science qu'il n'est pas donné à tout le monde de semer avec tant de prodigalité. Son livre sur le mariage est rempli d'observations fines et d'idées neuves. Kant le nomme *einer Plan-und-central Kopf*, ce qui caractérise peut-être fort bien Hippel, et ce que nous rapportons en allemand parce que c'est encore plus caractéristique qu'en français. Son genre a eu de nombreux imitateurs, mais sa manière qui exige autant de science que d'imagination n'en eut qu'un, et celui qui l'imita, l'écrasa, c'est Jean Paul.

Ce fut encore un écrivain humoristique que Moritz August de Thümmel, né à Schönfeld près Leipzig en 1738. Sa *Wilhelmine*, ses *Voyages dans les provinces du midi de la France,* sont encore mis aujourd'hui au nombre des meilleures productions de cette époque. Ses peintures de mœurs sont pleines de poésie, de comique et de spirituelle ironie, colorées avec imagination, et dignes de servir de modèle. On prétend qu'il en a servi à l'un des écrivains les plus populaires de la jeune Allemagne.

Mathias Claudius, né en 1740 à Rheinfeld, a vécu presque constamment à Wandsbeck près de Hambourg. Écrivain satirique sans fiel, tendre et profond dans ses sentiments, et religieux jusque dans sa gaieté, l'Allemagne a reçu avec joie tous ses ouvrages dont il a donné une édition avant de mourir, sous le titre d'*Œuvres complètes du messager de Wandsbeck*. Soit dans sa prose, soit dans ses vers, on aime la bonté d'ange de son esprit qui brille jusque dans ses sarcasmes, et on avouera qu'il faut en avoir de reste pour en mettre dans les épigrammes.

De toutes les branches de la littérature, l'histoire fut longtemps la plus négligée. Abandonnée à de froids jurisconsultes, elle était écrite en style de chancellerie, et c'était plutôt des mémoires à consulter, qu'un tableau des faits dont ils étaient censés parler. Michael Ignaz Schmidt, né à Armstein en 1734, fut un des premiers qui tenta de donner une nouvelle direction à l'art de retracer les annales des peuples. Ce n'était point un génie que Schmidt, mais un homme de goût et de jugement, qui classe bien les faits, les apprécie avec impartialité et les raconte simplement. Son *Histoire des Allemands* est un ouvrage recommandable, surtout dans les premiers livres, et qui, s'il ne plaît pas, a du moins le mérite d'instruire.

Auguste Ludwig de Schlözer, né à Jagstadt en 1735 et professeur d'histoire à Gœttingue, était un esprit plus élevé que Schmidt, et un écrivain plus fort; mais à force de vouloir imiter l'énergique concision de Tacite, il tombe dans des affectations de style, plus barbare encore qu'il n'est laconique. Ce défaut n'est cependant pas constant, et on s'étonne souvent en le lisant qu'il ait pu faire tenir son idée dans le peu de mots qu'il lui accorde.

Ludwig Timotheus Spittler, né à Stuttgard en 1752 et également professeur de philosophie à Gœttingue, n'est pas encore un grand historien, mais il vaut déjà mieux que les précédents. C'est un homme qui ne s'occupe nullement de son style, et c'est un tort quand on écrit; mais d'un autre côté, il saisit avec une rare sagacité l'enchaînement des faits, les incidents remarquables, les caractères dominants d'une époque; et il nous présente le tout en peu de mots, sans élégance, pas toujours avec correction, mais avec netteté, et de manière à intéresser le lecteur. Ses meilleurs ouvrages sont l'*Histoire de l'Église chrétienne,* celle du *Würtemberg sous ses Comtes et ses Ducs,* et son *Plan d'une histoire des États de l'Europe.* Il excelle particulièrement à traiter les relations du passé et du présent, et à nous les faire saisir par quelques coups de pinceau lestement donnés et vigoureusement marqués.

Johann Wilhelm d'Archenholz, né à Dantzig en 1745, a écrit plusieurs morceaux d'histoire qui ne sont pas sans mérite. Archenholz était capitaine au service de la Prusse, et on pourrait lui reprocher de traiter l'histoire un peu à la hussarde. Son style est facile et roulant: c'est un observateur spirituel. Il manque de profondeur et d'impartialité. Son *Histoire de la Guerre de Sept Ans* fut lue avec avidité. On y cherchait de nouvelles révélations sur des événements dont l'auteur avait été presque le spectateur. On n'y cherche aujourd'hui plus rien, et il est, ou peu s'en faut, complètement oublié.

Avant de passer au plus grand historien de l'Allemagne, peut-être de l'Europe, nous citerons encore un homme qui a droit à nos souvenirs. Ernst Ludwig Posselt, né à Durtach en 1763, a publié une *Histoire de Charles XII* qui n'est guère qu'une traduction de Voltaire, et celle de *Gustave III, roi de Suède.* Son tableau des guerres des Français pendant la Révolution est un ouvrage distingué. Lié d'amitié avec le général Moreau, son procès lui fit tant de peine, qu'il mit fin à ses jours pour n'en pas voir l'issue. La première moitié de sa vie peut faire croire qu'il eût honoré la seconde, s'il eût eu le courage de l'attendre.

Johannes de Müller, né à Schaffhausen en 1752, peut être considéré comme le plus grand historien moderne. C'était un homme d'une érudition inouïe, d'une sagacité aussi merveilleuse que sa mémoire. Il semblait que tous les faits se fussent passés dans sa tête, et qu'il n'eût plus qu'à les écrire. Son caractère a été diversement jugé, et peut-être avec plus d'aigreur que de justice. Müller avait presque autant d'ambition que de génie, et était assez faible pour sacrifier à cette ambition les vertus qu'il admirait le plus. Les opinions les plus généreuses et les plus libérales s'associaient chez lui aux mesquineries caressantes du courtisan. Studieux jusqu'à la frénésie, il tombait de cette ardeur inépuisable de travail dans tous les écarts de la plus basse sensualité; puis le génie le reprenait, et une fois la plume à la main, il devenait de fer comme les héros qu'il se plaisait à peindre. Une imagination puissante, qui ressuscite le passé et le force à revivre sous nos yeux, une pénétration sans exemple, une éloquence merveilleuse dont la richesse est dans la pensée et non pas dans les mots, un enthousiasme de cœur pour tout ce qui est sublime, un style simple, énergique, concis, tout empreint de la valeur des siècles qu'il décrit, audacieux sans enflure, imprévu dans ses tours, voilà les qualités qu'on remarque dans son admirable *Histoire de la Confédération suisse.* Les défauts qu'on peut reprocher à Müller tiennent à l'excès d'une qualité. Il savait trop, et ne voulait rien perdre de ce qu'il savait. Il raconte tout, même des détails oiseux et sans importance. Il se remue avec une incroyable facilité dans le dédale de tout ce qu'il rapporte, mais il ne peut pas prêter la même aisance au lecteur qui se fatigue parfois de le suivre. Cette histoire est beaucoup trop longue, et l'intérêt s'éparpille au lieu de se concentrer. Le secret de Tacite et de Thucydide est de ne pas tout dire, en ayant l'air de ne rien passer. C'est aussi l'art de Salluste auquel Müller ressemble par le style beaucoup plus qu'aux deux grands hommes que nous venons de citer. Les discours dont il fait précéder les différents livres de son histoire suffiraient seuls pour faire la réputation d'un écrivain. Il n'y avait que Müller qui pût se surpasser lui-même, et c'est ce qu'il a fait dans son *Histoire universelle* dont il n'a malheureusement publié que 24 livres. Quoique imparfait ou plutôt inachevé, c'est un des plus beaux monuments qu'ait élevé aux hommes le génie d'un de leurs frères. Outre ses histoires, Müller mêlé pendant toute sa vie aux affaires politiques de l'Allemagne, a publié des discours politiques que l'on compare aux *Philippiques* de Démosthène. Le recueil de ses lettres fait aimer et excuser l'homme dont on plaint les fautes. Elles sont pleines de naturel et de bonhomie.

Nous ne dirons rien de Sturz, biographe élégant du comte de Bernstorf, dont il fait aimer le caractère et l'esprit, mais qui était plus fait pour laisser des souvenirs à ses amis qu'à l'histoire.

Carl Ludwig de Woltmann, né à Oldenburg en 1770, était un homme de haute capacité qui eut le tort de se faire l'antagoniste et le critique d'un homme qui valait mieux que lui, de Jean de Müller. Woltmann connaissait bien le cœur humain, et nul doute qu'il n'eût été un écrivain d'un ordre supérieur s'il eût allié plus de connaissances et d'érudition aux qualités d'écrivain qu'il possédait à un degré distingué. Le désir de briller a fait autant de tort à sa personne qu'à ses écrits. Le seul qui protège aujourd'hui sa mémoire, c'est son *Histoire de la Réformation* que Müller n'aurait certainement pas envié, mais qui ne compromettrait pas sa renommée.

De l'histoire au théâtre la transition est souvent assez insensible pour qu'on nous permette de ne pas la marquer. Nous avons d'ailleurs à remarquer l'influence du drame historique de *Gœtz de Berlichingen* sur les écrivains de second ordre qui fleurirent à cette époque. Une ardeur chevaleresque s'était emparée de toute l'Allemagne, et ce qu'on ne pouvait voir dans les mœurs, on allait l'admirer au théâtre. Parmi ceux qui flattèrent le goût du public avec le plus de succès, en lui donnant de la chevalerie en prose à cœur que veux-tu, nous citerons Franz Maria Babo, né à Ehrenbreitstein en 1756. Son *Otto de Wittelsbach* a été joué sur tous les théâtres de l'Allemagne, et méritait suivant nous de réussir. C'est un drame plein de mouvement et d'intérêt, dont le caractère principal est dessiné avec autant de force que d'habileté. Le style a de la couleur et de l'éclat, et la pensée une certaine rudesse des vieux temps qui plaît à notre raffinement moderne. Nous accorderons à peu près les mêmes éloges à l'*Agnès de Bernan* du comte Joseph August de Törring. C'est le même sujet qu'*Inez de Castro*, avec accompagnement de tournois et de combats singuliers. Nous n'avons pas lu ces ouvrages depuis l'âge de vingt ans, et il y a déjà fort longtemps de cela ; mais nous nous rappelons encore l'impression profonde qu'ils nous ont faite, et il serait possible que la reconnaissance fût pour beaucoup dans nos éloges. C'est aussi, je crois, au comte de Törring, qu'on doit la tragédie de *Don Diego et Léonore*, pleine de cette mélancolie profonde qui devine le malheur, et le double par la prévoyance.

Toutes ces pièces en prose devaient nécessairement ramener la pensée vers Lessing, et la comédie larmoyante dont il était pour ainsi dire le créateur. Ceux qui l'exploitèrent avec le plus de succès sont Iffland et Kotzebue.

August Wilhelm Iffland, né en 1759, la même année que Schiller, se fit autant de réputation en jouant les pièces de ce grand homme qu'en composant des drames qui, je crois, ne se jouent plus guère. Ses caractères sont dessinés avec adresse et il s'entend à toucher le cœur, mais ses créations tournent toutes dans le cercle assez étroit de la vie domestique. Il manque de poésie et d'élévation. Il s'appliquait à ne montrer sur le théâtre que ce qu'à la rigueur il est possible de rencontrer chez soi. Seulement, il accumulait les événements, et il entasse quelquefois dans une famille ce qui peut à la rigueur en défrayer vingt-cinq. On range au nombre de ses meilleurs ouvrages : le *Crime par ambition*, les *Chasseurs*, le *Conseiller de cour*, la *Maison paternelle*. Iffland a aussi publié quelques écrits sur l'art du comédien, qui prouvent à quel point il l'avait étudié, et que, s'il est oublié comme auteur, il doit se survivre comme acteur.

August Friedrich Ferdinand de Kotzebue, né à Weimar en 1761, est un écrivain d'une fécondité incontestable, et d'une célébrité fort contestée. Ses œuvres dramatiques ont été connues en France bien avant celles de Schiller, et on pourrait peut-être encore trouver des gens qui les admirent davantage. Il n'y a pas là moindre comparaison à établir entre ces deux écrivains, mais on aurait tort de dédaigner complètement le dernier. Comme auteur dramatique, il possède des qualités précieuses, qu'il est impossible de ne pas lui reconnaître quand on le juge avec impartialité. Il y a même à parier qu'on ne les eût jamais révoquées en doute, s'il eût mené une vie plus honorable. Mais Kotzebue n'a jamais vu dans les lettres qu'un moyen de gagner de l'argent, et il en a gagné autant que d'opprobre. Espion et folliculaire, il a calomnié également les individus et les peuples, et surtout son pays. Un jeune étudiant, emporté par la fièvre du patriotisme, crut délivrer le monde en l'assassinant. C'est une triste réfutation qu'un coup de poignard. La société n'a pas besoin de ces vengeances, et le mépris déchire mieux et plus avant qu'un couteau. S'il fallait, d'ailleurs, tuer tous ceux qu'on méprise, on n'en finirait pas, et c'est à Dieu qu'il faut laisser le soin de punir les misérables qu'il veut bien laisser vivre pour nous apprendre à ne pas les imiter.

Peu digne d'intérêt comme citoyen, Kotzebue n'en mérite pas moins, comme auteur, l'attention qu'il a longtemps captivée. Il est, parmi les auteurs dramatiques, un de ceux qui s'entendent le mieux à l'agencement du drame, qui connaissent le mieux les effets du théâtre. Il ne faut pas chercher chez lui une peinture fidèle des mœurs et des localités, et cette saveur d'histoire dont les maîtres savent imprégner leurs ouvrages. Tous ses faits et ses gestes, tous ses personnages sont d'un siècle imaginaire, et d'un pays qu'on ne voit que dans ses pièces ; mais elles sont toutes intéressantes. L'action en est rapide, le dialogue heureux. Les pensées ne sont pas d'un ordre supérieur, mais elles ne sont pas non plus au-dessous de la situation qui les inspire. Si elles ne la relèvent pas, on ne peut pas dire non plus qu'elles la déparent. Plusieurs de ses drames ont été transportés avec succès sur notre théâtre ; il suffit de citer *Misanthropie et Repentir,* et les *Deux Frères.* Parmi celles que l'on préfère en Allemagne, on nomme les *Hussites,* les *Croisés, Adélaïde de Wolfingen, Grotius, Jeanne de Montfaucon,* et la *Vierge du Soleil.* Parmi les comédies, celle de la *Petite Ville* passe pour une des meilleures du théâtre allemand. Kotzebue a aussi publié quelques romans, que nous ne connaissons pas, mais qui ont été recherchés dans leur temps. C'est en somme un écrivain qui serait estimable, si sa vie privée l'était davantage.

Quand on veut faire métier du talent, il vaut mieux être cordonnier : on risque moins de se compromettre.

Friedrich Maximilian de Klinger, né à Francfort-sur-le-Mein en 1753, est sous tous les rapports un homme fort supérieur à Kotzebue, quoiqu'il soit fort loin d'avoir atteint la même célébrité. Il fut un de ses amis, et se fit connaître, étant encore très jeune, par sa tragédie des *Jumeaux*. C'est un drame bien charpenté et vigoureusement écrit, plein de chaleur, de passion et d'éloquence. Quoique éloigné de l'Allemagne, et engagé au service de la Russie dont il fut un des généraux, Klinger justifia les promesses qu'avait fait concevoir son premier ouvrage par une série de pièces toutes empreintes des mêmes qualités. *Grifaldo, Conradin, Le Favori, Aristodème, Médée à Corinthe, Médée sur le Caucase, Damoclès*, lui assurent un nom que soutiennent dignement ses autres ouvrages. Ses pièces sont pleines de force et d'énergie, et poétiquement écrites ; cependant, quoique la forme métrique ne soit pas absolument indispensable à la tragédie, son absence se fait vivement sentir dans les drames de Klinger. Une pièce, comme *Médée* surtout, demandait à être écrite sur le modèle de l'*Iphigénie* de Gœthe. Quand il s'agit d'une magicienne comme celle-là, c'est le cas ou jamais d'appeler à son secours toute la magie du style. Klinger n'eût pas écrit pour le théâtre, qu'il vivrait par ses autres écrits ; ils sont presque tous remarquables par la sagacité et l'esprit d'observation qu'ils supposent. La pensée en est souvent ingénieuse et profonde, et quelquefois aussi âcre et amère. Ses œuvres ont été recueillies et publiées à Kœnigsberg, en douze volumes ; outre son théâtre, on doit y distinguer : *Vie, actions, et descente aux Enfers de Faust*, roman didactique, ou pour mieux dire satirique ; *Voyages avant le déluge, l'Homme du monde et le Poète, le Premier Fils d'Ève dans le Paradis*. Klinger était devenu âcre et bilieux en vieillissant ; son dernier ouvrage, *Fragments sur la littérature et sur le monde*, est au moins aussi remarquable par la mauvaise humeur que par le talent. L'auteur s'y montre mécontent ; tout sceptique et morose, il querelle la religion et les hommes, Kant et Platon, et jusqu'à Gœthe dont il oublie l'amitié. Quoiqu'on soit assez sûr de réussir quand on dit du mal de tout le monde, cet ouvrage a fait moins de bruit que ne semblait le promettre l'esprit qu'il prouve.

Avant que le *Werther* de Gœthe ne vint donner une nouvelle impulsion au roman, on se délectait en Allemagne à lire les tableaux d'intérieur qui se reproduisaient sans cesse dans les romans anglais de cette époque, et la littérature ne comptait dans ce genre que des traductions, genre plus difficile qu'on ne pense, quand on veut le traiter avec soin, et dans lequel Christoph Bode se fit un nom. Il sévissait alors une telle anglomanie, que lorsque Timotheus Hermès fit paraître son premier roman, *Histoire de Miss Fanny Wilkes,* il ajouta à ce titre par naïveté ou par bizarrerie : *ouvrage aussi bon que s'il était traduit de l'anglais.* On ne peut pas trop savoir s'il était aussi bon, mais il paraît qu'il n'était pas meilleur, et il est aujourd'hui totalement inconnu. On se rappelle encore, au moins par le titre, un autre ouvrage de lui, intitulé : *Les voyages de Sophie.* On y trouve plusieurs petites pièces de poésie, bien senties et agréablement versifiées ; c'est à peu près tout ce qu'on peut dire de Johann Timotheus Hermès, sinon qu'il est mort à Breslau au commencement de ce siècle, à plus de quatre-vingts ans.

Johann Carl August Musæus, né à Iena en 1735, est mort bien avant Hermès, mais vivra plus longtemps. Esprit plein de finesse et de bonhomie, Musæus est devenu, grâce à son recueil des légendes populaires de l'Allemagne, un des écrivains les plus aimés de son pays. Les *Apparitions de mon ami Hein* (le sobriquet de la mort chez les Allemands) est un livre plein d'une douce et spirituelle philosophie. Les *Plumes d'autruche* sont aussi d'ingénieux caprices, où brille autant d'originalité que de bonhomie. Il était l'ami de Herder, qui prononça sur sa tombe de touchants adieux, qui ne furent pas sans écho. « Nous tous, dit-il en finissant, nous devons tôt ou tard faire le trajet qu'a fait et que va faire aujourd'hui notre ami, notre confrère. Efforçons-nous de mériter un jour des regrets aussi tendres, aussi sincères que ce savant, qui, pour la simplicité du caractère et la bonté du cœur, fut un enfant, mais qui, pour son application infatigable à l'étude, pour sa tranquille activité et son amour du bien général, fut un homme, oui un homme de bien, un homme vertueux. »

Georg Philipp Ludwig Leonhard Wächter, né en 1762, emprunte pour publier ses traditions des vieux temps le nom de Veit Weber, poète de Fribourg, qui célébrait au quinzième siècle les exploits de la

Suisse. Comme son pseudonyme qui terminait un de ses chants de guerre en disant :

> Veit Weber hat dies Lied gemacht;
> Er ist selbst gewesen an der Schlacht.

C'est Veit Weber qui a composé ce chant; il a été lui-même à la bataille, Leonhard Wächter fut auteur et soldat. Ses romans ne manquent ni de force ni de vérité; mais à force de remuer la poussière du moyen âge, il en a parfois sali son imagination. Son style, chargé de vieux mots, semble se ressentir de celui dont il porte le nom, et l'auteur se grime plutôt qu'il n'imite. Quoique assez communément insipide, Wächter mérite cependant d'être lu, et il y a un vrai talent dans ses *Francs-Juges*, traduits, je crois, en français par M. Loeve Veimer. Une tragédie de *Guillaume Tell*, composée avant celle de Schiller, n'ajoute rien à sa réputation, et ne lui fait pas de tort.

August Gottlieb Meissner, né en 1753, passe aussi pour avoir écrit des romans historiques, qui ont fait longtemps les délices de l'Allemagne; mais l'histoire dans ses livres ne va plus loin que le titre. *Bianca Capello, Alcibiade, Masaniello,* ne sont pas des productions dépourvues de talent. Elles manquent seulement de profondeur, d'énergie et de vérité. Elles se recommandent par un style coulant et gracieux, qui ne couvre malheureusement que des pensées superficielles. Il a aussi écrit sous une forme romanesque les biographies de Spartacus, de Jules César, d'Épaminondas, qui ont absolument l'air d'Allemands du dix-huitième siècle. Tout cela ne vaut guère mieux que ses pièces de théâtre. Meissner a écrit en prose des fables qui ne manquent pas de finesse et d'esprit, mais sont bien loin de celles de Lessing.

Johann Gottwerth Müller, né à Hambourg en 1744, est le premier qui ait réussi dans le roman comique. Son *Siegfried de Lindenburg* est encore dans ce genre une des meilleures productions de l'Allemagne; mais la satire s'attaque trop à des vices particuliers, à des événements fugitifs, elle n'embrasse pas tous les détours du caractère de l'homme, comme dans Gil Blas qui sera vrai dans tous les temps. On a comparé le roman de Müller à Don Quichotte, mais il n'en a ni la richesse, ni la variété, ni surtout le style qui est resté inimitable. On doit encore à cet auteur : *Emmarich* et les *Barons de Walcheim*, qui ont obtenu moins de succès, bien qu'on y rencontre, comme dans le présent, des idées fines et spirituelles, et des situations heureuses.

Parmi ceux qui dans leurs romans se sont contentés d'explorer les chroniques du foyer domestique, au lieu de réveiller de travers les annales inconnues des peuples, on se souviendra toujours d'August Lafontaine, même quand on ne le lira plus, et c'est peut-être déjà fait. August Heinrich Julius Lafontaine, descendant, dit-on, de notre fabuliste, dont il a quelquefois la naïve bonhomie, est né à Brunswick en 1758. Il est difficile d'imaginer un écrivain plus fécond. Il a composé au moins cinquante romans, non compris les contes et les nouvelles. On sent bien que le style doit en être négligé ; il l'est cependant beaucoup moins qu'on ne devrait s'y attendre. Ce qu'il y a de sûr, c'est que si cette fécondité ne prouve pas le génie, elle prouve au moins beaucoup d'imagination. Ses *Tableaux de Famille, August et Theodor, l'Original, Quinctius Flamming*, ont fait les délices de notre jeunesse, et en ont charmé probablement bien d'autres. Mais Walter Scott a tout fait oublier, ce qui ne l'empêchera peut-être pas d'être un jour effacé de nos mémoires, car nous sommes plus ingrats qu'il n'est grand.

Ignaz Aurelius Fessler, né à Pressburg en 1756, s'est distingué autant comme auteur que par les bizarreries de sa conduite et la mobilité de ses croyances religieuses. Il commença par abjurer le protestantisme pour entrer dans l'ordre des Capucins, puis il quitta sa robe pour retourner à l'Église Évangélique, et il finit enfin, comme Werner, par mourir catholique. Au milieu de ce conflit d'abjurations qui n'atteste pas une grande fermeté d'esprit, Fessler a pourtant écrit des ouvrages qui la prouvent. Ses romans historiques sont écrits avec force et simplicité. Ils dénotent une grande connaissance et un sentiment vrai de l'histoire, même alors qu'il s'en éloigne pour plier les faits à ses idées et ses principes. *Marc-Aurèle, Aristide et Thémistocle, Mathias Corvinus roi de Hongrie, Attila roi des Huns,* sont des ouvrages dont la lecture promet peut-être plus d'instruction que de plaisir, mais qui méritent l'attention des esprits sérieux. *Abailard et Héloïse, Thérésia ou les Mystères de l'Amour,* appartiennent à un autre ordre d'idées et passent pour inférieurs à ceux que nous venons de nommer. Fessler a aussi laissé quelques écrits maçonniques, des *Vues sur la Religion et l'Église,* les *Nuits mystiques de Bonaventure.* Toutes ses œuvres se distinguent par les mêmes qualités et les mêmes défauts, une morale pure, un style sans ambition, une pensée élevée et quelquefois profonde.

Johann Heinrich Jung, surnommé Stilling, né à Gründen 1740, était un habile oculiste, qui sut rendre la vue à plus d'un aveugle, moins pour les mettre à même de lire ses ouvrages, il faut le dire à sa louange, que pour le bonheur d'être utile. Un de ses meilleurs écrits est l'*Histoire de sa vie,* que ne liront pas sans fruits ceux qui cherchent à découvrir le secret de l'homme dans les bizarreries des caractères. Stilling avait de véritables dispositions pour devenir un écrivain populaire ; mais d'un autre côté sa tendance au piétisme a donné une mauvaise direction à ses œuvres. On remarque parmi ses écrits, *Theobald,* l'*Homme gris,* la *Dame blanche, Scènes du royaume des Esprits, Nouvelles de l'autre Monde.* Quoique Stilling soit mort, en 1817, on ne s'en souvient pas plus ..... que s'il vivait encore.

Nous terminerons la revue de cette époque en citant ceux qui ont contribué à l'honorer, soit comme poètes, soit comme prosateurs, soit comme tous deux ensemble.

Christian Friedrich Daniel Schubart, né en Souabe en 1739, poète et musicien, se montra aussi excentrique dans un art que dans l'autre. Ses poésies peu nombreuses sont remplies d'audacieuses et étranges métaphores. On pourrait dire, dit un critique, qu'il frappe la lyre du poète à deux mains, au lieu d'y promener légèrement des doigts qui la caressent, et j'ajouterai qu'il finit souvent le concert en brisant l'instrument contre les roches. Il est vrai qu'il n'y a peut-être pas un passage gracieux dans les œuvres de Schubart, mais c'était un homme qui sentait vigoureusement et qui s'exprimait de même. Le *Tombeau des Princes,* le *Juif-Errant,* sont des morceaux pleins de sauvages beautés. Le dernier surtout a devancé d'un demi-siècle le genre forcené qui a eu tant de vogue parmi nous.

Leopold Friedrich Günther de Göckingk, né à Gruningen en 1748, passe pour avoir écrit les meilleures épîtres que possède l'Allemagne. C'est un écrivain pur et facile qui a également réussi à peindre dans ses vers les plus douces affections du cœur. Plus élégant et plus gracieux que tendre, il plaît et n'émeut pas. Il faut les deux pour être véritablement poète.

Johann Georg Jacobi, né à Dusseldorf en 1750, est le frère de l'auteur de *Waldemar*. Il est loin d'en avoir le mérite, mais il a laissé un nom dans la poésie gracieuse. Quoiqu'il se donne lui-même comme un imitateur de Chaulieu et de Gresset, il ne faut point le prendre au mot. Il a peut-être du dernier la facilité et l'élégance, mais quant au premier, heureusement pour lui, il n'en a rien du tout. Il y a réellement de la poésie dans les vers de Jacobi, et je n'en ai jamais pu découvrir la moindre trace dans M. de Chaulieu, qui buvait peut-être fort bien, mais qui écrivait fort mal.

Wilhelm Heinse, né à Langenwiesen en 1749, s'est montré plus poète dans sa prose que bien des poètes dans leurs vers. C'était un homme d'une imagination riche et hardie, qui sentait vivement et qui s'exprimait de même ; mais son adoration du beau l'a mené quelquefois trop loin, et il devient sans le vouloir d'un épicurisme qui touche à la licence. Les *Mystères d'Éleusis, Ardinghello, Hildegard,* renferment des scènes, des situations qui prouvent son talent dramatique, en même temps que des idées qui attestent un observateur adroit et un penseur subtil ; son style est chaudement coloré, et passe quelquefois la mesure ; il y a dans ses lettres des pages entières pleines d'élévation et de poésie.

Conrad Gottlieb Pfeffel, né à Colmar en 1736, est l'écrivain allemand le plus célèbre qu'ait eu la France, ce qui n'empêche pas qu'on ne l'estime en Allemagne. On lui doit, comme poète, des fables ingénieuses, des épîtres bien tournées, des ballades bien racontées, des contes, des allégories, des paraboles, des épigrammes dont quelques-unes sont charmantes. Son style ne se ressent nullement de la patrie de l'auteur ; on dirait au contraire qu'il cherche à fuir le gallicisme. Il ne nous paraît pas toujours exempt de contrainte, et sa prose a une allure plus libre que ses vers. Ses *Apophthegmes historiques* sont simplement écrits et bien racontés avec netteté et précision. Ses *Nouvelles* ne nous paraissent pas mériter qu'on s'y arrête, mais elles se laissent lire avec plaisir. On estime comme sa meilleure production ses *Lettres à Bettina sur la religion,* dont une traduction française a paru à Strasbourg en 1825. Comme homme et comme citoyen, Pfeffel s'est acquis l'estime générale. Colmar s'honore de l'avoir vu naître, la rue qu'il habitait porte son nom, et on l'y regarde volontiers comme un des plus grands écrivains du dernier siècle. Après ceux que nous avons nommés, on doit sentir qu'il y a dans cette opinion plus de patriotisme que de vérité. Un fait plus positif, c'est que ses œuvres ont vingt volumes, et c'est beaucoup.

Ludwig Heinrich Nicolaï est aussi un poète allemand de la France. C'était plus rare autrefois qu'aujourd'hui. Il est né à Strasbourg en 1737 ; il n'est peut-être pas de beaucoup inférieur à Pfeffel, mais beaucoup moins connu. On lui doit des fables, des épîtres, des épigrammes, des poèmes chevaleresques où il cherche à imiter Wieland. Sa versification est correcte et facile, mais il manque de poésie et d'élévation. Ses écrits, prose et vers, ont été recueillis en huit volumes à Berlin, mais il est probable qu'on les lit moins à Berlin qu'à Strasbourg.

Christoph August Tiedge, né à Gardelegen en 1752, est, quoi qu'on en ait dit, un des poètes qui honorent cette époque. Nous l'avons vu traiter par la jeune école, je ne dirai pas avec injustice, mais avec une irrévérence qui doit blesser tout ce qui a une âme généreuse. On peut ne pas admirer le génie d'un homme, ne pas partager ses opinions littéraires, mais il est odieux d'injurier un vieillard, et de déchiqueter feuille à feuille les lauriers qu'il croit avoir. Il est à parier que Tiedge survivra à ses critiques ; il y a à admirer dans tout ce qu'il a écrit. Ses *Élégies* sont touchantes, pleines d'idées nobles et élevées. Le *Champ de bataille de Kunersdorf* est un morceau de poésie aussi bien pensé que bien écrit. Tiedge, aux yeux prévenus de la jeunesse moderne, a eu le tort de croire qu'il fallait que la poésie eût un but, un grand but moral, et qu'elle n'était rien si elle ne servait à propager quelque vérité utile, à faire aimer la vertu, la religion, la liberté, tout ce qui intéresse l'humanité ; et il a eu non seulement le tort de le croire, il a toujours composé dans cette intention. Son poème d'*Uranie* est l'inspiration d'un bon poète et d'un bon citoyen. Il était difficile de prêter le mouvement lyrique aux principes de Kant, et il y a souvent réussi. On fait aussi l'éloge de son dernier ouvrage, le *Marché de la Vie*, dans lequel on remarque une verdeur de pensée et d'expression, qu'on pouvait ne pas attendre de son âge. On ne mettra pas Tiedge au rang des grands génies de l'Allemagne, mais tant qu'on saura apprécier l'élégance et le goût, la grâce, l'harmonie et la correction du style, on se souviendra de ce qu'il a écrit.

Valerius Wilhelm Neubeck, né à Arnstadt en 1765, a profité de sa science comme médecin pour écrire sur les eaux minérales un poème descriptif en quatre chants, dont on estime la versification. Il a publié aussi, dans divers recueils périodiques, un assez grand nombre de poésies diverses écrites avec plus de force que de grâce, et qui ne donneront pas tort à l'opinion des païens que le dieu de la médecine était aussi celui des vers.

Ludwig Theobald Kosegarten, né dans le Mecklenbourg, en 1758, est un de ces érudits qu'on ne rencontre qu'en Allemagne. Il joint à une profonde connaissance des littératures antiques, une connaissance non moins profonde des anciennes richesses de son pays. Il le rappelle peut-être trop souvent dans ses vers, où l'on remarque plus d'étude que d'inspiration, et c'est un tort grave dans la poésie lyrique qui exige plus d'abandon et de soudaineté que toute autre. Kosegarten peut être regardé comme l'Hoffmannswaldau, le Lohenstein de notre époque. Il aime mieux enfler son vers d'une image bizarre, extravagante même, le charger d'une expression inusitée, que de lui faire dire ce que tout le monde peut dire. Cela vaut généralement mieux, parce qu'il est à peu près inutile d'écrire ce que tout le monde pense; mais il ne faut pas que l'originalité soit compassée comme la sienne. Après tout, cependant, Kosegarten a donné plus d'une fois des preuves d'un esprit vigoureux et poétique, et la lecture de ses œuvres est aussi instructive pour le poète qui veut étudier son art, qu'agréable pour celui qui ne lit que pour son plaisir.

Johann Christoph Friedrich Haug, né en 1761, s'est fait une grande réputation dans l'épigramme. Plusieurs d'entre elles sont vives et acérées. Il a plus d'une fois justifié cette définition de Klopstock : « L'épigramme est tantôt une flèche qui frappe avec la pointe, tantôt un glaive qui frappe du tranchant; elle est aussi parfois, et c'est ainsi que l'aimaient les Grecs, un petit tableau, un rayon envoyé non pas pour brûler, mais seulement pour éclairer ». Haug s'est fait aussi connaître comme littérateur par ses études sur l'ancienne poésie allemande, et la part qu'il a prise à la rédaction du *Morgenblatt*.

Friedrich Matthisson, né à Magdebourg en 1761, a été longtemps un des poètes favoris de l'Allemagne. Il le méritait à quelques égards par l'élégance et la mélodie de son style, la grâce de certaines images, la vivacité de son coloris. Mais Matthisson est poète par la forme beaucoup plus que par le fond ; il tourne toujours dans le même cercle d'idées, et le cercle est fort étroit. Poète sentimental, il a plus de gentillesse que de passion ; sa mélancolie est une mignardise. Paysagiste élégiaque, il serait capable de mettre sur la tête de la nature une couronne de roses artificielles ; il fait aussi un abus désolant de la mythologie. Quand on n'en lit qu'une pièce, on l'aime ; à la seconde, il plaît ; à la troisième, il semble qu'on recommence, et on ne lit pas la quatrième. Comme littérateur, il s'est élevé un monument durable par la publication de son *Anthologie lyrique*. Prosateur, on lit avec plaisir ses Lettres et ses Souvenirs. Matthisson était encore plus courtisan que poète ; devenu noble par son talent, il professait pour tout ce qui est grand seigneur, un respect qui allait jusqu'à l'adoration. Conseiller privé du roi de Würtemberg, il pressa un jour le célèbre Jean de Müller de venir avec lui présenter ses respects au prince royal. — C'est un prince d'une haute capacité, lui disait Matthisson, et qui promet de faire un jour le bonheur de son peuple. — Ah! tant mieux, et quel âge a-t-il? demanda Müller..... — Son Altesse royale, monseigneur le prince héréditaire de Würtemberg, reprit le poète, vient d'avoir quatre mois. — Ces faiblesses peuvent bien ne pas empêcher le talent, mais elles font volontiers supposer le contraire.

Johann Gaudenz de Salis, né à Schwitz en 1752, était, lors de la Révolution française, capitaine des gardes suisses à Versailles. Sa manière d'écrire a une grande analogie avec celle de Matthisson, dont il fut l'ami ; mais il a plus de simplicité et de naturel. Ses sentiments sont plus profonds, et ses idées plus larges. Quelques-unes de ses pièces sont des chefs-d'œuvre de grâce et de sentiment, et survivront à celles de son modèle.

Friedrich August Müller, né à Vienne, en 1767, a été enterré en 1807 avec trois poèmes épiques. Imitateur de Wieland comme Alxinger dont nous avons parlé, mais avec plus de force et d'haleine, il n'est resté de lui que le titre de ses épopées : *Richard Cœur-de-Lion, Alfonso*, et *Adalbert*.

Friedrich Müller, communément appelé le peintre Müller, né à Kreuznach en 1750, est un des hommes marquants de cette époque autant par la force que par l'irrégularité de son génie. Il a passé presque toute sa vie à Rome, en admiration de Michel-Ange et produisant des tableaux remarquables qui ne furent guère remarqués que sous le rapport de l'excentricité et du maniéré. Il finit par renoncer à son art, et ce qu'il n'avait pu rendre sous son pinceau, il chercha à lui donner la vie dans ses vers. Ses poésies ont été mieux reçues que ses tableaux, mais il a trop souvent oublié qu'il n'y a pas de perfection possible, quand on s'abandonne totalement à son imagination. Il y a des traits admirables dans les poésies de Müller, mais en général peu de fini et de correction. Les plus pures sont ses petits poèmes de *Niobé* et de *Vénus*. Dans ses ouvrages dramatiques, on distingue de la grandeur et de l'élévation, des portraits bien frappés, des pensées inattendues et vigoureuses. Son *Faust* mérite d'être cité après celui de Gœthe, et sa *Geneviève* après celle de Tieck.

Gröter, né en Souabe en 1768, s'est fait connaître par ses travaux sur la littérature du Nord à laquelle il consacra un journal intitulé : *Braga et Bragur,* et par des poésies lyriques dont on admire la force et l'élégance. On lui doit aussi d'heureuses traductions des anciens Minnesänger. La plupart de ses œuvres respirent un patriotisme ardent et éclairé ; la patrie était pour lui partout où se parle la langue d'Hermann, et ses Chants de la Suède et du Danemark, ses imitations de l'Edda, ses Odes épiques dans le genre de celles de Gray, lui ont acquis une réputation durable et méritée dans tous les pays qu'il regardait comme le sien.

JEAN PAUL.

La littérature allemande maniée par les mains puissantes de Kant, de Herder, de Gœthe et de Schiller, n'avait pas cessé pendant l'époque que nous venons de reviser, de porter plus ou moins le cachet de ces grands hommes, nous oserions presque dire leur livrée. Les écrivains les plus originaux obéissaient à leur insu à une impulsion cachée mais active ; mais la littérature est comme l'eau, elle se corrompt quand elle dort. Il faut qu'elle change de lit ; il lui faut, sous peine de mort, changer de mouvement et d'empreinte, et c'est ce qui eut lieu : un homme parut qui n'était pas de nature à recevoir un frein, mais de force à imposer le sien. Il n'imposa cependant que l'admiration. Personne n'osa l'imiter, et après lui, il fallut une coalition de talents pour opérer la révolution qu'un grand homme fait ordinairement à lui tout seul. Le poète dont nous voulons parler, est celui que les Allemands ont à juste titre appelé *l'unique :* DER EINZIGE, et nous l'avons déjà nommé, Jean Paul.

Né à Wunsiedel en Bavière en 1763, Johann Friedrich Paul Richter appartient au dix-huitième siècle par la moitié de ses ouvrages, au dix-neuvième par les plus beaux. On a écrit en France plus d'une page éloquente sur ce génie singulier, mais on en écrirait vingt fois davantage qu'on ne l'expliquerait pas. Il faut le lire, et nous ne sommes pas de ce côté du Rhin mûrs pour une pareille lecture. D'abord il faudrait apprendre l'allemand et on ne sait guère ici ce que c'est qu'apprendre, même le français ; puis on nous abrègerait cette étude par une traduction consciencieuse et bien faite, qu'il n'en serait ni plus ni moins. La preuve existe. Un homme d'un mérite incontestable, M. Philarète Chasles, a tenté de naturaliser parmi nous le chef-d'œuvre de Jean Paul : *Titan*. Il en a publié les deux premiers volumes, et il n'a plus, je crois, été question des autres. Et il n'y a pas à dire, ce n'est pas là de ces traductions de pacotille, qui ne ressemblent pas plus à l'original qu'une statue de Canova à l'ombre qu'elle projette ; c'est une vivante reproduction du modèle, un calque aussi habilement fait qu'on puisse le faire d'un tableau plein de verve, de sentiment et d'esprit. Le coloris chaud et brillant du maître faiblit rarement sous le pinceau de son admirateur : à peine si on s'en est inquiété. Il n'y a peut-être pas une page de ce livre où l'on ne puisse moissonner une pensée heureuse, fine ou profonde, et tous ces attraits ont été nuls pour le public. On se soucie bien maintenant de pensées ; ce qu'on veut, ce sont des événements qui courent la poste, et j'ai grand'peur que ce ne soit la poste aux ânes. Plus il y a d'événements, plus il y a chances de succès, et d'éditions ; c'est le cas ou jamais de dire avec Bürger : les morts vont vite. Quant à Jean Paul, il s'embarrassait fort peu de son drame ; on peut même dire qu'il ne s'en occupait pas assez. Il étouffe ses situations sous le nombre de ses pensées; mais aussi quel nombre! Je parierais que sur les soixante volumes environ dont se composent ses œuvres, il y aurait dix volumes de citations à faire ; et voilà l'homme qu'on néglige en France, quand on n'a qu'à tendre la main pour s'en faire un ami ; qu'on néglige pour se jeter en affamé sur les productions faméliques dont on nous inonde.

Nous ne chercherons point à donner une idée des ouvrages de Jean Paul, qui embrasse tous les sujets depuis les problèmes les plus transcendants de la philosophie, jusqu'à l'art de s'endormir. Beaucoup de gens pourront croire que c'est le même sujet, mais ce n'est pas pour ceux-là qu'il a écrit. Nous chercherons seulement à donner autant que cela est possible, en peu de mots, une idée de ce génie bizarre et admirable !

Un des caractères distinctifs du génie complexe de Jean Paul me paraît être la pénétration, une sagacité qui se sert de tout pour aller au fond des choses ; son intelligence perfore les obstacles plutôt qu'elle ne les broye. C'est un homme qui voit tout, et qui voudrait tout montrer, qui emploie alternativement la plaisanterie ou le sentiment, la poésie ou le ridicule, le grotesque ou le sublime. Il sait par expérience ce qu'il y a de cordes diverses dans le cœur et l'esprit de l'homme. Tantôt il les touche une à une, tantôt toutes ensemble, puis il les accorde, il les mêle, il les sépare, et cela suivant que l'occasion lui paraît mériter d'importance. Mais il abuse de cette faculté, et dans ce chaos d'harmonie dont il vous enveloppe à propos de tel ou tel objet, il arrive souvent que le thème disparaît, et vous restez stupéfait sans trop savoir de quoi. On dirait qu'il veut du même coup s'adresser à tous les genres d'esprits. Sa pensée se bigarre alors de trop de couleurs. Un mot s'adresse à l'enthousiasme du cœur, un autre à la passion pour les beautés de la nature ; celui-ci au philosophe, au physicien, à l'érudit ; celui-là au petit maître, à l'homme du monde, à la coquette. Il est aussi capricieux que la nature est mobile ; il en reproduit les images avec le pinceau de tous les peintres, celui de Michel-Ange et de Teniers ; il mêle ensemble l'élégant Raphaël et le sombre Rembrandt, dessine une figure de Callot avec le crayon de Jules Romain, allie dans ses paysages Salvator Rosa et le Poussin.

Les écrits de Jean Paul, dit à tort Mme de Staël, doivent être considérés sous deux points de vue, le comique et le sérieux, car il mêle constamment l'un à l'autre. C'est précisément parce qu'il les mêle, qu'il ne faut pas le scinder pour le juger. Quand vous voyez de l'eau, vous voyez bien de l'oxigène et de l'hydrogène, mais vous les voyez combinés : séparez les gaz, et vous ne voyez plus rien. On peut aussi comparer le génie de Jean Paul, car toutes les comparaisons peuvent s'appliquer à un homme qui renferme en lui toutes les qualités qu'il éparpille sur ses divers personnages, à ces lentilles de cristal qui rassemblent les rayons du soleil, et brûlent ce qu'elles éclairent. Mme de Staël me paraît encore se tromper quand elle dit que sa manière d'observer le cœur humain est pleine de finesse et de gaieté, et plus loin, que son esprit ressemble souvent à celui de Montaigne. La finesse de Jean Paul n'est pas contestable, mais sa gaieté n'est rien moins qu'évidente. Il est sérieusement comique, sa plaisanterie fait plus réfléchir que rire. Il est souvent, pour me servir d'une expression du peuple, qu'il n'eût certes pas manqué d'employer si elle eût servi à rendre sa pensée, il est souvent cocasse ; il jette une bambochade à côté d'une idée grave, un calembour à deux pas d'un mot sublime ; mais cette plaisanterie a plutôt l'air d'une concession qu'il fait à la nature humaine, qu'un élan de l'âme. Il semble se dire : Je rirais bien si je voulais, il ne tient qu'à moi ; et la preuve c'est que j'ai vu telle et telle chose qui sont à pouffer ; et en vous disant ce qu'il a vu, il ne rit pas plus qu'il ne fait pouffer le lecteur. Quant à Montaigne, c'est un raisonneur égoïste et sceptique, poète d'expression, et rarement d'image, froid et positif, sans passion, sans enthousiasme, naïvement profond, d'une expérience aiguë et dédaigneuse. Ce n'est pas là le fait de Jean Paul. Dialecticien subtil, il n'est ni personnel ni incrédule, il croit à Dieu comme à la vertu, à l'immortalité de l'âme comme à la vie ; poète d'image et d'expression, il en est prodigue comme d'un trésor intarissable ; il est plein de fougue, de verve, d'exaltation, ironique jusqu'à l'âcreté, fantasque jusqu'au dévergondage, s'élevant aussi haut que Platon, descendant aussi bas que Rabelais. Tout cela ne me semble pas constituer une grande analogie avec Montaigne, dont il n'a quelque chose, que parce qu'il a de tout. Avoir de tout, c'est ne pas manquer de défauts, et il y en a assez dans Jean Paul, pour excuser jusqu'à un certain point la négligence des Français. Nous l'avons dit, il abuse de ce qu'il possède, il ne compte pas plus, quand il les jette, les perles que les grains de sable. Il les verse à boisseau dans ses pages, et puis tirez-vous de là comme vous voudrez ; il ne s'en inquiète pas. Il éblouit et il fatigue de son abondance. Il allume, comme il le dit quelque part, toutes les lanternes de l'imagination. Vous ne savez où vous en êtes de tant de lumière ; un instant après il souffle dessus, et impossible de vous démêler des ténèbres où il vous laisse. Les héros de ses romans sont plutôt des personnifications que des personnages. Son esprit d'observation consiste à faire sortir des pensées vraies d'êtres qui ne le sont pas. C'est lui qui vit dans chacun de ceux qu'il fait mouvoir ; mais la plupart du temps, ce ne sont ni des hommes ni des femmes, ce sont des marionnettes dont on voit les fils. Il ne se contente pas d'être original et bizarre, il cherche fréquemment à l'être au moment où il faudrait être simple. Il est ambitieux de singularité ; il a la pédanterie du burlesque, et la fatuité d'une érudition dont il se moque. Il en résulte qu'au milieu de ce dédale de beautés, entrelacées de fautes faites exprès, il faut une attention soutenue pour jouir de son plaisir, et comprendre qu'on s'amuse. On ne peut pas le lire longtemps de suite, et l'auteur de l'*Allemagne* dont nous nous sommes permis de reprendre quelques assertions, a raison de dire que la plupart du temps son style ressemble à l'harmonie dont les sons commencent par ravir et font mal au bout de quelques instants. Les créations de Jean Paul ne vous entrent pas dans la tête ; on ne retient pas ses livres, et quand on ne prend pas le soin d'en faire des extraits, il ne reste véritablement de ce qu'on a lu qu'un retentissement au lieu d'un souvenir.

Jean Paul débuta par un ouvrage satirique en deux volumes : les *Procès du Groenland;* ces esquisses furent peu remarquées. L'auteur ne se découragea point et donna quelques années après un choix des *Papiers du Diable,* qu'on lut pour l'amour de Dieu. Son troisième ouvrage fut plus heureux ; la *Loge invisible* fut vue de tout le monde. A dater de là, sa réputation prit une extension rapide, et toute l'Allemagne le reconnut bientôt pour un ceux qui l'honorent et qu'on lui envie. On vit se succéder rapidement les *Récréations biographiques sous le crâne d'une géante,* étiquette étrange d'un livre qui ne l'est pas moins, *Fleurs, fruits et épines, ou Sieben Käs l'avocat des pauvres, Hesperus, Quintus Fixlein,* le *Campanerthal ou l'Immortalité de l'âme,* thème favori de toutes les rêveries mystiques de Jean Paul. Il serait fastidieux de nous entendre énumérer le reste de ses ouvrages ; d'autant plus que les titres n'annoncent pas toujours ce qu'ils donnent. Mais on peut les ouvrir tous depuis les *Années de folie,* l'épopée assez énigmatique de *Titan* jusqu'au *Voyage de Schmelzle à Flätz,* on est toujours sûr d'y trouver de nombreux passages qui épanouissent le cœur, qui dilatent l'esprit, qui charment et qui impatientent, qui mettent en jeu tous les ressorts de l'intelligence. Ses *Palingenesies, Levana ou le Livre des Mères,* sont au nombre de ses meilleurs ouvrages ; son *Introduction à l'Esthétique* est, peut-être, de tous les livres allemands écrits sur ce sujet, et il y en a de quoi remplir une bibliothèque, celui où l'on rencontre le plus d'idées nobles et subtiles, éclatantes et profondes. Il n'est peut-être pas écrit avec la méthode d'un philosophe *ex professo,* mais on n'en citerait pas un seul où l'art de la critique ait revêtu des formes plus poétiques et plus brillantes.

Jean Paul est mort à Bayreuth à la fin de 1825, sans avoir vu décliner un seul moment la vigueur de son génie, admiré de toute l'Allemagne et d'une partie de l'Europe, aimé et vénéré de tous ceux qui l'ont connu. On vit à son convoi un ministre du roi de Bavière porter sur un coussin son dernier ouvrage manuscrit, *Selina ou de l'Immortalité,* et on chanta sur sa tombe l'hymne de Klospstock : *Auferstehen wirst du,* Tu te lèveras, mon âme. On ne fait pas en France tant de frais pour les morts : c'est absolument comme pour les vivants.

Le poète danois Oehlenschläger a rendu un hommage public au génie de ce grand homme dans un beau morceau de poésie publié dans le *Morgenblatt* de 1808 : *der Wunderbaum,* le Palma-Christi. Otto Spazier a écrit avec autant de soin que de talent la vie de son oncle, et ce livre recommandable renferme un commentaire sur ses œuvres, qui doit les faire lire avec plus d'intérêt.

Nous avons oublié de mentionner parmi les ouvrages de Jean Paul un livre critique sur un des succès de Kant, le *Clavis Fichtiana* où il plaisante le philosophe, tout en le comprenant, ce qui n'arrive pas, dit-on, à la plupart de ses critiques. Que Jean Paul ait eu tort ou raison, il n'en est pas moins certain que Fichte est un des métaphysiciens les plus célèbres de l'Allemagne.

Johann Gottlieb Fichte, né à Rammenau en 1762, était professeur à

Berlin, et jouit d'une réputation plus claire que ses œuvres. Il n'entre pas dans les limites de cette revue à vol d'oiseau de développer et de discuter le mérite de Fichte ; il appartient comme savant à la science, mais comme écrivain, il appartient à tout le monde. Son livre, *De la destination de l'homme*, le seul de lui que nous connaissions, est étourdissant de subtilité et d'argutie. Quoique ce soit un beau livre, on est souvent étonné que la poésie de l'expression ne serve pas davantage à éclaircir la pensée ; on n'en revient pas de voir tant de lumière au service de tant d'obscurité. Il paraît qu'il en est de même dans tous ses ouvrages, excepté dans ses *Discours à la nation Allemande,* qu'on dit inspirés du plus chaud patriotisme soutenu de la plus mâle éloquence.

Nous l'avons dit en abordant cette quatrième époque : ce que Jean Paul aurait pu faire pour changer l'axe de la littérature, s'il eût eu un génie moins à part de tous les autres que le sien, une manière que lui seul pouvait avoir, et qui ne pouvait faire école, il fallut une espèce de coalition pour l'opérer. A la tête de cette coalition dite, je ne sais pourquoi, romantique, car les Allemands n'ont jamais pu être classiques de leur vie, même en imitant les anciens, on remarque les deux frères Schlegel anathématisés il y a peu d'années avec tant de verve et trop d'âcreté, par un jeune écrivain qui n'épargne ni le talent ni le sarcasme. Le nouveau sentier que les coalisés prétendaient ouvrir, consistait tout bonnement à parcourir celui du moyen âge, à réveiller les ombres des chevaliers et des Minnesänger, à rajeunir leurs vieilles pensées rouillées par le temps. Je ne vois aucun mal à cette tentative ; il y a du bon dans tous les siècles, et on ne doit rien négliger de ce qui est bien. Que les Schlegel, que Tieck, leur plus fidèle allié, n'aient pas complètement réussi dans cette entreprise, qu'ils n'aient pas bien saisi le caractère de l'antique Germanie, c'est possible, mais enfin ils l'ont tenté, et on devrait leur en tenir compte : c'est ce qui n'a pas lieu. Pour nous autres Français qui ne nous occupons tout au plus que de ce qui se fait chez nous, nous nous expliquons mal les sarcasmes furibonds de la jeune école (car il y en a encore une autre depuis celle dont nous allons parler) sa colère haineuse contre les novateurs d'Iena. Il est à croire que le défaut de patriotisme, qu'on pourrait reprocher aux Schlegel, leur adoration pour Gœthe qui en manquait, ont déplu à l'enthousiasme national de la jeune Allemagne. Toujours est-il qu'on les a traités avec une rigueur que nous blâmons, et d'un ton que nous n'approuvons pas davantage. Pour nous qui n'avons pas à nous occuper de leur foi politique ou religieuse, pour qui l'amour de la liberté n'empêchera jamais de reconnaître du talent, quand ils en ont, à ceux qui aiment la servitude, car les goûts sont libres, nous tâcherons d'apprécier les écrivains dont nous allons parler, abstraction faite de toute cause étrangère, blâmant ou approuvant ce qui nous paraît louable ou blâmable.

August Wilhelm Schlegel, né à Hanovre en 1767, est un des écrivains allemands les mieux connus en France, au moins de nom, autant par l'amitié que lui portait Mme de Staël, que par son parallèle entre la *Phèdre* d'Euripide et celle de Racine qui fit dans notre jeunesse grande rumeur en France. Il s'est fait en Allemagne une réputation qui se soutient encore, malgré tout ce qu'il a fait, il faut en convenir, pour l'altérer, comme poète, comme traducteur, comme critique. Nous l'examinerons brièvement sous ces trois points de vue.

Guillaume Schlegel ne passera jamais, je crois, pour un poète ; c'est un versificateur des plus habiles, plein d'élégance et d'euphonie, un peintre qui étend de belles couleurs sur des pensées faibles. Il manque de relief, et d'inspiration ; il est après Bürger celui dont les sonnets ont le mieux réussi en Allemagne. Parmi ses romances et ballades on distingue *Ariane, Pygmalion, Arion;* parmi ses élégies, celle qu'il appelle *Rome* et qu'il a dédiée à l'auteur de *Corinne*. Cette pièce est regardée comme un chef-d'œuvre de versification. A l'exception d'une tragédie d'*Ion*, la plupart de ses poésies sérieuses sont fort courtes : des stances, des chansons, dans lesquelles il excelle à tourner des vers qui plaisent sans émouvoir, qui flattent l'esprit sans l'ébranler. Quelques personnes préfèrent ses poésies satiriques. Plusieurs de ses épigrammes ne laissent pas que d'être mordantes. Il a eu le malheur d'en faire plusieurs sur Schiller, sur Schiller après sa mort. C'est une profanation qui n'a pas d'excuse, et leur grossièreté servirait presque à ses ennemis de pièces justificatives.

Outre ses ouvrages de critique dont nous parlerons tout à l'heure, ce qui lui a surtout mérité la reconnaissance de l'Allemagne, ce sont ses traductions. J'ai entendu des hommes qui ne l'aimaient ni ne l'estimaient, les regarder comme des chefs-d'œuvre, celle de Shakspeare surtout. Il pénètre avec une sagacité particulière dans les secrets de l'original ; aucune beauté, aucune élégance ne lui échappe ; et n'ayant plus d'idée à produire, il peut, maître qu'il est de toutes les ressources du langage, déployer cette faculté tout à son aise, et il n'y manque pas.

Comme critique, on lui reproche d'avoir voulu introduire dans les arts un mysticisme religieux, dont on a abusé pour faire des choses inintelligibles, et d'avoir soutenu ses systèmes par des sarcasmes, des injures, et un mépris qu'on lui a bien rendus, mais qui ne sont justes d'aucun côté. Ce mysticisme qu'il désigna lui-même sous le nom de nouveau catholicisme poétique, lui attira pour ennemis tous les partisans des doctrines de Luther, et les protestants qui ne sont pas d'une tolérance exemplaire ne lui ont pas pardonné ce qu'ils regardaient comme une apostasie. Quoiqu'il en soit, il lui fallait un dieu ou une idole, pour sa singulière église, et il choisit Gœthe. Le vieux poète se laissa quelque temps bénévolement accuser, mais craignant de compromettre sa renommée, en se laissant traiter de dieu par des hérétiques, il fit divorce avec la nouvelle secte, et fit ainsi, comme dit H. Heine, le dix-huit brumaire de la littérature. Mais cette abnégation ne lui a pas servi de grand chose auprès de la nouvelle école. On n'a vu que l'intérêt personnel dans son divorce, et la dignité d'idole qu'il avait d'abord acceptée comme une décoration de plus, lui est restée comme une tache. Au reste, le prêtre a été encore plus mal traité que l'idole, et en cette occasion on ne peut pas dire que ce soit injuste.

Malgré ses erreurs, il n'en est pas moins vrai que Schlegel a rendu comme critique de véritables services à la littérature. Un savoir étendu, une conception rapide, une imagination qui devient féconde quand il s'agit de saisir et d'apprécier celle des autres, sont des qualités assez rares chez les aristarques, pour qu'on les distingue quand elles se rencontrent, et G. Schlegel les possède. Même dans ses *Leçons sur l'histoire et la théorie des arts plastiques,* qui renferment le plus d'hérésies, il n'est pas rare de rencontrer des pages brillantes d'idées spécieuses, et de paradoxes éloquents. Ses *Lectures sur la poésie dramatique* joignent souvent à une véritable élévation de vues, d'admirables morceaux de style. Ses *Discours sur le théâtre grec,* le portrait de leurs tragiques, ses jugements sur Shakspeare et Calderon, sont dignes des maîtres qu'il examine, et ses admirateurs peuvent encore trouver dans Schlegel quelque route nouvelle à l'admiration qu'ils n'avaient pas vue, ou qu'ils avaient négligé de parcourir.

On accuse Schlegel d'avoir voulu se faire une renommée à laquelle il n'avait point de droit en parlant de la poésie des Indiens. Les Orientalistes lui reprochent, dit-on, d'avoir parlé du sanscrit, comme s'il le connaissait. Nous ne sommes pas juges en cette matière, mais qu'il le sût ou non, il est certain qu'il peut encore instruire bien du monde sur cette matière, et l'instruire avec charme.

Guillaume Schlegel a survécu à sa réputation; son frère est mort en même temps que la sienne.

Ce frère était Karl Wilhelm Friedrich Schlegel, né à Hanovre en 1772. Il suivit à peu près les mêmes traces que son frère, mais en révélant, soit comme poète, philosophe ou critique, un esprit plus trempé que le sien. Malgré sa tendance première vers la poésie antique, il embrassa bientôt les doctrines romantiques de son frère. Le recueil de ses poésies, publié pour la première fois en 1807, porte le cachet des beautés et des défauts de cette école. Friedrich Schlegel est plus poète que son frère, sa pensée a du nerf et de la vie, et la pourpre des mots ne couvre pas qu'un mannequin ou un mendiant. Son roman de *Lucinde* fit grand bruit, quand il parut, et fut parole d'Évangile pour les fidèles de la secte. Des critiques distingués déclarèrent que c'était le plus beau joyau dont pût et se pourrait jamais vanter la littérature allemande. C'est un éloge aussi exagéré que l'ouvrage, livre bourré de mysticisme romantique, plein de théories sophistiquées sur la volupté, et dont la renommée est aujourd'hui à peu près purement traditionnelle. Il y a un vrai mérite de penseur et d'écrivain dans sa tragédie d'*Alarkos*, mais c'est une œuvre laborieuse et fatigante. Je ne sais s'il était de moitié dans les épigrammes de son frère sur le grand Schiller, mais ce qu'il y a de sûr, c'est que quand on veut faire oublier un pareil homme, il faut faire autre chose que des *Ion* et des *Alarkos*. Mais c'est surtout comme philosophe et comme critique que F. Schlegel s'est montré penseur original et profond, écrivain mâle et éloquent; sa *Philosophie de la Vie,* ses *Leçons sur la littérature de tous les peuples* sont aussi remarquables par l'élévation des vues, la profondeur subtile des observations que par la magie du style. Ceux qui ne lui pardonnent pas de s'être converti au catholicisme lui reprochent des préjugés et une partialité qui n'est rien moins qu'évidente pour ceux qui n'ont ni l'un ni l'autre. Il s'était livré comme son frère à l'étude de la littérature indienne, mais il y avait porté une force d'attention plus grande, une observation plus tenace, un esprit moins facile à se contenter d'aperçus, plus apt à saisir le vrai sens des choses. C'est à ces investigations consciencieuses qu'on doit son essai *Sur le langage et la sagesse des Hindous,* que des juges compétents n'ont paru regarder comme un bon et beau livre. Le dernier de ses ouvrages, ses *Leçons sur la Philosophie de l'Histoire,* ont couronné dignement une carrière où il ne rencontra guère de succès, que la censure aujourd'hui n'épargne pas, mais qui reprendra sans doute l'éclat qu'elle mérite, quand l'esprit de parti permettra de juger sans amertume. Un talent qui a pu se tromper, mais qui s'est élevé plus haut que la plupart de ceux qui ne se trompent pas.

Voici encore un homme dont on a attaqué la vie et les œuvres d'une manière déplorable, soit parce qu'il fut l'ami et le partisan des Schlegel, soit parce qu'il a eu dans sa vieillesse l'innocente vanité de laisser voir qu'il se croyait le dernier grand poète de l'Allemagne. Je sais bien que ce sont de ces choses qu'on pense et qu'on ne dit pas ; mais à qui cela fait-il du mal, si ce n'est à ceux qui se croient plus grands que lui ? Ludwig Tieck, né à Berlin en 1773, vivra, j'en ai bien peur pour eux, plus longtemps que ses détracteurs. Enthousiaste et caustique, sentimental et mordant, romanesque et moqueur, homme sérieux, ami des fabliaux et des fées, panthéiste comme Schelling, néo-catholique comme Schlegel, et protestant dans l'occasion, il est difficile d'avoir un talent et une vie plus à facettes que Tieck. Il a changé de résidence comme de ton dans ses ouvrages. Il semble avoir pris pour un axiome cette réflexion de Jean Paul : qu'un auteur devrait toujours changer de lieux pour composer ; car réellement, dit-il, on écrit mieux quand on ne reste pas à la même place, ne fût-ce qu'au même endroit de sa chambre. Quand on ne bouge pas, on finit par s'enfoncer tellement dans les mêmes idées, qu'on ne voit plus ni ciel ni terre. Je ne crois pas que Tieck soit un très grand poète, mais c'est un des hommes les plus habiles à éveiller le sentiment poétique. On se sent tout inspiré quand on le lit ; tout disposé à tenter le voyage des régions imaginaires dont il vient de vous parler.

Tieck a un enthousiasme railleur, c'est-à-dire pour s'exprimer plus clairement qu'il se sert de son enthousiasme pour se moquer de ceux qui n'en ont pas. Dans le monde en général, on a beaucoup de respect pour tout ce qui tient au matériel de la vie, et on se rit volontiers de ceux qui se passionnent pour le beau, qui ne sert à rien, comme chacun sait. Tieck fait le contraire ; il se rit de toutes ces qualités communes qu'on prône comme des raretés, et on s'amuse de s'étonner, en voyant qu'il attaque ce qu'on est habitué de vénérer. Il a jeté cette satire dans le moule du drame, et ce drame dans le moule des traditions et des fabliaux du moyen âge qui éveillait plus son enthousiasme que les époques les plus reculées de l'histoire. L'*Empereur Octavien,* le *Chat botté,* le *Prince Zerbino* surtout ou le *Voyage à la recherche du goût,* sont des modèles de fine satire et d'ingénieuse plaisanterie, alliées à de la vraie poésie. Parmi ceux de ses drames où l'esprit du moyen âge est le mieux représenté, on cite la légende de *Geneviève de Brabant* dans laquelle le caractère de Golo est dessiné de main de maître.

Tieck est particulièrement heureux dans la reproduction des anciens contes populaires, des anciennes féeries de l'Allemagne. Sentiment, imagination, esprit, il n'épargne rien pour faire rougir son siècle devant les vertus du passé. Parmi des contes de fées en prose, nous recommandons comme de vrais chefs-d'œuvre en ce genre : *Eckbert le blond,* et *Le fidèle Eckart.*

Ce fut au moment où la lutte des romantiques avec leurs adversaires était le plus chaudement engagée, que Tieck essaya de susciter dans les arts la même révolution que dans les lettres. Il écrivit à ce sujet plusieurs ouvrages remarquables, entre autres ses *Fantaisies sur les beaux arts,* mais avant tout, les *Voyages de Franz Sternbald,* une des plus fraîches productions qui soient sorties de sa plume. Ils sont bien malheureux ceux qui se laissent aveugler par je ne sais quelles idées, jusqu'à méconnaître le charme de ce livre, roman de nouvelle espèce, où une fleur, un rayon de soleil, un nuage fait événement; où il n'y a en fait d'aventures que des sensations, où une pensée intéresse comme un épisode.

Tieck n'eût pas été l'ami des Schlegel s'il n'eût pas été passionné pour Shakspeare, et cet enthousiasme nous a valu des études curieuses sur ce poète et les vieux dramatistes anglais, dont il traduisit même quelques pièces, qu'on regrette de ne pas trouver dans la nouvelle édition de ses œuvres. Ce fut vers l'époque de ces curieuses méditations sur le génie le plus original de l'Angleterre, qu'il publia son *Phantasus*. C'est une collection de la plupart de ses premiers ouvrages, soit en vers, soit en prose, réunis en corps d'ouvrage par un dialogue entre plusieurs amis, semés d'idées fines et poétiques, pleines d'intérêt et d'esprit. Beaucoup de personnes regardent cette production comme son chef-d'œuvre.

Quand le trône des Schlegel commença à chanceler, Tieck garda quelque temps le silence, et après cette pause il reparut tout autre qu'il n'avait été. Au lieu de contes de fées, et de drames satiriques, il écrivit une série de nouvelles d'un tout autre genre; et ce qui est plus singulier, c'est qu'au lieu de continuer à se montrer le champion du mysticisme et de toutes les merveilles du moyen âge, il se mit à épouser la cause du protestantisme et de la réformation. Ces ouvrages sont dignes des premiers. Ses *Portraits*, sa *Société à la campagne*, le *Voyage à la campagne*, sont de charmantes productions. Dans quelques-unes de ces nouvelles il y a un mélange d'histoire et de romanesque combinés d'une autre manière que Scott, mais avec non moins d'habileté. La *Vie du poète* (Shakspeare), la *Mort du poète* (Camoens) sont de véritables drames pleins de vie et d'intérêt. Quant au *Sabbat des Sorcières*, on doit y reconnaître le penseur profond et l'écrivain habile; mais il est, comme ses derniers ouvrages, ses romans-féeries, d'une prolixité fatigante.

Tieck divorça si bien avec le moyen âge, sans divorcer pourtant avec la satire, qu'il traduisit avec un soin tout particulier l'ouvrage qui lui porta le coup le plus mortel, *Don Quichotte*. Il a si bien réussi à en saisir le ton, il a pénétré si avant dans le sens de l'auteur, que sa traduction se lit comme un livre original.

Tieck qui s'est distingué dans tant de genres est un poète lyrique remarquable, quoique peu populaire. Il est plein d'élégance et d'harmonie, mais, comme l'aîné des Schlegel, il manque de nerf et de relief.

Comme critique, il s'est fait remarquer par la publication de ses *Feuilles dramaturgiques*, dans lesquelles son esprit de satire l'emporte trop souvent sur la justice. Il est malheureux qu'avec autant de talent, on manque si souvent, je ne dirai pas d'indulgence, mais d'équité, et qu'en fermant les yeux aux beautés de ses contraires, on justifie en partie ceux qui ne veulent pas voir les nôtres.

Du même âge à peu près que Tieck, deux auteurs de cette époque, ses amis de classe et d'enfance, auraient pu l'égaler en réputation, si la mort ne les eût enlevés, l'un à vingt-six ans, et l'autre à vingt-neuf. Le premier qui est à peine connu, est Wilhelm Heinrich Wackenroder. Il n'a laissé qu'un seul ouvrage : *Effusions de cœur d'un moine ami des arts*. Il fut accueilli avec faveur par les jeunes artistes allemands qui se trouvaient à Rome, mais il paraît que la fin prématurée de l'auteur a plus fait pour son succès que son mérite.

Le second promettait de devenir un des luminaires de la pléiade romantique, mais il n'eut pas le temps de passer complètement à l'état lumineux, et il n'est pas toujours assez clair pour être intelligible. Ce jeune poète est Friedrich Ludwig de Hardenberg, connu seulement sous le pseudonyme de Novalis, né en Saxe en 1773. Ses œuvres ont été publiées à Berlin en 1826 par Tieck et Friedrich Schlegel, et précédées d'une notice biographique par le premier, pleine de sentiment et d'intérêt, et qui fait peut-être plus regretter l'auteur que ses œuvres mêmes. Ces deux volumes ne se composent guère que de fragments. Le premier est le commencement d'un ouvrage intitulé : *Le disciple de Saïs*, destiné, dit l'éditeur, à devenir un roman scientifique. Tel qu'il est, c'est un fragment mystérieux, ouvrant devant nous des profondeurs dans lesquelles on s'engage sans trouver d'issue, et à peu près aussi obscur pour le vulgaire que les hiéroglyphes de l'Égypte. Ce n'est encore qu'un fragment que son roman d'*Heinrich d'Ofterdingen*, dont le héros est un des minnesänger, et qui devait devenir sous les mains de Novalis, l'apothéose de la poésie. On ne peut nier que dans ces écrits, et dans tous les morceaux dont ce recueil se compose, on ne voie briller, et souvent même, des lueurs de génie qui étonnent ; mais elles s'échappent de nuages si sombres, de vapeurs mystiques si épaisses, qu'on est excusable de ne pas les poursuivre. Il a laissé aussi quelques poésies du genre lyrique, presque toutes d'une inspiration religieuse, haute et profonde, mais péchant aussi sous le rapport de la clarté. Il aime Dieu et la nature à la manière de Schelling, et on n'est pas bien sûr en l'admirant, de savoir ce qu'on admire. Malgré de nobles et belles pensées et une richesse de style qui perce sous la teinte d'obscurité dont il s'enveloppe, on lit fort peu Novalis ; on le regrette.

De même que Novalis avait tenté de faire l'apothéose de la poésie, Schelling, que nous venons de nommer, a tenté de faire dans ses ouvrages l'apothéose de la Nature. Lié d'amitié avec les novateurs dont nous venons de parler, Friedrich Wilhelm Joseph Schelling, né à Leonberg dans le Würtemberg en 1775, est connu dans le monde par son système philosophique, communément appelé *Philosophie de la Nature.* Fichte avait poussé l'idéalisme au delà de Kant, et Schelling l'a poussé au delà de Fichte ; à force de vouloir élever la matière jusqu'à l'âme, il n'est pas bien sûr qu'il n'ait pas abaissé l'âme jusqu'à la matière. Spinosa spiritualiste, il ne s'égare peut-être pas dans ses systèmes, mais le lecteur s'y perd, à moins qu'il ne soit de la force d'Ancillon, qui a rendu clair pour tout le monde, ce qui ne l'était que pour quelques adeptes. Comme écrivain, Schelling a les mêmes défauts et les mêmes qualités que Novalis, beaucoup de poésie voilée par de la brume, beaucoup d'éclat caché dans des ténèbres.

Après cette courte excursion dans la philosophie transcendante, nous revenons à ceux qui, partisans du moyen âge, ont contribué par leur talent à en propager le goût. Un des premiers en ce genre est un Français d'origine, véritable Allemand de pensée, le baron Friedrich de La Motte-Fouqué, né à Brandenbourg en 1777.

Élève de Schlegel et disciple de Tieck, La Motte-Fouqué que Jean Paul appelle quelque part le brave, est un de ces poètes soldats, que le métier de la guerre n'empêche pas d'étudier aussi vigoureusement que s'ils n'avaient rien à faire. Les traces de ces études sont remarquables dans *Sigurd,* dans sa trilogie dramatique du *Héros du Nord,* où il trace l'histoire des *Nicbelungen* depuis les sources scandinaves. Comme poète et comme romancier, il a été longtemps un auteur à la mode, et comme on le dirait en France, la coqueluche des dames. Il avait droit à ces préférences par ses romans de *Sintram,* de *Thiodolf l'Islandais,* et du *Troubadour,* par les ravissantes nouvelles de l'*Anneau magique* et d'*Ondine,* production aussi fraîche que les eaux où il l'a puisée. Aujourd'hui on ne lui tient plus compte de rien. On ne le lit plus, ce qui n'empêche pas qu'on le critique. On assure qu'il a parlé de ce qu'il ne savait pas, que ses couleurs sont menteuses, que ses héroïnes sont prises dans les salons du jour, et ses chevaliers taillés sur le patron des officiers prussiens. Cette réaction vient encore de l'esprit de parti, qui ne tient pas compte à La Motte-Fouqué de la bravoure qu'il a montrée contre les ennemis de son pays et du sang qu'il a versé pour le défendre, et qui ne voit dans le major prussien qu'un homme collé à son titre de baron, dont il ne se sépare pas un instant. C'est peut-être un ridicule et une faiblesse, mais cela n'empêche nullement d'être poète. On le reconnaîtra un jour, quand les opinions généreuses le seront assez pour pardonner une morgue aristocratique qui fait beaucoup plus souffrir celui qui l'a que celui qui s'en moque. On le relira alors, et quand le baron sera mort, le poète restera.

Outre les ouvrages que nous venons d'énumérer, on doit encore à La Motte-Fouqué une tragédie d'*Emma et Eginhard,* et une autre de *Jeanne d'Arc;* l'une pleine de grâce et de sentiment, l'autre de feu et d'ardeur chevaleresques. Il y a de la grâce et du sentiment dans ses poésies diverses, qui augmentent plus la collection de ses œuvres que sa réputation. On prétend que c'est à lui aussi qu'on doit les romans de sa femme la baronne Caroline de La Motte-Fouqué, *Féodora,* les *Héroïnes de la Vendée, Ida, Lodoïska,* la *Duchesse de Montmorency.* Ce sont ses ennemis qui ont fait courir ce bruit. Ce n'est pas que ces romans soient dénués de tout mérite, mais une fois qu'on les a lus, c'est fini, on n'en dit ni bien ni mal, et on ne les critique pas.

Tous les hommes remarquables que nous avons vus jusqu'ici se ranger sous les étendards des Schlegel, ne sont pas franchement poètes. En voici un qui l'a été dans l'acception la plus étendue du mot, qui a même passé les bornes, car il est rare de le rencontrer sur la terre; il est presque toujours dans des régions où l'imagination la plus éthérée a bien des peines à le suivre. Cet homme aussi remarquable par les bizarreries de sa vie que par l'excentricité de son talent, est Friedrich Ludwig Zacharias Werner, né à Kœnigsberg en 1768. Presque tous ses ouvrages sont du genre dramatique; ce sont : Les *Fils de la Vallée,* la *Croix sur la Baltique, Martin Luther* ou *la Consécration de la force, Attila roi des Huns, Wanda reine des Sarmates,* le 24 *février, Kunégunde,* et la *Mère des Machabées;* nous dirons quelques mots des plus célèbres.

Werner essaya dès l'âge de vingt ans de se faire connaître par la publication d'un volume de vers, correctement médiocres et froids, étrange contraste avec le dévergondage passionné de ses autres productions. On ne peut pas dire que ce volume tomba promptement dans l'oubli, car on n'y fit pas un instant la moindre attention. Si on eût connu son existence, on aurait pu croire le jeune auteur découragé, car pendant douze ou treize ans, il ne fit rien autre chose que de courir de côté et d'autre, étudier et quitter les lois, les reprendre et obtenir enfin une place subalterne dans l'administration. Il n'était cependant rien moins que découragé, et en 1801 celui que l'on croyait mort retrouva subitement la parole pour débiter au public huit à neuf cents pages de vers, qui durent bien étonner, car certainement on n'en avait jamais vu de pareils. Ces vers composent la tragédie en douze actes des *Fils de la Vallée,* laquelle tragédie se divise en deux, l'une les *Templiers à Chypre,* l'autre les *Frères de la Croix.* Vous dire pourquoi elle s'appelle les *Fils de la Vallée,* je ne sais pas si quelqu'un peut se vanter de le savoir, mais ce n'est pas moi. Le sujet est la destruction de l'ordre des Templiers qui a été dramatisée plus d'une fois, mais jamais à coup sûr de la même manière que par Werner. Le sort de Jacques Molay et de ses frères ne semble là qu'un accessoire au lieu d'être le fond de la pièce, et ce grand événement est enterré sous une telle masse de théologie mystique, de momeries maçonniques, de traditions cabalistiques, et de philosophisme à l'usage des Rose-Croix, qu'on a de la peine à l'en dégager. Les événements sont peu nombreux, et de peu d'intérêt, interrompus continuellement par des parades d'opéra et d'interminables spéculations métaphysiques, noyées dans un loquacité pompeuse et sonore. On se promène dans tous ces actes comme dans un labyrinthe sans issue, à travers des scènes où il n'est question que de lumières, et des scènes où il n'y a que des ténèbres. Tout dans cette pièce a l'air d'une fantasmagorie dont les fantômes sont en démence : c'est dans les nuages qu'elle devrait être jouée par des acteurs de brouillard. Bien que cette pièce soit d'une obscurité désespérante, quoiqu'on y rencontre des cinq ou six pages de suite, dont il est impossible de déchiffrer le sens, l'histoire entr'autres de Baffometus et de Phosphoros, on la lit cependant d'un bout à l'autre comme si on comprenait. On espère d'autant mieux arriver à une intelligence du texte, qu'il n'est pas rare de rencontrer des éclats de pensée tout à fait grandiose, des éclairs de poésie éblouissante : c'est un chaos dont on s'attend à chaque instant à voir sortir la création. Il est vrai qu'elle n'en sort pas, mais c'est beaucoup que de la promettre. Il y a dans les détails de la mise en scène, dans la peinture des lieux où elle se passe, une imagination qui saisit souvent la nôtre; de beaux traits de dialogue, le scepticisme mystique de Robert d'Heredon, le caractère énergique de Guillaume de Paris, archevêque de Sens, bourreau de la chair par respect pour l'âme, qui croit que si l'huile sainte consacre les rois, il faut du sang pour sacrer un dieu, qui veut que la mort engendre la vie, la résignation de Molay à son apothéose par le bûcher, tout cela vous soutient dans cette lecture fatigante, et fait regretter que Werner n'ait pas eu la force de descendre dans les profondeurs qu'il entr'ouvre. Il essaye bien d'y descendre, mais la torche qu'il allume pour l'éclairer dans son trajet, s'éteint presque tout de suite; il remonte pour la rallumer, et elle s'éteint encore, et ainsi de suite jusqu'à ce qu'enfin, il se précipite à corps perdu dans les ténèbres, où nous ne voyons plus rien ni lui non plus.

Une anecdote rapportée par Hoffmann qui ne jouit pas toujours lui-même d'une grande lucidité, pourrait faire supposer que Werner n'avait pas parmi ses amis la réputation d'être fort clair. Il en réunit un soir quelques-uns pour leur lire la *Croix sur la Baltique,* dont la composition suivit d'assez près celle des *Fils de la Vallée.* Les préliminaires indispensables de toute lecture confidentielle achevés, l'auteur commence : Au lever du rideau, dit-il, les Prussiens sont rassemblés sur les côtes de la Baltique, occupés de la pêche de l'ambre, et ils invoquent le Dieu qui les protège : « *Bangputtis! Bangputtis! Bangputtis!* » et l'auteur s'arrête. Silence et étonnement dans l'auditoire. *Bangputtis!* reprend Werner. Mon ami, s'écrie un des assistants, mon excellent ami, mon bon et grand poète, si tout ton cher ouvrage est écrit dans cette diable de langue, je te déclare qu'il n'y a pas une âme ici qui l'entende, et je crois qu'avant de nous lire ta pièce tu ne ferais pas mal de la traduire.

Malgré ce prélude, la *Croix sur la Baltique,* dont la seconde partie n'a jamais été publiée, est peut-être, tout incomplète qu'elle soit, la meilleure pièce de Werner. Il y a dans le plan une cohérence qu'on lui reconnaît rarement, et dans le dialogue une fermeté, une âpreté, un nerf de concision, également rares. Là aussi, les agents mystiques et rêveurs que dans le plupart de ses drames il entrelace à l'action, s'harmonisent plus que de coutume avec l'esprit du tout. Le sujet est l'implantation du christianisme en Prusse par les chevaliers de l'ordre teutonique, et l'auteur a peint sous des couleurs très vives ces âges hérissés de superstitions barbares, et le zèle apostolique et un peu sauvage qui les combat, et la croix de saint Adalbert qui ébranle en les touchant le vieux chêne d'Irmensul et les idoles de Romava. Les mœurs farouches des Prussiens, occupés de pêcher l'ambre et de chasser l'ours, leur sanglante idolâtrie, leur énergie orageuse et sans frein, sont représentés au vif aussi bien que la Cour polonaise de Plozk, et les Croisés de la Germanie dans leurs banquets et leurs batailles. L'assaut nocturne de Plozk par les Prussiens, et la ville sauvée de sa ruine par l'intervention du Barde qui se trouve être l'esprit de saint Adalbert, l'aurore qui se lève sur une île de la Vistule pour éclairer des cruautés horribles, appartiennent indubitablement aux plus heureux efforts du génie de Werner. Cette pièce est comme voilée d'une teinte religieuse, dont l'obscurité n'est pas impénétrable, et les exagérations habituelles de l'auteur sont adoucies par l'abondance et la grâce musicale du style. Iffland essaya de monter cette pièce pour le théâtre de Berlin, mais il se trouva peu de spectateurs pour la comprendre, et quoique infiniment supérieure au drame de *Luther*, elle n'en eut pas le succès.

Cette pièce de *Luther* est en Allemagne l'ouvrage le plus populaire de Werner, probablement à cause du réformateur qui eut tant d'influence sur les destinées de ce pays, car on s'explique mal en le lisant cette singulière popularité. Werner n'avait rien de ce qu'il faut pour dessiner un caractère comme celui de Luther, homme ambitieux et résolu, qui mettait le flegme au service de ses passions, et n'était rien moins que mystique. Il nous apparaît dans ce drame un peu cerveau timbré, et ce réformateur lunatique qui ne marche qu'avec son flageolet pour exorciser le diable et se délasser de ses spasmes religieux, est plus ridicule qu'imposant. L'amour *ex abrupto* de la religieuse Catherine de Bose pour l'hérétique dans lequel elle reconnaît son idéal, ne fait pas beaucoup d'honneur à son imagination ; Théobald, un petit secrétaire de Luther qui se mêle aussi de jouer de la flûte, et une petite fille de neuf ans dont il est amoureux, traversent, dit Mme de Staël, la pièce comme deux anges, et la traversent beaucoup trop lentement, pour l'intérêt du lecteur. Charles-Quint est un garçon sans portée, qui trouve moyen d'être bavard en disant fort peu de chose. Werner qui s'était, vers la fin de sa vie, converti au catholicisme, se reprochait comme un crime cette tragédie comme un panégyrique de Luther destiné à lui faire des prosélytes, et il fit la *Mère des Machabées* pour l'expier. Il pouvait se dispenser de ce dernier ouvrage. Luther porte avec lui son expiation. Il faut avouer au reste que l'auteur n'était pas heureux dans ses effets religieux ; car sa pièce des Machabées n'atteint pas son but. Luther est capable de faire des catholiques, et l'autre des protestants. Malgré ces critiques, il serait injuste de ne pas reconnaître des beautés de style dans cette tragédie. Il y en a, et en assez grand nombre, mais plutôt du genre lyrique que dramatique. Il n'en est pas moins vrai que la lecture en est pénible : il y a une profusion d'hyacinthes et d'escarboucles qui font l'effet tout contraire de ce qu'en attend l'auteur. Elles ternissent le style au lieu de le parer.

Une pièce a fait en France la réputation de Werner, c'est la tragédie en un acte du 24 *Février*. Il a voulu consacrer ainsi par un drame où s'accumulent en un instant les émotions et les crimes, la date du jour le plus douloureux de sa vie, celui où il perdit sa mère. Cette religion filiale a exercé une heureuse influence sur son talent ; et, quoique ce ne soit pas son meilleur ouvrage, il est certain que c'est le plus clair, et celui de tous qui eut le plus de succès, même y compris Luther. Les héros de cette tragédie sont, on le sait, de pauvres paysans suisses chez qui le crime et le malheur sont héréditaires, comme dans les familles de Labdacus et des Pelopides. C'est la seule de ses pièces où l'auteur semble être de ce monde, et il faut avouer qu'il en est d'une manière atroce. Il y a cependant de grandes beautés dans cet ouvrage, et un intérêt puissant. On y trouve répandu un sentiment de solitude et de fatalité qui impressionne vivement l'imagination. Cette pièce fit éclore un grand nombre d'imitations, et un genre dont nous aurons plus loin occasion de parler.

Attila est d'une conception plus haute, et l'œuvre d'un plus grand poète. Le caractère du roi des Huns, de ce sauvage qui se regarde comme un instrument, et marche où Dieu l'envoie, s'absolvant de ses crimes parce qu'il se croit forcé de les commettre dans un but qu'il ne connaît pas, est empreint d'une générosité barbare, d'un fatalisme féroce vigoureusement saisi. Hildegonde, princesse de Bourgogne, s'attache au conquérant, et accueille son amour pour se venger et l'assassiner; druidesse, amazone, Judith sauvage, son caractère est fièrement dessiné. La cour de Rome sous Valentinien est bien empreinte de cette décrépitude de Bas-Empire, qui avait besoin que le Nord la dépeçât pour la rajeunir. C'est un beau tableau, vigoureusement colorié. Il y a malheureusement dans cette pièce une tendance à l'allégorie qui en détruit l'intérêt. Le dénouement m'en paraît cependant admirable, au moins d'intention. On prie pour Attila tandis qu'on l'assassine, et son dernier cri sur la terre se mêle aux derniers mots de la prière qui lui ouvre le ciel.

C'est dans sa tragédie de *Wanda* que se trouve ce chœur de jeunes ombres dont Mme de Staël a fait un si pompeux éloge. « Le poète, dit-elle, sait changer l'allemand en une langue molle et douce, que ses ombres fatiguées et désintéressées articulent avec des sons à demi formés. Tous les mots qu'elles prononcent, toutes les rimes de vers sont pour ainsi dire vaporeuses. Le sens aussi des paroles est admirablement adapté à la situation : elles peignent si bien un froid repos, un terne regard! On y entend le retentissement lointain de la vie, et le pâle reflet des impressions effacées jette sur toute la nature comme un voile de nuages. » Il est à craindre que l'éloge ne soit supérieur au sujet; cela arrive souvent avec Mme de Staël, qui prête de son génie aux autres. Elle en avait assez pour en donner.

Werner qui avait abjuré le protestantisme en 1811 entra dans l'ordre des Rédemptoristes à Vienne, et se fit ordonner prêtre en 1814 par l'archevêque de Dalberg. Quelque temps après, il publia son *Apologie* (on ne doit pas en avoir besoin en matière de religion), dans un pamphlet en vers où il s'accuse d'avoir voulu établir une trinité de l'art, de la religion et de l'amour. Cette brochure que, par opposition au second titre de son *Luther,* il appela la *Consécration de la faiblesse,* ne justifie que trop bien son titre. Cet ouvrage d'un style aussi obscur que toutes ses obscurités, ne fut clair que pour ses ennemis qui y trouvèrent matière à calomnier ses intentions en critiquant ses vers. Pendant cinq ans, Werner ne fit plus que des sermons empreints d'un mysticisme exalté qui n'en attirèrent pas moins d'auditeurs, et des hymnes religieux dont les sentiments sont plus purs que le style. Enfin en 1819 il rentra dans la carrière qu'il paraissait avoir abjurée en même temps que sa religion, et fit paraître la tragédie de la *Mère des Machabées* dont nous avons déjà dit quelques mots. C'est une pièce d'une structure étudiée, et qu'il paraît affectionner, mais les préférences des auteurs comptent pour peu. C'est à nos yeux, dit un critique anglais, la pire de ses tragédies, un drame qui n'a pas de sang dans les veines, un spectre. Il semble, quand on la parcourt, qu'un souffle de tombeau s'en échappe qui nous glace le cœur. Il n'y a ni intérêt ni passion, mais une rage de martyr, moins orageuse que criarde, moins résolue qu'historique ; le tout obscurci de larmes inefficaces et grimacières, œuvre de convulsionnaire, pleine de contorsions effrénées, qui n'indiquent pas la vigueur, mais l'agonie.

Cet ouvrage fut loin de faire la sensation qu'il en attendait, et depuis il parut abandonner tout à fait un art qui l'avait abandonné. Il ne fit plus que consacrer à la prière et aux devoirs de son état les restes d'une vie qui s'éteignait comme son talent. Il mourut en 1823, laissant, à l'imitation de Juste Lipse, sa plume au trésor de la Vierge à Mariazell, comme le principal instrument de ses aberrations, de ses pensées et de son repentir.

Tel fut Werner, un des écrivains les plus remarquables de cette époque, écrivain qui possédait plusieurs des qualités du poète, mais sans tenue, qui ne sut pas augmenter par la réflexion les dons heureux qu'il avait reçus, et qui gaspilla le trésor de son talent, en gaspillant celui de sa vie.

Adam Gottlob Oehlenschläger, né à Copenhague en 1776, n'est pas seulement le plus grand poète du Danemark, il est aussi un des auteurs les plus distingués de l'Allemagne, dont il manie l'idiome aussi facilement que sa langue natale. On admire chez lui une imagination riche et brillante, une inspiration haute et hardie, et l'art infini avec lequel il s'empare dans ses poésies de la vieille mythologie du Nord, et de ses imposantes traditions. Sa pensée est tour à tour ferme et profonde, pleine de grâce et de sentiments. Il est impossible de lire un ouvrage plus simple, plus admirablement mélancolique, que son drame du *Corrège;* une tragédie plus tendre, plus passionnée qu'*Axel et Walberg,* Roméo et Juliette du Nord, dont l'amour moins brillant est plus douloureusement sensible, plus religieux, plus recueilli dans les larmes que celui des époux de Vérone; et par opposition à ces tragédies où la tendresse domine, quoi de plus grand, de plus élevé que *Hakon Jarl?* Le caractère gigantesque du héros du Nord a été hardiment senti par le poète, et aussi fièrement dessiné que senti. Le style d'Oehlenschläger est solennel, harmonieux et tragique au suprême degré. Il est d'une correction à faire envie aux poètes nationaux de l'Allemagne, et ne se ressent jamais de la contrainte naturelle à un étranger. On lui doit encore un grand nombre de pièces dont les plus remarquables sont *Aladin ou la Lampe merveilleuse,* la *Caverne de Ludlam,* les *Frères d'armes, Palnatoke,* les *Verings à Miklagord.* Comme poète épique, il s'est placé au premier rang dans son pays par son poème héroïque de *Hrolf Krake,* où il a su heureusement allier la grâce et l'énergie qui distinguent ses autres ouvrages. Nous ignorons si l'auteur a traduit cet ouvrage en allemand, mais s'il ne l'est pas, il le sera sans doute; on y montrera sous un nouveau genre un talent que personne ne conteste. Professeur d'esthétique à Copenhague, Oehlenschläger appartint comme philosophe à l'école de Schelling, et on en reconnaît les traces dans ses poésies lyriques où il s'applique à commenter l'Évangile par les phénomènes de la nature. Il est sous tous les rapports un des hommes les plus saillants de cette époque.

Jens Emmanuel Baggesen, né à Korsör en Zélande en 1764, est aussi un poète allemand et danois tout ensemble, mais d'un ordre bien inférieur à son compatriote que nous venons d'admirer. Ses poésies lyriques sont estimées, et méritent de l'être. Ceux qui aiment les idylles et les puérilités font cas de son poème de *Parthenaïs,* en quatre chants et en vers hexamètres comme la *Louise* de Voss. On place ces deux ouvrages sur le même rang, et ce n'est pas à nos yeux un grand éloge. On y retrouve le même enfantillage, et une affectation ridicule d'homérisme. Si nous avions à choisir, nous donnerions peut-être encore la préférence à *Parthenaïs,* où quelques paysages de la Suisse sont vus et rendus en poète.

Friedrich Adolph Krummacher, né à Tecklenburg en 1768, s'est distingué comme poète et comme prosateur. Son drame de *Johannès,* son poème en quatre chants appelé le *Monde des Enfants,* sont écrits avec charme et pureté, mais n'auraient pas suffi pour établir une réputation et surtout la soutenir. Il doit la sienne à ses *Paraboles,* genre de littérature inconnu parmi nous, et dans lequel nous n'hésitons pas à lui assigner le premier rang. La plupart des siennes décèlent une imagination heureuse et riche, une grande variété d'invention. Sa phrase est peut-être moins poétique que celle de Herder, mais ses sujets sont plus ingénieux, le trait moral mieux détaché. C'est un philosophe pur et éloquent, souvent profond, qui sait à la fois dans ses leçons plaire aux enfants et instruire les hommes.

Un homme qui est tout seul dans sa sphère, et qui, il y a peu de temps encore, a été tiré par M. Loeve Veimar d'un tombeau où il ne mérite pas de rester, c'est E. T. W. Hoffmann, de fantasque et fantastique mémoire. Né à Kœnigsberg en 1776, Hoffmann s'est fait autant de réputation par ses talents que par ses capricieuses extravagances. Poète, artiste, musicien, il ne sut garder de mesure en rien, et sa musique, ses dessins, ses écrits sont devenus le type du bizarre. Il possédait sans contredit une riche et puissante imagination, mais son hypocondrie dévergondée, ses habitudes de taverne et d'estaminet ont ruiné à la fois sa santé et ses ouvrages. La plupart de ses écrits sentent le vin, la bière et le tabac : ce ne sont pas seulement les rêves d'un fiévreux, mais d'un fiévreux qui est gris, ivrogne vigoureux, qui domine l'ivresse, dont l'esprit ne trébuche pas quoiqu'il ait le vertige, et mêle ensemble la folie et la raison, le rire et les larmes, ce monde et l'autre, le positif et le surnaturel, et tout cela avec une verve qui ne s'arrête que quand le sommeil le prend au milieu de ses élucubrations, et qu'il tombe pour cuver son génie et dormir. Ce qu'il y a de remarquable dans Hoffmann, c'est l'habileté du narrateur qui se fait jour à travers toutes les fumées dont il s'environne, l'adresse avec laquelle il dispose de son récit et de l'attention du lecteur, le sentiment profond de l'art, la finesse d'aperçu qui brille à travers ses caprices, les abîmes de métaphysique qui s'entr'ouvrent dans ses rêveries. Hoffmann a beaucoup écrit. Les plus remarquables de ses ouvrages sont ses *Fantaisies à la manière de Callot;* ses *Contes de Nuit,* l'*Elixir du Diable,* les *Frères de Serapion,* dans lequel cet écrivain original n'a pas laissé que de se souvenir de *Phantasus,* et parmi les petits romans qu'il a dispersés dans les annuaires, *Martin et ses compagnons,* et surtout *Mademoiselle Scudéry.* Malgré ses erreurs, et la critique assez amère que nous avons faite de ses ouvrages, Hoffmann était un homme d'une organisation rare, peut-être aussi remarquable par ses fautes que par ses beautés, un homme qui mérite d'être lu, non pas par ceux qui ne veulent que s'amuser, mais par le philosophe qui veut faire des expériences de physiologie sur le sujet vivant aussi bien que sur le cadavre. Hoffmann usé avant le temps par sa pensée et sa manière, est mort de consomption à 46 ans, avec un courage qui n'avait rien de frelaté comme ses œuvres, laissant une réputation qui passera et qui renaîtra alternativement, et jusqu'à présent aussi capricieuse que lui-même.

Heinrich Joseph de Collin, né à Vienne en 1772, est un esprit aussi sage qu'Hoffmann est extravagant. Il est mort jeune, en 1811, laissant au théâtre ou plutôt à la littérature sept tragédies qui méritent la faveur avec laquelle on les accueillit : *Regulus, Coriolan, Polyxène, Balboa, Bianca della Porta, Maon, les Horaces et les Curiaces.* Il y a peu d'imagination, peu d'invention dans ses pièces. Le dessin des caractères n'en est pas assez fortement arrêté. La pensée est rarement vigoureuse, l'éloquence est plus en superficie qu'en profondeur ; le style a plus d'exaltation que de force, plus d'élégance que d'énergie. Il règne en général dans ses écrits une teinte religieuse qui les rapproche de l'antique. Une édition de ses poésies a paru après sa mort ; elle renferme les fragments d'une épopée de *Rudolph de Habsbourg,* et plusieurs *Odes* qui contribuent à faire regretter l'auteur.

Heinrich de Kleist, né en 1777, à Francfort-sur-l'Oder, est un poète d'un ordre beaucoup plus élevé que Collin et dont il faut aussi déplorer la mort prématurée. Ludwig Tieck lui accorde comme poète dramatique la première place après Gœthe et Schiller. Je ne sais si la postérité ratifiera ce jugement qu'on doit peut-être autant à l'amitié de Tieck pour l'auteur, qu'à son peu de sympathie pour ses rivaux contemporains ; mais il est probable que Kleist conservera un rang distingué, qui eût pu devenir le premier, s'il n'eût repoussé la vie et le génie. Il commença à se faire connaître à ses amis par une tragédie de *Robert Guiscard* qu'il brûla et recommença cinq ou six fois, et dont il ne reste plus que quelques fragments publiés dans un journal périodique appelé *Phœbus* dont il était l'éditeur, avec son ami Adam Müller. Kleist avait un coup d'œil perçant qui voyait la perfection, et comme tous les hommes il manquait de force pour y atteindre. Rien de ce qu'il faisait ne pouvait le contenter ; de là une fureur de travail, bientôt suivie d'une fureur de découragement qui lui fit prendre la vie en haine et en dégoût. Après une existence fort agitée durant laquelle il publia successivement la tragédie romantique de *Catherine d'Heilbronn,* la *Famille Schroffenstein, Penthésilée,* deux comédies et un volume de nouvelles dans lequel on distingue l'excellent conte de *Michel Kohlhaas,* et *le Mendiant de Locarno,* il se retira à Berlin en 1810 ; mais ce ne fut pas pour longtemps. Il était lié d'affection avec Mme Vogel qui, attaquée d'une maladie douloureuse et incurable, lui fit promettre de la tuer quand elle n'aurait plus la force de souffrir. Kleist le promit, et remplit sa promesse. Il tua celle qu'il aimait, le 21 novembre 1811, et se fit un instant après sauter la cervelle. Il était âgé de 34 ans. Avant cet acte de désespoir, il avait commis un premier suicide, en détruisant ses manuscrits. Heureusement que les manuscrits de sa tragédie d'*Hermann,* et du *Prince de Hambourg,* étaient dans les mains d'un ami, et n'ont pas partagé le sort de celles qu'on regrette. Malgré le talent passionné dont il a fait preuve dans *Catherine d'Heilbronn,* l'habileté d'intrigue qui attache dans la *Famille de Schroffenstein*, les beaux éclairs de poésie qui brillent dans *Penthésilée,* son génie serait demeuré inconnu si l'on eût ignoré sa tragédie du *Prince de Hambourg.* L'auteur a affecté dans cette pièce l'oubli de l'expression poétique, mais il n'a pu effacer de sa pensée la poésie qui la rend vivante. Il y a dans ce drame d'une conception parfois bizarre, et écrite d'un style inusité en Allemagne, une connaissance du cœur humain qui sent son Shakspeare d'une lieue. L'Allemagne a perdu dans Henri de Kleist un grand poète et un citoyen généreux qui eut trop de dévouement et pas assez de courage.

Johann Friedrich Kind, né à Leipzig en 1768 n'est guère connu en France que par la parodie d'une œuvre que distinguent la grâce et la poésie qu'il y a semées. Nous voulons parlons du *Freischütz* dont il a fallu un talent d'une singulière espèce pour faire *Robin des Bois.*

Kind est un des conteurs les plus heureux, un des poètes les plus aimables de cette époque. La légèreté élégante du style, la prestesse du récit, une pensée douce et tendre, un coloris suave et pur sont les marques distinctives de ses nombreuses productions. Parmi ses nouvelles, on peut citer comme les plus remarquables : *Carlo, Natalia, Vie et amours de Ryno et de sa sœur Minona,* la *Cloche des Monts, Rosa et Albert.* Son *Petit du chardonneret* est un chef-d'œuvre qui a peu de rivaux dans son genre. Parmi ses drames celui de *Vandyck* passe pour sa meilleure production. Kind habita longtemps Dresde, où on aimait sa personne autant que ses œuvres, qui vivront en Allemagne, tant qu'on y aimera la grâce et l'esprit, qui n'y sont pas aussi communs que la profondeur et la force.

Carl Gottfried Theodor Winkler, connu dans la littérature sous le pseudonyme de Théodore Hall, né à Waldenburg en 1775, partage avec son ami Friedrich Kind la renommée d'un poète aimable et d'un conteur gracieux. Il fut l'éditeur de plusieurs des annuaires dont s'enrichit chaque année l'Allemagne, et ses productions en firent le principal mérite. Une diction élégante et pure, une pensée ingénieuse et facile recommande ses poésies. La *Ballade de l'organiste* est une des plus heureuses productions de sa plume, et ce n'est pas la seule dont on doive se souvenir.

Gustave Schilling est un romancier fécond dont les ouvrages ont obtenu des succès, et on ne dit pas que ce soit injuste. Il partage cet avantage avec August Schulze, et Stephan Schütze, dont on a plus d'une fois distingué les poésies pures et gracieuses. Aloysius Schreiber est un écrivain oublié, qui a écrit quelques nouvelles agréables et des poésies qui ne sont ni sans mérite, ni sans grâce.

Un homme à peu près oublié, mais qui ne mérite pas de l'être, c'est Franz Anton Joseph Ignaz Maria de Sonnenberg, né à Munster en Westphalie en 1779. Depuis Klopstock, on avait tenté plusieurs fois l'épopée, mais on ne nous avait guère donné, au lieu de poèmes épiques, que des romans en vers moins intéressants que des romans en prose. Confiant dans sa jeunesse et sa brillante imagination dont il avait donné des preuves dès l'âge de 15 ans par des odes pleines de feu et d'image, Sonnenberg essaya sinon de détrôner la *Messiade,* au moins de partager le sceptre de Klopstock. Il entreprit et exécuta un poème épique en

12 chants, intitulé *Donatoa* dont la fin du monde est le sujet. Cet ouvrage peu connu renferme d'admirables passages, mais pèche par la conception et sous le rapport de la clarté. La diction en est inégale, la pensée n'est pas arrêtée ; cet ouvrage a la fougue et l'inexpérience de la jeunesse. On y remarque un effort continuel à s'arracher de la terre pour vivre dans les régions surnaturelles, et sous ce point de vue Sonnenberg se rapproche de Werner, dont il a l'emportement, le désordre, quelquefois les beautés, et plus souvent l'obscurité. Sonnenberg était d'un caractère sombre et morose, qui s'exaspéra durant la composition de son poème.

L'état d'exaltation continuelle dans lequel il vécut tant que dura son travail, égara son cerveau, et il ne jouit pas de la justice qu'on lui rendit, en reconnaissant qu'il était appelé à de hautes destinées poétiques. Dans un accès de fièvre chaude, il se tua à l'âge de 26 ans, et l'Allemagne doit encore inscrire cette mort au nombre de celles qu'il faut pleurer.

C'est encore une perte à déplorer que la mort prématurée de Ernst Wagner, dont les romans annonçaient un esprit cultivé et un sentiment poétique assez rare, quoiqu'on trouve volontiers cette faculté fort commune. Son talent précoce promettait une moisson riche et savoureuse. Les *Vues de la vie de Willebald,* les *Peintres en voyage, Ferdinand Miller, Isidora,* annoncent une imagination active et brillante, et doivent protéger un nom qui s'est éteint trop tôt peut-être, pas pour celui qui le portait, mais pour le public qui le lisait.

Johann Daniel Falk, né à Dantzig en 1768, se fit connaître dans les lettres par l'insertion de quelques poésies dans le *Mercur* de Wieland. Ses satires, les *Saints tombeaux à Rome* et les *Prières* ont obtenu un grand succès. Falk manque d'originalité, quoiqu'il paraisse y viser, de verve et de mordant ; il a peu de profondeur, et il semble n'avoir pas vu ce qu'il peint. On dirait qu'il écrit d'après l'expérience d'un autre. On lui a sans doute su gré de n'avoir fait mal à personne, et d'avoir plu souvent par des idées bien rendues et des vers bien tournés. Ce n'est pas un mérite tellement commun qu'on ne puisse lui savoir gré de l'avoir.

Siegfried August Mahlmann, né à Leipzig en 1771, est un esprit facile et élégant, dont les contes et nouvelles ont été lus avec plaisir et le sont peut-être encore. Ses poésies lyriques ont une fraîcheur de sentiment et d'imagination qui les fait retenir; il a été longtemps l'éditeur d'un journal du beau monde, qui n'est pas toujours ingrat quand on l'amuse, et on l'amuse toujours, quand on le loue. Mahlmann mettait de l'esprit dans ses éloges, ce qui n'est peut-être pas indispensable, mais ce qui ne gâte rien.

Johann Gottlieb Seume, fils d'un paysan de Poserne en Saxe, est né en 1763, et dans une vie assez courte puisqu'il est mort en 1810, éprouva presque autant de vicissitudes que tous ses contemporains ensemble. Son histoire écrite par lui-même avec franchise et sans exagération est un roman plein d'intérêt qui fait plaindre et aimer l'auteur. C'est aussi un livre attachant et spirituellement écrit que sa *Promenade à Syracuse*. Seume était un homme vigoureusement trempé, ses poésies décèlent une imagination puissante, une âme active et chaleureuse, une pensée ferme et féconde. Mais l'adversité avait aigri et fané son cœur, et ses ressentiments contre la vie dont il n'avait guère à se louer, ont souvent imprimé à son style une rudesse qui choque, une amertume qui blesse. Ami de l'honneur et de l'indépendance, il n'hésita jamais à professer tout haut des sentiments qu'on fait quelquefois bien de professer tout bas. Il est mort dégoûté du monde, doutant de la vertu, et sans croire à la liberté. Il y a beaucoup de gens fort estimables qui vivent plus longtemps et qui n'y croient pas davantage.

Friedrich Rochlitz a publié des nouvelles dont la morale est pure, le style facile, et l'intérêt raisonnable. Quelques dialogues de lui sont ingénieux et spirituels. C'est un homme qui a peu fait parler de lui, et qui mérite qu'on ne le passe pas sous silence.

Friedrich Weisser de Stuttgart s'est associé à son ami Haug pour la publication de l'*Anthologie épigrammatique*. Il est dans ce genre un des écrivains les plus piquants de l'Allemagne. Ses écrits en prose sont spirituels, et ses satires publiées sous le titre de *Coups de pinceaux poétiques et satiriques*, attestent une main exercée à saisir le ridicule, et de l'adresse à le traduire.

Carl Philipp Conz, né à Tubingen en 1762, est un écrivain pur et élégant dont les poésies sont dignes d'un professeur de littérature classique, comme il le fut dans sa ville natale. Le plus beau fleuron de sa couronne de poète est une traduction en vers d'Eschyle, dont il a souvent réussi à reproduire les hautes et vigoureuses beautés.

Christian Ludwig Neuffer, né à Stuttgart en 1769, est peut-être un écrivain trop fécond, mais qui mérite attention. Outre ses poésies mêlées, beaucoup trop mêlées et trop nombreuses, il a publié deux gros poëmes descriptifs : l'*Automne* et le *Jour à la campagne*. Voss a longtemps passé pour l'auteur du dernier, et il serait difficile de savoir pour qui c'était un honneur. Neuffer a donné une traduction estimée de l'Énéide ; ce travail aurait dû le garantir de l'épopée, mais il n'en a pas tenu compte, et on lui doit, si c'est là devoir, une épopée de *Günther ou Courage et fatalité*. On dit qu'il faut du courage pour le lire, et que c'est une fatalité de le rencontrer.

Henrik Steffens, né à Stavanger en Norvège, en 1773, et successeur de Hegel, à la chaire de philosophie de Berlin, a commencé sa réputation comme soutien éloquent des principes de Schelling, et par des controverses théologiques, qui ont fini par devenir des querelles et lui attirer plus de censeurs que de partisans. Ce n'est que fort tard qu'il se fit connaître comme romancier, et il entra dans cette carrière avec éclat. Son premier ouvrage en ce genre est *Walseth et Leith*, une série de nouvelles dont chacune est un tout, et dont l'ensemble forme une seule et même histoire aussi complète que ses parties. Deux productions semblables suivirent de près celle-ci, les *Quatre Norvégiens*, et *Malcolm*. Ces ouvrages furent accueillis avec autant de faveur que le premier, et lui ont acquis une gloire qui peut encore augmenter, mais qui ne peut décroître, car elle est fondée sur des titres incontestables, quoique ce ne soit pas toujours une raison : c'est une chance. Steffens aspire dans chacune de ses œuvres à embrasser la vie humaine entière avec tous ses phénomènes naturels et psychologiques, et il voit tant de choses dans cette malheureuse vie humaine qui nous paraît souvent si vide, qu'il accumule les événements et les situations, pour n'en représenter qu'un coin. Ce sont nécessairement ses vues philosophiques qu'il met en jeu dans son action ; son drame n'est qu'une toile sur laquelle doit saillir la pensée mère de chaque scène ; et cette pensée n'est pas toujours tellement lucide pour tout le monde, qu'on ne s'embarrasse de temps en temps dans le dédale des faits qu'il enchaîne ou qu'il entasse pour la mettre en relief. C'est un véritable défaut, dont on ne lui fait grâce qu'à cause de sa merveilleuse imagination. La vivacité et la vérité de ses peintures, sa profonde connaissance de l'homme, la beauté de son style l'accompagnent comme autant d'excuses à chacun de ses écarts. Il éparpille peut-être avec trop de profusion la poésie et les images, mais il ne s'appauvrit pas par ses prodigalités, parce qu'il est inépuisable. Il n'en résulte pas moins un défaut capital qu'on peut lui reprocher aussi bien qu'à Jean Paul; il éblouit au lieu d'éclairer, il fascine au lieu de convaincre, et si cela se passe au poète, cela ne se pardonne pas au philosophe.

Friedrich Albrecht Franz Krug de Nidda, né à Querfurt en 1776, a disséminé dans les annuaires et les revues des poésies et des nouvelles qu'on y remarque d'autant mieux que la poésie des annuaires n'est pas généralement très poétique, et que leurs nouvelles ne sont pas neuves. Il a écrit pour le théâtre un ouvrage qu'on n'y a pas vu, mais qui vaut mieux que beaucoup de ceux qu'on applaudit. *Heinrich der Finkler* est une œuvre distinguée, écrite d'un style ferme et correct. Il a dédié à son ami Tieck un poème héroïque de *Scanderberg*. Il a commencé par en publier les cinq premiers chants, et ils ont fait désirer les cinq derniers. Il est douteux que l'auteur soit un grand poète, mais il n'en trouve que plus de lecteurs.

Amand Gottfried Adolph Müllner, né à Langendorf en 1774, n'est pas non plus un très grand poète, mais il s'en est vengé en mordant jusqu'au sang ceux qui valaient mieux que lui. Il est en vers un des écrivains les plus entortillés de l'Allemagne, et en prose un des plus méchants. Il était le neveu de Bürger, et autant le style de son oncle était facile quoique étudié, autant le sien est dur et martelé. Müllner est un des poètes dramatiques de l'époque qui ont eu le plus de réputation. Ce n'est pas qu'il brille par une imagination bien féconde, et un dialogue bien entraînant, mais il paraissait disposé à sortir des routes battues, et en Allemagne on sait toujours gré à un homme de vouloir faire autrement que les autres. Sa première tragédie, le *Crime*, eut presque autant de succès qu'une pièce de Schiller, mais elle est loin de valoir la plus faible production de ce grand maître. C'est un procès de cour d'assises rédigé par un greffier qui sent la poésie, et substitue habilement cette langue à celle du greffe. C'est, au reste, de ses tragédies celle qui se lit avec le plus de plaisir. Le style en est moins dur, moins contourné que dans ses autres pièces; les idées sont moins bizarres, les sentiments ont plus d'éclat et de fraîcheur. Il tenta d'introduire dans cette pièce une sorte de fatalisme superstitieux, qui n'est qu'une caricature du *fatum* des anciens, et c'est la cheville ouvrière de son action. Il fut si heureux de cette invention, qu'on la retrouve dans tous ses ouvrages, ce qui ne prouve pas, il faut l'avouer, une grande fécondité de ressources. On passe une fois l'emploi d'un pareil moyen, mais quand on a vu dans un ouvrage une foule de malheurs dériver, y compris le crime, de ce qu'on n'a pas donné un sou à une bohémienne qui vous le demandait, et qu'il faut voir dans une autre pièce la même série d'infortunes se dérouler sous l'influence d'une imprécation qui les appelle, on est tenté de hausser les épaules, et d'envoyer l'auteur débiter ses sornettes emphatiques à l'école de Croque-Mitaine. L'*Albanaise* est tout entière fondée sur le dogme puéril de cette fatalité au petit pied. Cette tragédie dont les caractères sont faiblement dessinés malgré tous les efforts de l'auteur pour en faire des types, dont les personnages ne sont d'aucun pays et d'aucun siècle, où les acteurs se disent une foule de choses qu'on ne s'est jamais dites, sous des formes qu'on n'a jamais employées, et dans une langue qu'on n'a jamais parlée, cette tragédie péniblement conçue, écrite d'un style rude, obscur, alambiqué, n'en est pas moins cependant un ouvrage remarquable et qui mérite d'être lu. Il y a de l'intérêt dans la fable, des traits de passion bien sentie, des traits d'esprit bizarres, des tropes vigoureux qui ne vont nullement au drame, mais qui sentent le poète. Le rôle de l'Albanaise est ce qu'il y a de mieux dans l'ouvrage; il est d'un homme qui connaissait les femmes quoiqu'il ne sût pas les faire parler. Cette pièce ressemble à un roman dont on a laborieusement taillé les chapitres en scènes, et les phrases en dialogue. Il n'y a peut-être qu'en Allemagne qu'elle pouvait obtenir un grand succès; elle en eut un immense, et consolida la réputation de Müllner qui s'était accrue par sa tragédie du *Roi Yngurd*. Cet ouvrage, tiré des chroniques du Nord, offre avec moins d'intérêt les mêmes vices et les mêmes qualités que le précédent; il a aussi le défaut d'être moins court, et c'en est un fort grand, car l'*Albanaise* tient tout un volume. Müllner se délassa de ces énormes drames par une pièce non moins farouche, mais moins longue, le 29 *février*. Il prétend, dans une préface et dans un postscriptum, qu'il ne connaissait point la pièce de Werner datée du 24 du même mois ; mais il est difficile de le croire, et personne ne le crut. Cette idée de malheur à jour fixe ne tombe pas comme cela coup sur coup dans deux têtes. Cette atrocité en miniature ne vaut pas celle de Werner, mais il y a une idée de plus, c'est que toutes les infortunes du héros lui arrivent le jour de sa naissance qui est le 29 février, ce qui n'arrive que tous les 4 ans, de sorte qu'il y a 3 ans où il n'y a pas de naissance, et par conséquent rien à craindre. C'est aussi ingénieux que redoutable, car les intérêts de ses malheurs s'accumulent pendant le temps qu'il ne les touche pas, et il doit en avoir à l'échéance une grosse somme à recevoir. Müllner avait plus de talent pour la comédie que pour le haut genre, et ses petites pièces sont fort gaies, fort amusantes et fort bien écrites. Comme critique, il eût pu obtenir une influence salutaire sur la littérature de son siècle. C'était un homme habile et d'une grande instruction, mais malheureusement il était aussi envieux qu'habile, aussi égoïste qu'érudit. Il ne se servit de son esprit que pour flageller ses confrères, tâchant toujours de substituer son nom à celui qu'il déchiquetait. Pendant dix ans qu'il rédigea la partie littéraire du *Morgenblatt,* il ne fit pas d'autre éloge que le sien, si bien qu'il obtint les mêmes honneurs qu'Aristide : il ennuya le monde de ses vertus ; et quand la mort lui décerna les honneurs assez communs de son ostracisme, il n'y eut qu'une voix pour dire : C'est bien fait! C'est ce qu'on ne dit pas toujours en lisant ses ouvrages.

Ernst Houwald, né à Straugitz en 1778, était une des antipathies de Müllner, et cela s'explique quand on connaît leurs œuvres. Honwald est beaucoup plus poète que son rival. Son style est plus pur, plus élégant, un peu trop métaphorique pour la scène, mais les Allemands sont plus poétiques que nous, et ils excusent volontiers un défaut que nous ne pardonnons pas ; il est vrai que, généralement parlant, nous n'avons pas grand'chose à pardonner. Il est aussi un des soutiens de l'École fataliste, mais il sait en tirer des effets supérieurs à ceux de ses inventeurs. Comme drame nous ne pouvons pas dire beaucoup de bien du *Phare,* mais comme effet poétique, comme terreur habilement ménagée, comme beauté de détails, il est difficile de trouver un ouvrage aussi court et plus heureux que celui-là ; il y a des passages touchants dans le retour au foyer, et une élégance de style continue. La tragédie en cinq actes du *Pirate* a le défaut de rentrer dans le cercle de ces caractères excentriques mis à la mode par les *Brigands,* de ces hommes qui prouvent leur génie à coups de poignard, et qui pillent la société pour lui apprendre la juste répartition des richesses. Il a su trouver après les Conrad, les Bertram, et les Jean Hogar de nouvelles ressources pour peindre ces singulières vertus, et son ouvrage se lit avec autant de plaisir que ceux dont nous parlons, même après eux. Le chef-d'œuvre de l'auteur nous paraît être le *Portrait.* Imagination tendre et brillante, pensées fortes et gracieuses, mélancolie pleine de larmes, peintures chaudement colorées, scènes remplies de simplicité, d'amour et d'émotion, plusieurs critiques ont regardé cette œuvre comme une des plus belles créations de la muse allemande, et si nous en croyons l'impression de tristesse et d'attendrissement qu'elle nous a laissée, nous sommes de l'avis de ceux qui l'admirent le plus.

Johann Peter Hebel né à Bâle en 1760 est un des écrivains les plus justement populaires de l'Allemagne, un ancien minnesänger revenu dans nos siècles rajeunir ses vieilles grâces germaniques, et changer la rouille des vieux temps contre l'élégance et le raffinement de nos jours. Hebel était pasteur à Carlsruhe, et ses chants sont aussi purs que sa vie fut douce et religieuse. Il n'a pas dédaigné de travailler pour la jeunesse, et ses *Histoires bibliques* ont été accueillies dans les familles avec autant de faveur que ses poésies par tout ce qui porte un cœur allemand.

Johann Gottfried Schweighäuser, né à Strasbourg en 1776 et fils du fameux helléniste de ce nom, est du petit nombre des Français qui se sont distingués dans les lettres allemandes. Il a dispersé dans les journaux un assez grand nombre de productions poétiques qui se distinguent par la grâce du style et des sentiments, et qui mériteraient d'être réunies. Nous avons vu de lui dans le premier volume des *Feierstunden* (Brünn, 1821), le commencement d'un poème didactique et philosophique sur la civilisation (*die Stufen der Bildung*) qui prouve une grande flexibilité de talent. Une pensée noble et élevée, un style sévère sans sécheresse, font remarquer cet ouvrage. L'Allemagne nous doit en lui un bon poète de plus.

Karl August Engelhardt, surnommé Richard Roos, né à Dresde en 1769, a publié plusieurs romans historiques dont on se souvient encore, malgré les progrès qu'a faits ce genre de littérature depuis leur apparition : *Karl Brückmann, Dietrich de Harras*, le *Précepteur*, et d'autres qu'on ne réimprime plus, mais qu'on lit peut-être encore, quand on les trouve dans la bibliothèque de son père. Ses poésies du genre humoristique ont été publiées à Dresde en 1820. Elles sont spirituelles, mais peu originales, et leur style généralement élégant prend des libertés qui sont tout bonnement des incorrections.

Friedrich Jacobs né à Gotha en 1764, passe non sans raison pour un des écrivains les plus spirituels de l'Allemagne. On distingue parmi ses nombreux écrits la *Bibliothèque de toutes les nations, Tempé, Choix des papiers d'un inconnu*, le *Legs de Rosalie*, les *Deux mariés*. On lui a toujours su gré de ses publications, on les a lues et achetées pour l'en remercier ; en France, on ne lit pas toujours, et on n'achète jamais.

Caroline Pichler, née à Vienne en 1769, a fait longtemps la joie de nos cabinets de lecture, quand nous empruntions à nos voisins l'imagination que nous n'avions pas, ce qui ne veut pas dire que nous ayons ce que nous n'empruntons plus. Ses romans s'élevaient, en 1822, à la somme de 40 volumes, et depuis elle a travaillé à augmenter ces richesses qui ont fait sa fortune et sa gloire. C'est synonyme pour bien des gens. *Agathocle* a fondé sa réputation, et le *Siège de Vienne* l'a achevée, c'est-à-dire, car on pourrait s'y tromper, l'a confirmée.

Carl Gottlieb Samuel Henn, surnommé M. Clausen, est un des fabricants de nouvelles les plus en vogue ; celles de lui que nous connaissons, *Mimih* entr'autres, *Liesli et Else* nous ont paru d'un genre de naïveté que nous nous abstenons de qualifier ; nous aurions peur de dire une niaiserie.

Louise Brachmann, née à Rochlitz en 1778, est peut-être parmi les Allemandes celle qui s'est le plus distinguée dans la poésie. Elle avait, encore enfant, eu le bonheur de connaître Schiller, et quelques reflets du grand homme ont brillé sur sa vie. Il y a de l'inspiration dans ses vers, du sentiment et de la grâce. On la surnommait la Sapho moderne ; c'est un nom assez banal qui ne veut pas dire aujourd'hui grand'chose, mais il n'eut pour elle qu'une trop grande signification. Poursuivie par une passion malheureuse, elle se précipita dans la Saale et s'y noya. Elle était alors âgée de quarante-quatre ans, ce qui prouve que les poètes sont toujours jeunes. Un poème chevaleresque en cinq chants *Das Gottesurtheil*, les *Fleurs romantiques*, les *Feuilles romantiques* qui ont paru après sa mort, sont en fait de poésies tout ce qui reste d'elle, et c'est assez pour sa réputation. Ses nombreuses nouvelles ne doivent ni la diminuer ni l'accroître.

Christian Friedrich Rassmann, surnommé Hortensio et Orlay, né en 1772, est un littérateur instruit qui a édité plusieurs des anciennes poésies de l'Allemagne, et qui s'est fait un nom par ses compositions lyriques. Elles ne sont pas d'un ordre bien élevé, mais remarquables par la grâce du style et la délicatesse des idées : on peut mieux faire, mais c'est déjà quelque chose, c'est même beaucoup que de faire bien.

Julius de Voss, né à Berlin en 1775, a fait presque autant de comédies et plus de romans que Kotzebue. Il est meilleur citoyen, mais moins bon écrivain. Ses ouvrages accueillis avec faveur, comme quelques-unes des pièces de nos petits théâtres, ont été oubliés après leur succès. Le *Pèlerinage terrestre de l'artiste*, la *Vierge en fleur et la vierge fanée* sont deux comédies satiriques qui survivent aux applaudissements.

Né environ vers la même époque, Friedrich Strauss de Berlin s'est fait, assure-t-on, par ses ouvrages autant d'amis que de lecteurs ; c'est douteux, quelque minime que soit le nombre des personnes qui ont lu ses *Glockentöne*, et ses *Souvenirs de la vie d'un jeune ecclésiastique*. On lui doit aussi le *Pèlerinage d'Helor à Jérusalem cent neuf ans avant la naissance de Notre-Seigneur ;* c'est un livre instructif et en quatre volumes.

Karl Strockfuss, né à Gera en 1779, s'est acquis une grande réputation par d'heureuses traductions de l'Arioste et du Tasse. Il a fait tout ce qu'il a pu pour la détruire par ses ouvrages originaux, et il paraît y être parvenu. Un poème en six chants *Altimor et Zomira*, vint peser sur le vaisseau de sa renommée à le couler bas : il résista. Vinrent alors deux volumes de poésies, et un poème de *Ruth* en 4 chants. Le naufrage fut complet.

Accoutumé à râcler les parchemins les plus positivement arides, et les plus aridement positifs du monde, habitué à traiter matériellement les intérêts matériels de la vie, il n'y a généralement rien de moins poétique et de moins romanesque qu'un notaire, si ce n'est un procureur ; aussi, depuis qu'il y a des notaires dans la nature, n'en cite-t-on que deux qui se soient élancés de leurs études dans les champs de l'idéal et de l'illusion. On sent bien que ce n'est pas en France qu'il faut chercher de pareils phénomènes. L'un est Anglais et l'autre Allemand. Le premier s'appelle Barry Cornwall, et le second Van der Velde. Ce dernier a été surnommé le Walter Scott de l'Allemagne : c'est fort désagréable pour Walter Scott. On a tenté de faire ici une grande réputation à cet infatigable auteur du *Prince Frédéric,* des *Anabaptistes,* des *Hussites,* de la *Conquête de Mexico,* de *Christine,* des *Patriciens,* d'*Arwed Gyllenstierna,* etc. Mais tout bien traduits que puissent être ces romans, j'ai peur qu'on ne les ait trouvés plus nombreux qu'amusants. Ils attestent assurément de l'imagination, mais cela ne suffit pas pour faire un bon ouvrage. Si j'avais quelques affaires allemandes à démêler, je le trouverais trop poète pour m'adresser à lui, mais quand je le lis, j'avoue que je le trouve trop notaire.

Franz Horn, né en 1781, ne se contente pas d'être bizarre ; il fait des efforts surnaturels pour passer les bornes, et il passe à côté. Il est évident pourtant que c'est un homme de ressources et de moyens. Il est capable de tomber quarante fois de suite ; cela prouve qu'il se relève, et c'est quelque chose, car une fois tombés, la plupart de ses confrères ne marchent plus qu'à plat ventre. Au nombre de ses meilleurs écrits, à supposer qu'il y en ait de bons, on nomme le *Solitaire ou le chemin de la mort, Guiscarde,* le *Poète ou l'idéal,* les *Pèlerinages de Victor,* le *Rêve de la vie, Octavio de Burgos.* On ne se douterait jamais en le lisant que l'auteur fut professeur de philosophie à Berlin, car ses pensées ne sont pas toujours plus raisonnables que ses personnages. Il abuse tant soit peu des effets de mélodrame, et les têtes de morts ne lui coûtent rien. Sa terreur sent un peu la friperie d'Anne Radcliffe, mais il possède comme elle l'art de captiver l'attention, et son style, comme le sien, a du nerf et de l'éclat. Franz Horn n'a pas que de l'imagination ; c'est un homme instruit et éclairé dont les conseils et les préceptes valent mieux que ceux qu'il pratique. Son *Histoire de la poésie et de l'éloquence allemande* est un livre capable de discréditer tous les siens. On voit à sa manière de juger les autres qu'il a tout ce qu'il faut pour ne pas s'absoudre.

Nés vers la même époque à une année de distance l'un de l'autre, les frères Grimm ont associé leurs travaux pour instruire et amuser la jeunesse. Ils ont mêlé leurs écrits et leur vie, et leurs talents jumeaux ne se séparent pas plus que leurs noms. Il n'y a pas d'enfants qui ne les aiment, et pas de familles qui ne les remercient. On aurait tort de croire pourtant que leurs ouvrages ne s'adressent qu'aux hommes qui poussent, ceux qui sont tout venus se refont volontiers enfants pour les lire une fois de plus.

Otto Heinrich comte de Löben, surnommé Isidorus Orientalis et aussi Kuckuck Waldbruder, né à Dresde en 1786, a composé ses livres dans un esprit de mysticisme et de vertige, qui pourrait passer pour de la folie. Novalis, à côté de lui, est d'une clarté éblouissante : c'est le Werner de la prose, moins les éclairs. Son roman de *Guido* est une énigme qui a peut-être été déchiffrée en Allemagne par quelque adepte des Rose-croix ou de Jacob Böhme, mais je doute qu'en France, M. de Saint-Martin lui-même en comprît une ligne. Il ne s'entendait cependant pas mal à faire des logogriphes. Il est vrai que ce n'est pas une raison pour les expliquer.

La littérature allemande ne compte pas assez de femmes remarquables pour que nous ne nous empressions pas de citer celles qui sans s'illustrer, se distinguent par leurs talents. C'est à ce titre que nous nommerons Helmina de Chezy, née à Berlin en 1783. Ses nombreuses poésies disséminées dans les recueils périodiques et les annuaires, et réunies depuis en deux volumes, sont d'un esprit pur et gracieux, qui traduit avec élégance des sentiments qui le font aimer. Elle raconte avec charme, et ses nouvelles lui ont fait autant de réputation que ses vers.

Plus jeune de douze ans, Agnès Franz de Mietlich, en Silésie, est connue par ses poésies et ses nouvelles de tous ceux qui lisent la *Pénélope* de Th. Hall, l'*Uranie* et le *Journal du soir*. Ses poésies trahissent une belle âme, et un profond sentiment religieux. Sa versification est suave et harmonieuse. Elle ne chante pas, elle prie, et il y a dans ses prières une mélancolie qui émeut sans attrister, qui a plutôt l'air d'un bonheur qui se recueille, que d'un chagrin qui s'épanche.

Nul pays peut-être n'a vu naître autant de poètes dramatiques que l'Allemagne ; depuis Schiller surtout, il y en a une telle affluence qu'il est difficile de les compter. Que dirons-nous donc de leurs œuvres? Ne pouvant les nommer tous, nous choisirons ceux qui ont eu, je ne dis pas le talent, mais le bonheur d'attirer le plus d'attention. Le premier, sinon par ordre de mérite, au moins par ordre chronologique, est le docteur Ernst August Friedrich Klingemann, né à Brunswick en 1777. Il a beaucoup écrit, beaucoup plus à coup sûr qu'il n'a pensé. Les *Ruines dans la Forêt noire, Luther, Moïse, Faust, Columbus, Ahasver*, etc., ont soutenu tant qu'il vivait une réputation qu'il ne soutient plus ; elle est morte avec lui en 1831. Ses nombreux ouvrages, malgré l'oubli presque complet dans lequel on les laisse, ne sont cependant pas sans valeur. Klingemann est peut-être plus machiniste et décorateur que poëte, mais il réussit assez fréquemment à captiver l'imagination, et quand on le lit, on éprouve quelquefois le même plaisir qu'à écouter un conte de revenant. Il y a dans ses pièces une profusion de vieux châteaux qui s'écroulent, une abondance de cimetières, un luxe de chapelles gothiques, à étonner les plus intrépides paysagistes, sans compter les forêts séculaires, les champs de batailles, les cavernes impénétrables, et autres produits des manufactures romantiques. L'auteur paraît moins s'occuper de ses personnages, que du lieu où il les amène, de l'heure où ils se rencontrent, du temps qu'il fait pendant qu'ils se parlent. On dirait qu'il se sent sûr de leur faire dire de belles choses, pourvu qu'ils les déclament au bruit du canon, aux éclats de la foudre, aux gémissements de l'orfraye, dans des bois remués par l'ouragan de minuit, à l'ombre d'une croix dont le lierre a rongé le Dieu, dans les souterrains humides d'une église qu'éclaire à peine la lampe qui veille près des cercueils, partout enfin où on n'a pas l'habitude de se réunir et de causer. Aussi, faut-il le dire, ceux qui se rencontrent en pareils lieux et en pareilles circonstances ont-ils peu d'analogie avec nous autres, misérables humains de pacotille, qui avons tant bien que mal l'air de vivants. Ils sont tous d'une pâleur de cendre : leur regard est farouche, et leur rire hystérique. Il tombe de leurs yeux ternes et mystérieux des larmes plus grosses que celles du cheval de Pallas à l'enterrement de son maître. Ils sanglottent des vers à faire suer des morts et qui sentent d'une lieue le sépulcre. Il n'est pas d'expressions pompeuses qu'ils n'entassent l'une sur l'autre avec une harmonie ronflante, qui fait honte aux cymbales ; leur crime gigantesque est capable d'effondrer la terre en y marchant, leur vertu boursoufflée n'y peut pas tenir. Tout cela n'empêche pas ces gens-là d'avoir un style fort négligé ; leur manteau bariolé n'est jamais d'une seule étoffe : c'est un tas de petits morceaux de pourpre et de velours, de drap, de soie et d'or, cousus à gros points avec du fil de cuisine. Malgré ces critiques fondées, il est juste d'ajouter qu'aucune des pièces de Klingemann n'est dénuée de mérite ; on y rencontre par-ci par-là des tirades qu'on ne serait pas étonné de trouver dans un meilleur écrivain, des scènes bien posées et bien faites, et, par-dessus tout, un intérêt romanesque qui en fait achever la lecture. Ceux qui ne tiennent pas à ce que la raison soit de moitié dans leurs amusements, peuvent acheter ses œuvres de confiance, ils en auront pour leur argent.

Gotthelf Wilhelm Christoph Starke, né à Bernburg en 1762, publia des *Peintures de la vie de la famille,* qui ont fait aimer cette existence à beaucoup de gens qui croient ne pouvoir vivre qu'en l'air ; c'est un succès qui en vaut bien un autre.

Christian August Vulpius, né à Weimar en 1763, est un honnête bibliothécaire, qui a largement payé son contingent aux bibliothèques de son pays. Plusieurs de ses nombreux romans ont eu de la vogue, et valent mieux que la plupart de ceux qui passent pour en avoir. *Rinaldo Rinaldini,* le chef de brigands, a fait frissonner plus d'une âme pacifique, et ceux qui aiment à trembler tranquillement au coin du feu, et à jouir sans danger du plaisir de la terreur, ont trouvé que c'était bien peu de six volumes. *Bublina,* l'héroïne de la Grèce, qui n'en a que deux, a paru beaucoup plus longue.

Johann Friedrich Castelli, né à Vienne en 1781, est comme auteur dramatique tout l'opposé de Klingemann. Autant l'un affecte le *pomposo* du spectacle, et s'époumone à gonfler sa diction, autant l'autre affecte d'être simple dans ses moyens, et uni dans son style. J'avoue que j'aime encore mieux le fracas du docteur, et toute sa fantasmagorie, que les personnages de ouate et de coton de Castelli, qui n'ont pas plus de nerfs sous la peau que de pensées sous la langue. La plupart de ses pièces sont fort courtes. C'est le seul mérite qui nous ait frappé. Il a écrit aussi beaucoup de petites nouvelles sans prétention et qui font bien de n'en pas avoir : ce serait de la peine et du temps perdu.

Ernst Salomon Raupach, né à Straupitz en 1784, est un des auteurs dramatiques les plus féconds de l'époque, et des plus heureux, car toutes ses pièces ont et ont eu du succès. Ce n'est pas qu'elles soient toutes dignes d'en avoir, mais le mérite ne fait rien au bonheur, non plus que le bonheur au mérite. *Timoléon, Lorenzo et Cæcilia,* les *Princes Chawansky,* le *Roi Enzius, Isidor et Olga,* les *Contrebandiers, Raphaël,* les *Prisonniers du Caucase,* ne forment peut-être que la moitié de ses œuvres sérieuses. Ces pièces sont généralement adroitement tissues, et d'un intérêt romanesque habilement conduit, mais elles s'adressent à l'imagination, et presque jamais au cœur ; son dialogue manque de simplicité et de naturel. Il calcule et ne sent pas. Il mesure ses élans, et manque la passion en l'exagérant ; sa diction est constamment correcte, mais ampoulée. Il est moins poète que rhétoricien, moins penseur que sentencieux. Ses comédies sont outrées dans les caractères, et d'une plaisanterie peu comique. Raupach nous fait l'effet du paysan devenu tout à coup grand seigneur, qui met un manteau brodé sur une veste de serge, et des gants blancs sur des mains calleuses. Il a bien de loin la figure d'un homme de cour, mais de près c'est un paysan mal habillé avec de belles choses.

Plus jeunes que Raupach et que ceux dont nous parlerons plus tard, nous devons placer ici deux hommes dont le talent est plus vieux parce qu'étant morts de bonne heure, ils n'ont pas senti l'influence progressive qui s'est fait remarquer dans les lettres européennes depuis que la chute de Napoléon a ramené vers la réflexion des facultés qui sous son règne se dépensaient en action.

Le premier de ces jeunes poètes dont le temps n'a pu mûrir le talent est Carl Theodor Kœrner, né à Dresde en 1791. Il fut pour ainsi dire élevé à l'école de Schiller dont son père était l'ami, et dès l'âge de 20 ans, il essaya de se faire connaître par la publication d'un volume de poésies appelé *Les Bourgeons.* Cette œuvre médiocre, mais qui annonçait des dispositions, fut accueillie avec bonté par les amis de son père, et l'auteur essaya de répondre à leurs encouragements en perfectionnant ses études. Il commença alors une tragédie de *Conradin* qu'il abandonna pour écrire deux petites comédies *La fiancée* et le *Domino vert*. Le *Garde de nuit* suivit de près. Ces petites pièces qui ont eu du succès ne sont pas sans gaîté, mais ne s'élèvent guère au-dessus de nos vaudevilles, quoique écrites avec plus de soin. Kœrner annonça un talent plus relevé par des tragédies qui méritent d'être lues, *Zring*, *Rosamonde*, *Hedwig*, et *Heiderich*. L'auteur imite Schiller, et il ne pouvait choisir un meilleur modèle, mais il en est resté à une distance incommensurable. Leur conception n'annonce pas une grande originalité, une haute portée de vue ; le style en est poétique, mais la pensée plus brillante que forte ; pourvu que l'expression soit chaude et colorée, peu lui importe ce qu'elle couvre. On aurait tort au reste d'être sévère, quand on songe que l'auteur est mort à vingt deux-ans : on doit regretter qu'une si admirable facilité n'ait pas eu le temps de céder à l'expérience des années. Il est probable que la méditation aurait donné à ce jeune génie les qualités que le temps seul confère. Il n'y a jamais à désespérer là où se voit l'inspiration, et elle ne manquait pas à Kœrner. Quelque mérite qu'on puisse remarquer dans ses tragédies, il est pourtant probable qu'elles seraient oubliées, si son patriotisme, ses chants de guerre, et sa mort ne leur avaient donné une nouvelle vie. Touché des maux de sa patrie, le poète s'engagea en 1813 dans les volontaires de Lützow, et mérite plus que tout autre poète d'être appelé le Tyrtée de l'Allemagne. Il mit généreusement au service de son pays son épée et sa lyre, et ni l'une ni l'autre ne lui firent défaut. Presque toutes ses poésies guerrières sont de jet, pleines de fougue et d'enthousiasme, et elles excitèrent un ravissement qui ne fut pas sans influence pour la cause nationale qu'il défendit trop peu de temps. Loin de nous toute idée de vouloir jeter de la défaveur sur ce noble jeune homme qui fut tué à vingt-deux ans en combattant pour son pays, mais jugeant la poésie abstraction faite du poète, nous ne pouvons nous empêcher de croire que ses œuvres lyriques ont attiré une admiration exagérée. Meilleures, elles auraient peut-être produit moins d'effet, mais telles qu'elles sont, il nous est impossible de ne pas sentir qu'elles pourraient être mieux. Tout y est en dehors : rien de profond, rien de sublime. L'âme est entraînée, mais rien ne la bouleverse. Vous n'y rencontrez nulle part de ces pensées qui pénètrent dans le cerveau comme une vrille, et qui se vissent dans la mémoire. Elles y entrent et elles en sortent sans laisser de vide. La reconnaissance et le patriotisme en ont prolongé l'éclat, mais l'orage passé, ces éclairs ont perdu, surtout aux yeux d'un étranger, la moitié de leur splendeur. C'est déjà beaucoup qu'elles brillent encore, et il serait injuste de leur demander davantage.

Outre ces chants nationaux, Kœrner a laissé un grand nombre d'autres poésies qui attestent une prodigieuse facilité et une grande souplesse de talent. Le *Kynait* est un petit poème narratif plein d'intérêt, et la ballade de *Wallhaide* dont le sujet est le même que le récit populaire de la *Nonne sanglante,* est restée dans la mémoire à côté des ballades de Bürger. Une nouvelle en prose intitulée la *Harpe,* est remplie de charme et de mélancolie. Ses œuvres publiées et recueillies par son compatriote Tiedge, ont été enrichies par lui d'une notice qui fait aimer celui qu'il pleure, et ajoute aux regrets qu'inspire à tout homme de cœur la destinée de ce jeune talent qui n'a fleuri qu'un jour sur cette terre où il devait s'enraciner.

Peu de temps après la mort de Kœrner, l'Allemagne eut à déplorer la perte d'un poète presque aussi jeune, et qui, moins populaire que lui, lui est peut-être supérieur. Nous voulons parler de Conrad Friedrich Ernst Schulze, né en 1789. Touché aussi des malheurs de sa patrie, il s'enrôla pour la défendre, mais il survécut aux combats qu'il avait noblement cherchés, et il mourut obscurément de ses fatigues et de ses blessures deux ans après la fin de la guerre. Le reste de sa vie fut toute de poésie et d'amour : c'est presque dire qu'elle fut triste. Outre un grand nombre de poésies lyriques et élégiaques dont le style souvent trop facile revêt des pensées quelquefois un peu alambiquées, mais dont on aime en général la fraîcheur harmonieuse et la limpide élégance, Schulze a laissé un poème épique en vingt chants, *Cæcilie,* et un récit merveilleux en trois chants, la *Rose enchantée.* Ces deux poèmes sont écrits en *ottava rima.* Il s'était essayé à la poésie épique, en imitant d'Apulée l'impérissable fable de *Psyché,* et il surpassa de beaucoup ce premier essai déjà fort remarquable, surtout peut-être dans la *Rose enchantée.* Ce petit poème est écrit avec une coquetterie de style, dont la grâce est quelquefois de la mignardise. Sa poésie formée à l'École italienne du quatorzième siècle, s'est de temps en temps, je crois, trompée en l'imitant, et devient un peu minaudière. C'est une poésie de boudoir, un peu trop parfumée peut-être, mais pleine de mollesse et de suavité. Il rappelle parfois l'*Aminte*, et plus souvent l'*Adone*. Nous ne reprocherions pas à l'auteur ces souvenirs du Tasse et de Marini, s'il y avait dans son grand poème quelques réminiscences du Dante; mais cette muse était trop sévère pour le style fleuri de Schulze. Cet ouvrage est curieux par le sentiment qui l'inspire. L'auteur avait perdu celle qu'il aimait, et dans son chagrin, il voulut lui rendre la vie qu'il pleurait; et il en fit l'héroïne de son épopée. C'est elle, en effet, qui anime les vingt chants de son poème, et ce monument de fidélité vaut bien, au moins sous le rapport de la masse, le volume de sonnets et de *canzone* de Pétrarque. Cette fidélité, au reste, dont il se vante en disant à la fin de son livre :

Dies ist Cæcilie, das Lied der treuen Liebe,

ne fut pas à ce qu'on assure plus inébranlable que celle du poète italien. A force de confier ses chagrins à la sœur de la femme qu'il pleurait, et de lui lire les chants où il la célébrait, il paraît qu'il devint éperdument amoureux de sa confidente, et qu'il l'eût épousée s'il ne fût pas mort. Ce n'est peut-être pas vrai; mais il est certain que s'il eût vécu, il eût perfectionné son poème, et qu'il en a besoin. Cette épopée chevaleresque, riche en beautés de style, ne l'est pas assez sous le rapport de l'imagination. Ses ressorts ne sont pas puissants, ses inventions ne sont ni assez originales ni assez variées. Ses épisodes nombreux ne convergent pas assez vers un centre commun, et alanguissent l'action au lieu de la soutenir en délassant l'attention. Les sentiments en sont plus élevés que profonds, la pensée manque souvent de force, et le style s'en ressent. Il est plus élégant qu'énergique; c'est un ouvrage qu'on ne lit plus guère, mais dont la lecture ne sera jamais sans fruit pour ceux qui cherchent dans un livre de poésie autre chose qu'un intérêt de roman, et qui préfèrent des vers bien faits, aux aventures mal dites de nos livres à la mode.

Depuis 1814, il y a eu en Allemagne comme en France, des efforts de toute espèce pour donner une nouvelle impulsion à la littérature. Un amour passionné de ses monuments primitifs, une ardeur incroyable de résurrection pour les vieilles formes, ont engagé une foule de jeunes esprits dans une voie nouvelle qu'ils ont suivie avec plus de succès. L'amour du pays s'est accru de cette curiosité de recherches après les antiquités nationales de la poésie, et presque tous nos jeunes auteurs enthousiasmés pour le peuple, dont ils fouillaient les archives, sont devenus d'intrépides soutiens de la démocratie. Ils n'ont pas, dans leur zèle romantique, abstrait, comme les Schlegel, le peuple de ses monuments et de ses traditions ; ils les ont au contraire plus fortement associés que jamais, et ont cherché avec toute la force d'un patriotisme appuyé par le talent à perpétuer dans la jeune Allemagne les souvenirs de la vieille. Ils ont en partie réussi.

Görres, né à Coblentz en 1776, au lieu de puiser son patriotisme dans l'étude, est devenu savant par patriotisme. Il est célèbre par les écrits politiques qu'il publia pour arracher l'Allemagne au joug de Napoléon. Malgré le succès qu'ils ont obtenu, ils ont un grand défaut moins excusable encore dans ces sortes d'écrits que dans d'autres, c'est de n'être pas clairs. La pensée doit non seulement frapper fort, il faut encore qu'elle frappe vite, et celle de Görres n'arrive ordinairement au but qu'après d'étranges détours dans les régions nébuleuses de la philosophie. Comme littérateur proprement dit, il a rendu plus d'un service à l'école romantique par ses recherches esthétiques et philosophiques, par ses études profondes de l'ancienne littérature. Son ouvrage sur les antiquités littéraires du peuple allemand, sa collection des vieux chants nationaux de la Germanie, sont de véritables titres à l'estime et à la reconnaissance de son pays. Il paraît que ses sentiments politiques n'avaient pas la ténacité de la conviction, et on lui reproche une mobilité de principes qui doit faire préférer ses livres à sa personne. Mais cela ne nous regarde pas.

Parmi ceux qui ont suivi les traces de Görres en cherchant à ramener l'attention de leur pays sur la poésie primitive, il faut citer Achim Von Arnim, et Clément Brentano, les éditeurs du *Des Knaben Wunderhorn,* la plus curieuse collection de chants nationaux de l'Allemagne, le *Romancero* du Nord, véritable épopée en chansons, et le bréviaire forcé de tout poète de la jeune école.

Ludwig Achim Von Arnim, né à Berlin en 1781, ne se borna pas, non plus que son ami, au rôle d'éditeur ; il fut un homme d'un talent remarquable, et dont les ouvrages méritent d'être plus connus qu'ils ne le sont. Malgré son zèle de sectaire, il était d'une nature trop originale, pour ne pas se faire une route à lui tout seul, et il se l'est faite.

Son imagination est vive, capricieuse, fantasque. Son style n'est pas assez soigné, et sa singularité en négligé a peut-être fait plus de tort à sa réputation que ses bizarreries, défaut qui s'excuse volontiers de l'autre côté du Rhin. Tout ce qui tombe sous sa main y change de forme et de couleur; ses caractères sont bien empruntés à la vie réelle, mais ils se meuvent dans un monde qui n'est pas le nôtre; ce ne sont point pour cela des fantômes, ce sont des êtres dont le type n'est nulle part, et qui déconcertent l'intérêt, en voulant l'exciter, car tout lecteur est égoïste, et quand il ne retrouve pas quelque chose de lui dans un livre, il le rejette comme un courtisan maladroit, dont l'éloge est une sottise. Nous avons de lui des romans, des tragédies, des contes, qui ne sont guère connus que de ces hommes de bibliothèques, qui se croient obligés de tout connaître, ce qui ne veut pas dire qu'ils connaissent tout. Son meilleur ouvrage paraît être : *Pauvreté, richesse, crime et expiation de la comtesse Dolorès*. Plein de sève et d'esprit, il a le tort de manquer de nature, et ses personnages ont le cœur si extraordinairement placé, et si singulièrement conformé, que leurs sentiments ne savent comment s'arranger dans le nôtre; aussi ne s'y arrangent-ils pas. Il en est de même de ses poésies. Les sources vives de l'âme ne s'ouvrent pas dans ses vers. Il n'émeut pas, mais il étonne par toutes les passes d'imagination que puisse inventer l'escrime de la pensée. *Halle et Jérusalem* est peut-être le meilleur de ses ouvrages dramatiques. Il est plein d'idées ingénieuses et profondes, plein de friandises d'esprit qui doivent plaire à nos cerveaux blasés. Il est probable que ses œuvres auraient du succès en France, si on pouvait s'y résoudre à lire autre chose que le journal. Les amateurs d'expérience sur les phénomènes de la nature devraient tenter une pareille traduction.

Parmi ceux dont le génie de Jean Paul éveilla le talent humoristique, nous devons nommer Carl Christian comte de Benzel-Steinau, né à Mayence en 1759. Il a déployé dans ses nombreux romans, dont le premier ne parut qu'après *Titan*, un esprit riche et varié, et qui, sans imiter le maître, a parfois des traits dignes de lui. Son style imagé est plein de vivacité et d'énergie. Le *Veau d'or, Biographie, Protée ou le royaume des images*, le *Convice de Pierre*, sont des productions d'un ordre élevé et qu'on n'oubliera que par ingratitude, ce qui serait possible, car il n'y a rien de plus ingrat que le plaisir. Il n'est peut-être pas si maladroit qu'on le pense, d'ennuyer; on se souvient par rancune.

Johann Heinrich Pestalozzi, né à Zurich en 1746, est surtout connu en France par la méthode d'enseignement qui porte son nom. Il l'est peut-être davantage dans son pays par son roman de *Lienhardt et Gertrude*. C'est un livre remarquable par la pensée et par l'exécution, dont le style a de l'élégance et de la précision, et les peintures de la vérité. Ses écrits sur l'éducation recommandent sa mémoire. On lui doit aussi un recueil de fables; mais elles ne se distinguent guère que par la pureté de la morale, et ce n'est pas assez en littérature.

Né à Francfort-sur-le-Mein en 1777, Clément Brentano, l'ami, le beau-frère et le collaborateur d'Arnim, fut comme lui l'un des plus fermes soutiens de la secte romantique. Ses premiers ouvrages parurent sous le nom de Maria, et attirèrent l'attention du monde lettré, particulièrement son roman de *Godwin;* dans le premier volume, Maria raconte la vie du héros, et dans le second, c'est Godwin qui rapporte la vie et la mort du poète Maria. Cette œuvre originale renferme de belles scènes et d'heureux morceaux de poésie lyrique, mais l'auteur manque de clarté; tantôt il noie les faits dans sa philosophie, tantôt sa philosophie se perd à travers les faits. L'auteur conçoit un monde, mais il en distribue mal les éléments, et ne sait point en harmoniser les parties de manière à composer un tout. On a fait les mêmes reproches à ses autres compositions. Ses comédies de *Ponce de Léon,* des *Joyeux Musiciens,* sont remarquables par la verve des idées et du style, mais confuses et entortillées. L'auteur n'a pas justifié les hautes espérances qu'avaient fait concevoir ses débuts. Son drame même de la *Fondation de Prague,* malgré de belles scènes et de brillants éclairs de poésie, décèle comme la plupart de ses poèmes un esprit dont les forces sont mal ordonnées. Clément Brentano paraît avoir eu une existence malheureuse. Mécontent de lui-même et du monde, il se retira en 1818 dans un monastère d'où il ne sortit que pour vivre dans une retraite aussi absolue que le couvent.

Ludwig Uhland, né à Tubingen en 1787, est une des gloires modernes de l'Allemagne, et un de ceux qui ont le plus puissamment contribué à sortir la poésie lyrique de l'ornière d'imitation où avait entraîné une admiration trop exclusive de Gœthe, en lui donnant plus de naturel et d'individualité, en lui imprimant un cachet plus germain. Ses ouvrages peu nombreux sont lus et admirés partout où se parle la langue allemande. Une tragédie d'*Ernst, duc de Souabe*, le drame de *Louis de Bavière*, *Walter von Vogelweide*, un recueil d'odes, de chansons et de ballades sont tout ce que l'on connaît de lui comme poète ; mais c'en est assez pour avoir fondé sa réputation, et plus qu'il n'en faut pour la perpétuer. C'est dans ses œuvres que se reconnaît le caractère allemand dans toute sa pureté. Ce sont des effusions de cœur, pleines de chaleur, de noblesse et de sentiments. Une imagination riche et calme, hardie sans témérité, embrassant beaucoup sans être vagabonde, une intelligence vive et profonde du beau qui se révèle par une foule d'images aussi clairement conçues que nettement exprimées, un style plein de souplesse et de naturel, de force et d'élégance, une connaissance du cœur humain qui n'a ni l'aigreur ni l'amertume de l'expérience, une mélancolie pure et douce qui sent ce qu'il y a de défectueux sur cette terre, et se réfugie en Dieu sans accuser les hommes, telles sont les qualités qui ont fait aimer et admirer ses poésies, et qui empêcheront toujours qu'on ne les oublie. Uhland est non seulement un poète qu'on admire, c'est un homme qu'on respecte partout, dont la vie est un commentaire perpétuel de ses vers. Il met ses pensées en actions, et il sait défendre son pays aussi bien qu'il le célèbre. Député aux États de Würtemberg, il fut un des orateurs les plus influents et les plus habiles, toujours prêt à soutenir la cause populaire contre les empiètements de l'aristocratie. Uhland eut des rivaux et pas d'ennemis. L'envie même parla de lui avec respect ; elle eut peur de s'injurier en l'attaquant. C'est peut-être la première fois, car l'envie n'est pas aveugle comme on le croit ; elle y voit au contraire très bien, et la preuve, c'est qu'elle ne se jette jamais que sur le talent qui, tout évident qu'il puisse être, n'est pourtant pas toujours visible.

Friedrich Rückert, né à Schweinfurt en 1789, fut un ami d'Uhland, et marcha peut-être sur la même ligne sans pourtant le valoir ni l'égaler. Ses premières poésies ont paru sous le pseudonyme de Freimund Reimar, en 1814. Leur tendance politique contribua beaucoup à leur succès. Elles sont cependant remarquables par leur patriotisme, l'énergie de l'amertume et le mordant du sarcasme. Depuis, il s'est distingué dans la poésie lyrique élégiaque par des qualités toutes différentes. Il s'y montre plein de sensibilité, de grâce et d'amour. Ses vers sont doux et harmonieux, et s'adressent au cœur en captivant l'oreille. Avec autant d'imagination qu'Uhland, il n'a pas ce calme, cette mesure, qui en règle et en contient les écarts. Il a plus de fascination et moins d'entraînement. Uhland paraît inépuisable par l'art avec lequel il distribue ses richesses. Rückert paraît s'épuiser, parce qu'il les prodigue. Il est comme ces jeunes amandiers pleins de sève et de vigueur, qui secouent tant de fleurs au premier souffle du printemps, qu'on peut craindre avec raison qu'il n'en reste plus pour les fruits. Rückert s'est aussi fait remarquer comme orientaliste. Il a traduit plusieurs fragments de la poésie des Hindous, et a su trouver dans la langue allemande, assez de ressources et de trésors pour rendre les formes et les expressions du langage le plus opulent de la terre, ce qui prouverait au besoin qu'il n'y a pas d'idiomes plus riches les uns que les autres. Ce ne sont pas les langues qui sont pauvres, ce sont ceux qui s'en servent.

Nous citerons encore Johann Ladislav Pyrker de Felsö Cör, né dans le Tyrol vers 1780. Il est un de ceux qui ont essayé de ranimer la muse épique, et dont les efforts ont eu le plus de succès. Pris dans sa jeunesse par des corsaires barbaresques, il fut pendant plusieurs années esclave du Dey d'Alger, et ouvrier de ses jardins. Il ne dut son salut qu'à l'adresse d'un capucin qui parvint à le sauver dans un coffre, et rendit ainsi à l'Autriche un de ses plus dignes enfants et un de ses meilleurs poètes. Son premier ouvrage parut en 1820, et soit le mérite de l'œuvre, soit les infortunes de l'auteur, son poème en dix chants de la *Tunisiade* fut accueilli avec faveur ; l'année suivante, les *Perles du vieux temps* confirmèrent la bonne opinion qu'on avait prise du poète, et quelques années plus tard, il mit le sceau à sa réputation en publiant son épopée en douze chants de *Rudolph de Habsbourg* Quoique le gouvernement autrichien ne se pique pas beaucoup d'encourager les lettres, l'auteur fut récompensé de ses efforts et nommé chevalier de la Couronne de fer.

Il s'en faut de beaucoup que Pyrker soit un grand poète ; il manque de verve, d'imagination, d'entraînement. Il écrit avec correction, quelquefois avec élégance, mais généralement son style est lourd et prolixe L'auteur ne serre pas sa pensée ; il l'étale avec une complaisance fatigante. On ne rencontre pas là de ces grandes idées qui vous remuent l'âme de fond en comble, et vous font crier malgré vous. Ses descriptions sont longues, ses comparaisons manquent de fraîcheur et de nouveauté. Il y a pourtant dans ses poèmes des morceaux remarquables, mais cela ne lève pas la paille, et ce sont de ces beautés froides et pâles qu'on admire sans se déranger, qui ne vous feraient pas faire un pas pour jouir de leur présence, qui n'ont de vie que pour elles, et n'en peuvent donner à personne. Les œuvres de Pyrker dénotent un talent remarquable, mais en fait de poèmes épiques, le talent et rien c'est la même chose. C'est du génie qu'ils veulent, exigence de grand seigneur qui, aujourd'hui qu'il n'y a plus de féodalité, ne trouve plus de vassaux qui lui répondent.

Le Drame est de meilleure composition et se contente à moins de frais que l'Épopée. Parmi ceux dont le siècle s'honore, il faut compter ceux de Franz Grillparzer, né à Vienne en 1790.

Joseph d'Auffenberg, né à Fribourg-en-Brisgau en 1798, fut poète et capitaine d'état-major au service du grand-duc de Bade. On peut lui reprocher de traiter la poésie un peu à la hussarde; il fait de la tragédie comme on donne un coup de sabre; aussi peut-on dire qu'elles sont sabrées; on en compte au moins une vingtaine. *Pizarre*, les *Spartiates, Victorin, Thémistocle*, le *Roi Éric, Wallace, Viola*, la *Saint-Barthélemy*, sont des ouvrages qui se laissent lire avec plaisir, et oublier sans peine. Ses plans ne sont pas conçus sans adresse, et la donnée de ses pièces est souvent heureuse. Le dialogue a de la vivacité et du naturel. Mais ce cachet créateur qu'on trouve à chaque page de Schiller, ce fluide penseur qui court dans toutes les veines de ses ouvrages, cette vie poétique qui tout en l'embellissant simule la nature à s'y méprendre, où sont-ils? Le talent se rencontre assez fréquemment dans les drames d'Auffenberg, mais le génie nulle part. Il est comme Raupach, plus rhétoricien que poète, seulement l'un est le maître et l'autre l'écolier. Non content de ses productions dramatiques, l'auteur a publié deux ou trois romans qui n'ont pas fait grande sensation dans le monde. Cela ne prouve pas qu'ils n'aient pas grande valeur, mais ses tragédies le font craindre.

Poursuivant la liste des contemporains qui se sont fait un nom par leurs talents poétiques, nous citerons d'abord Karl Immermann, né à

Magdebourg en 1796. Comme poète dramatique, il a pris Shakspeare pour modèle, et l'a imité en homme qui se sent fait pour créer. Malgré cela, ses premiers ouvrages ont été reçus froidement, et cette injustice contribua sans doute à tourner l'esprit de l'auteur du côté de la satire. Ses *Esquisses et Caprices* ont eu plus de succès que ses pièces. L'esprit qui mord est à la portée de plus de monde que celui qui s'élève. Celui d'Immermann s'élève souvent très haut dans ses tragédies. Les *Tyroliens*, l'*Empereur Frédéric II*, *Alexis*, et *Merlin*, en offrent de nombreux exemples. L'action de ses drames n'est peut-être pas assez une, et cela peut tenir, comme dans *Frédéric II,* au défaut d'unité. Les caractères sont largement et nettement dessinés ; la pensée a du nerf et de l'éclat, mais l'auteur ne paraît pas éviter avec assez de soin ces traits d'éloquence courante qu'on rencontre partout. Nous pourrions citer plusieurs tirades d'une originalité marquante qui se terminent par des lieux communs. Il est sans doute impossible de ne dire que des choses neuves ou qui paraissent l'être, mais il faut tâcher de placer l'ordinaire de manière à n'être pas le point le plus en vue d'une période. Il n'est peut-être pas indispensable de terminer son discours par ce qu'on appelle un trait saillant, mais il faut toujours tâcher de ne pas le finir par une vulgarité ; autrement on ne se souvient plus de votre vol, on ne voit que votre chute. Il faut considérer chaque pensée d'un discours comme autant de coups de marteaux destinés à clouer une idée dans le cerveau de celui qui l'écoute. Si le dernier frappe de travers ou à côté, vous avez perdu votre peine : l'idée ne vient pas, et autant vaudrait recommencer. Les imperfections que nous signalons sont communes à la plupart de nos jeunes auteurs. Ils composent trop et trop vite ; ils croient que le travail gâte l'inspiration. C'est une erreur. On ne cisèle pas le bronze pendant qu'on le coule ; mais si, quand il est froid, le ciseau ne vient pas effacer les rugosités du métal et les bourrelets de ses sutures, votre statue n'en est pas au fond moins belle, mais elle n'est pas achevée, et elle manque son effet.

Immermann, quoique nous en disions, est un talent de premier ordre, qui, peu connu de son siècle, ne le sera probablement pas davantage de la postérité, et cela ne tient nullement à ses défauts. Mais comment imaginer que cette malheureuse postérité prendra la peine d'ouvrir tous les paquets qu'on lui adresse, pour examiner et mettre à part ce qui mérite d'être lu? Quelle patience lui supposons-nous, si nous croyons qu'elle ira fouiller ces immenses cimetières qu'on appelle des bibliothèques, pour en exhumer un ou deux noms par génération? N'y comptons pas. Nous ne sommes pas d'un temps où l'on peut se consoler des dédains du présent en se flattant des égards de l'avenir. Il y a pour cela trop d'auteurs et trop d'ouvrages.

Mais la liste de ceux qui ont droit à une mention est loin d'être épuisée. Nous n'avons rien dit de Christian Grabbe, auteur d'*Henri VI*, de *Napoléon et des Cent jours*, de *Faust et Don Juan*, productions d'un talent riche et original, mais irrégulier et fantasque. Nous avons omis Michael Beer, auteur du *Paria* et de *Struensee*, mort sans avoir atteint la réputation qu'il pouvait se promettre; le Baron de Mattitz qui a terminé le *Demetrius* de Schiller, et traduit en vers toutes les tragédies de Racine; Schenk l'auteur de *Belisaire;* Mechtritz l'auteur de *Darius;* Panse, imitateur d'Houwald; le Baron de Zedlitz, Manso, et d'autres dont les noms ne se présentent pas, quand la mémoire les appelle. Tous ces poètes ont des qualités qui en feraient chez nous de grands hommes. Comment voulez-vous alors que chacun d'eux obtienne l'admiration qu'il convoite? Ils se perdent dans le nombre, et à moins d'une épidémie qui emporte à la fois les livres et les auteurs, il n'y a presque pas d'espoir de sortir de ligne.

MORCEAUX CHOISIS

DE LA LITTÉRATURE ALLEMANDE

I.

NARRATIONS HISTORIQUES.

LA MORT DE THRASÉAS.

FESSLER.

Il n'y a pas encore longtemps que la vertu était un crime à Rome. Dans ces temps malheureux vivait Thraséas Petus, et il fut condamné à mort par l'Empereur et le Sénat, uniquement pour sa vertu.

On lui fit un crime de n'avoir pas offert de sacrifice pour le salut de Néron et la conservation de sa voix divine ; d'avoir laissé éclater son indignation lorsqu'à la honte de la pourpre romaine, ce prince courait masqué et travesti, de théâtre en théâtre ; d'avoir quitté le Sénat à la lecture de l'apologie où l'on justifiait Néron du meurtre d'Agrippine, sa mère ; et de s'être retiré lorsqu'on décerna les honneurs de l'apothéose à l'infâme Poppée.

L'envie elle-même n'a rien trouvé, qui pût obscurcir la gloire de Thraséas. Il mourut avec autant de courage et plus de grandeur encore que Caton. Avec cet air céleste, expression fidèle d'une âme dont aucun événement ne put jamais troubler le calme et la sérénité, il reçut dans son jardin son arrêt de mort. Il s'entretint avec le questeur qui lui apporta le décret du Sénat, aussi gaiement qu'il l'eût fait avec un ami, et manifesta la joie la plus vive en apprenant qu'Helvidius, son gendre, n'avait été condamné qu'à l'exil. Alors il se fit ouvrir les veines ; et comme le questeur ne voulait pas assister au grand spectacle d'un républicain mourant, il le rappela et lui dit : Jeune homme, regarde couler ce sang ; car tu vis dans des temps où il est nécessaire de fortifier ton âme par des exemples de fermeté. Enfin il donna encore un dernier baiser à son ami Démétrius et expira.

Anon.

LA DÉFAITE DE VARUS.

LUDEN.

On vit poindre avec le jour les lignes de l'armée romaine, déjà découragée et sans espérance ; l'attaque concertée commença immédiatement sur tous les points. Arminius debout sur une hauteur d'où il pouvait surveiller la bataille, excitait du geste et de la voix l'animosité de ses troupes, exhortait leur valeur, dirigeait le choc de ses phalanges, les poussait comme un coin dans les rangs ennemis, là où il jugeait que leur force en ferait éclater les colonnes. Mêlée terrible ! Les Romains, dans un sombre acharnement, combattaient pour leur dernier bien : la vie ; les Germains pour le plus grand : la liberté ; les deux peuples, avec tout ce que la nature humaine peut avoir d'énergie. D'un côté, partaient des gémissements d'angoisse, et les lamentations de la défaite ; de l'autre, des chants guerriers et des cris de victoire. Le fracas de l'orage et les rugissements de l'ouragan accompagnaient ce sauvage concert. Varus fut blessé : abattu par la douleur, accablé par le sentiment de son infortune, n'apercevant aucun moyen de délivrance, mais gardant son courage héréditaire pour mourir, il se plongea son épée dans le cœur, autant pour échapper au spectacle de ses désastres que pour fuir la joie des vainqueurs et le triomphe bruyant de leur vengeance. Quelques-uns suivirent ce conseil du désespoir, d'autres ne pouvaient pas. Le chagrin et la honte avaient tout paralysé ; bien peu furent assez forts pour chercher la mort les armes à la main : la plupart périrent, en les jetant.

J. L.

CHARLEMAGNE DANS SON ÉCOLE.

HEINSIUS.

Charlemagne, qui fut salué empereur romain l'an 800 de J.-C. fut le génie le plus vaste et le plus fort de son temps. Il entendait le latin et le grec, et ne rougissait pas d'apprendre à écrire, même dans un âge mûr. Il attachait la plus grande importance à relever les écoles, et à faire germer dans l'esprit de la jeunesse d'utiles connaissances ; dans cette vue, il attira auprès de lui des savants de l'Italie et de la Grèce, et fonda, jusque dans sa cour, une école ouverte aux enfants de tous les officiers attachés à son service, des derniers aussi bien que des premiers. Un jour, il entra lui-même dans la salle des cours, écouta quelque temps, et demanda les compositions écrites des jeunes étudiants ; il fit passer à sa droite les élèves laborieux et instruits, et à sa gauche les élèves inappliqués et ignorants. Il se trouva que ces derniers étaient pour la plupart fils de personnages distingués. Charlemagne, s'adressant aux jeunes gens studieux, mais pauvres : Mes enfants, dit-il, je vois avec plaisir vos succès ; persévérez, travaillez sans relâche à devenir plus instruits et plus parfaits : c'est travailler pour votre véritable avantage, et je n'attends que le moment de vous récompenser. Quant à vous, ajouta-t-il avec l'accent de la colère en parlant à ceux qui étaient à sa gauche, fils de grands seigneurs, jolis poupons, vous qui vous croyez de riches et illustres personnages, qui pensez n'avoir pas besoin d'apprendre, paresseux qui n'êtes bons à rien, écoutez : j'en prends Dieu à témoin : ni votre naissance, ni vos beaux visages, ne sont des titres à ma faveur ; vous n'avez rien de bon à espérer de moi, si vous ne rachetez par votre zèle et votre ardeur la négligence dont vous vous êtes rendus coupables. — Ce même empereur ne portait que des vêtements filés et tissés par ses filles.

ANON.

PRISE DE JÉRUSALEM PAR LES CROISÉS.

HAKEN.

Jérusalem vit renaître le jour sanglant de cette impitoyable boucherie dont, mille ans auparavant, la vengeance des Romains avait épouvanté cette malheureuse ville ; des monceaux de cadavres, qui se prolongeaient de rue en rue, indiquaient le chemin qu'avait pris le glaive du vainqueur, acharné à poursuivre le vaincu dans sa fuite inutile. Ces monceaux s'accroissaient et devenaient des montagnes, que l'on avait peine à franchir, à mesure que l'on approchait de la mosquée d'Omar, où se réfugiaient les fuyards, sans que la solidité des portes ou des murs, ou la sainteté du lieu pût les soustraire à la mort. Là Tancrède et Godefroy lui-même souillèrent la pureté de leur vertu, en se livrant à des massacres inutiles, et auxquels le ressentiment seul les poussait. Là, dix mille Sarrasins nageaient dans le sang ; les colonnes et les murs en dégouttaient, les pavés en étaient inondés, les meurtriers y marchaient jusqu'à la cheville du pied, et l'on y voyait flotter comme dans un fleuve des têtes et des membres hachés en morceaux.

Mais tout à coup, comme frappées de la foudre céleste, les armes meurtrières s'arrêtent immobiles dans les mains sanglantes. On se souvient que l'on est dans Jérusalem et pour quel motif on y est ; on se souvient que le saint Sépulcre, délivré de cette longue ignominie, exigeait sans retard les premiers hommages de la piété et de l'adoration ; mais le ciel recevra-t-il ces hommages, lorsqu'on se présentera à lui couvert de sang? Ces réflexions de la multitude excitent de nouveau en elle une fureur qui ne connaît plus de frein, lorsque Godefroy l'éclaire en lui offrant l'exemple d'une piété sans feinte. Ce général abandonne ses compagnons, qui n'étaient pas encore rassasiés de meurtre et de pillage, et, suivi seulement de trois guerriers, sort par la porte de l'Agneau ; il rentre par la porte Saint-Étienne, sans armes, revêtu d'une chemise de laine, pieds nus, et se dirige vers l'église du Saint-Sépulcre.

Là, devant les reliques qu'on y conserve, il reste longtemps humilié et recueilli, et rend grâces au Dieu des armées, qui lui a enfin permis d'accomplir son vœu.

Après cette scène, un esprit de piété et de repentir se répand dans toute l'armée des chrétiens. Ils jettent, comme de concert, leurs glaives loin d'eux, purifient ou changent leurs habits ensanglantés, et lavent leurs mains rougies de sang. Ils gémissent, ils poussent des sanglots ; ils versent des torrents de larmes. Soldats, peuple, généraux, tous confondus, s'avancent processionnellement vers l'église du Saint-Sépulcre. Ce fut là qu'un instant après on fit l'élection, et Godefroy fut proclamé roi de Jérusalem aux acclamations et aux applaudissements de l'armée entière. Mais son humilité refusa ce titre, et il se contenta, même dans les actes publics, de sa modeste signature de Baron et Protecteur de Jérusalem et du saint Sépulcre. Il refusa l'onction aussi bien que la couronne d'or qu'on lui offrit : Jamais, dit-il, je n'ornerai ma tête d'une couronne d'or dans une ville où le Roi des rois n'a porté qu'une couronne d'épines.

Anon.

LE SERMENT DU RUTLI.

J. DE MULLER.

Les conjurés désignèrent pour se voir tranquillement le Rütli, prairie située dans un endroit solitaire, au bord du lac des Waldstätter, non loin de la ligne de démarcation entre Unterwald et Uri. C'est au milieu de ce lac que s'élève la roche solitaire du Mytenstein. Là ils tenaient souvent conseil dans le silence de la nuit sur la délivrance du peuple, et se faisaient part mutuellement du nombre de partisans dont ils s'étaient assurés pour l'exécution de ce projet. Furst et Melchtal se rendaient dans cet endroit par des sentiers écartés ; Stauffacher y arrivait dans son canot, et le fils de sa sœur, écuyer de Rudenz, y venait d'Unterwald. Ils amenaient de différents endroits des amis dans le

Rütli : là, chacun confiait sans crainte ses pensées à l'autre ; plus l'entreprise était dangereuse, plus leurs cœurs s'unissaient étroitement.

Au mois de novembre, dans la nuit du mercredi avant la Saint-Martin, Furst, Melchtal et Stauffacher vinrent au rendez-vous, amenant chacun de leur pays dix hommes déterminés qui leur avaient ouvert leur cœur avec sincérité. Lorsque ces trente-trois hommes courageux, pleins du sentiment de leur liberté héréditaire et de leur éternelle confédération, et unis des liens de la plus vive amitié par les dangers et les malheurs du temps, furent ainsi rassemblés dans le Rütli, ils ne craignirent ni l'Empereur Albert, ni la puissance autrichienne. Cette nuit-là, ils conviennent, le cœur rempli d'émotion, qu'aucun d'eux ne hasardera rien de lui-même dans cette entreprise, qu'ils ne s'abandonneront pas l'un l'autre, qu'ils vivront et mourront dans cette alliance, et que, chacun dans son canton, d'après ce qui aura été décidé par le conseil réuni, soutiendra les antiques droits de la liberté du peuple, sur lequel pèse une injuste domination, afin que tous les Suisses puissent jouir éternellement du fruit de cette fraternité. Ils conviennent de plus que les comtes de Hapsbourg ne seront privés d'aucuns de leurs biens, de leurs droits ni de leurs vassaux, et que les gouverneurs, leurs partisans, leurs domestiques et leurs soldats ne perdront pas une seule goutte de sang ; les Suisses prétendent uniquement conserver et transmettre à leurs descendants la liberté qu'ils ont reçue de leurs aïeux. Tous avaient pris la ferme résolution de remplir ces engagements. L'assurance peinte sur le visage, pleins de confiance les uns à l'égard des autres, et le cœur rempli de la pensée que du succès de leur entreprise dépendait le sort de leur postérité, ils se regardaient et se serraient mutuellement la main, lorsque Walther Furst, Werner Stauffacher et Arnold-an-der-Halder de Melchtal, levèrent la main vers le ciel, et au nom du Très-Haut, qui fit sortir l'empereur et le paysan de la même souche en leur assurant tous les droits inaliénables de l'humanité, ils jurèrent de défendre vigoureusement la liberté. Aussitôt les trente levèrent la main et prêtèrent le même serment devant Dieu et devant les Saints. Après être convenus de la manière dont ils exécuteraient leur plan, ils retournèrent chacun dans leur cabane, gardèrent le silence, et passèrent l'hiver à soigner leurs troupeaux. ANON.

GUILLAUME TELL.

J. DE MULLER.

Sur ces entrefaites, il arriva que le gouverneur Hermann Gessler fut tué par Guillaume Tell, habitant de Burgler, dans le canton d'Uri : Guillaume était gendre de Walter Furst et l'un des conjurés. Le gouverneur poussé par une défiance tyrannique, ou bien averti que des troubles étaient près d'éclater, entreprit d'éprouver quels étaient ceux qui supportaient le plus impatiemment son joug. De semblables époques et un pareil état de civilisation admettent fréquemment l'usage des signes symboliques : un chapeau devait représenter la dignité du duc. Gessler voulait forcer les amis de la liberté à révérer le chapeau du prince auquel ils refusaient l'obéissance. Un jeune homme, Tell, ami de la liberté, refusa de révérer dans une pareille intention le chapeau, ancien emblème de l'indépendance ; cette manifestation prématurée de ses sentiments porta le gouverneur à s'assurer de sa personne. Gessler poussa le raffinement de sa tyrannie au point d'exiger de Guillaume Tell qu'il abattît d'un coup de flèche une pomme de dessus la tête de son fils. Tell réussit, et rempli du sentiment que Dieu était en lui, il avoua que si la fortune ne l'avait pas si bien secondé, il aurait vengé son fils. Le gouverneur, redoutant la vengeance des parents et des amis de Guillaume Tell, n'osa pas, après un tel aveu, le retenir prisonnier dans le canton d'Uri ; mais il le mena au delà du lac des Waldstätter, portant ainsi atteinte à la liberté qui défendait les emprisonnements hors du pays. Ils étaient à une petite distance au delà du Rütli, lorsque le Fœhn s'élança tout à coup hors des cavernes du Saint-Gothard avec cette furie qui lui est particulière. Le lac, resserré dans un étroit espace, lançait ses vagues furieuses jusqu'au ciel en les précipitant ensuite dans la profondeur de ses abîmes ; le gouffre retentissait d'un bruit affreux qui, répété de rocher en rocher, inspirait l'épouvante. Dans ce danger pressant, Gessler que la crainte tourmentait et non sans raison, ordonna qu'on ôtât les chaînes à Guillaume Tell, homme vigoureux et robuste, et qu'il connaissait pour excellent batelier. Ils passèrent en tremblant devant ces rivages bordés d'affreux rochers, et à force de rames ils arrivèrent jusqu'auprès de l'Arenberg, à droite en sortant d'Uri. Dans cet endroit, Tell saisit son arc et ses flèches, et s'élança sur un roc nu. Il gravit la montagne ; la barque poussée contre le rivage, en fut repoussée par les vagues. Tell s'enfuit à travers le canton de Schwitz. Le gouverneur échappa aussi à la tempête. Il débarqua près de Kussnacht, et tomba percé d'un trait que Tell, caché derrière les broussailles, lui lança dans un chemin creux. C'est ainsi que Gessler termina sa carrière avant l'heure destinée à la délivrance du pays, sans la participation du peuple opprimé et par la juste colère d'un homme libre. Personne sans doute ne condamnera cette conduite, s'il veut réfléchir combien devait être insupportable pour un jeune homme ardent et courageux, l'insolence, le mépris et l'oppression de l'antique liberté de sa patrie, surtout à cette époque. L'action de Guillaume Tell n'était pas conforme aux lois reçues ; mais on pourrait la comparer à ces grandes actions qui ont valu tant d'éloges dans les histoires anciennes et dans les livres saints aux libérateurs d'Athènes et de Rome, ainsi qu'à beaucoup de héros qui ont brillé parmi les anciens Hébreux ; elles sont vantées afin que dans les circonstances où l'antique liberté d'un peuple paisible ne pourrait résister à une force supérieure, de pareils hommes soient suscités pour la juste récompense des oppresseurs. Des potentats légitimes sont sacrés ; mais que des oppresseurs n'aient rien à redouter, c'est ce qui n'est ni nécessaire, ni avantageux.

ANON.

LA MORT DES ENFANTS D'ÉDOUARD.

WEISSE.

J'espérais encore le vaincre par mes prières ; vainement ! Le poignard nu et la mort dans les traits, Richard est entré dans l'appartement. Le jeune roi était assis, la tête inclinée sur une main, un livre sur ses genoux, et lisait. York se tenait serré contre lui de frayeur et de tendresse, la joue appuyée sur sa joue, les yeux noyés de larmes. Les verroux firent du bruit : ils nous aperçurent. Le prince se leva, et debout, presque inanimé, il demeura immobile d'effroi, semblable à une statue de marbre à qui manquent la couleur et la respiration. Il regarda vers le ciel, et ne dit rien que ces mots : O mon Dieu ! Un sourire amer et sombre contracta les lèvres du tyran. Le petit prince se réfugia dans les bras de son frère, qui s'écriait plein de générosité : Pitié seulement pour lui ! Ils virent le poignard. — Cache-toi, mon frère ! s'écria le jeune York ; il vient ! — Mais cache-toi d'abord le premier ! — D'abord toi ! — Mourez ! cria Richard, d'une voix de tonnerre. Ses yeux roulaient avec fureur ; il brandissait son poignard, il avait la fièvre du crime au visage. Il saisit York avec une cruauté farouche, et le jeta loin de son frère, loin de lui. — J'entends encore leurs cris d'amour et de terreur. Le frère ne gémissait que du péril de son frère. C'est en vain qu'ils imploraient le tigre. Le monstre ! Il saisit l'aîné par la chevelure, et frémissant d'une joie féroce, il semblait en le regardant s'enivrer de sa pâleur. Il ne répondait aux sanglots de la victime que par des flots d'injures, et ne fit trève aux outrages qu'en lui plongeant le fer au cœur. Le prince tomba ; sa bouche essaya de prier Dieu, puis ses yeux se fermèrent ; un faible râlement fit soupçonner à l'assassin qu'il lui restait quelque étincelle de vie, et le bourreau lui écrasa du pied la poitrine, en l'injuriant encore. Étourdi d'horreur, ma pensée s'en allait en vertige : je me jetai à genoux, je le suppliai pour le pauvre petit qui restait. Malédiction ! s'écriat-il en rugissant, tue-le, ou je le tue. Des prières ! Tue-le. — Hélas ! Quel cri pénétrant poussa le malheureux enfant ! — Richard, pitié ! Grâce, grâce pour moi, mon oncle ! Il jeta, quand il me vit, ses deux bras à mon col, et il se pressait sur ma poitrine, et il balbutiait : Tu es mon ami, Tyrel, sauve-moi ! Je ne veux pas mourir ; empêche qu'on ne me tue. — Richard ne me laissa le temps ni de le rassurer, ni de le défendre, et bondissant vers sa proie, il lui enfonça son poignard tout entier dans le dos. Blessé à mort, il poussa un gémissement terrible. Ses deux bras qui m'embrassaient se desserrèrent, et roulant sur lui-même il tomba tout ruisselant de sang, aux pieds de l'égorgeur. Richard, ivre de meurtre, ne voyait pas encore assez de sang sortir de la blessure ;

il se baissa pour lui plonger une seconde fois le poignard dans le cœur. L'enfant poussa un soupir lamentable, et Richard se releva : ses neveux étaient morts !

J. L.

LE SONGE DU PARRICIDE.

SCHILLER.

Il me semblait que j'avais fait un festin de roi, et je me sentais le cœur tout joyeux, et je m'étais couché à demi ivre sur le gazon dans le jardin, et tout à coup... Tout à coup un effroyable coup de tonnerre frappa mon oreille assoupie : je me levai chancelant, et je vis tout l'horizon embrasé en une flamme ardente, et les montagnes et les villes, et les forêts fondirent comme la cire sur le feu, et un tourbillon rugissant balaya la mer, le ciel et la terre... Alors retentit comme d'une trompette d'airain : Terre, rends tes morts ! Mer, rends tes morts ! Et la campagne déserte commença à se fendre et à rejeter des crânes et des côtes, des mâchoires et des ossements qui se réunirent en forme humaine, et à perte de vue se précipitèrent comme les flots d'une foule vivante. Alors je regardai en haut ; et voici : j'étais au pied du Sinaï fulminant, et la foule était au-dessus et au-dessous de moi, et en haut sur la montagne, étaient trois hommes sur trois sièges enflammés dont toutes les créatures fuyaient le regard. — C'était le tableau vivant du jugement dernier ! — Alors s'avança quelqu'un qui paraissait comme les étoiles de la nuit ! Il avait dans sa main un sceau d'airain, qu'il tenait entre l'Orient et l'Occident, et dit : Éternelle, sainte, juste, inimitable, il n'y a qu'une vérité ! Il n'y a qu'une vertu ! Malheur, malheur au vermisseau qui a douté ! Alors un second s'avança ; il avait dans sa main un miroir resplendissant qu'il tenait entre l'Orient et l'Occident, et il dit : Ce miroir est la vérité ; l'hypocrisie et le déguisement disparaissent. — Alors je m'épouvantai avec tout le peuple ; car nous vîmes se peindre dans cet horrible miroir des visages de serpent, de tigre et de léopard. — Alors s'avança un troisième ; il avait dans sa main une balance d'airain qu'il tenait entre l'Orient et l'Occident, et il dit : Approchez-vous, enfants d'Adam ! Je pèse les pensées dans la balance de mes fureurs avec le poids de ma colère. Tous restèrent pâles comme la neige. Tous les cœurs battirent d'angoisse dans cette horrible attente. Alors il me sembla que j'entendais mon nom prononcé d'abord par les tonnerres de la montagne ; et la moelle de mes os fut transie, et mes dents claquèrent l'une contre l'autre. Aussitôt la balance commença à remuer, les rochers à tonner, et les Heures s'avancèrent l'une après l'autre vers le plateau de la balance, qui était à gauche, et l'une après l'autre y jetait un péché mortel. — La charge du plateau s'élevait comme une montagne ; mais l'autre plateau rempli du sang de la rédemption se tenait toujours soulevé dans les airs... Enfin vint un vieillard, cruellement courbé par le chagrin, le bras à demi rongé par la faim dévorante. Tous les yeux se tournèrent vers cet homme : je reconnus cet homme ; il coupa une boucle de sa chevelure argentée, la jeta dans le plateau avec les péchés, et voici : le plateau descendit, descendit tout à coup dans l'abîme, et le plateau de la rédemption s'éleva vers le ciel ! — Alors j'entendis une voix sortir des rochers enflammés : Grâce, grâce à tous les pécheurs de la terre et de l'abîme ! Toi seul es rejeté !

DE BARANTE.

ORESTE RACONTE SON CRIME A IPHIGÉNIE.

GŒTHE.

Ainsi les dieux m'ont choisi pour t'annoncer une action que je voudrais bien plutôt cacher dans les sombres et lamentables profondeurs du royaume de la nuit ; ta douce voix m'y contraint en dépit de ma volonté, mais elle a le droit d'exiger un effort pénible, et de l'obtenir.

Le jour du meurtre de leur père, Électre cacha son frère et il fut sauvé. Strophius, beau-père d'Agamemnon, l'accueillit de grand cœur, et le fit élever avec son propre fils, nommé Pylade, qui s'attacha au jeune fugitif par les plus beaux nœuds de l'amitié ; et à mesure qu'ils croissaient, le désir brûlant de venger la mort du Roi croissait dans leur âme. Tout à coup, et sous un déguisement étranger, ils arrivent à Mycènes, annonçant la triste nouvelle de la mort d'Oreste, et apportant ses cendres. Ils sont bien accueillis de la reine, et pénètrent dans le palais. Oreste se fait reconnaître d'Électre; celle-ci rallume dans son cœur le feu de la vengeance que la sainte présence de sa mère avait à demi étouffé. Elle le conduit en secret au lieu où tomba son père, où quelques teintes pâles, traces légères et sinistres d'un sang détestablement versé, coloraient encore malgré le temps, le sol si souvent lavé. D'une langue de feu, elle lui dépeignit chaque circonstance de cet attentat abominable, lui dépeignit ses jours passés dans le plus dur esclavage, l'orgueil des heureux assassins, et les dangers auxquels les expose maintenant le cruel endurcissement de leur mère sans pitié. Alors elle lui présenta ce vieux poignard qui avait déjà rempli de tant d'horreurs la maison de Tantale, et... Clytemnestre tomba sous les coups de son fils. Ce fils! oh, que ne peut-on parler de sa mort! L'âme de sa mère s'échappe avec les flots de son sang qui bouillonne, et elle crie aux antiques filles de la Nuit : Ne laissez pas échapper ce parricide, attachez-vous au coupable; sa tête vous est dévouée! Elles écoutent, et leurs regards profonds se promènent autour d'elles avec l'avidité de l'aigle. Elles s'agitent dans leurs sombres cavernes, et du fond de l'antre sortent sans bruit leurs compagnons, le Doute et le Repentir. Devant elles s'élève une vapeur de l'Achéron; dans les tourbillons qu'elle forme, s'agite en tous sens la Contemplation éternelle du passé, qui ne cesse de tourner confusément autour de la tête du coupable; et celles-ci, nées pour le mal, foulent le sol de cette belle terre semée par les dieux, dont une ancienne malédiction les a bannies. Leur course rapide poursuit le fugitif; elles ne lui donnent de repos que pour lui causer des terreurs nouvelles... Ce malheureux fugitif, c'est moi.

Guizard.

VISION DE WALLENSTEIN.

SCHILLER.

Il est des moments dans la vie de l'homme, où il semble pénétrer plus avant dans l'esprit qui régit cet univers, où il peut librement interroger le sort. Dans un de ces instants, pendant la nuit qui s'écoula avant la journée de Lutzen, j'étais tout pensif, appuyé contre un arbre, et les yeux errants sur la plaine ; les feux du camp brillaient d'un éclat obscur à travers le brouillard ; le bruit sourd des armes, les cris monotones des sentinelles interrompaient seules le silence. En ce moment, mon existence entière absorbée dans les idées de destin et d'avenir, était concentrée dans une contemplation intérieure ; et mon esprit plein de méditation, unissait à la pensée du sort prochain de la journée qui commençait, la pensée de l'avenir le plus reculé.

Je me disais à moi-même : « Que d'hommes sont là, à qui tu commandes ! Ils suivent ton étoile ; ils ont placé tous leurs intérêts sur ta tête, comme sur une chance du sort ; ils se sont embarqués avec toi sur la barque de ta fortune. Cependant s'il venait un jour où le destin contraire dispersât tout ceci, il en est bien peu qui te restassent fidèlement attachés. Ne pourrais-je savoir quel est celui de tous ceux que le camp renferme, qui m'est le plus fidèle ? Fais-le moi connaître par un signe, ô destin ! Que celui-là soit le premier qui, ce matin, vienne à moi et me donne une marque d'attachement ! » Pensant ainsi, je m'endormis et je fus transporté en esprit au milieu du combat ! La mêlée était grande : une balle atteignit mon cheval, je tombai ; cavaliers et chevaux passaient sur mon corps sans y prendre garde ; j'étais gisant, respirant à peine, mourant, foulé aux pieds ; alors un bras secourable me saisit tout à coup : c'était Octavio. Et alors je m'éveillai : il était jour, et Octavio était debout devant moi. « Frère, me dit-il, ne monte pas aujourd'hui la Pie comme de coutume ; sers-toi plutôt de ce cheval, que j'ai choisi pour toi. Fais cela pour l'amour de moi : un songe m'a donné cette idée. » Et la vitesse de son cheval me déroba aux dragons de Bannier, qui me poursuivaient. Le jour même mon neveu se servit de la Pie, et l'on n'a jamais revu le cheval ni le cavalier.

DE BARANTE.

LE SONGE DE GALILÉE.

ENGEL.

Galilée, dont les sciences n'oublieront pas le renom impérissable, vivait alors dans une tranquille et glorieuse vieillesse au village florentin d'Arcetri.

Il était déjà privé du plus précieux des sens ; mais il jouissait encore du printemps, soit qu'il aimât le retour du rossignol et des fleurs parfumées, soit qu'il sentît s'éveiller avec le soleil le souvenir vivace de ses joies passées.

Un jour de son dernier printemps, il se laissa conduire par Viviani, son plus jeune et plus reconnaissant disciple, dans la campagne d'Arcetri. Il remarqua qu'il s'était éloigné beaucoup pour ses forces, et il pria, en souriant, son guide, de ne pas le mener au delà du territoire de Florence. Tu fais, dit-il, ce que j'ai été forcé de promettre au saint tribunal. Viviani le fit asseoir sur un petit tertre de verdure ; et là, plus près des fleurs et du gazon, assis comme dans un nuage de parfums, il se rappela cette passion de liberté qui l'avait surpris une fois à Rome, à l'approche du printemps. Il allait épancher contre ses indignes persécuteurs les dernières gouttes d'amertume qui lui restaient encore dans l'âme ; mais il retint tout à coup sa pensée, et dit en se rapprochant : L'ombre de Copernic pourrait s'en irriter.

Viviani qui ne savait rien du songe auquel Galilée faisait allusion, le pria de lui expliquer ses paroles ; mais le vieillard qui redoutait pour ses nerfs malades la soirée trop fraîche et trop humide, voulut se remettre en route, avant de le satisfaire.

— Tu sais, commença-t-il après avoir repris un peu haleine, combien mon sort fut cruel à Rome, et combien ma délivrance se fit attendre. Quand je vis que les plus pressantes intercessions des Médicis, mes protecteurs, que la rétractation même, à laquelle je m'étais soumis, demeuraient sans effet, ma colère contre la destinée devint presque du désespoir ; et ce fut dans un de ces jours de découragement que je me jetai sur mon lit, plein d'un sentiment amer contre la Providence. Aussi loin que tu puisses reporter ta pensée, m'écriai-je, vois combien ta vie a été irréprochable ! Avec quelle fatigue, dans ton zèle pour ta vocation, tu as traversé les détours d'une fausse sagesse, pour découvrir une lumière, que tu ne pouvais pas trouver ! Comme tu as tendu toutes les forces de ton âme, pour percer jusqu'à la vérité, pour combattre et terrasser le despotisme suranné des préjugés qui croisaient ta route ! Que de fois, avare contre toi-même, tu as fui la table vers laquelle tu te sentais entraîner ! Que de fois tu as rejeté de tes lèvres la coupe que tu allais vider, de peur qu'elle n'alourdit ton esprit et ne ralentit tes travaux ! Comme tu as économisé sur les heures du sommeil, pour les consacrer à la science ! Quand tout le monde, autour de toi, était plongé dans un repos sans inquiétude, ou réparait pour de nouvelles voluptés les fatigues du corps, combien de fois tu as tremblé de froid, pour contempler les merveilles du firmament, ou dans les nuits troubles et nébuleuses, veillé à la lueur d'une lampe, pour annoncer la gloire de la divinité, et éclairer la terre ! Malheureux ! Et quel est maintenant le fruit de tes travaux ! Quel salaire as-tu reçu pour avoir glorifié ton Créateur, et levé la cataracte à l'humanité ? Le chagrin tarit la sève de tes yeux ; ils dépérissent de jour en jour, ces fidèles auxiliaires de l'âme, et bientôt les larmes que tu ne peux retenir, achèveront d'éclipser pour jamais cette lumière dont tu as soif.

Je me plaignais encore, quand je m'endormis. A peine le sommeil était-il venu, qu'un vieillard vénérable s'approcha de mon lit. Debout, devant moi, il me regarda longtemps avec un plaisir silencieux, tandis que mon œil se reposait plein d'étonnement sur son front penseur, ombragé de quelques cheveux blancs.

— Galilée, me dit-il enfin, ce que tu souffres maintenant, tu le souffres pour des vérités que je t'ai enseignées ; et la superstition qui te poursuit, me poursuivrait aussi, si la mort ne m'avait mis à couvert dans l'éternelle liberté. — Tu es Copernic ! m'écriai-je, et je le serrai, avant qu'il pût me répondre, dans mes bras. Elles sont douces, Viviani, ces affinités du sang, que la nature même a pris soin de former ; mais qu'elles sont bien plus douces, les affinités de l'âme ! Combien plus précieux et plus intimes, que les liens mêmes de l'amour fraternel, sont les liens de la vérité ! Avec quel heureux pressentiment d'une sphère d'activité plus large ; avec quelle force d'élévation dans l'âme, quel espoir d'une libre participation dans tous les trésors de la science, on court au devant d'un ami, que la sagesse nous amène par la main !

— Vois, me dit le veillard, après avoir répondu à mes embrassements ; j'ai repris ces voiles qui m'ont enfermé autrefois, et je veux être dès à présent pour toi, ce que je serai à l'avenir... ton guide. Là où l'esprit, détaché de ses chaînes, se livre sans fatigue à une activité sans relâche, là le repos n'est qu'un changement de travail. Nos recherches dans les profondeurs de la divinité ne sont interrompues que pour instruire ceux des enfants de la terre, qui viennent plus tard que nous. Le premier qui doive initier ton âme à la connaissance de l'infini, c'est moi. — A ces mots, il me conduisit par la main vers un nuage qui s'était abaissé vers nous, et nous prîmes notre vol dans l'espace immesuré du ciel.

J'avais vu ici-bas, Viviani, la lune avec ses hauteurs et ses vallées ; j'avais vu les étoiles de la voie lactée, des Pléiades, d'Orion ; j'avais vu les taches du soleil, et les lunes de Jupiter ; mais tout ce que j'avais vu ici, je le vis bien mieux encore avec mes yeux désarmés. Je voyageais dans les cieux, plein du ravissement de moi-même, errant parmi mes découvertes, comme sur la terre un ami des hommes au milieu de ses bonnes actions. Toute heure passée ici dans un travail pénible devient là féconde pour une félicité, que ne pourra jamais sentir celui qui marchera vide de connaissances dans ce monde céleste ; et c'est pourquoi, Viviani, je ne veux jamais cesser, pas même encore dans cette vieillesse tremblante, de chercher la vérité ; car pour celui qui l'a cherchée, il n'a qu'à regarder pour voir fleurir dans ces hautes régions une joie, que notre espoir soupçonne à peine : elle est dans chaque découverte confirmée, dans chaque secret dévoilé, dans chaque doute anéanti, dans chaque erreur qui se dissipe. Vois ! J'ai senti tout cela dans ces moments de délices ; mais il n'en est rien resté, que le souvenir de la sensation : mon âme trop pleine a perdu dans cet océan de toute félicité les détails de la sienne.

Tandis qu'avec extase je contemplais ces merveilles et me perdais dans la grandeur de celui qui les a créées dans sa toute-puissante sagesse, et les conserve par les lois reproductrices d'un éternel amour, la parole de mon guide m'éleva encore à de plus hautes méditations. — Les bornes de tes sens, me dit-il, ne sont pas les bornes de l'univers. Du fond d'un lointain qui défie la pensée, tu vois t'apparaître une armée de soleils ; mais bien d'autres milliers brillent encore dans le champ infini de l'éther, inaccessibles à ton regard ; et chacun de ces soleils, comme chaque sphère qui les entoure, est peuplé d'êtres sentant, d'âmes qui pensent. Partout où pouvaient se déployer des orbites, là roulent des corps de mondes, et partout où des êtres pouvaient se sentir heureux, là respirent des êtres. Pas une place n'est demeurée, dans tout cet espace incommensurable de l'infini, où le Créateur se soit montré avare de la vie ou économe de ce qui l'entretient ; et dans cette innombrable variété des êtres, il règne jusque dans les rangs des plus petits atomes un ordre inviolable ; des lois éternelles se répondent de ciel en ciel, de soleil en soleil, de terre en terre, dans une ravissante harmonie. C'est un abîme sans fond pour le sage immortel dans l'éternité des éternités. Le sujet toujours nouveau de ses méditations, est la source inépuisable de sa béatitude. Mais pourquoi te dis-je tout cela, maintenant, Galilée ? Car cette félicité, aucun esprit n'est apte à la saisir, qui, encore captif des liens paresseux du corps, ne peut aller dans ses travaux plus loin que le compagnon qu'il subit, et qui se sent ramené à la poussière, quand il commence à peine à s'élever.

Il ne peut les comprendre, m'écriai-je, ces jouissances divines, dans toute leur plénitude céleste. Mais certainement, Copernic, il les connaît, dans les limites de sa nature et de son être ; car quelle joie ne nous crée pas, même dans cette vie terrestre, la sagesse ! Quelles délices ne sent pas déjà, dans ces membres mortels, un esprit, quand il commence à voir poindre le jour dans le crépuscule incertain de ses conceptions ; quand s'étendant de plus en plus, cette lueur bienfaisante devient lumière, et quand cette lumière, s'épanouissant enfin tout à fait, découvre à l'œil ravi des contrées d'une beauté infinie ! Souviens-toi, toi qui as regardé si avant dans les secrets de Dieu, et dévoilé le plan de sa création ; souviens-toi du moment, où cette pensée hardie s'est dressée dans ta tête, où elle a joyeusement envahi toutes les forces de ton âme ; souviens-toi de l'instant où tu as pu la saisir, la peindre, l'ordonner ; et quand ton système fut complet, quant tout s'y tint enchaîné dans un accord parfait, rappelle-toi avec quelle ivresse d'amour tu regardais le chef-d'œuvre de ton âme, et comme tu sentis ta sympathie avec l'infini que ta pensée avait pu sonder ! — O oui, mon guide ! Déjà sur cette humble terre, la sagesse est féconde en joies célestes ; et si elle ne l'était pas, pourquoi, retirés dans son sein, verrions-nous si tranquillement les vanités du monde?

Le nuage qui nous portait était redescendu vers la terre, et me semblait alors s'abaisser sur une colline des environs de Rome. La capitale du monde était devant nous ; moi plein d'un mépris profond, de la hauteur où j'étais, j'étendis la main et je dis : Ils peuvent s'estimer grands, les orgueilleux habitants de ces palais, parce que la pourpre enveloppe leurs membres, parce que l'or et l'argent pourvoient leurs tables des plus riches productions de l'Europe et de l'Inde. Mais du même œil que l'aigle voit la chenille dans son réseau de soie, le sage regarde, en se baissant, ces misérables, car ils sont les geôliers de leur âme ; elle ne peut s'élever au-dessus de la feuille à laquelle ils l'ont collée, tandis que le sage marche libre sur les hauteurs, voit le monde sous ses pieds, ou s'élance jusqu'à Dieu sur les ailes de l'enthousiasme, et voyage majestueusement parmi les astres.

Quand j'eus ainsi parlé, Viviani, le front de mon guide s'ennuagea d'une gravité solennelle ; son bras fraternel se retira de mon épaule, et son œil lança un regard menaçant dans les profondeurs de mon âme. — Indigne ! s'écria-t-il, tu les as déjà ressenties sur la terre les joies du ciel ! Tu as rendu ton nom souverain devant les sages des nations ! Tu as élevé toutes les forces de ton âme, pour qu'elles puissent, bientôt plus libres et plus vigoureuses, parcourir pendant une éternité le cercle intellectuel de la vérité ! Et maintenant que Dieu te juge digne de la persécution, maintenant que ta sagesse peut te faire un mérite de tes souffrances, et que ton cœur peut se parer de vertus comme ton esprit de connaissances, maintenant le souvenir du bien s'efface sans laisser de traces, et ton âme se rebelle contre Dieu ! — Ici je m'éveillai de mon songe, je me vis de l'empire des cieux rejeté dans mon cachot solitaire, et j'inondai ma couche d'un torrent de larmes. Alors je soulevai comme vers le ciel mon regard au milieu des ombres de la nuit, et je dis : O Dieu plein d'amour, ce rien qui n'est quelque chose que par toi a-t-il osé critiquer tes voies! Cette poussière, à laquelle tu as donné une âme, n'a pas craint d'inscrire au rang de ses mérites ce qui n'était que des présents de ta miséricorde! Le misérable que tu as nourri dans ton sein, contre ton cœur, sur les lèvres duquel tu as laissé tomber de ta propre coupe tant de gouttes de félicité, a-t-il oublié tes faveurs, et ses richesses? Frappe ses yeux de cécité, ne lui laisse plus jamais entendre la voix de l'amitié! Qu'il devienne vieux dans ses prisons! Il saura le supporter avec un esprit résigné, reconnaissant au souvenir de ses joies passées, et heureux dans l'attente de l'avenir!

C'était toute mon âme, Viviani, qui s'épanchait dans cette prière. Aussi Dieu n'écouta pas le murmure du découragement; il n'entendit que l'expression de ma soumission et de ma gratitude, le Dieu qui m'a créé tant de félicité; et vois! Je vis ici libre, à Arcetri, et aujourd'hui encore, mon ami m'a conduit au milieu des fleurs du printemps.

Il chercha en tâtonnant la main de son disciple pour la presser avec reconnaissance; mais Viviani saisit la sienne, et la porta respectueusement à ses lèvres.

J. L.

CHARLES XII A STRALSUND.

STEFFEL.

Charles XII, assiégé dans Stralsund, dictait à son secrétaire des lettres pour la Suède. Une bombe tomba sur la maison, perça le toit et vint éclater près de la chambre même du roi. La moitié du plancher sauta en morceaux; le cabinet, dans lequel le roi dictait à son secrétaire, était en partie séparé de cette chambre par un mur épais qui ne souffrit point de la commotion; et par bonheur, pas un débris ne fut lancé dans le cabinet, quoique la porte en fût ouverte. Au bruit de la bombe, au fracas de la maison qui semblait s'écrouler, la plume échappa de la main du secrétaire. — Qu'y a-t-il donc? lui dit le roi d'un air tranquille; pourquoi ne continuez-vous pas? — Ah! sire, lui répondit celui-ci, la bombe... — Eh bien! reprit le roi, qu'a de commun la bombe avec la lettre que je vous dicte? Continuez.

ANON.

LE GANT.

SCHILLER.

Un combat de bêtes féroces allait avoir lieu devant le Roi de France. Les grands de la cour étaient rangés autour de lui; un cercle brillant de femmes occupait les galeries. Le roi fait un signe : une porte s'ouvre, et un lion s'avance d'un air majestueux; il promène ses regards autour de lui, entr'ouvre sa gueule, secoue sa crinière ondoyante et se couche sur la terre... Le Roi donne un nouveau signal : une autre porte s'ouvre, un tigre furieux s'élance dans l'arène. Il aperçoit le lion, jette des cris sauvages, et bat ses flancs avec sa queue; sa langue haletante est avide de sang; il se met en face de son ennemi, et se couchant comme lui, il le regarde en grondant. A un troisième signal du Roi, deux léopards enflammés de l'ardeur du combat, se jettent sur le tigre; le tigre les déchire avec ses griffes cruelles. Le lion se lève lui-même, poussant un profond rugissement suivi d'un long silence, et alors commence une lutte sanglante.

Cependant un gant, échappé d'une belle main, tombe dans l'arène entre le tigre et le lion. Cunégonde se tourne vers le chevalier de Lorge, et lui dit avec ironie : — Chevalier, vous me jurez chaque jour l'amour le plus ardent; prouvez-le-moi, en allant ramasser mon gant dans l'arène.

A ces mots, le chevalier se précipite, et retire le gant du lieu dangereux où il était tombé. L'étonnement et l'effroi s'étaient d'abord emparés des spectateurs; mais lorsqu'on vit le chevalier revenir paisiblement vers sa dame, son éloge retentit dans toutes les bouches. Cunégonde le reçoit avec un doux sourire, gage certain de gratitude et de promesse. Cependant le chevalier lui rendant son gant avec dédain : Trêve de remerciements, lui dit-il ; et il s'éloigne à l'instant.

ANON.

LE JUIF ERRANT RACONTE SES MISÈRES

KLINGEMANN.

. . . .
Quand je m'éveillai la ville était déserte. Tout le monde l'avait suivi au Golgotha. Il n'était resté que les mourants et les infirmes. Je me levai, mais comme un pécheur doublement condamné, mon propre accusateur, tremblant comme une feuille, et j'aurais volontiers dans les ténèbres de quelque caverne cherché à ensevelir mon crime sans espoir. Soudain dans le vaste empire de la nature, auparavant muet, il me sembla entendre un gémissement universel, qui emplissait la terre, et avait son écho dans les cieux ; et avant que le bruit fût passé, le soleil, qui tout à l'heure brillait d'une gloire éblouissante, devint terne, et comme changé en cendre, expira. Je sentis le sol vaciller sous mes pieds ; au-dessus de ma tête, le ciel, que me révélaient les éclairs, était encombré du choc orageux des nuages ; et aux lueurs de la foudre, je vis les sépulcres s'ouvrir et dégorger leurs morts, qui marchaient d'un air sombre le long des chemins. Là, dans leur foule, je reconnus avec horreur mes parents ; ils me suivaient, tandis que moi au désespoir, je fuyais, je courais en avant, toujours en avant, pour chercher un refuge. Hélas ! Vainement ! Le tonnerre frappa les portes du temple ; j'y entrai au milieu des décombres, et dans ma terreur suppliante, je criai... quand tout à coup par un pouvoir surnaturel le voile de l'autel se fendit en deux : au fond du tabernacle flamboyait SON OMBRE ; et une voix foudroyante m'annonça une fois de plus mon sort.

. . . .

Depuis ce temps, plus de repos pour moi! Ah! le repos! Dans ce mot si court, il me semble que sont comprises toutes les félicités du ciel, que j'ai perdues pour toujours! Mais non, peut-être, non; car le temps lui-même doit avoir une fin, et alors je puis espérer merci! Depuis cette heure, j'ai été poussé à travers le monde, impérissable voyageur, éperonné par l'effroi, sans patrie, sans foyers. Le sommeil depuis lors n'a pas même une fois effleuré mes paupières; rien n'a pu terrasser ma force, ni le besoin, ni la fatigue. Éternelle prison d'une âme qui ne peut pas plus s'absoudre que mourir, ce corps a défié sur terre et sur mer la rage de la tempête, mais que lui a servi de souffrir? Les tortures l'ont touché sans pouvoir l'affaiblir. Un siècle se passa, une race disparut; un autre vint et s'évanouit; et moi, toujours le même, inchangeable pèlerin, je marchais toujours. Alors pour la première fois, la hideuse vérité, l'incurable durée de mon supplice me fut pleinement démontrée; moi seul, de tous les hommes, je ne pouvais jamais mourir. Frissonnant d'épouvante, je suppliai la foudre de descendre sur ma tête; en vain! Les nuages s'amassèrent, l'orage creva, et au milieu de ses dards de feu je demeurai invulnérable. Des hauts rochers de la Sicile, qui voient écumant à leurs pieds les tourbillons des flots, je me jetai la tête la première dans le désert hurlant des vagues; toujours en vain!... La mer ne voulut pas de l'hôte maudit qui lui tombait, et sa colère me rejeta au rivage. J'entendis rugir l'incendie souterrain de l'Etna; je vis monter ses gerbes rouges dans l'air, et le vaste dôme du firmament réfléchir leur lugubre splendeur; une pluie de cendres dévorantes fouettait les villes et les villages, et des torrents de lave inondaient les maisons toutes pleines de victimes vivantes. Ah, alors! Alors j'eus une minute d'espérance. Je crus que moi aussi je pouvais périr; je gravis la montagne escarpée, et implorant la mort, je m'élançai dans l'abîme, où, comme si Charybde se fût transformée en fournaise, bouillonnaient en fureur les éléments sulfureux. Triomphant, le cœur palpitant de joie, je crus que cet affreux supplice travaillerait à sa fin en consommant la mienne. Mais de ce gouffre sans fond d'impitoyables flammes, le féroce volcan, grondant d'une nouvelle furie, s'éveilla à la haine de sa proie, et me revomit sur la terre; et je vécus encore, meurtri, mais intact : désolé comme avant, sans espoir, comme toujours.

J. L.

II.

NARRATIONS LYRIQUES.

LÉNORE.

BÜRGER.

Lénore, aux premiers feux du matin, s'éveille d'un songe douloureux, et se lève. Es-tu infidèle, Wilhelm, ou mort? Combien de temps tarderas-tu? — Il était, avec l'armée du roi Frédéric, allé à la bataille de Prague; et il n'avait point écrit s'il avait été blessé.

Le Roi et l'Impératrice, fatigués d'une longue querelle, ont adouci leurs ressentiments, et ont fait enfin la paix. Au bruit des chants, au bruit des cymbales et des instruments, chaque armée, couronnée de vert feuillage, regagnait sa patrie et ses foyers.

Partout, généralement partout, sur les chemins, sur les coteaux, jeunes et vieux, mêlant leurs hymnes de joie, couraient au-devant des arrivants. Dieu soit loué! criaient les enfants et les épouses. Qu'ils soient les bienvenus! disait mainte fiancée joyeuse. Mais, hélas! pour Lénore, le salut et le baiser du retour étaient perdus.

Elle interroge le cortège d'un bout à l'autre bout, et elle s'informe de tous les noms. Mais il n'en est aucun de tous ceux qui arrivent qui puisse lui donner des nouvelles. Quand toute l'armée fut passée, elle arracha ses cheveux noirs, et se jeta sur la terre, avec la rage du désespoir.

Sa mère courut à elle. — Hélas! que Dieu ait pitié de nous! Toi, mon cher enfant, que t'est-il arrivé? Et elle serrait sa fille dans ses bras. — O ma mère, ma mère! Mort! Il est mort! Maintenant, adieu le monde, adieu tout! Dieu n'a aucune pitié. O malheur, malheur à moi, malheureuse!

— Secourez-nous, ô Dieu, secourez-nous! Soyez-nous indulgent. Mon enfant, dis un *Pater noster;* ce que Dieu fait est bien fait. O Dieu, mon Dieu, ayez pitié de nous! — O ma mère, ma mère! Vaines paroles! Si Dieu fait bien, ce n'est pas pour moi. Que sert, que servirait ma prière? Maintenant je n'ai plus besoin de rien.

— Secourez-nous, ô Dieu, secourez-nous! Celui qui sait qu'il est un père, sait qu'il aide ses enfants; le Saint-Sacrement adoucira ton chagrin. — O ma mère, ma mère! Ce qui me brûle, il n'y a pas de sacrement qui l'adoucisse! Il n'y a pas de sacrement qui puisse rendre la vie aux morts!

— Écoute, mon enfant! Peut-être cet homme faux, dans la lointaine Hongrie, aura oublié sa foi pour quelque nouvel hymen! Laisse aller, mon enfant, laisse aller son cœur; il n'en sera pas récompensé; à l'heure où l'âme et le corps se séparent, son parjure le dévorera.

— O ma mère, ma mère, il est mort! Il est mort, perdu, il est perdu! Mourir, mourir, voilà mon lot. Éteins-toi, ma lumière, éteins-toi pour toujours! Que je meure aussi! Que je meure dans la nuit et l'effroi! Dieu n'a aucune pitié! O malheur, malheur à moi, malheureuse!

— Secourez-nous, ô Dieu, secourez-nous! N'entrez pas en jugement avec votre pauvre enfant. Elle ne sait pas ce que dit sa langue. Ne prenez pas garde à ses péchés. Hélas! mon enfant, oublie ta douleur terrestre, et pense à Dieu, à ton salut! Ce fiancé-là ne manquera pas à ton âme.

— O ma mère, qu'est-ce que le salut? O ma mère, qu'est-ce que l'enfer? — C'est lui, c'est lui qui est mon salut, et sans Wilhelm tout est enfer. Éteins-toi, ma lumière, éteins-toi pour toujours! Que je meure aussi! Que je meure dans la nuit et l'effroi! Sans lui, je ne puis pas rester sur la terre : je ne puis pas être heureuse sans lui.

Ainsi le désespoir égare ses esprits et déchire ses veines; ainsi elle ose, arrogante, disputer avec la providence de Dieu. Elle meurtrit son sein; elle se tord les bras, jusqu'au déclin du soleil, jusqu'à l'heure où la voûte du ciel se couvre de ses étoiles d'or.

En dehors, écoutez! Trap, trap, trap : on dirait le galop d'un cheval; un chevalier en descend, on entend le cliquetis de ses pas près de la grille. Écoutez ! écoutez ! Il tire la sonnette de la porte tout doucement. Klin, klin, klin, et à travers la porte arrive distinctement ces paroles :

Hollo ! hollo ! Ouvre, mon enfant. Dors-tu, ma bien-aimée, ou veilles-tu ? Qu'as-tu pensé de moi ! Pleures-tu, ou souris-tu ? — Hélas, Wilhelm ! Toi ! Si tard, dans la nuit ! J'ai pleuré et veillé ! Hélas ! J'ai souffert une grande douleur. D'où viens-tu donc maintenant, à cheval ?

— Nous ne nous mettons en selle qu'à minuit. J'arrive ici du fond de la Bohême, et je veux t'emmener avec moi. — Hélas ! Wihelm, dépêche-toi d'abord d'entrer. Le vent siffle dans l'aubépine. Viens dans mes bras, mon bien-aimé du cœur, te réchauffer.

— Laisse le vent siffler dans l'aubépine. Laisse-le siffler, enfant ! Le coursier noir bat du pied. L'éperon résonne. Je n'ose demeurer ici. Viens, noue ta robe, descends, et élance-toi sur mon coursier noir, derrière moi. Il nous faut aujourd'hui courir encore cent milles, pour aller au lit nuptial.

— Hélas ! Comment veux-tu que je puisse faire aujourd'hui cent milles, pour aller au lit nuptial ? Et écoute ! La cloche murmure encore ; elle a déjà sonné onze heures. — Regarde ici, regarde ! La lune brille pure. Nous, et les morts, nous allons vite. Je te porterai, je le gage, encore aujourd'hui dans le lit de noces.

— Mais dis : où est ta chambre ? Où ? Comment est ton lit de noces ?

— Loin, bien loin d'ici : tranquille, froid, et petit : six planches, et deux petites. — Y a t-il place pour moi ? — Pour toi et pour moi. Viens, noue ta robe, descends, et monte en croupe. Les conviés de la noce nous attendent. Notre chambre est ouverte.

Déjà la bien-aimée a noué sa robe. Elle est descendue, et elle s'est élancée légèrement sur le cheval. Elle enlace autour du chevalier chéri ses mains de lys : et vite, vite : hop, hop, hop, voilà qu'ils partent à grand bruit au galop, tellement que le cheval et le cavalier respiraient à peine, et que les pierres faisaient jaillir sous leurs pas, comme une poussière d'étincelles.

A droite, à gauche, comme ils fuyaient devant leurs yeux les prés, les plaines, les campagnes ! Les ponts résonnaient comme la foudre, quand ils passaient. — Ma bien aimée a-t-elle peur ?... La lune brille pure... hurrah ! Les morts vont vite... ma bien-aimée a-t-elle peur des morts ? — Hélas ! non... mais laisse les morts.

Quels sont ces chants, ces bruits qui retentissent? Que cherche le vol de ces corbeaux? — Écoutez ! c'est la cloche du glas. Écoutez! c'est le chant des morts : Laissez-nous ensevelir ce corps. Et le convoi funèbre approchait, portant le cercueil avec son drap mortuaire. Le chant était semblable au cri du reptile dans les marécages.

Après minuit, vous ensevelirez ce corps au bruit des cloches, des chants, des gémissements! Maintenant je conduis dans mes foyers ma jeune épouse. Avec nous, avec nous, à la fête ! Viens ici, sacristain! Viens avec le chœur, et débite-moi l'office du mariage. Viens, curé, et prononce la bénédiction, avant que nous nous mettions au lit.

Les bruits, les chants ont cessé... La bière a disparu. Obéissant à sa voix le cortège les suit. Vite, vite ! Il courait le cortège, qu'il touchait presque aux sabots du cheval, et toujours plus rapides, hop, hop, hop, ils continuaient leur bruyant galop, tellement que le cheval et le cavalier respiraient à peine, et les pierres faisaient jaillir sous leurs pas comme une poussière d'étincelles.

Comme ils fuyaient à droite, comme ils fuyaient à gauche, les coteaux, les bois, les buissons! Comme ils fuyaient à gauche, et à droite, et à gauche, les villages, les villes, les bourgades! — Ma bien-aimée a-t-elle peur?... La lune brille pure!... Hurrah ! Les morts vont vite... Ma bien-aimée a-t-elle peur des morts? — Hélas! non. Mais laisse-les reposer, les morts.

— Vois là! vois là! Près de la potence, vois-tu danser autour de la roue, à demi visible à la clarté de la lune, cette canaille de fantômes? Sasa! Canaille, ici! Viens ici ! Canailles, venez et suivez-moi. Vous nous danserez le branle de noces, quand nous serons pour nous mettre au lit.

Et cette canaille, vite, vite, vite, se mit à les suivre, en criant comme l'ouragan, qui grince dans la coudraie à travers les feuilles sèches ; et toujours plus rapides, hop, hop, hop! ils continuaient leur bruyant galop, tellement que le cheval et le cavalier respiraient à peine, et les pierres faisaient jaillir sous leurs pas comme une poussière d'étincelles.

Comme tout fuit autour d'eux de ce que la lune éclaire! Comme tout fuit au loin! Au-dessus d'eux, autour d'eux, comme ils fuient, le ciel et les étoiles! — Ma bien-aimée a-t-elle peur?... La lune brille pure... Hurrah ! Les morts vont vite... Ma bien-aimée a-t-elle peur des morts?

— O malheur ! Laisse reposer les morts.

— Mon cheval noir! Mon cheval noir! Il me semble déjà que le coq m'appelle; le sable sera bientôt écoulé. Mon cheval noir! Mon cheval noir! Je sens l'air du matin. Mon cheval noir, dépêche-toi! Elle est finie! Notre course est finie! Voilà le lit nuptial qui s'ouvre! les morts vont vite. Nous sommes, nous sommes arrivés.

Soudain contre une grille de fer il s'élance, bride abattue; d'un coup de sa légère houssine, il brise la porte et les verroux. Leur fuite retentissante a des ailes. Ils courent par-dessus les tombeaux. Toutes les pierres sépulcrales brillent autour d'eux éclairées par la lune.

Et voyez, voyez! En un moment, voyez quel horrible miracle! Le manteau du chevalier, morceau par morceau, tombe comme des lambeaux d'amadou. Un crâne, sans chair et sans cheveux, un crâne nu, voilà sa tête! Son corps est un squelette, avec un sablier et une faulx.

Le cheval noir se cabre tout droit. Il pousse un hennissement sauvage, ses naseaux jettent du feu, puis sous le cavalier, il s'enfonce et disparaît. Des hurlements, des hurlements descendent du fond des airs, des gémissements montent du creux des tombeaux. Le cœur tremblant de Lenore battait entre la mort et la vie.

Maintenant les esprits dansent au clair de lune, en se tenant par la main et tournant : c'est la ronde des ombres, et ils chantent ces paroles : Patience! Patience, quand même le cœur se brise! Ne dispute pas avec Dieu dans le ciel. Tu es délivrée de ton corps : Dieu soit bon pour ton âme.

J. L.

LE PLONGEUR.

SCHILLER.

— Qui osera, chevalier ou écuyer, plonger dans ce gouffre? J'y jette une coupe d'or; sa bouche noire l'a déjà engloutie. Qui rapportera cette coupe, peut la garder : elle est à lui.

Ainsi parlait le Roi, tandis que de la hauteur du rocher inaccessible et raide, qui était suspendu sur l'immense mer, il jetait sa coupe dans la gueule aboyante de Charybde. — Quel est l'homme de cœur, je le demande encore, qui plongera dans l'abîme?

Et les chevaliers, les écuyers autour de lui, l'écoutent, et se taisent, tranquilles, regardant la vaste mer. Aucun ne veut gagner la coupe, et le Roi demande pour la troisième fois : N'est-il personne qui se hasarde?

Tous demeurent encore muets comme auparavant. Mais un page, modeste et audacieux, sort du groupe peureux des écuyers. Il met bas sa ceinture, son manteau : et tous les hommes, les dames, fixent leurs yeux étonnés sur le noble jeune homme.

Il s'avance sur le bord du rocher, et regarde; l'eau que le gouffre avait semblé dévorer, en ressortait rugissante, et revomie par Charybde avec le bruit d'un tonnerre lointain, couvrait d'écume ses flots sombres.

L'onde roule et bouillonne; elle gronde et frémit, comme lorsqu'elle lutte avec la flamme, et que la vapeur du combat s'élance vers le ciel. Le flot presse le flot sans relâche, et les vagues se succèdent inépuisables, comme si la mer voulait enfanter une autre mer.

Enfin, pourtant, l'effroyable tourmente s'apaise : l'écume blanche s'entr'ouvre, et laisse voir un gouffre béant et noir, sans fond, comme s'il touchait aux enfers. Les flots tumultueux se poussent, en bondissant, dans l'abîme qui tournoie.

Rapidement alors, avant que les brisants ne renaissent, le jeune homme se recommande à Dieu, et... un cri d'effroi s'élance. Il a déjà roulé au sein du tourbillon : la gueule de l'océan se referme mystérieusement sur le hardi nageur. Il ne reparaît plus.

Tout est calme sur la mer. L'abîme ne rend plus qu'un mugissement sourd; et on entend de bouche en bouche courir ces mots tremblants : Brave jeune homme, adieu! Les hurlements marins deviennent plus creux encore, toujours plus creux, et on attend avec une tranquillité inquiète et terrible.

Tu jetterais dans le gouffre ta couronne elle-même, et tu dirais : Qui me rapportera la couronne, doit la porter et être Roi! je n'aspirerais pas à la précieuse récompense. Ce que recèlent ces hurlantes profondeurs, aucune âme chrétienne, aucune âme vivante ne pourra jamais le raconter.

Maints navires, saisis par le tournant, ont été entraînés dans l'abîme;

mais on n'a vu sortir de ce tombeau vorace que les débris épars de la quille et des mâts. Cependant on entend de plus près en plus près, et toujours plus sonores, gronder, comme la tempête, le murmure des brisants.

L'onde roule et bouillonne : elle gronde et frémit, comme lorsqu'elle lutte avec la flamme, et que la vapeur du combat s'élève jusqu'au ciel. Le flot presse le flot sans relâche, et avec le bruit d'un tonnerre lointain, les vagues s'élancent, en rugissant, des ténèbres.

Et voyez ! Du gouffre sombre et liquide, s'élève une blancheur de cygne ; puis on découvre un bras, une tête brillante. On nage avec vigueur, avec adresse : c'est le page. Il tient dans sa main la coupe, qu'il agite en souriant.

Il prend longtemps haleine, péniblement, et il salue la lumière céleste. Chacun se dit avec des cris de joie : il vit! Le voilà! L'abîme ne l'a point gardé. Le brave a sauvé son âme et sa vie du tombeau, de l'antre tournoyant des vagues.

Il vient ; la foule joyeuse l'environne. Il tombe aux pieds du roi, et lui présente à genoux la coupe ; et le roi fait approcher sa fille gracieuse et belle qui la remplit jusqu'au bord d'un vin étincelant. Lors le jeune homme se tournant vers le monarque :

— Longue vie au roi! Qu'il se réjouisse celui qui respire à la lumière rosée du ciel! Il est terrible le cachot dont je sors! Que l'homme ne tente pas les dieux! Qu'il n'aspire jamais à contempler ce qu'ils ont dans leur sagesse enveloppé de ténèbres et d'effroi.

J'étais entraîné avec la rapidité de l'éclair; alors du creux des rochers s'élance contre moi la rage d'un nouveau torrent. Je me sens enveloppé d'une double tempête, et je tourne, comme la toupie d'un enfant en cercles multipliés : je ne pouvais résister.

Dieu, que j'invoquai, me montra dans ce péril un rocher qui s'avançait hors de l'abîme, je le saisis avec force, et j'évitai la mort. Là j'aperçus la coupe, suspendue à une branche de corail, autrement elle serait tombée dans des profondeurs sans limites ; car au-dessous de moi s'étendaient encore, dans leur obscurité de pourpre, des Alpes de corail. Tout semblait dormir pour l'oreille, comme dans l'éternité ; mais l'œil voyait avec effroi combien de salamandres, de dragons s'agitaient dans cet épouvantable Tartare.

Là fourmillait dans la nuit l'horrible essaim des monstres de l'océan. Leurs groupes effrayants se pressaient avec avidité, la raie épineuse, l'écharpe, l'informe et hideux marteau, et de ses dents hideuses je croyais voir me menacer le formidable requin, l'hyène des mers.

J'étais suspendu dans l'abîme, avec la triste certitude d'être séparé de tout secours humain, au milieu des spectres qu'évoquent dans l'âme l'isolement et la terreur, seul dans ce hideux désert. Le retentissement de la voix de l'homme ne pouvait parvenir jusqu'à moi au milieu des habitants de ces lugubres solitudes.

Je n'y pense qu'en frissonnant. Je vis s'agiter ensemble et ramper des milliers de reptiles pour me dévorer. Conseillé par la terreur, j'abandonne la branche de corail, où je me cramponnais. Soudain le tourbillon s'empare de moi avec la violence de la fureur ; mais c'était pour mon salut : il m'a ramené vers le jour.

Le roi, là-dessus, est presque émerveillé et dit : La coupe est à toi, et je te destine encore cet anneau, enrichi de la pierre la plus précieuse, si tu plonges encore une fois, et me rapportes des nouvelles de ce que tu auras vu dans les dernières profondeurs de la mer.

La fille du roi entendit cela avec un sentiment de compassion, et elle supplia avec des lèvres caressantes : — Mon père, mettez fin à ce jeu cruel. Il a osé pour vous ce que personne n'a osé ; et si vous ne pouvez commander à votre avide curiosité, laissez vos chevaliers faire honte à leur écuyer.

Le roi ressaisit aussitôt la coupe, et la lance une seconde fois dans l'abîme. Si tu me la rapportes encore, tu seras pour moi le plus brave chevalier, et aujourd'hui même tu embrasseras, comme époux, celle qui supplie maintenant pour toi avec une tendre compassion.

Une force surnaturelle s'empare de l'âme du page : l'audace étincelle dans ses yeux. Il voit rougir la jeune beauté ; il la voit pâlir et s'évanouir. L'espoir de conquérir une palme si belle l'entraîne, et il s'élance à la vie ou à la mort.

On entend le bruit des brisants qui cesse ; on entend leur retour annoncé par un fracas semblable à celui de la foudre. Chacun jette sur l'abîme un regard d'angoisse et d'intérêt. Les flots reviennent, reviennent tous ; ils s'élèvent en grondant, et retombant ils s'élèvent encore..... Aucun ne ramène le page.

J. L.

LE ROI DES AULNES.

GOETHE.

Qui passe donc si tard, à cheval, dans la nuit et l'orage? C'est le père avec son enfant. Il serre l'enfant dans ses bras ; il le rassure, il le tient chaudement.

— Mon fils, pourquoi cacher ainsi ton visage inquiet? — Ne vois-tu pas, mon père, le roi des Aulnes? Le roi des Aulnes avec une couronne et un manteau? — Mon fils, c'est le brouillard du soir.

« Aimable enfant, viens, viens avec moi ; je jouerai avec toi tous les « jeux qui te plaisent. Il y a beaucoup de belles fleurs sur le rivage. « Ma mère te donnera des habits dorés. »

— Mon père, mon père, est-ce que tu n'entends pas ce que le roi des Aulnes me dit tout bas? — Sois tranquille ; reste tranquille, mon enfant : c'est le vent qui murmure dans les feuilles sèches.

« Veux-tu venir avec moi, mon bel ange? Mes filles t'attendent « depuis longtemps. Mes filles forment la ronde nocturne ; elles te ber- « ceront, elles danseront, elles chanteront pour toi. »

— Mon père, mon père, tu ne vois pas là-bas, dans l'ombre, les filles du roi des Aulnes? — Mon fils, mon fils, je vois ce que tu vois : c'est le tronc gris des vieux bouleaux.

« Je t'aime, je suis ravi de ta beauté. Si tu ne veux pas venir, j'em- « ploierai la force ».

— Mon père, mon père, le voilà qui me saisit. Le roi des Aulnes m'a fait mal.

Le père frémit, il presse le pas de son cheval. Il serre dans ses bras l'enfant qui gémit. Enfin il atteint le château avec peine, avec tristesse, et dans ses bras, l'enfant... était mort.

J. L.

L'ORGANISTE.

HELL.

Assis près du dôme élevé, le diligent Hesper aimait à consacrer son talent et ses soins au jeu de l'orgue. Il avait souvent beaucoup à faire; car depuis le matin jusqu'au soir, à matines et à vêpres, l'orgue résonnait dans la maison du Seigneur; mais sa piété le soutenait, et, toujours content, il ne se dégoûtait pas de sa charge.

Il ne reçut l'existence que pour exercer la puissance magique de l'harmonie : c'est là toute sa science; la musique le remplit d'un doux délire; et tout ce que présente de beau la création divine, n'est pour lui qu'un accord mélodieux.

Comme le doux souffle d'un génie, les sons pénètrent agréablement dans son âme. Soit que le soleil se lève, soit qu'il se couche, il n'entend que les harpes divines; aussi ne porte-t-il dans son cœur paisible que la crainte de Dieu et le goût de la musique.

Son étroite habitation est bâtie près du vaste dôme. Plus d'une fois, dans ses rêves, les torrents d'une pure harmonie parviennent jusqu'à son oreille; mais lorsqu'il veut les arrêter, les saisir, il s'éveille : tout rentre dans le silence.

Triste, affligé, il s'assied sur sa couche, semblable à l'homme qui soupire après l'objet de son plus tendre amour; des larmes de douleur humectent sa paupière, jusqu'à ce qu'enfin il puisse toucher l'orgue, et se sentir transporté au ciel.

Alors la paix règne dans son âme, les saints accords le consolent; son cœur est enflammé d'une pieuse ferveur, et semble vouloir sortir de sa poitrine. De retour au logis, les accents de la nuit occupent entièrement sa pensée; mais sa pensée est impuissante.

Il ne peut apprendre à l'école que l'art et les préceptes humains; mais ce qu'il entend dans ses rêves, ce qui s'anime et vit dans son cœur, dans son âme pieuse, c'est quelque chose de divin, c'est une volupté céleste.

On célébrait la fête du Rédempteur, ces jours où, pour notre salut, Dieu monta sur le Golgotha et mourut sur l'arbre de la croix. De tous côtés, les chrétiens accouraient dans le temple du Seigneur.

Sous les doigts d'Hesper, des sons majestueux s'échappent de l'orgue, et portent dans le cœur des fidèles, avec la douleur et le repentir, la sainte consolation, fruit du grand sacrifice. Honneur à Hesper! Tous ceux qui sortent de l'église sont profondément émus.

Mais celui qui leur causa de si vives sensations était, lui-même, ému jusqu'au fond de l'âme. Au milieu de ces torrents d'harmonie, il semblait qu'une voix lui eût crié de songer au départ. C'était la veille de Pâques ; il se retira fatigué et alla prendre du repos.

Dans la nuit, son rêve délicieux vint encore offrir à son esprit les accords les plus purs ; une céleste harmonie, pleine de feu et de majesté, remplit l'enceinte de l'église et frappe son oreille. Pénétré d'un pieux désir, il s'éveille, et les doux accents se prolongent à travers les ténèbres.

Dans ce moment, le soleil se lève pour éclairer le jour de la Résurrection. Docile à la sainte voix qui l'appelle, Hesper se rend au chœur : la douceur et la majesté des sons exercent sur lui une vertu magnétique.

Il monte à l'orgue, le regarde avec une douce tristesse, et voit, assis à sa place, un enfant tout resplendisssant d'une vive lumière. Cet enfant joue, et de puissants accords s'épanchent à grands flots dans l'enceinte de l'église.

La douceur et la bonté se peignent dans ses yeux ; il semble tout entier plongé dans la béatitude. Hesper considère l'ange. Ivre de joie, il écoute les sons mélodieux ; plus de sentiments terrestres dans son âme ; son esprit nage dans des torrents d'harmonie.

Mais au moment où il goûte cette pure félicité, l'ange a disparu, et les cloches annoncent que le Christ est sorti du tombeau et des ombres de la nuit. Transportés de joie, les pieux chrétiens viennent au temple du Seigneur.

Cependant Hesper, hors de lui-même, s'assied devant son orgue ; un feu céleste enflamme sa poitrine ; il joue, et ce qu'il n'avait pu saisir jusqu'alors, ce qui était caché au fond de son cœur, l'hymne de la grâce et de la force, l'hymne sublime de l'ange retentit dans le temple.

Les fidèles sont dans l'étonnement, en entendant ces accents merveilleux, qui expriment des sentiments qu'aucune langue ne pourrait rendre. On se prosterne, et tous les cœurs fervents, sur les ailes de la prière, s'élancent vers le trône éternel.

Tout à coup le silence règne, l'orgue se tait, il a perdu la main fidèle qui l'animait. L'organiste n'est plus ; il est parti au milieu des accords célestes. Le séjour divin lui est ouvert, et le dernier soupir de l'orgue l'a appelé au ciel.

ANON.

LE CIMETIÈRE.

PFEFFEL.

Le Wildgrave Hugo était un tyran, qui ne croyait à aucun vengeur. Il ne songeait qu'aux festins et aux querelles, et dépouillait souvent les pèlerins.

Qu'arriva-t-il? La nuit le surprit une fois, sur son cheval blanc. Pas la moindre petite étoile ne brillait : la lune s'était éteinte au ciel, qui couvait le tonnerre.

Il pousse à coups d'éperons son cheval à travers le vallon boisé. Il tombe alors une pluie bruyante. Les nuages vomissent éclairs sur éclairs, accompagnés de roulements qui grondent.

Maintenant il écoute : c'est la voix d'une horloge lointaine, c'est l'heure de minuit qui sonne. Eh bien! pensa-t-il, voilà la trace qu'il faut suivre : il faut marcher contre le son.

Ainsi fait-il. Bientôt s'offre à lui un champ de repos avec une chapelle. Son cheval s'arrête court : un spectre, un esprit, se balance sur le seuil.

— Descends, et suis-moi : ma maison t'abritera de l'orage, dit le fantôme. Avec une muette horreur, le chevalier tremblant lui obéit.

Dans une cellule, remplie de crânes, qui tout à coup s'allument comme des lampes, il le conduit. Ici, dit l'ombre, repose-toi, et apprends à me connaître.

Il lui indique un cercueil, et s'y assied auprès de lui : Bannis la crainte! J'étais, je suis encore un de tes frères.

J'étais le chapelain de cette petite église : libre, il est vrai, de grands péchés ; mais mon orgueil osa sonder l'océan de la Divinité.

Bientôt mon esprit se trouva enlacé dans les filets du doute. Vains furent la lutte et les efforts. Je niai, trompé par des sophismes, Dieu et la vie éternelle.

Dieu m'aurait pardonné mon erreur, lui qui pardonne si volontiers, si je ne l'avais, avec une vanité effrontée, répandue dans le monde.

Ainsi je renversai les fondements de la vertu, et j'étranglai la conscience ; mais mon sacerdoce impie me fut bientôt arraché par la mort.

Elle me montra le tombeau ouvert : je regardai dedans, et je tremblai. Je mourus ; cependant je ne tombai pas tout entier dans le néant. Je sentis que je vivais encore.

Je le sentis, quand j'entendis cette voix : Va, pleure des larmes de sang, jusqu'à ce que ton repentir, pour mieux te sanctifier, convertisse un pécheur.

La voix se tut. Je me trouvai, en m'éveillant, ici, parmi ces ossements desséchés ; mais je puis, une fois l'an, à minuit, apparaître aux hommes.

L'horloge sonne une heure. Maintenant, ta main ! dit le vieillard en soupirant. Le Wildgrave résolu la lui tend, et l'esprit disparaît laissant couler sur la main d'Hugo trois larmes.

Soudain le charnier se remplit de ténèbres. Les crânes s'entrechoquent ; la terre tremble. Hugo sort en tressaillant et à tâtons pour chercher son cheval.

Il trotte à travers la vallée, assourdi par la tempête. A peine la lumière du matin commence à empourprer les haies qu'il voit, sur son poignet brûlant, trois taches rouges briller.

Il se lave la main dans une source fraîche ; c'est en vain, les taches paraissent toujours. Plus il frotte, plus elles deviennent claires, d'un rouge de sang comme des rubis.

Le cœur lui manque ; sa conscience crie ; les spectres de ses péchés planent autour de lui. Il tombe à genoux, désespérant de trouver grâce.

Soudain il fait jour dans le fond de son âme. En horreur à lui-même, il jure de bâtir un monastère pour les pécheurs repentants là où était le cimetière.

Maintenant il retourne chez lui. Son regard était respectueux et doux ; ses vassaux le regardaient avec étonnement, et ils s'étonnèrent encore plus, quand il bâtit une maison de Dieu.

Bientôt le monument de la pénitence fut achevé sous ses ordres. Il le nomma le cloître de Thrænenthal, et lui-même s'y consacra comme abbé.

Une fois à minuit l'esprit lui apparut, et lui dit avec un visage serein : Aucun temple, ami, la vertu seulement honore le seigneur et expie les fautes.

C'est un bonheur pour moi, qu'il m'ait jugé digne de ramener ton cœur vers le bien. Adieu ! — Alors il lui pressa la main, et les trois taches disparurent.

J. L.

LE LION

KIND.

Écoutez ! Des hauteurs du Carmel n'est-ce pas un gémissement plaintif qui retentit ? L'écho des rochers ne gronde-t-il pas sourdement, au roulement lointain de la foudre ? N'y a-t-il pas un sifflement aigu dans l'air, pareil au grincement du vent dans les tamarins ?

C'est le cri rauque de la douleur, qui appelle le bras d'un libérateur. Oui, ce semble, le combat est rude ! — Presse, presse-toi, Astart ; allons sauver l'innocence ! Ne nous occupons pas de notre vie.

Ainsi, noble de cœur, et fidèle aux devoirs du héros, parlait, dans les champs poudreux du désert, le chevalier Godefroy de La Tour, le plus brave des pieux guerriers, qui avaient pris la croix.

Astart sent l'éperon et s'élance à travers les chardons, les roseaux, les épines. Il se précipite, de toute la force bruyante du galop, vers l'ouverture d'une sombre caverne ; puis il hésite et tremble ; il recule, il écume sous le frein, et se cabre d'effroi.

C'est que là, comme le feu d'une torche dans le puits d'une mine, comme la flamme sulfureuse du tonnerre déchirant les plis orageux des nuages, étincelaient, éclair sur éclair, les larges yeux d'un lion.

L'animal en fureur secoue la tête ; il combat, il gémit, il rugit en respirant ; un énorme dragon s'est noué autour de son corps, et d'une dent avide fouille dans sa crinière, ruisselante de sang.

Le feu roulant de sa prunelle commence à s'assombrir. Le serpent l'inonde, en sifflant, de venin et de fumée. Les anneaux écaillés se serrent sur ses flancs, et l'enlacent d'un cercle plus étroit ; le monstre cherche à s'entortiller autour de ses pattes roidies.

Déjà le lion faiblit : il pantèle convulsivement sous les nœuds qui le pressent ; alors Godefroy s'écrie : Dût pour récompense m'attaquer la rage du vaincu, il faut que mon épée l'affranchisse du carcan qui l'étouffe !

La Tour s'élance sur son coursier, brandissant son large glaive, et, d'un coup de tranchant, fend le ventre gonflé de poisons du reptile. Le hideux ennemi vibre sa langue : ses anneaux se détendent, il se tord en menaces, il replie en spirale sa tête, son dos, sa queue, et meurt.

A peine libre du collier qui l'étrangle, le noble lion respire à pleines bronches. Il salue le ciel d'un rugissement de bonheur, il secoue sa crinière, il détire ses membres, et n'oublie pas cependant, dans sa bruyante joie, les devoirs de la reconnaissance.

Il rampe doucement vers Godefroy, il le flatte avec la douceur d'un agneau. Il lèche son bouclier bordé d'argent, et sa brave main d'acier ; et de ce moment le lion le suit, comme son maître, avec la fidélité d'un chien.

Il le suit, pas à pas, comme son serviteur, dans les champs, dans les bois, à travers les fleuves et les montagnes. Le jour, il le caresse : dans la nuit sombre, il veille le soldat et son cheval. Il court le gibier pour lui, et, dans le combat, il combat à son côté.

Depuis longtemps les Païens tremblent devant la renommée du Chevalier du lion ; et lui, voilà que son regard se tourne vers les foyers absents, et redemande la patrie. Il veut aussi étonner le cercle de ses amis de la reconnaissance du lion.

Il s'adresse à bien des pilotes ; mais quel que soit le prix qu'il offre, aucun ne veut recevoir le redoutable animal à son paisible bord. Soupirant après le pays natal, le chevalier le laisse sur le rivage.

Le noble lion, resté seul à terre, pousse de loin de lamentables cris. Inquiet, il court çà et là sur la berge, comme pour appeler le navire ; puis il s'arrête, et du haut d'un rocher, se précipite dans la noire profondeur des flots.

Il lutte, il nage, il rugit, il souffle : le peuple des mers s'enfuit d'effroi. Le flot, écumant de colère, se balance et bouillonne au-dessus de sa tête ; souvent presque englouti, toujours il se relève.

Voyez, là-bas, ce que charrient les vagues ! crie le pilote du haut du mât. Godefroy, avec la hâte du pressentiment, s'élance du tillac sur un câble, aiguise son regard, et voit avec désespoir flotter, à demi cachée, la crinière de son lion.

Aussitôt que le lion l'aperçoit, son courage paraît reprendre une force merveilleuse. Il soulève, déjà entraîné par le tourbillon, sa tête dans un dernier effort, et adressant à son maître un salut de joie et d'adieu, il s'enfonce dans l'abîme.

J. L.

CHRISTOPHE COLOMB.

LOUISE BRACHMANN.

Que veux-tu, Fernando, si troublé et si pâle ? Tu m'apportes d'affligeantes nouvelles ? — Hélas ! Noble amiral, préparez-vous ! Je ne puis contenir plus longtemps l'équipage. Si la côte s'obstine à ne pas se montrer, vous êtes la victime de leur rage. Ils demandent, aussi haut que le cri de l'ouragan, le sang sacré de leur chef.

Et avant qu'au chevalier ce dernier mot fût échappé, le bruit tumultueux de la foule annonça l'orage, et les matelots en fureur se précipitèrent comme les flots dans la paisible cabine, sauvages de désespoir, les regards égarés, portant la mort sur leurs pâles visages. — Traître !

Où est maintenant le bonheur que tu nous faisais luire? Sauve-nous à présent de l'excès du besoin !

Tu ne nous donnes pas de vivres, donne-nous donc du sang! Du sang, criaient ces forcenés, du sang! — Le grand homme oppose doucement son courage de roc aux flots de la tempête. — Si vous voulez mon sang, prenez-le et vivez! Cependant, attendez encore une fois, une seule fois, que le soleil se lève à l'Orient enflammé, et accordez-moi la bénédiction de ses rayons.

Si le matin n'éclaire aucune rive sauveuse, je m'offre volontiers à la mort. Jusque-là, suivez encore votre courageux sentier, et fiez-vous à l'aide du Seigneur. — La dignité du héros, son tranquille regard, a dompté encore une fois la révolte. Elle s'éloigne de la tête du héros, et épargne son sang sacré.

Eh bien donc, soit! Mais si le jour se lève, et ne nous montre pas le pays du salut, tu auras vu le soleil pour la dernière fois. Redoute la main du châtiment. — Ainsi fut conclu ce traité de fer, et les mutins se retirèrent. Attendons que le matin se lève et nous dise le sort de l'intrépide résigné.

Le soleil s'est abaissé; son éclat a disparu. Le cœur du héros était lourd. La carène sillonnait lugubrement la mer vaste et déserte. Les étoiles se levaient paisiblement dans le ciel ; mais hélas! aucune étoile d'espérance : et devant la course vide du vaisseau, la terre et le salut restaient loin.

Son fidèle télescope à la main, le cœur gonflé de chagrin, le héros, l'œil constamment fixé vers l'Occident, veillait dans la nuit sombre. Au couchant, toujours au couchant, vole, et hâte-toi, mon navire ! Ce cœur et ce génie mourant te saluent encore, sans te voir, ô but de mes recherches !

Avec miséricorde, ô Dieu, abaisse du haut du ciel un regard sur mon équipage ; ne le laisse pas s'engloutir sans consolation dans le tombeau désert des flots. — Ainsi parlait le héros, attendri par la pitié. Mais écoutez! Quel est ce pas précipité? — Encore toi, Fernando, toujours aussi troublé et aussi pâle ! Que m'apporte ta marche tremblante?

Hélas, noble amiral, c'en est fait ! Voilà maintenant les rayons de l'aurore qui paraissent ! — Sois tranquille, mon ami : des hauteurs célestes est descendu le rayon de la vie ; la toute-puissance agit d'un pôle à l'autre; elle veut tourner ma route du côté de la mort : sa volonté soit faite! — Adieu donc, mon général! Un éternel adieu! J'entends les rebelles qui approchent.

Et avant qu'au chevalier ce dernier mot fût échappé, le bruit tumultueux de la foule annonça l'orage, et les matelots en fureur se précipitèrent, comme les flots, dans la paisible cabine. — Je sais ce que vous demandez : je suis prêt. Oui, jetez-moi dans la mer écumante! Mais sachez que le but sauveur n'est pas loin. Dieu vous protège, malheureux égarés!

Les glaives résonnèrent sourdement. Un cri remplit l'air d'épouvante. Paisible et libre, le noble marin était prêt à entrer dans sa tombe flottante. Les liens les plus sacrés étaient maintenant rompus. Déjà le chef magnanime se voyait traîner sur le bord étourdissant de l'abîme et... Terre! Terre! s'écria-t-on, et ce mot retentit comme la foudre : Terre!

Une raie brillante, et peinte de pourpre, parut à l'horizon. Le regard prit des ailes pour la voir. L'or du soleil levant colorait ce bonheur inattendu, que n'osait croire encore l'esprit découragé et qu'avait deviné le génie audacieux du grand homme. Les matelots tombèrent aux pieds de leur maître, et ils glorifièrent la puissance divine.

J. L.

LE CHASSEUR FORCENÉ.

BÜRGER.

Le cor a retenti : c'est le Wildgrave des bords du Rhin : Halloh, halloh! a-t-il dit, à pied et à cheval! Son fougueux coursier se cabre en hennissant; après lui se précipite sa bande bruyante; libres enfin de la laisse, les chiens vont hurlant, aboyant, à travers les blés et les buissons, les chaumes et les bruyères.

Le soleil du dimanche dorait de ses premiers rayons le dôme élevé du temple. Toutes les cloches étaient en mouvement, et leur majestueux tintement appelait les chrétiens à la grand'messe. Dans le lointain retentissaient agréablement les saints cantiques de la foule pieuse.

Horridoh! Houssassa! On court, on vole à travers champs ; quand tout à coup voici venir deux cavaliers, l'un à gauche, l'autre à droite. Celui-ci monte un coursier à la crinière argentée, l'autre est porté par un alezan couleur de feu.

Quels étaient ces deux cavaliers? Je m'en doute, mais je ne puis dire que je les connais. Celui qui venait à droite brillait d'une pure lumière, les douces grâces du printemps embellissaient son visage ; l'autre était hideux ; son teint était jaunâtre, et, comme des flancs d'un sombre nuage, de ses yeux jaillissaient d'affreux éclairs.

Soyez les bienvenus, matineux chevaliers! Vous arrivez à temps ; soyez les bienvenus pour une noble chasse! Non, ni sur la terre, ni dans le ciel, il n'est de plaisir comparable à celui du chasseur. — En disant ces mots, le Wildgrave frappe fortement sur sa hanche, et fait voler son chapeau dans les airs.

Les fanfares de ton cor s'accordent mal avec le tintement des cloches et les cantiques des fidèles, lui dit le cavalier plein de douceur. Rebrousse ; ta chasse ne sera pas heureuse aujourd'hui. Obéis aux conseils de ton bon ange; et ne te laisse pas séduire par ton mauvais génie.

Chasse, chasse toujours, noble seigneur! dit en l'interrompant le sombre cavalier. Que t'importent le son des cloches et les jérémiades du chœur? Puisses-tu trouver toute espèce de plaisirs et de délices à la chasse! Écoute-moi : je te donnerai des leçons, dignes d'un prince ; mais ne sois pas la dupe de celui-là.

Fort bien dit, cavalier! A mon avis, tu es un héros. Que celui qui ne peut aimer la chasse aille dire ses patenôtres! Et toi, pieux insensé, dussé-je te déplaire, te chagriner, je veux contenter mon désir.

Hary! Hourrah! En avant! On traverse les plaines, on court par monts et par vaux, et les deux cavaliers vont toujours trottant et galopant aux deux côtés du fier chasseur. Halte! Un cerf s'est levé dans le lointain; il est blanc, il porte seize cors.

Le Rhingrave corne de toutes ses forces ; point de relâche, on vole à pied et à cheval. Devant lui, derrière lui, il voit des gens de sa bande tomber morts sur la place : Qu'ils tombent, qu'ils roulent au fond des enfers! Si peu de chose ne doit pas troubler les plaisirs d'un prince.

Le cerf se blottit dans un champ de froment; il espère y être en sûreté. Voici venir un pauvre paysan; il s'approche en suppliant. Grâce, grâce, dit-il, cher monsieur! Respectez les travaux et les sueurs des pauvres.

Le cavalier au doux visage accourt; il donne au Wildgrave des conseils pleins de douceur et de bonté; mais le cavalier au regard farouche excite encore plus la témérité du cruel dévastateur. Les bons conseils sont méprisés, et le comte obéit à la voix perfide de celui qui est à gauche.

Retire-toi, maudit chien! dit-il d'une voix effrayante, au malheureux laboureur; fuis, ou de par tous les diables, je hale mes chiens après toi. Allons, camarades, en avant! Et pour lui prouver que je n'ai point fait un faux serment, faites claquer vos fouets autour de ses oreilles!

Sitôt dit, sitôt fait. Le fougueux Wildgrave s'élance par-dessus les buissons, et sa bande le suit, au milieu des claquements et des fanfares. Chasseurs, chiens, chevaux, tout se précipite; chevaux, chiens, chasseurs dévastent la moisson; le champ se couvre de vapeurs.

Le cerf n'est pas loin, l'alarme le fait lever; plaines, montagnes, vallons, rien ne l'arrête; il court, il bondit; on le poursuit, on ne peut l'atteindre; il gagne en toute hâte un pâturage, et guidé par un adroit instinct, il va chercher un refuge au milieu d'un troupeau.

Mais les chiens impétueux, toujours allant, venant, flairant, traversant plaines et forêts, forêts et plaines, le poursuivent, et découvrent bientôt ses traces. Tremblant pour son troupeau, le berger vient au-devant du comte, et se prosterne devant lui.

Grâce, grâce, Monsieur! Laissez paitre en paix mon troupeau; songez, généreux seigneur, que je garde ici la vache de plus d'une pauvre veuve. Épargnez le bien, l'unique bien des pauvres; grâce, grâce, seigneur!

Le cavalier au doux visage accourt; il donne au Wildgrave des conseils pleins de douceur et de bonté; mais le cavalier au regard farouche excite encore plus la témérité du cruel dévastateur. Les bons conseils sont méprisés, et le comte obéit à la voix perfide de celui qui est à gauche.

Chien téméraire! dit-il; tu oses me retarder! Ah! que n'es-tu, toi et toutes ces coquines de veuves, attaché à ta meilleure vache ! Quel plaisir pour mon cœur ! Je halerais mes chiens, et de ce pas vous iriez tous en paradis.

Alloh, camarades, en avant ! Io ! doho ! houssassa ! Et les chiens furieux de se précipiter sur tout ce qui vient s'offrir à leurs yeux. Le berger tombe ensanglanté, le troupeau nage dans le sang.

Le cerf fatigué, aux abois, peut à peine échapper au carnage : couvert de sang et d'écume, il va chercher un asile dans l'obscurité des forêts ; il se cache au fond des bois épais, dans la sainte cellule d'un ermite.

Point de relâche ! Les fouets claquent sans cesse ; horridoh ! houssassa ! Les chiens hurlent, aboient au son du cor, et s'acharnent après la bête. Le pieux ermite sort de sa retraite, et adresse au comte une douce prière.

Ah ! laissez, laissez cette chasse ! Ne profanez pas ce saint asile ! La malheureuse créature pousse des soupirs vers le ciel, et demande vengeance à Dieu. Pour la dernière fois, écoutez de sages conseils, ou vous courez à votre perte !

Tremblant pour le Wildgrave, le cavalier au doux visage accourt, et lui donne des conseils pleins de douceur et de bonté ; mais le cavalier au visage farouche excite encore plus la témérité du cruel dévastateur. Les bons conseils sont méprisés ! Hélas ! Il obéit à la voix perfide de celui qui est à gauche.

Ma perte ! s'écrie-t-il ; eh bien, que je sois perdu ! Je ne m'en effraie pas ; fût-il au troisième ciel, peu m'importe, il faut que le cerf périsse. Et toi, vieux fou, dussé-je te déplaire, dussé-je déplaire à Dieu, il faut que je contente mon désir.

Il fait claquer son fouet, et sonne du cor : Allons, camarades, en avant !... Halte !... Devant lui disparaissent l'ermite et la chaumière ; derrière lui plus d'hommes, plus de chevaux. Les aboiements, les claquements, les cris des chasseurs sont remplacés tout à coup par le silence de la mort.

Effrayé, le comte porte autour de lui ses regards ; il veut sonner du cor, le cor est muet ; il appelle et ne s'entend pas lui-même ; son fouet agité ne claque plus ; il pique des deux : son cheval ne peut avancer ni reculer.

Autour de lui tout s'obscurcit de plus en plus ; partout règne la sombre horreur du tombeau. Un bruit sourd s'élève, semblable au grondement lointain de la mer; et des hauts lieux une voix terrible, une voix de tonnerre, prononce sur lui ce jugement :

Homme furieux, être infernal, téméraire envers Dieu, les hommes et les animaux! Les soupirs, les gémissements de la créature et tes crimes envers elle, sont montés jusqu'au ciel. Te voilà devant le tribunal qu'éclaire la torche flamboyante de la vengeance!

Fuis, barbare, fuis; et dès à présent jusque dans l'éternité, sois poursuivi à ton tour par l'enfer et ses monstres! Ton châtiment effraiera les princes qui, pour satisfaire un désir criminel, ne respectent ni la créature, ni le Créateur.

Soudain un éclair brille, et un nuage de souffre enveloppe la verdure de la forêt. Le Wildgrave frissonne, il tremble de tous ses membres; une chaleur étouffante l'accable; il ne voit plus, il n'entend plus; un vent froid glace son visage; et derrière lui gronde la tempête.

Le vent souffle, l'orage tonne, et du sein de la terre qui s'entr'ouvre avec fracas, sort un poing noir et gigantesque; il s'ouvre, il resserre ses griffes, il voudrait saisir le Wildgrave par les cheveux; celui-ci enfonce sa tête dans ses épaules.

De tous côtés voltigent des flammes rouges, verdâtres, azurées; le comte se voit au milieu d'une mer de feu, dans laquelle s'agitent et grouillent les monstres de l'enfer. Du fond de l'abîme s'élancent tout à coup mille chiens déchaînés contre le chasseur.

Il se précipite à travers les plaines et les bois; il pousse des cris, des gémissements lamentables; mais partout où il porte ses pas sur la terre, il entend les hurlements de l'enfer; pendant le jour, des aboiements sortent des cavernes souterraines : à l'heure de minuit, ils retentissent dans les airs.

Il poursuit sa course impétueuse, et sa tête immobile reste enfoncée dans ses épaules. Le mauvais génie s'acharne après lui; il faut qu'il voie les monstres infernaux, il faut qu'il entende les grincements de dents et les jappements des chiens vengeurs qui le poursuivent, la gueule béante.

Telle est la chasse infernale; elle doit durer jusqu'au jugement dernier, et souvent, dans l'obscurité de la nuit, elle porte l'effroi et l'horreur dans l'âme du libertin. C'est ce qu'attesterait maint chasseur, s'il n'était forcé de se taire.

ANON.

LE PÈRE MARTIN.

MAHLMANN.

Le vieux père Martin avait atteint avec honneur l'âge de quatre-vingt-six ans. Il marchait d'un pas faible. Il marchait d'un pas lourd autour du village, appuyé sur son bâton. Sa tête parée de cheveux blancs était depuis longtemps inclinée vers le tombeau.

Dans le village, petits et grands l'aimaient : on l'invitait à chaque fête ; on lui donnait toujours la plus belle couronne aux assemblées de noces ou aux danses de la moisson : car Martin était si doux et si bon! et il n'effrayait pas l'humeur joyeuse.

La Pentecôte arriva : la première nuit fut remplie par les danses et les chansons. Alors petits et grands se réunirent, et l'on chanta, et l'on sauta au clair de lune; mais le vieux Martin s'en alla aux tombeaux de ses amis.

La nuit était belle : une petite brise seulement glissait sur le gazon silencieux du cimetière, et son souffle léger murmurait dans un buisson de roses brillantées de rosée, qui, fraîchement planté par une main amie, croissait au tombeau d'un jeune homme.

Le vieux Martin soupira profondément. Il regarda en haut vers l'armée des étoiles, puis il s'agenouilla sur la tombe où dormait Anna. Plein d'une fervente dévotion, il s'écria : Hélas! mon bon Dieu! Hélas! Conduis, conduis aussi au repos le vieux Martin.

Tous mes amis et voisins sont ici depuis longtemps, et près de toi. Mon bon Dieu! Je suis si solitaire et si seul, et je serais si aise d'être à mon tour là-haut! O mon bon Dieu, que dois-je donc faire encore si tard, sur cette terre?

Je suis bien vieux et rassasié de vie; mon esprit est faible, mon cœur est engourdi; ma tête tremblante est blanche comme l'argent. Que te sert, Seigneur, le faible vieillard? Hélas! Rappelle-le, et couvre son cœur fatigué, avec la terre.

Et la prière de Martin monta à l'oreille du grand maître du monde, dans le ciel. Il voulut bien exaucer sa demande, et il ordonna à l'ange de la mort d'aller, pour lui préparer son tombeau, et lui reprendre son bâton de pèlerin.

L'ange souffla la consolation et le repos sur le pieux père Martin. Il marcha à lui en robe de lumière, et lui tendit sa froide main. Il dit à Martin : Embrasse-moi! Alors Martin l'embrassa; et tout pâle, il mourut.

J. L.

UN JUIF QUI NE MEURT PAS.

SCHUBART.

Hors d'une sombre caverne du Carmel, Ahasver se traîna. Il y a bientôt deux mille ans que la fièvre de marcher le fouette à travers le monde. Quand autrefois Jésus portait le fardeau de la croix, et qu'il voulut se reposer devant la porte d'Ahasver, hélas! alors Ahasver lui refusa le repos, et repoussa, menaçant, le Médiateur, de sa porte. Jésus chancelait et succombait sous son fardeau; cependant il se tut. Un ange de mort descendit devant Ahasver, et dit dans sa colère : Tu as refusé le repos au Fils de l'homme; qu'il te soit aussi à toi, qui n'es pas homme, refusé jusqu'au retour du Christ!...

Noir, échappé de l'enfer, un démon te flagelle maintenant, Ahasver, de pays en pays. La douce consolation de la mort, la consolation de la paix du tombeau t'est refusée!

Hors d'une sombre caverne du Carmel, Ahasver s'avança. Il secoua la poussière de sa barbe; il prit d'un monceau de crânes une tête, qu'il lança en bas du Carmel; elle bondit, retentit et se brisa : C'était mon père! rugit Ahasver. Encore un crâne, ah! puis sept crânes encore résonnèrent en tombant de rochers en rochers. — Et ceux-ci! et ceux-ci! dit le juif en délire, l'œil fixe et gonflé de rage ; et ceux-ci, et ceux-ci, ce sont mes femmes, ah ! — Les crânes roulaient toujours. — Ceux-ci et ceux-ci, rugit Ahasver, ce sont mes enfants. Ah ! Eux ils ont pu mourir ! Mais moi, réprouvé, je ne puis pas mourir. Hélas ! La plus terrible sentence est mugissante d'horreur, suspendue éternellement sur moi ! Jérusalem tomba ; j'écrasai l'enfant à la mamelle ; je courus dans les flammes ; je vomis l'insulte au Romain ; hélas ! pourtant, hélas ! L'implacable malédiction me tenait aux cheveux et je ne mourus pas ! Rome, la géante, s'écroulait en débris : je me plaçai sous la géante qui s'écroulait. Hélas ! Elle tomba et ne m'écrasa pas. Des nations s'élevèrent, et tombèrent devant moi ; mais moi, je demeurai, et je ne mourus pas. Du haut des rochers ceints de nuages, je me précipitai dans la mer. Hélas ! Les vagues bouillonnantes me roulèrent jusqu'au rivage, et le bruit de flamme de l'existence me traversa de nouveau. J'ai plongé l'œil dans le gouffre effroyable de l'Etna, et je me suis jeté dans ce gouffre. Là, j'ai fait rugir avec les géants, dix longs mois, ma torture, et j'ai fouetté de mes soupirs sa bouche sulfureuse. Oui, dix longs mois l'Etna fermenta, et avec son fleuve de laves il me recracha dans la vie. Je palpitai dans la cendre, et je vécus toujours. Une forêt s'embrasa : je courus en furieux me jeter dans l'incendie ; de la chevelure des arbres le feu dégouttait sur moi. Hélas ! La flamme pénétra jusqu'à mes os, et la flamme ne me dévora pas. Alors je me mêlai dans les carnages de l'humanité. Je me précipitai, comme un roc, dans la tempête des batailles. Je rugis le mépris au Gaulois, le mépris au Germain ! Hélas ! Flèches et javelots s'émoussèrent sur moi. Mon crâne brisait le glaive assommant du Sarrasin : des semailles de balles pleuvaient le long de moi, comme des pois sur une cuirasse d'acier. Les éclairs du combat serpentaient sans force autour de mes reins, comme autour des montagnes à dents de rochers, qui se courbent dans les nuages. En vain l'éléphant me pila sous ses pieds ; en vain me frappa de ses sabots de fer le cheval guerrier, étincelant de fureur. La mine, grosse de poudre, creva sous moi, et me lança dans les airs ! Je retombai, étourdi, et je me retrouvai brûlé, nageant dans des flots de sang, de cervelles et de moelle, parmi les cadavres broyés de mes compagnons d'armes, vivant. Sur moi s'est rompue la massue d'acier du géant ; le poing du bourreau s'est paralysé sur moi ; la dent du tigre s'est ébréchée sur moi ; aucun lion

affamé n'a pu me déchirer dans le cirque. Je me suis couché contre des serpents empoisonnés ; j'ai pincé la tête rouge et venimeuse du dragon. Hélas! Le serpent me piqua et ne me tua pas ; le dragon me tortura, et ne put m'étouffer. Alors je parlai la langue de l'outrage aux tyrans. Je dis à Néron : Tu es un chien qui boit du sang. Je dis à Christiern : Tu es un chien qui boit du sang. Je dis à Muley-Ismaël : Tu es un chien qui boit du sang. Hélas! Les tyrans inventèrent d'épouvantables tourments, et ne m'étranglèrent pas. Ah! Ne pouvoir mourir! Ne pouvoir pas mourir! Ne pouvoir pas reposer après les fatigues du corps! Traîner sa chair de poussière, avec sa couleur de mort, et sa fièvre maladive, et son odeur de sépulcre! Être obligé de voir pendant des centaines d'années le monstre bâillant de l'uniformité, et le temps gras et famélique, toujours produisant des enfants qu'il dévore sans cesse! Ah! Ne pouvoir mourir! Ne pouvoir pas mourir! Terrible Courroucé du ciel, as-tu dans ton tribunal quelque sentence encore plus terrible? Dieu, laisse le tonnerre tomber sur moi; envoie un ouragan qui me roule sur les flancs rugueux du Carmel; que je puisse à ses pieds demeurer étendu et haletant! Encore une convulsion, et que je meure!
— Et Ahasver tomba; un bruissement tinta dans son oreille. La nuit couvrit ses paupières hérissées; un ange le reporta dans la caverne. Dors maintenant, dit l'ange; Ahasver! Dors un doux sommeil! Dieu n'est point éternellement irrité! Quand tu te réveilleras, alors il sera là, Celui dont tu as vu couler le sang sur le Golgotha, et qui aussi à toi te pardonne.

J. L.

LA BELLE SICGLINDE.

UHLAND.

C'était la belle Sicglinde qui, un matin, suivie de toute la cour, se rendit au monastère de Notre-Dame. Vêtue d'or et de soie, elle cheminait parée de joyaux et de fleurs. Hélas! Il en advint grand souci.

Trois tilleuls s'élevaient devant la porte de la chapelle; assis sous leur ombre, le jeune et noble Walther disait tout bas : Ah ! Que sont l'or et les joyaux ?.... Gente damoiselle, que n'ai-je, pour parure, une simple fleur de ta couronne !

Et voilà que le jeu folâtre du vent fait tomber du diadème virginal la plus belle rose à ses pieds. Messire Walther se baisse pour se saisir et se parer de la précieuse fleur.

Un chevalier de la suite de la princesse en ressentit une amère jalousie ; et, dans sa colère : « Jeune audacieux, lui dit-il, faut-il t'apprendre à vivre ? Oses-tu bien toucher seulement une feuille de cette couronne d'honneur ? »

Malheur au jardin qui vit éclore cette rose ! Maudits soient les tilleuls sous lesquels la querelle s'engagea ! Les épées se croisèrent, l'éclair en jaillit, et leur cliquetis ne cessa que lorsque, sous mille coups furieux, le jouvenceau tomba mort.

La triste Sieglinde était là ; pâle et morne, elle se pencha vers la terre, y prit la rose fatale, la replaça dans ses cheveux, et pénétra dans le saint parvis ; elle allait vêtue d'or et de soie, le front paré de joyaux et de fleurs. Hélas ! Qui eût pu l'en blâmer ?

La belle tombe à genoux devant l'image de Marie, détache sa couronne, et la lui présentant : Reçois-la, ô Vierge pure et gracieuse, murmure-t-elle. Jamais fleur n'ornera plus mon front. Je renonce au monde, et désormais, cachée sous le saint voile de tes humbles servantes, je consacrerai ma vie à pleurer les morts.

ANON.

III.

FABLES ET APOLOGUES.

LE LOUP AU LIT DE MORT.

LESSING.

Le loup touchait à ses derniers moments, et d'un regard scrupuleux interrogeait sa vie passée. Je suis vraiment, disait-il, un pécheur; mais cependant pas, j'espère, un des plus grands. Si j'ai fait quelque mal, j'ai aussi fait beaucoup de bien. Une fois, je m'en souviens, un petit agneau bêlant, qui avait perdu son troupeau, vint à moi, et si près, que j'aurais pu facilement l'étrangler : je ne lui fis rien. Une minute après, j'écoutai les railleries et les insultes d'une brebis avec la plus admirable indifférence, la plus merveilleuse impassibilité, et je n'avais pourtant rien à craindre des bergers et des chiens : il n'y en avait pas.

Et tout cela, je puis en témoigner, interrompit l'ami renard, qui l'aidait à se préparer à la mort. Je me rappelle encore là-dessus les moindres circonstances : c'était juste à l'époque déplorable de l'os qui t'étranglait, un peu avant que cette bonne cigogne te l'eût retiré du gosier.

J. L.

LA MONTAGNE ET LE POÈTE.

HAGEDORN.

Au secours, grands dieux! Fuyez, mortels, fuyez! Une montagne enceinte vient d'entrer en travail, et va lancer autour d'elle des quartiers de rochers, des torrents de métaux. Ses entrailles mugissent; tout aux environs palpite d'inquiétude et d'effroi. Un prodige va s'opérer : une ville, quelque Rome nouvelle, va sortir de ses flancs.

Suffénus écume et se démène comme un forcené; rien ne peut réprimer sa sublime fureur. Il frappe du pied la terre, il fait d'effroyables contorsions! Pour quel sujet? Il rime : il veut surpasser Homère. Qu'est-ce auprès de son délire que la frénésie de la Pythonisse, quand, se plaçant sur le trépied sacré, une agitation convulsive lui gonfle la poitrine et fait battre ses tempes! Quel fruit va donc porter la plume audacieuse du poète? Que va mettre au jour ce terrible inspiré? Il enfante, je pense, au moins une odyssée.

Que vois-je! D'un côté, un sonnet, et de l'autre... une souris!

Z.

LA LINOTTE.

LICHTWER.

Une jeune linotte fit l'essai de ses ailes; elle parcourut les forêts, et oubliant le nid de sa mère, il lui prit fantaisie de se bâtir une habitation. Naturellement on aime à être chez soi, et, comme dit le proverbe : Nos propres foyers valent de l'or. La linotte se trouva près d'un chêne; elle fut séduite par la hauteur de l'arbre. Je serai ici comme une reine, se dit-elle en elle-même; je n'ai pas encore vu de nids si élevés. Le sien fut construit; bientôt après, la foudre emporta son palais. Heureusement pour la reine qu'elle était absente; à son retour plus d'asile, et le chêne fendu en éclats. — « Il ne fait pas bon loger si haut : voici des broussailles, le tonnerre ne tombe pas si bas; il vaut mieux être à terre et y vivre en sûreté. » La linotte, on le voit, était très philosophe. Nouveau nid dans les broussailles; mais à quelques jours de là, la poussière et les vermisseaux l'obligent à déménager. Enfin elle s'établit dans un buisson plus haut et convenablement touffu, où elle était à l'abri de la poussière et de l'orage; elle y trouva le calme et le bonheur.

S'il est un état fortuné dans ce monde, n'allons le chercher ni sous le chaume, ni sur le trône. Heureux ces favoris du ciel, qui loin du besoin, peuvent vivre dans une philosophique indépendance! C'est le plus bel apanage de la médiocrité.

Z.

JUPITER ET LE CHEVAL.

LESSING.

Père des animaux et des hommes (ainsi s'exprima le cheval, haranguant Jupiter assis sur son trône), je passe pour une des plus belles créatures, dont tu aies décoré la terre, et mon amour-propre m'ordonne de le croire. Il me semble pourtant qu'il y aurait en moi bien des choses à perfectionner.

— Parle, dit Jupiter en souriant; voyons les améliorations que tu désires.

— Si mes jambes, reprit le cheval, étaient plus hautes et plus souples, je serais infailliblement plus agile. Le cou du cygne ne m'irait pas mal; avec un poitrail plus large, je serais autrement vigoureux; et puisque tu m'as destiné à porter l'homme, ton favori, ne pourrais-je pas avoir naturellement la selle qu'il me met sur le dos?

— Un moment, reprit le dieu. Alors il prononça d'un ton grave les paroles de la création : aussitôt la poussière se réunit, s'organisa, fut animée, et tout à coup devant le trône suprême apparut... le hideux chameau.

A cet aspect, le cheval fut saisi d'une secrète horreur.

— Voilà des jambes plus hautes et plus souples, un long cou de cygne, une poitrine plus large, une selle naturelle : veux-tu que je te transforme ainsi?

Le cheval frémit encore davantage.

— Va, reprit Jupiter, pour cette fois, sois instruit sans être puni. Il est bon cependant que tu te souviennes de temps en temps de ta témérité.

Jetant alors sur le chameau un regard conservateur : Continue d'exister, lui dit-il, et que le cheval ne t'aperçoive jamais sans frémir !

Z.

LE MÉTAPHYSICIEN.

SCHILLER.

Que le monde me semble petit!... Je distingue à peine les hommes ; je ne les vois que comme des pygmées. Mon art, le premier de tous, m'élève jusqu'aux voûtes azurées. — Ainsi parle le couvreur du haut d'une tour ; tel est aussi le langage du métaphysicien dans son palais. Mon petit héros, répondez à une question : Cette tour d'où vous jetez sur le monde un regard si dédaigneux, comment a-t-elle été construite? Sur quoi repose-t-elle? Qui vous a fait gravir jusqu'au sommet? A quoi sert-elle, si ce n'est à rapetisser à vos yeux la vallée et ses habitants?

C. Jordan.

LA CHENILLE ET LE PAPILLON.

NICOLAÏ.

Mon corps s'engourdit et se contracte ; les aliments que j'aimais ne me causent que du dégoût ; je me renferme triste et mélancolique dans la demeure que je me suis filée ; la nuit m'enveloppe de ses ombres. Qu'est-ce donc que je sens? Oui, ce sont les atteintes de la mort, qui doit nous frapper tous. Ah! que le sort de notre race est cruel ! O monde, adieu! C'en est fait pour toujours ! Ainsi se plaignait une chenille qui se transformait en chrysalide.

Léger, brillant, plein de vie, ivre de bonheur, un papillon en voltigeant au soleil, vient à passer près de la chenille, entend ses cris plaintifs, et lui dit en souriant : Timide créature, ce tombeau qui t'effraie, j'y ai moi-même été renfermé : c'est là que j'ai reçu mes ailes.

ANON.

LE SERPENT D'EAU.

LESSING.

Jupiter venait de donner aux grenouilles un autre roi : au lieu d'un pacifique soliveau, un serpent d'eau glouton.

— Si tu veux être notre roi, dirent les grenouilles, pourquoi nous dévores-tu ?

— Pourquoi ? répondit le monarque ; parce que vous m'avez demandé.

— Moi, je ne t'ai pas demandé du tout, s'écria une de ses sujettes, qu'il avalait déjà des yeux.

— Vraiment ! reprit le serpent. Eh bien, tant pis pour toi ! Il faut que je te mange, pour ne m'avoir pas demandé.

J. L.

LA RONCE.

LESSING.

— Mais dis-moi donc, demandait le saule à la ronce, pourquoi cet acharnement cupide après les habits des passants ? Qu'en veux-tu faire ? A quoi peuvent-ils te servir ?

— A rien ! repartit la ronce. Aussi je ne veux pas les prendre : je ne veux que les déchirer.

J. L.

ÉSOPE ET L'ANE.

LESSING.

L'âne dit un jour à Ésope : Si tu rapportes encore quelque anecdote sur mon compte, fais-moi dire quelque chose de bien raisonnable, de bien spirituel.

— A toi quelque chose de spirituel! répondit Ésope. Cela serait vraiment bien avisé. C'est toi qui passerais pour le philosophe ; et moi, on me prendrait pour l'âne.

J. L.

L'ÉCREVISSE.

PFEFFEL.

Une écrevisse en robe rouge assistait un jour au festin d'une fée, non pas à table mais dessus. La dame, pour amuser ses convives, ressuscita son entremets, qui se mit à marcher. La mort n'avait pas réformé l'écrevisse : elle s'enfuit à reculons. Une eau vive courait tout autour du château : c'était là sa patrie, elle y rentra. Ses concitoyens ébahis la regardaient d'un œil jaloux. L'habit de cardinal excitait leur ambition : c'est ainsi que dans leur monde, ils appelaient l'envie. — Oh! La belle parure, la riche couleur! murmuraient-ils, en la voyant passer. Dis-moi donc, lui demanda un ancien ami qui la reconnut sous sa pourpre, d'où te vient tant d'éclat? Est-ce que je pourrais... — O mon Dieu, certainement. Il ne tient qu'à toi d'en avoir autant! — Parle, parle, je t'en supplie ; comment m'y prendre? — C'est bien aisé... Tu n'as qu'à te faire bouillir.

Avis à vous, mes bons humains, qui convoitez l'opulence des grands, leurs galons, leurs rubans, et leurs places. Avant de les envier, informez-vous tout bas du secret de leur fortune. Soyez sûrs que pour être si beaux, nombre de ces messieurs ont passé par la chaudière.

Z.

LE PAYSAN ET SON FILS.

GELLERT.

Un jeune manant, d'esprit passablement épais, suivit Messire Hans dans ses voyages. Rien ne forme comme de voir le monde, et à l'exemple de son maître, il acquit, entre autres bonnes qualités, celle de menteur fieffé. De retour dans son village, son père le mena un jour à un marché éloigné. Fritz, chemin faisant, ne manqua pas l'occasion de parler des belles choses qu'il avait vues, et partant de mentir avec la dernière impudence. Tout allait bien, lorsque, pour son malheur, un grand chien vint à passer : — Père, s'écria le jeune drôle, vous ne me croirez peut-être pas, mais rien n'est plus vrai que ce que je vais vous dire... Dans notre voyage j'ai vu un chien... attendez... c'était... en Hollande... sur le chemin de Paris ; ce chien... je veux être un coquin, s'il n'était plus grand que le plus fort de vos chevaux.

— Ce que tu me dis là, mon fils, me surprend, reprit le père. Au reste, chaque pays a ses merveilles. Nous, par exemple, nous n'aurons pas fait une lieue, que nous rencontrerons un pont qu'il faut absolument que nous passions, et c'est un pont... qui a été funeste à bien du monde. Aussi dit-on qu'il y a là du sortilège. Magie ou non, le fait est qu'il s'y trouve une pierre, contre laquelle on heurte, quand on a menti dans la journée ; on tombe, et on se casse la jambe.

Notre rustre, à ce récit, ne laissa pas que d'être effrayé... — Eh ! mon père, comme vous courez !... Mais pour revenir à ce chien, combien vous disais-je qu'il était grand ? Comme votre grand cheval ! Oh, pour celui-là, c'est un peu fort. Ce chien donc, à présent je m'en souviens, n'avait encore que six mois ; mais je gagerais bien qu'il était aussi haut qu'une génisse.

Ils firent encore un bon bout de chemin. Fritz n'était point à son aise. Le cœur lui battait : on n'aime point avoir la jambe cassée. Il aperçoit enfin le pont fatal, il sent déjà la fracture. — Écoutez, mon père ! Le chien dont je vous parlais était bien grand, et il se pourrait que j'eusse un peu exagéré ; mais toujours est-il qu'il était plus grand qu'un veau.

Le pont se présente. Fritz, pauvre Fritz, comment t'en tireras-tu ? Le père passe le premier : Fritz l'arrête. — Eh ! mon père ! lui dit-il, vous n'êtes pas assez enfant, pour croire que j'ai vu un pareil chien ? Et puisqu'il faut que je vous dise la vérité, avant de passer outre : Tenez, le chien dont je vous parlais, était... était de la même taille que celui de tout à l'heure.

Z.

LES HOMMES SINGULIERS.

LICHTWER.

Un homme qui avait parcouru et fort bien observé le monde, revint enfin chez lui de ses voyages. Les amis d'accourir à la fête pour saluer leur ami. — C'est assez l'usage, et ces politesses signifiaient : Enchantés, ravis dans l'âme de te revoir ; tu vas nous raconter quelque chose ? Que ne raconta-t-il pas ! — Écoutez ! dit-il une fois : Vous savez quelle distance il y a de notre ville au pays des Hurons ? Eh bien ! A onze cents milles de là sont des hommes qui m'ont paru bien singuliers. Ils restent, souvent jusqu'à la nuit, assis ensemble à la même place, sans bouger, et ne pensent pas plus à Dieu qu'au diable. Là, point de table chargée de mets, point de liqueur qui chatouille les lèvres. La foudre et ses carreaux pourraient voler autour d'eux, des armées se heurter, et le ciel, en craquant, menacer la terre de sa chute, qu'ils demeureraient imperturbablement plantés sur leur siège : ils sont sourds et muets. De temps en temps, cependant, leur bouche laisse échapper des sons entrecoupés, qui ne s'accordent pas ensemble, et qui disent très peu, quoique les yeux soient souvent tout retournés, quand ils les prononcent.

On m'a vu bien souvent rester ébahi à côté d'eux ; car, lorsque ces réunions ont lieu, il arrive assez ordinairement qu'on accourt pour les regarder s'asseoir et ne plus se lever. Croyez-moi, frères, jamais elles ne sortiront de ma mémoire, les hideuses grimaces que j'ai vues là ! Le désespoir, la rage, une joie maligne, une anxiété livide se peignaient tour à tour sur leurs visages. A leur colère, on les prendrait, je vous le jure, pour les furies ; à leur gravité pour les juges des enfers ; à leur angoisse, pour des criminels. — Mais quel est leur but ? demandèrent alors les amis ; peut-être s'occupent-ils du bonheur de l'humanité ? — Hélas non ! — Ils cherchent la pierre philosophale ? — Vous vous trompez. — Ils veulent trouver la quadrature du cercle ? — Non. — Ils se repentent de leurs vieux péchés ? — Ce n'est pas tout cela. — Ils sont donc fous ! S'ils n'entendent, ne sentent, ni ne voient, que font-ils donc ? — Ils jouent.

J. L.

LE CHEVAL ET L'ANE.

GLEIM.

Un âne, au dos chétif, portait un jour un lourd fardeau ; il en pliait à tomber mort. Un cheval marchait à vide auprès de lui. — Tu n'as rien sur ton dos, lui dit l'animal harassé ; aide-moi, mon bon petit cheval, aide-moi, je t'en supplie. — Comment ! T'aider ? répond le roussin malhonnête ; je te trouve un plaisant gaillard ! Tu es un peu paresseux. Porte toujours !... — Je meurs, mon bon cheval... le fardeau m'écrase... Sauve-moi ! La moitié serait un jeu pour toi ! — Je ne puis pas, dit le cheval. Bref, le baudet succombe sous le poids de sa charge. Sac et bagage, on place aussitôt le tout sur mons coursier, et qui pis est, la peau de l'âne par-dessus.

J. L.

LES DEGRÉS DE L'ÉCHELLE.

PFEFFEL.

Un moineau attrapa sur une branche le plus gros des moucherons. Il ne lui servit de rien de se débattre et de se plaindre. Il était pris. — Hélas! s'écriait-il en prière, laisse-moi vivre! — Non, dit le meurtrier, tu es à moi : car je suis grand et tu es petit.

Un épervier l'aperçut faisant son repas. Une puce n'est pas plus lestement prise que messire moineau. — Que t'ai-je donc fait? s'écria-t-il : rends-moi la liberté! — Non, dit le meurtrier, tu es à moi : car je suis grand et tu es petit.

Un aigle voit le gourmand, fond dessus, et lui brise l'échine. — Seigneur Roi, s'écrie-t-il, tu me mets en morceaux ; lâche-moi ! — Non, dit le meurtrier, tu es à moi : car je suis grand et tu es petit.

Il se régalait encore, qu'en un clin d'œil une flèche vint lui traverser la poitrine. — Tyran, cria-t-il au chasseur, pourquoi ton arc m'assassine-t-il? — Eh! dit le meurtrier, tu es à moi : car je suis grand et tu es petit.

J. L.

L'AIGLE ET LE PIGEON.

GŒTHE.

Un jeune aigle planait sur un nid d'oiseaux, et le guettait depuis longtemps ; la flèche d'un chasseur l'atteignit et le blessa. L'oiseau de Jupiter tomba dans un buisson de myrte.

Pendant trois jours et trois nuits, il fut en proie aux angoisses les plus affreuses. Enfin la nature vint à son secours ; de doux parfums ranimèrent ses sens. Il sort du buisson protecteur, et veut prendre son essor vers les cieux ; mais, hélas ! son aile brisée lui laisse à peine assez de force pour raser la terre. Il se traîne péniblement au bord d'un ruisseau, et là regrettant sa grandeur passée, il mesure la hauteur du chêne qu'il regardait à peine avant son malheur.

Une larme vint obscurcir cet œil fier et menaçant, qui naguère embrassait l'univers.

Deux pigeons, disposés à l'amour, se perchèrent sur le buisson de myrte, vinrent se jouer sur le bord du même ruisseau, et roucouler l'un après l'autre sur le sable doré. Comme ils échangeaient leurs regards amoureux, ils aperçoivent le pauvre patient, blotti sous le feuillage. Le pigeon curieux, vole près de lui, le regarde en se pavanant, et lui dit gaiement : — Tu souffres, mon cher ; tu regrettes tes avantages perdus : sache donc apprécier ceux qui te restent ; apprends à supporter un revers de fortune ; sois grand dans l'adversité ! N'as-tu pas ici tout ce qu'il faut pour te consoler, et pour être encore parfaitement heureux ? Ces verts coteaux, ces buissons fleuris ne réjouissent-ils pas ta vue ? Admire la brillante aurore, les feux du soleil couchant ; viens rafraîchir ton sein sur la mousse tendre qui borde ce ruisseau ; folâtre parmi les fleurs de la prairie, encore mouillées des pleurs du matin. Des fruits délicieux s'offrent de toutes parts ; tu peux encore faire un repas digne des Dieux. La source limpide ne semble-t-elle pas t'inviter à venir t'y désaltérer ? O mon ami ! Le vrai bonheur gît dans la modération, et la modération est la richesse du sage.

— O Sagesse ! s'écria en frémissant l'aigle orgueilleux ; ô Sagesse ! Tu parles, hélas ! comme une colombe.

Anon.

IV.

PARABOLES ET ALLÉGORIES.

L'ENFANT DE LA PEINE.

HERDER.

Un jour la Peine vint s'asseoir près des eaux bruyantes d'un torrent ; elle méditait. Enfoncée dans le rêve des pensées, elle façonna avec ses doigts une figure d'argile. — Qu'as-tu là, déesse rêveuse? lui dit Jupiter, qui venait de s'approcher d'elle. — C'est une figure que j'ai façonnée avec de l'argile ; anime-la, ô Dieu, je t'en supplie! — Eh bien ! soit, qu'elle vive! mais cette créature m'appartiendra. — Non, lui répliqua la Peine ; laisse, laisse-la-moi ; mes doigts l'ont façonnée. — Et moi j'ai animé l'argile, dit Jupiter. — Pendant qu'ils parlaient de la sorte, s'approcha aussi Tellus : Cet enfant est à moi, dit-elle ; car la Peine l'a arraché de mon sein. — Eh bien! dit Jupiter attendez ; je vois venir celui qui décidera la question : c'est Saturne. Saturne alors parla de la sorte : Cette créature vous appartient à tous ; c'est ainsi que le veut le destin suprême. Toi, Jupiter, qui lui as donné la vie, tu reprendras, après sa mort, le souffle que tu as mis en elle ; toi, Tellus, tu auras ses ossements, tu ne dois pas prétendre à plus ; et toi, ô Peine, toi sa mère, on te la confiera pendant sa vie. Aussi longtemps qu'un souffle animera ton enfant, tu ne l'abandonneras pas ; semblable à toi, il s'inclinera tous les jours de plus en plus vers la tombe. L'oracle du destin est accompli ; cette créature s'appelle Homme. Pendant sa vie elle appartient à la peine ; après sa mort, à la terre et à Dieu.

Anon.

ADAM ET LE SÉRAPHIN.

KRUMMACHER.

Un soir, sur le penchant d'un coteau d'Eden, Adam se reposait à l'ombre d'un arbre ; son visage était tourné vers le ciel, et ses yeux en contemplaient la magnificence. Un séraphin s'avança vers lui, et dit : Pourquoi regardes-tu ainsi le ciel avec l'air du désir? Que te manque-t-il, Adam? — Hé! Que pourrait-il me manquer, répondit le père du genre humain, dans ces demeures de la paix? Mais mon œil considère les étoiles qui brillent là-haut ; et je voudrais avoir les ailes de l'aigle pour m'élancer jusqu'à elles et voir de près ces corps lumineux.

Ces ailes, tu les as! répondit le séraphin ; et il toucha Adam, et Adam s'endormit. Il rêva, et dans son rêve il lui sembla prendre son essor vers le ciel.

Ensuite il s'éveilla, regarda autour de lui, et s'étonna de se retrouver encore au pied du même arbre, sur le penchant du coteau. Mais le séraphin était debout devant lui, et dit : Quelle pensée t'occupe, Adam? Adam répondit : Voici que j'étais transporté jusqu'à la voûte céleste ; je marchais au milieu des étoiles et planais autour d'Orion, des Pléiades et des Hyades. Des mondes rayonnants, vastes et magnifiques comme le soleil, roulaient avec bruit autour de moi. La voie lactée, que tu vois là-haut, est un océan de lumière, parsemé de globes étincelants, et par delà cet océan de lumière, en est un autre, puis encore un autre. Dans ces sphères éclatantes habitent des êtres comme moi, qui adorent le Seigneur et glorifient son nom... Dis-moi, Séraphin, est-ce toi qui m'as servi de guide?

Cet arbre, reprit le séraphin, n'a pas cessé de te couvrir de son ombre, et sur ce coteau a reposé ton corps ; mais écoute, Adam : En toi demeure un séraphin, qui peut planer à travers tous ces mondes, et plus il élève son vol, plus il se prosterne devant Jéhovah. Adam, respecte ce séraphin, et prends garde que les passions ne l'arrêtent dans son essor et ne l'enchaînent à la terre.

Le séraphin dit et disparut.

LE PARTAGE DE LA TERRE.

SCHILLER.

Prenez le monde, cria Jupiter aux hommes du haut de l'Olympe ; prenez-le, qu'il vous appartienne ! Je veux qu'il soit pour vous un héritage et un fief éternel, mais partagez-vous-le, comme de bons frères.

Aussitôt, chacun d'entrer en possession ; jeunes et vieux, tous s'agitent, tous s'empressent. Le laboureur prend pour lui les fruits de la campagne ; le gentilhomme s'élance à travers la forêt.

Bien tard, longtemps après que le partage est achevé, arrive le poète ; il venait de loin. Hélas ! Il n'y avait plus rien à choisir ; tout avait son maître.

Malheureux que je suis ! Seul de tous, serai-je donc oublié, moi le plus fidèle de tes enfants ? — Il fait retentir hautement ses plaintes, et se prosterne devant le trône de Jupiter.

Si tu t'es arrêté trop longtemps dans le pays des chimères, lui dit le dieu, ne t'en prends pas à moi. Où étais-tu donc, lorsqu'on a partagé la terre ? — J'étais près de toi, reprend le poète.

Mon œil était attaché sur ton visage ; mon oreille était toute entière à l'harmonie du ciel, ton séjour. Pardonne au mortel qui, ébloui par ta splendeur, s'est détaché des choses d'ici-bas.

Que faire ? dit Jupiter ; le monde est donné : la moisson, la chasse, le négoce ne sont plus en mon pouvoir. Veux-tu vivre avec moi dans mon ciel ? Quand tu voudras y monter, il te sera ouvert.

ANON.

LA PEINE ET LA RÉCOMPENSE.

ROCHLITZ.

A. — Ce pénible sentier n'aura-t-il donc pas bientôt un terme? Quelles affreuses broussailles! Vraiment je soupire après la fraîcheur et le repos de la vallée.

B. — Nous y sommes bientôt, je pense; jusque-là, que ton cœur se nourrisse d'espérance. Déjà la vue devient plus libre. Bientôt... Ah! que vois-je... Là-bas le riant vallon; ici, à nos pieds, le ruisseau qui s'oppose à notre passage.

A. — Derrière nous la vie terrestre, devant nous l'éternité; mais hélas!... entre ces deux mondes, le tombeau!

B. — Eh bien, quoi! Nous jetons loin de nous l'enveloppe qui nous gêne, et prenant un élan rapide, nous nous y précipitons; bientôt nous sommes de l'autre côté, et là nous trouvons la fraîcheur et le repos.

Anon.

LA MORT DU CHRÉTIEN.

LAVATER.

— Un jour, un homme vertueux rencontra la mort. Je te salue, messagère de l'immortalité, je te salue! Ainsi l'aborda l'homme vertueux.

— Comment! dit-elle, fils du péché, tu ne trembles pas devant moi?

— Non; celui qui n'a pas à trembler devant lui-même, n'a pas non plus à trembler devant toi.

— Ne frémis-tu pas à l'aspect des maladies dont le gémissant cortège me précède, et de la sueur froide qui dégoutte de mes ailes?

— Non, répartit l'homme vertueux.

— Et pourquoi ne frémis-tu pas?
— Parce que les maladies et la sueur m'annoncent ta présence.
— Et qui es-tu donc, mortel, pour ne pas me craindre?
— Je suis chrétien, répondit celui-ci en souriant.

Soudain la mort le toucha de son souffle, et la mort et le mortel avaient disparu. Il s'était ouvert, sous leurs pieds, une tombe, au fond de laquelle on apercevait quelque chose. Je pleurais. Mais tout à coup des voix divines attirèrent mes regards vers les nuages; dans ces nuages je vis le chrétien. Il souriait encore, comme il avait souri à la mort; et ses mains étaient jointes. Des esprits resplendissants l'accueillaient avec des cris d'allégresse, et il était resplendissant comme eux... Je pleurais... En ce moment mes regards s'abaissèrent vers la tombe, et je reconnus que ce qui était au fond, ce n'était que la dépouille usée du chrétien.

Anon.

LA NUIT DU NOUVEL AN D'UN MALHEUREUX.

JEAN-PAUL RICHTER.

Il était minuit; un nouvel an allait commencer. Debout près de sa fenêtre, un vieillard élevait vers l'éclatante, l'immuable voûte des cieux, des regards, où se peignaient la tristesse et le désespoir; quelquefois aussi il fixait les yeux sur la surface blanche, pure et silencieuse de la terre. Nul mortel n'était, comme lui, privé de joie et de sommeil; car près de lui était son tombeau, couvert de la neige de la vieillesse; la verdure du jeune âge avait disparu. De ses richesses et de sa vie entière, il ne restait plus que des erreurs, des péchés, des maladies, un corps usé, une âme flétrie, un cœur abreuvé de poison, une vieillesse pleine de repentir. Dans ces tristes moments, les heureux jours de la jeunesse venaient s'offrir à lui comme des fantômes et lui rappelaient ce beau matin, où son père le conduisant sur le chemin de la vie, le laissa à l'entrée de deux sentiers. A droite est celui de la lumière et de la vertu ; il conduit dans une région éloignée et paisible, où règne une vive clarté, région couverte de riantes moissons, et habitée par des anges. A gauche, s'ouvre le chemin des ténèbres, le sentier rapide du vice ; il va se perdre dans une sombre caverne dont la voûte distille le poison. Là d'innombrables serpents font entendre leurs sifflements, là règnent l'obscurité et une vapeur étouffante.

Hélas ! Les serpents s'élançaient autour de sa poitrine, le poison tombait goutte à goutte sur sa langue, et il voyait enfin où il était arrivé.

Hors de lui-même, le cœur en proie à une impérissable douleur, il regarde le ciel et s'écrie : O mon Dieu, rends-moi ma jeunesse ! O mon père, reconduis-moi à l'entrée des deux sentiers ! Je ferai un meilleur choix.

Mais depuis longtemps son père et sa jeunesse étaient loin de lui. Il vit des feux follets s'agiter sur la surface des marais, et s'éteindre dans le cimetière, et il dit : Ce sont mes jours de folie ! Il vit une étoile se détacher du ciel, briller dans sa chute, et s'évanouir sur la terre : C'est l'histoire de ma vie ! s'écria-t-il ; et son cœur saignait, et le serpent du repentir creusait dans sa poitrine, et enfonçait ses dents dans ses blesssures.

Dans le trouble de son imagination en délire, il voit des somnambules voler sur les toits ; le moulin à vent élève des bras menaçants, et semble vouloir l'écraser ; et dans le fond du cercueil il aperçoit un spectre solitaire, qui insensiblement se revêt de ses traits. Mille pensées affreuses déchirent son âme. Tout à coup, le son des cloches qui célèbrent le retour de l'année, parvient à son oreille, comme l'écho d'un cantique lointain. Une plus douce émotion remplit son âme, ses regards parcourent l'horizon, et se portent sur la vaste surface de la terre ; il pense aux amis de sa jeunesse, qui, plus fortunés, plus vertueux que lui, pères de nombreux enfants, d'hommes comblés de bénédictions, sont maintenant les précepteurs de la terre. Il s'écrie : Et moi aussi, je pourrais comme vous, sans verser des larmes, passer cette première nuit dans les bras du sommeil, si je l'avais voulu ! Hélas ! Je pourrais être heureux, chers parents, si j'avais accompli vos vœux de nouvelle année, si j'avais suivi vos conseils !

Agité par le souvenir affreux de sa jeunesse, il croit voir le spectre qui s'était revêtu de ses traits, se lever dans le cercueil ; et bientôt, naturel effet de la crédulité qui, dans la nuit du nouvel an, découvre les génies de l'avenir, ce spectre s'anime : c'est un jeune homme.

L'infortuné ne peut plus supporter un tel spectacle; il voile son visage, des torrents de larmes coulent de ses yeux, et vont se perdre dans la neige. Privé de consolation et de sentiment, il peut à peine pousser quelques faibles soupirs : Reviens, dit-il, ô jeunesse, reviens !

Et la jeunesse revint; car sa vieillesse et ses terreurs n'étaient qu'un rêve affreux. Il était encore à la fleur de l'âge; ses terreurs seules n'étaient point un songe. Il rendit grâce à Dieu de ce que, jeune encore, il pouvait abandonner le sentier fangeux du vice, et suivre la voie de la lumière, le sentier de la vertu, qui conduit dans le riche pays des moissons.

Imite son exemple, jeune homme, qui comme lui te trouves, sur le chemin de l'erreur; ce rêve affreux sera désormais ton juge. Mais si tu devais un jour t'écrier en gémissant : Reviens, belle jeunesse, reviens ! elle ne reviendrait plus.

ANON.

LA STATUE VOILÉE.

SCHILLER.

Un jeune homme, qu'une soif ardente de connaître avait poussé à fuir en Égypte, pour s'instruire de la sagesse mystérieuse des prêtres, avait déjà, par la rapidité de son esprit, franchi plusieurs degrés, mais la curiosité le déchirait toujours davantage, et l'hiérophante pouvait à peine calmer l'impatience de son esprit. « Qu'est-ce que j'ai, si je n'ai pas tout ? disait le jeune homme. Un peu plus, un peu moins, qu'importe ! Ta sagesse n'est-elle, comme le bonheur des sens, qu'un trésor que l'on peut posséder, ou plus grand ou plus petit, et que cependant on possède toujours ? N'est-elle pas une et indivisible ? Qu'on retranche un son d'un accord, qu'on retranche une couleur de l'arc-en-ciel, et tout ce qui reste n'est rien. La beauté de l'harmonie et des couleurs consiste dans l'ensemble. »

Tandis qu'ils discouraient ainsi, ils étaient dans une rotonde solitaire du temple, où une statue voilée d'une grandeur gigantesque frappa les yeux du jeune homme. Étonné, il regarda son guide et lui dit : Qu'est-ce qui est caché derrière ce voile? — La vérité! — Telle fut la réponse. — Comment! s'écria-t-il : c'est la vérité seule que je m'efforce d'atteindre, et c'est précisément elle qu'on me voile!

— Débats ta question avec la divinité, dit l'hiérophante ; aucun mortel, a-t-elle dit, ne doit toucher ce voile, que je ne l'aie levé moi-même. Celui dont la main criminelle et profane soulèvera ce voile saint et défendu, celui-là, dit la divinité... — Eh bien! — Celui-là verra la vérité. — Un singulier oracle! Toi-même, tu ne l'as donc jamais levé? — Moi, vraiment, non. Personne ne l'a jamais essayé. — Je ne comprends pas cela. Quoi, cette simple cloison de gaze me sépare de la vérité!... — Et un ordre de Dieu, ajouta son guide. Plus pesante que tu ne penses, mon fils, est cette gaze légère... légère, il est vrai, pour la main, mais de cent livres pour la conscience.

Le jeune homme retourne pensif à sa demeure ; mais l'ardente curiosité lui dérobe le sommeil. Il s'agite brûlant sur sa couche. Il se relève au milieu de la nuit ; ses pas craintifs le conduisent involontairement au temple. La muraille était facile à franchir : il s'élance hardiment... et l'audacieux est au milieu du sanctuaire.

Il s'arrête maintenant ; il parcourt avec terreur cette solitude et son silence de mort ; le bruit seul de ses pas répété sourdement par l'écho des caveaux mystérieux, interrompt ce repos. Du haut de la coupole entr'ouverte, la lune laissait tomber sa pâle et bleuâtre clarté, et sous les ténèbres de la voûte éclairait, aussi imposante que la présence de Dieu, la statue couverte de son grand voile.

Il marche à la statue d'un pas mal assuré ; déjà sa main hardie touche la sainte image. Un frisson brûlant et froid court dans ses membres, et un bras invisible le repousse.

— Malheureux, que vas-tu faire! lui crie dans sa conscience, une voix fidèle. Veux-tu tenter le Tout-Puissant? Aucun mortel, a dit l'oracle, ne doit toucher ce voile, que je ne l'aie levé moi-même. — L'oracle pourtant ne s'est pas arrêté là! Qui lèvera ce voile, verra la vérité! Arrière donc la défense! Je veux le soulever, s'écria-t-il à haute voix ; je veux la voir. — La voir! lui répète longtemps l'écho moqueur.

Il dit, et le voile est écarté. Eh, qu'a-t-il découvert? allez-vous demander. Je l'ignore. Privé de sentiment, tout pâle, les prêtres le lendemain le trouvèrent étendu aux pieds d'Isis. Ce qu'il avait vu, ce qu'il avait appris, jamais sa langue n'a pu le faire connaître. La sérénité de la vie lui fut enlevée pour toujours ; une douleur profonde le déchira jusqu'à son tombeau précoce. Malheur! disait sa voix, terrible conseillère, quand on le pressait de questions indiscrètes ; malheur à qui marche à la vérité par le crime! Elle ne sera jamais pour lui la source du bonheur.

J. L.

HAMET ET RASCHID.

LIEBESKIND.

Une brûlante sécheresse désolait depuis longtemps les campagnes de l'Inde, lorsque deux bergers, Hamet et Raschid, se rencontrèrent sur les limites de leurs champs. Ils mouraient presque de soif, et voyaient leurs troupeaux dépérir aussi de langueur. Les yeux levés vers le ciel, ils imploraient son assistance, lorsque tout à coup régna un profond silence : les oiseaux cessèrent de chanter, les troupeaux, interrompant leurs bêlements et leurs mugissements, devinrent comme muets, et les deux bergers aperçurent dans la vallée un être surnaturel, qui s'approchait d'eux sous une forme humaine, mais colossale. C'était le grand Génie de la terre, qui dispense aux mortels le bonheur et le malheur. D'une main il tenait la gerbe de l'abondance, et de l'autre la faux de la destruction. Tremblants de frayeur, ils voulurent se cacher ; mais le Génie, d'une voie douce comme le murmure du zéphyr qui se joue, le soir, dans les arbrisseaux odorants de l'Arabie, leur adressa ces paroles :

Approchez, dit-il, fils de la poussière ; ne fuyez pas votre bienfaiteur. Je suis venu pour vous offrir un présent, que votre folie seule pourrait rendre inutile ou pernicieux. Je veux exaucer votre prière et vous donner de l'eau, si vous me dites combien il vous en faut pour vous satisfaire. Mais pesez bien votre réponse; songez que l'homme, dans tous ses besoins, à autant a craindre du trop que du trop peu. Exposez votre demande ; et toi Hamet, parle le premier.

— O Génie bienveillant! répondit Hamet; si tu veux me pardonner mon audace, je te demanderai une petit ruisseau, qui ne se dessèche pas en été, et qui ne se déborde pas en hiver. — Tu l'auras, répondit le Génie ; et de sa faux, qui devint alors un instrument de bienfaisance, il frappa la terre. Les deux bergers virent à leurs pieds jaillir une source qui se répandit sur les champs d'Hamet. Les fleurs exhalèrent un doux parfum ; les arbres se parèrent d'un feuillage plus vert, et les troupeaux étanchèrent leur soif dans l'onde fraiche du torrent.

Alors le Génie se tourna vers l'autre berger et lui ordonna de parler.

— Je te prie, dit Raschid, de faire passer à travers mes champs le grand fleuve du Gange avec toutes ses eaux et tous ses poissons. Le bon Hamet s'étonnait de la hardiesse et de l'orgueil de Raschid, et se reprochait peut-être en secret de n'avoir pas hasardé le premier cette grande demande, pendant que Raschid se réjouissait déjà au fond de son cœur de l'avantage que sa qualité de possesseur et propriétaire du Gange allait lui donner sur le trop simple Hamet. Mais soudain le Génie prit un air terrible, et s'avança vers le fleuve. Les bergers attendaient dans de cruelles angoisses ce qu'il allait faire, lorsque soudain, dans le lointain, s'éleva un violent mugissement. Le Gange avait rompu ses digues, et arrivait en précipitant ses flots impétueux. Les eaux submergèrent et dévastèrent en un instant les terres de Raschid. Ses arbres furent déracinés, ses troupeaux engloutis, et lui-même entraîné par les vagues. Le fier possesseur du Gange devint la proie d'un crocodile, tandis que le modeste Hamet, vécut en paix auprès de sa source.

Anon.

LES TROIS ANNEAUX.

LESSING.

Il y a bien des années vivait dans l'Orient un homme qui avait reçu d'une main chérie une bague inestimable. La pierre était une opale, où se jouaient mille couleurs, et elle avait la vertu mystérieuse de rendre agréable devant Dieu et devant les hommes, quiconque la portait avec cette ferme conviction. Ce n'est donc pas merveille que cet habitant de l'Orient ne l'ôtât jamais de son doigt, et qu'il prît toutes les dispositions pour qu'elle restât toujours dans sa famille ; et voici ce qu'il prescrivit : Il laissa la bague à son fils le plus aimé, et disposa que celui-ci la laissât de même à celui de ses fils qu'il aimerait le mieux ; voulant que toujours, sans acception du droit d'aînesse, le fils chéri, possesseur de l'anneau, devînt le chef de la famille. — De génération en génération, cette bague vint enfin au père de trois fils, tous les trois pareillement dociles, et qu'il ne pouvait s'empêcher d'aimer également tous les trois. Seulement de temps en temps, selon que l'un ou l'autre se trouvait seul avec lui, et que les autres n'étaient là pour jouir des effusions de son cœur, tantôt celui-ci, tantôt celui-là, tantôt le troisième lui semblait plus digne de l'anneau ; si bien qu'il eut la pieuse faiblesse de la promettre à chacun d'eux. Cela alla bien tant que cela put aller; mais il approchait de sa fin, et le bon père était dans l'embarras ; il s'affligeait beaucoup de tromper ainsi deux de ses fils qui s'étaient abandonnés à sa parole. Que faire? Il fit venir en secret un ouvrier à qui il ordonna de faire, d'après le modèle de sa bague, deux autres bagues, en n'épargnant ni soins ni dépenses pour les rendre exactement pareilles. L'ouvrier y réussit. Quand il rapporta les anneaux, le père lui-même ne pouvait plus distinguer l'original. Heureux et content, il fait venir ses fils, chacun en particulier ; il donne à chacun sa bénédiction particulière et son anneau. Il meurt! Ce qui suit s'entend de soi-même. A peine le père fut-il mort, que chacun se présente avec son anneau, et veut être le chef de la famille. On examine, on se dispute, on plaide ; c'est en vain : le véritable anneau n'était pas démontrable.... Comme je le disais, les fils plaidèrent, et chacun jura devant le juge qu'il tenait l'anneau directement de la main de son père, comme en effet cela était vrai, après avoir depuis longtemps, disaient-ils, reçu la promesse de jouir de tous les privilèges de l'anneau, ce qui n'était pas moins vrai. Le père, affirmait chacun d'eux, ne pouvait avoir employé la fausseté envers lui ; et plutôt que de concevoir un soupçon sur ce père tant aimé, il ne pouvait, quelque fût son penchant à ne penser que du bien de ses frères, s'empêcher de les accuser de supercherie, et jurait que s'il découvrait les imposteurs, il s'en vengerait aussitôt. — Le juge dit : Si vous ne faites pas sur le champ comparaître votre père, je vous renvoie de mon tribunal. Pensez-vous que je sois ici pour deviner des énigmes? Ou voulez-vous attendre jusqu'à ce que la vraie bague prenne la parole elle-même?..... Mais arrêtez ; j'ai appris que l'anneau possédait la vertu miraculeuse de rendre son maître agréable devant Dieu et devant les hommes. Cela doit décider la question, car les fausses bagues ne pourront opérer cet effet. Eh bien, lequel de vous est le plus aimé des deux autres? Allons répondez! Vous vous taisez! Vos anneaux n'ont donc qu'une influence intérieure, et n'agissent pas au dehors ; chacun ne sait que se préférer aux autres. Seriez-vous tous les trois des trompeurs trompés? Vos anneaux sont tous les trois faux ; l'anneau véritable avait été perdu ; pour cacher, pour réparer sa perte, votre père avait fait faire trois anneaux pour un.

Et ainsi, continua le juge, si vous ne voulez pas de mon conseil au lieu de ma sentence, retirez-vous ; mais mon conseil est celui-ci : Laissez les choses absolument comme elles sont : chacun de vous tient son anneau de votre père : ainsi chacun croit son anneau véritable. Il est possible que votre père n'ait pas voulu perpétuer plus longtemps dans sa maison la tyrannie d'un anneau. Il est certain qu'il vous aimait tous les trois, tous les trois également, puisqu'il n'a pas voulu en opprimer deux, pour en favoriser un seul. Eh bien! Que chacun de ses enfants, exempt de préjugés, imite son sincère amour ; que chacun de vous s'efforce à l'envi de mettre en évidence le pouvoir dont jouit la pierre de son anneau ; qu'il aide encore à ce pouvoir par la douceur, par l'égalité du caractère, par la bienfaisance, par une confiance intime en Dieu! Et quand ce pouvoir de l'anneau se manifestera dans les petits-enfants de vos petits-enfants, alors je vous cite de nouveau devant ce tribunal dans mille milliers d'années : un homme plus sage que moi siégera alors sur ce tribunal et prononcera. — Allez.

DE BARANTE.

LE CHERCHEUR DE TRÉSORS.

GŒTHE.

Accablé d'infortunes, d'années et de misères, je traîne mes vieux jours ; la pauvreté est le plus grand des maux, et la richesse doit être le bonheur suprême. O richesse! ô richesse! m'écriai-je un jour, il faut que je t'obtienne à tout prix ; et dussé-je perdre mon âme, oui je vais me livrer aux enfers, et signer le pacte infernal de mon propre sang.

Cette résolution prise et exécutée, je me mis à tracer des cercles magiques, en articulant des paroles mystérieuses que j'avais apprises dans un livre cabalistique : l'effet répondit à mon attente. Je ne les eus pas plutôt prononcées, que je vis autour de moi voltiger les flammes indicatrices de la présence d'un trésor. Enchanté des premiers succès, j'assemblai aussitôt des herbes désignées, que j'entremêlai avec des ossements humains, pour compléter ma conjuration.

Je me mis alors à creuser à la place indiquée. Malgré moi je me sentis saisi d'un effroi indéfinissable, que la nuit orageuse et noire augmentait encore ; mais jetant un regard sur les lambeaux dont j'étais revêtu, je bannis toute crainte et continuai mes recherches.

J'aperçus une lumière dans le lointain, brillante comme une étoile. Minuit sonna, et au même instant il se déploya à mes yeux une clarté éblouissante, produite par une coupe enchantée que portait un jeune enfant d'une beauté céleste.

Il me regarda de l'air le plus doux ; une couronne de fleurs ornait sa belle chevelure. Il entra dans le cercle que j'avais tracé, tenant toujours la coupe étincelante. Il m'invita avec grâce à y porter mes lèvres, et à boire le breuvage qu'elle contenait. J'hésitais, car la pensée des flammes éternelles m'effrayait ; mais envisageant de nouveau ce charmant enfant, et l'auréole dont il était environné, je ne pus me persuader qu'il fût un esprit des ténèbres, ni me défier de l'offre qu'il me faisait : je m'avançai avec timidité.

« Bois avec confiance le breuvage que je te présente, me dit-il ; sans cela, tu ne pourrais comprendre l'instruction que je veux te donner. Je suis ton bon génie : j'ai eu pitié de toi et de ton ignorance, et je suis venu au secours de ton âme, que tu allais perdre, en te livrant à d'indignes conjurations. Laisse la terre en repos ; c'est en toi-même, en tes propres ressources, que tu trouveras la richesse. Ne te livre plus à la paresse, comme tu as fait jusqu'à ce jour ; déploie les forces de ton âme et celles de ton corps ; qu'un exercice salutaire les développe toute la journée ; alors tes repas seront gais. Suis exactement les jours de fête, et les jours de travail ; ne trouble plus ta tête par des idées ambitieuses et mystiques : voilà mon ami le véritable secret pour être heureux dans ce monde. »

ANON.

L'AMITIÉ.

KRUMMACHER.

Un jour de printemps, deux jeunes gens, amis comme autrefois Damon et Pythias, se promenaient dans un bois se tenant par la main. Cherchons ici, dit l'un d'eux une image de notre amitié. L'homme aime tant à retrouver dans quelque objet de la nature l'image de la vie de son âme !

— Vois-tu, dit Damon, le lierre qui s'attache autour de ce chêne ? Magnifique et dans la vigueur de la jeunesse, le chêne s'élève comme la colonne d'un temple, que les jeunes garçons et les jeunes filles entourent avec joie du premier feuillage du printemps. Le tendre lierre l'embrasse, comme s'il ne voulait faire qu'un avec lui. Sans le chêne, il ramperait dans la poussière ! — Les jeunes gens se regardèrent et dirent : Cette image est belle, et la fraîche verdure du lierre orne avec grâce le tronc sévère du chêne ; c'est ainsi que la force, s'ennoblissant par l'amour, soutient et élève la faiblesse. Ainsi le noble Hercule portait dans ses bras nerveux l'innocence enfantine. Union belle et gracieuse ! Mais ce n'est pas l'image de l'amitié.

Vois là-bas, sur la colline, le vigneron lie la vigne à l'ormeau : prudente association ! Sur le fort s'appuient le faible et l'utile, pour préparer à l'homme le plus noble fruit. C'est ainsi qu'ils remplissent notre coupe de plaisirs ; ils s'enlacent pour notre utilité ; qu'ils soient bénis par notre reconnaissance !... Mais n'est-ce pas un lien formé par la main de l'homme ? Son but est le gain. La vigne aussi, trop chargée de raisins, ne peut-elle pas rompre les branches de l'orme, et son feuillage épais étouffer celui de son protecteur ? Cette image est belle sans doute ; elle exprime la réunion des forces humaines dans l'association civile, pour l'avantage de tous ; mais ce n'est pas là l'image de l'amitié.

Non, l'amitié, le lien des âmes, n'a rien sur la terre et dans le ciel qui lui ressemble ! s'écrièrent à la fois les deux amis. Ils se trouvaient sous l'ombrage de deux chênes, qui confondaient leurs rameaux. Ils regardèrent les deux arbres sveltes et vigoureux. — Quel beaux arbres ! dirent-ils ; quel développement magnifique ! Leurs racines s'entrelacent fortement, leurs têtes s'élèvent à une hauteur égale ; tous deux, s'élançant vers le ciel, résistent en commun à la tempête, et si elle les abat, ils ne peuvent tomber qu'ensemble. Est-ce là l'image de notre amitié ? se demandèrent les deux amis. Pour toute réponse, ils se jetèrent dans les bras l'un de l'autre, sous l'ombrage des chênes majestueux.

ANON.

LA VISION D'ARSENIUS.

KOSEGARTEN.

Arsenius entendit une voix lui crier : Viens, et je te montrerai les actions des hommes.

L'hermite sortit pour la première fois : et il vit un Maure, coupant avec empressement du bois, qu'il entassait. La charge était lourde, et bien qu'il ne pût la soulever, il l'augmentait sans cesse, en y ajoutant de nouvelles bûches.

L'hermite sortit une autre fois, et il vit un homme qui faisait couler l'eau d'un étang dans une citerne percée de trous. C'était peine perdue. L'eau fuyait et retournait à sa source. L'étang demeurait toujours plein, et la citerne toujours vide.

L'hermite sortit pour la troisième fois, et vit, bride abattue, deux audacieux cavaliers, portant une forte poutre en travers, s'élancer contre la porte d'un temple! Vains efforts! En la heurtant avec leur poutre, la secousse les renvoyait en arrière, et ils restaient toujours dehors.

Alors Arsenius dit : Seigneur, expliquez-moi ce que j'ai vu! Et telle fut l'explication.

Le Maure, qui augmente toujours son fardeau, c'est l'homme qui fait beaucoup de péchés, et qui, parce qu'il désespère de s'en absoudre, entasse toujours de nouvelles fautes sur les anciennes.

Le fou qui s'amuse à verser de l'eau dans un crible, c'est l'homme qui fait du bien, et l'entremêle de plus de mal. Un tel travailleur perd ses soins et sa peine, et aussi le fruit du bien qu'il fait.

Les insensés cavaliers, dont la démence s'imagine forcer la porte du temple, ce sont les hommes qui dans l'orgueil de leur puissance menacent de prendre d'assaut la cité du ciel. Vains efforts! La porte de diamant ne s'ouvre qu'à l'humilité, à la foi et à l'amour.

J. L.

V.

DESCRIPTIONS ET TABLEAUX.

CANZONE.

PAR L. SCHULZE.

A travers les arbres verts,
Portant comme des fleurs les reflets pourprés du couchant,
J'entends glisser tout bas un langoureux murmure;
On dirait que les bois rêvent de leurs chansons.
Il semble que, transformée en molle mélodie,
La vie embaumée des plantes
S'élève tranquille sur des ailes vaporeuses,
Pour envelopper la terre et l'air d'un réseau d'harmonie,
Pour secouer en chantant un frais sommeil sur les cœurs fatigués
Qui flottent entre le doute et l'espérance, entre la joie et la douleur.

Semblables à de pures étoiles
Elles m'apparaissent, ces voix magiques
Qui nagent à travers les cieux comme de sveltes messagères,
Portant d'heureuses nouvelles des pays inconnus;
Mais de même que ces sons se déroulent autour de moi en légères ondulations,
Puis tremblants se perdent et s'évaporent,
Ainsi s'approche et fuit, ainsi s'évanouit le songe de mes désirs.
Comment mon cœur pourrait-il s'assoupir,
Si toujours dans de nouveaux rêves,
Les anciennes souffrances viennent à regermer plus fraîches!

C'est bien avec la douleur
Qu'il doit payer aux dieux leur faveur, le mortel
A qui ils prêtent les plus purs rayons de la lumière,
Vie périssable jetée dans un faible cœur!

Ainsi me suit, partout où je me tourne,
Ma souffrance sous mille formes fantastiques.
Dans les parfums, dans l'éclat du soleil, dans le soupir gracieux de la lyre,
Dans les tièdes haleines, dans les ruisseaux et dans les fleurs,
S'éveillent pour moi toutes les ombres précieuses
Des jours flétris,
Et de ces plaisirs lointains, dont je gémis éternellement.

O printemps, ô vie,
O lumière du soleil, ô fraîcheur parfumée des bois,
Que vous aviez autrefois des joies pures pour mon esprit,
Quels libres battements vous donniez à mon cœur,
Quand point encore durement captif,
Le jeune amour sur des ailes à peine déliées,
Avec un regard brillant, et d'inconstants désirs,
Volait si joyeusement vers les collines lointaines et fleuries,
Et, pendant que mille chants résonnaient autour de lui,
Se berçant légèrement dans l'air,
S'arrêtait çà et là tantôt vainqueur, tantôt vaincu !

Comme sur la surface
Du lac poli, le cygne glisse
Suspendant ses cercles silencieux, et d'une voix rêveuse et faible
Élève son chant dans un sombre pressentiment de mort,
Ainsi des mains de l'amour,
Ma vie maintenant est attachée à un chemin
Qui toujours commence pour ne jamais finir.
Je sais mon mal, et je ne puis le guérir;
Je vois la mort, et je ne puis pas la détourner !
Quelque doux aussi que mes chants retentissent,
Leur harmonie est la douleur, leur récompense mes propres larmes.

Et celle qui écoute si tranquillement mes prières
Comme si elle ne pouvait pas les adoucir,
Je la vois douce, comme parmi de tendres enfants
Se promène une mère, se promener parmi ses fleurs.
Elle les contemple avec joie,
Sourit à l'une et paraît demander à l'autre :
Hélas ! Veux-tu donc déjà sitôt te séparer de moi
Qui t'ai si fidèlement soignée depuis maintes journées ?
O cœur si tendre et si rigoureux ! O amères souffrances,
Que même les fleurs éphémères
Lui offrent une joie plus grande que ma fidélité !

Jamais, quand je m'éloignai vers d'autres bords,
Son œil ou son esprit m'a-t-il accompagné ?
Un sombre chagrin était étendu à demeure sur mon regard;
Le sien était clair, comme les étoiles éternellement immobiles.

Et si j'avais péri dans les combats
Où sa colère m'a poussé,
Que, dans les flots furieux, je n'aie sauvé la nuit
Que moi, ma souffrance, et mon amour,
A peine l'aurait-elle appris avec plus d'émotion
Que la chute d'un faible rameau,
Brisé par l'orage, ou celle d'une feuille de fleur.

O couronne de la vie,
Jamais ton bonheur, ô amour, ne sera conquis dans le combat.
Quiconque a beaucoup entrepris et souffert pour toi,
Ne tend qu'à la douleur, et espère vainement un remerciement.
Mais comme des arbres fleurissants,
La fraîche rosée, hôte léger du ciel,
Pare les fleurs, qui rêvent encore fermées
Qu'elles verront étonnées, quand le jour se lèvera,
Les perles dont la limpidité bordera leurs calices :
De même tu t'approches invisible,
Du fortuné mortel sans contrainte et sans prière.

Prends donc des ailes, Canzone,
Vain rêve comme tous mes autres chants.
Vole à elle, salue d'un ton plaintif
Sa tête assoupie, et à peine entendue, dissipe-toi.

LES STEPPES.

HUMBOLDT.

Au pied de cette masse élevée de granit, qui dans la jeunesse de notre planète, à l'époque où se forma le golfe des Antilles, a bravé l'envahissement des eaux, commence une plaine d'une immense étendue. Lorsqu'on laisse derrière soi les vallées de Caracas et le lac de Tacarigua, ce lac parsemé d'îles, et qui réfléchit, dans le miroir de ses eaux, les bananiers voisins, lorsqu'on laisse derrière soi les terres, qui étalent avec orgueil la tendre verdure de la canne à sucre de Taïti ou les ombrages un peu tristes des cacaoyères, la vue se repose au sud sur des steppes qui vont, en paraissant toujours s'élever, se perdre enfin dans un lointain où elles bornent l'horizon.

Du spectacle de la vie organique dans tout son luxe, dans toute sa plénitude, le voyageur passe, frappé d'étonnement, sur le bord stérile d'un désert sans végétation. Pas une colline, pas un roc ne s'élève, comme une île, dans cet espace que l'œil ne peut mesurer. On rencontre seulement, çà et là, des couches de mine brisées d'une superficie de deux cents lieues carrées, visiblement plus élevées que les parties qui les avoisinent. Les naturels du pays donnent à ce genre de phénomène le nom de bancs, faisant connaître en quelque sorte, par le sens de cette expression, l'état primitif des lieux, alors que ces monticules étaient des bas-fonds, et que les steppes formaient le lit d'une grande mer intérieure.

Même aujourd'hui une illusion nocturne rappelle souvent ces aspects des temps les plus reculés. En effet, quand les astres, qui servent de guides aux voyageurs, viennent, en paraissant et en disparaissant tout à coup, éclairer le bord de la plaine, ou quand leur lumière vacillante reproduit leur image dans la couche de vapeur qui flotte sur la terre, on croit avoir devant les yeux l'océan sans rivage. Comme l'océan, les steppes remplissent l'âme du sentiment de l'infini. Mais à ce sentiment se mêle une certaine jouissance pour celui qui regarde la mer lorsqu'elle présente un miroir poli, et que sa surface est à peine ridée par des vagues mobiles, qui forment autour d'elles une légère écume. Sans vie, sans mouvement, les steppes dans leur morne étendue ressemblent à l'écorce nue et rocailleuse d'une planète désolée.

ANON.

SÉCHERESSE DANS LES STEPPES.

HUMBOLDT.

Sous le rayon vertical d'un soleil qui n'est jamais caché par les nuages, la couche de gazon qui couvre la terre vient-elle à se réduire d'abord en charbon, et puis en poussière, le sol durci s'entr'ouvre, comme ébranlé par une violente commotion. Est-il atteint alors par des tourbillons de vents opposés, le contre-coup propage-t-il le mouvement en un vaste cercle ; la steppe offre un aspect singulier : le sable s'élève en nuages qui ont la forme d'entonnoirs, et dont la pointe glisse à la surface de la terre ; il monte en vapeur par le centre où l'air se trouve rare, et qui peut-être est chargé d'électricité. On croirait voir ces trombes mugissantes, qui font pâlir le navigateur inexpérimenté. Un demi-jour, une lumière trouble, et qui a la couleur de la paille, précipite sur la plaine désolée la voûte du ciel qui s'abaisse en apparence. L'horizon se rapproche tout à coup : il presse la steppe, et resserre en même temps le cœur du voyageur. La terre brûlante et poudreuse, comme suspendue au milieu d'une atmosphère enveloppée de nuages, augmente la chaleur d'un air étouffant. Au lieu de fraîcheur, le vent d'est répand encore de nouveaux feux, en traversant ce terrain embrasé depuis longtemps.

Peu à peu disparaissent même les mares d'eau, que le feuillage jaunâtre du palmier flabelliforme protégeait contre l'évaporation. De même qu'au milieu des glaces du Nord les animaux sont engourdis par le froid, ainsi dans ces régions le crocodile et le serpent boa sommeillent immobiles au fond de l'argile sèche où ils sont ensevelis. Partout un sol aride annonce une mort affreuse, et partout les êtres altérés se voient poursuivis par le jeu du rayon lumineux qui, en se courbant, leur présente l'illusion d'une surface liquide et ondoyante. Enveloppés d'un nuage épais de poussière, en proie à la faim, dévorés d'une soif brûlante, les chevaux et les bêtes à cornes courent çà et là.

Les premiers, le cou tendu, marchent contre le vent qu'ils aspirent avec force pour découvrir par l'humidité de l'air le voisinage d'une mare, qui ne soit pas entièrement évaporée. Les mulets, plus adroits et doués d'un plus rare instinct, tâchent d'apaiser leur soif par un autre moyen : une plante sphérique et présentant à l'œil de nombreuses côtes, le cactier, cache sous une enveloppe garnie d'aiguillons une pulpe remplie d'eau. Avec les pieds de devant le mulet écarte les pointes, et alors il essaye seulement d'approcher ses lèvres avec précaution et de humer le suc rafraîchissant de cette espèce de chardon. Mais ce n'est pas toujours sans danger que les animaux puisent une vie nouvelle à cette source végétale, car il n'est pas rare d'en voir que les aiguillons du cactier ont estropiés.

Lorsqu'à cette brûlante chaleur du jour succède enfin la fraîcheur de la nuit, égale au jour en durée, les taureaux et les chevaux ne peuvent pas même alors goûter le repos. D'énormes chauves-souris les tourmentent pendant leur sommeil, sucent leur sang comme des vampires, s'attachent fortement à leurs dos, y produisent des plaies qui suppurent, et où viennent s'établir des mosquitos, des hippobosques et une foule d'insectes armés de dards. Telle est la triste vie que mènent les animaux, lorsque les feux d'un soleil trop ardent pompent tout ce qu'il y a d'eau sur la terre.

Anon.

LA SAISON DES PLUIES.

HUMBOLDT.

Qu'après une longue sécheresse vienne enfin la bienfaisante saison des pluies : tout à coup la scène change dans la steppe. Le bleu foncé d'un ciel, qui jusque-là n'avait jamais été nébuleux, devient plus clair. A peine reconnaît-on pendant la nuit le noir espace que renferme la constellation méridionale, appelée la Croix. Alors disparaît le doux éclat des nuages, qui dominent la terre magellanique, éclat semblable à celui du phosphore. Même au zénith, les constellations de l'Aigle et du Serpentaire ne brillent plus que d'une lumière scintillante et moins planétaire. On voit au sud un nuage isolé, tel qu'une montagne qu'on découvrirait dans le lointain. De nébuleuses vapeurs s'étendent au zénith. Le tonnerre annonce de loin la pluie qui doit ranimer la terre.

A peine la surface de la terre est-elle humectée, que la steppe, qui semble fumante, se couvre de cyllingies, de paspales à nombreuses panicules, et d'herbes de toute espèce. A la douce approche de la lumière, les mimeuses herbacées déploient leurs feuilles assoupies, et saluent le retour du soleil ; les oiseaux témoignent leur joie par un chant matinal, et les fleurs des plantes aquatiques s'entr'ouvrent et s'épanouissent. Les chevaux et les bêtes à cornes paissent, et jouissent gaiement de la vie. Le jaguar, agréablement tacheté, se cache dans l'herbe haute, s'élance d'un bond rapide, et tombe à l'improviste sur les animaux qui passent. Il est de la famille du chat aussi bien que le tigre asiatique.

Quelquefois, au dire des habitants du pays, on voit sur les bords des marais l'argile humide se soulever lentement en forme de motte, et puis tout à coup, avec un grand fracas, comme un petit volcan de fange en éruption, la terre, qui semble avoir été remuée, s'élève en nuage. Celui qui connaît le phénomène s'enfuit à cette vue; car un monstre gigantesque, ou un crocodile couvert d'écailles, sort de la fosse, où il n'attendait que la pluie pour le tirer d'un sommeil léthargique.

Lorsque l'Auraca, l'Apure et la Payara, qui bornent la plaine au sud, grossissent insensiblement, ces mêmes animaux qui, dans la première moitié de l'année, périssaient de soif et de langueur sur un sol poudreux et sans eau, sont forcés par la nature de vivre comme des animaux amphibies. Une partie de la steppe ressemble alors à un lac immense. Les cavales se retirent avec leurs poulains sur les rocs les plus hauts, qui s'élèvent comme des îles, au-dessus de la surface des eaux. L'espace qui est resté sec se resserre de jour en jour. Privés de leurs pâturages, les animaux nagent pressés les uns contre les autres pendant des heures entières, et ne trouvent qu'une misérable nourriture dans la panicule de gazon en fleurs qui s'élève au-dessus de l'eau noirâtre et bouillonnante. Beaucoup de poulains périssent, ou submergés, ou surpris par les crocodiles, qui les déchirent avec leurs queues armées de pointes, et qui les dévorent. Il n'est pas rare de voir des chevaux et des bêtes à cornes qui, échappés à la fureur sanguinaire de ces monstrueux lézards, portent sur la cuisse la trace du redoutable aiguillon.

ANON.

COMBAT DES CHEVAUX ET DES ANGUILLES.

HUMBOLDT.

Les marécages de Béra et de Rastro sont remplis d'une foule innombrable d'anguilles électriques. Elles peuvent à leur gré faire jaillir la force commotrice de toutes les parties de leur corps visqueux et convert de taches jaunes. Ces gymnotes ont de cinq à six pieds, et sont capables de faire périr même le plus gros animal, quand leur système nerveux vient à se déployer dans une direction convenable. Aussi a-t-il fallu changer la route qui partait d'Uritucu et traversait la steppe, parce que ces anguilles s'étaient entassées dans une petite rivière en si grand nombre, que tous les ans beaucoup de chevaux, en passant près de l'eau, y tombaient étourdis et y périssaient. Tous les autres poissons fuient l'approche de ces redoutables anguilles. Elles font trembler le pêcheur lui-même sur le rivage, lorsque la commotion trouvant un conducteur dans sa ligne humide, arrive jusqu'à lui malgré l'éloignement, tant l'étincelle électrique a de force pour s'ouvrir un passage à travers les eaux, et s'élancer de leur sein.

La pêche de ce poisson présente un spectacle pittoresque. On chasse des mulets et des chevaux dans un marais que les Indiens entourent étroitement, jusqu'à ce que l'anguille audacieuse, excitée par un bruit extraordinaire, commence l'attaque. On la voit, comme un serpent, nager à la surface de l'eau, se glisser adroitement sous les chevaux, et s'attacher à leur ventre. Plusieurs de ces derniers succombent sous la force des coups invisibles qu'ils reçoivent ; haletants, la crinière hérissée, les yeux étincelants d'une rage farouche, d'autres fuient pour échapper à cette horrible tourmente. Mais les Indiens, armés de longues cannes de bambous, les refoulent vers le milieu du marais.

La fureur de ce combat s'apaise insensiblement. Les anguilles épuisées de fatigue se dispersent comme des nuages déchargés d'électricité. Elles ont besoin d'un long repos et d'une abondante nourriture, pour réparer ce qu'elles ont perdu de fluide galvanique. Peu à peu leurs coups ne communiquent plus que des commotions toujours plus faibles. Effrayées du trépignement des chevaux, elles s'approchent dans leur épouvante des bords du marais. Là on leur enfonce des harpons dans le corps, et on les tire sur la steppe à l'aide d'un bâton de bois sec, qui n'est point conducteur.

Tel est le singulier combat qui se livre entre les chevaux et cette espèce de poisson. La force qui est pour ces habitants des eaux une arme vivante et invisible ; celle qui, éveillée par le contact d'un corps humide et de nature différente, circule dans tous les organes des animaux et des plantes ; celle qui enflamme en grondant la voûte immense du ciel, celle qui produit entre le fer et le feu une certaine adhésion ; celle qui cause les oscillations légères de l'aiguille aimantée ; toutes ces forces ressemblent aux couleurs du rayon lumineux, divisé par le prisme : toutes découlent d'une force unique ; toutes se confondent en une force éternelle et partout répandue.

Anon.

LE MAURITIA ET LES GUARAUNES.

HUMBOLDT.

Les avantages et les bienfaits de cet arbre de vie sont célèbres ; seul, il nourrit à l'embouchure de l'Orénoque la nation indomptée des Guaraunes. Avec les queues des feuilles du mauritia ils font des hamacs, qu'ils attachent aux branches, pour vivre sur les arbres comme les singes, lorsque la saison des pluies est venue, et que le Delta est inondé.

Ces cabanes suspendues sont en partie couvertes d'argile ; sur la couche humide, les femmes allument du feu pour les besoins domestiques. Du milieu du fleuve le navigateur voit, pendant la nuit, des flammes s'élever dans les airs. Si les Guaraunes ont conservé leur indépendance physique et peut-être même leur indépendance morale, ils en sont redevables à leur terre marécageuse, à leur sol spongieux, sur lequel ils courent d'un pas rapide, et à la demeure qu'ils se sont faite sur les arbres, asile élevé où l'enthousiasme religieux ne conduira peut-être jamais un stylite américain.

Mais une demeure sûre n'est pas le seul avantage que procure le mauritia : il donne encore des aliments variés. Avant que la tendre capsule du palmier mâle se soit entr'ouverte, et seulement à cette époque de la métamorphose des plantes, la pulpe du mauritia renferme une farine semblable au sagou, et qui, comme la farine produite par la racine de l'iatropha, se sèche, se durcit en plaques minces, et sert de pain. La sève de l'arbre, après avoir fermenté, devient ce doux vin de palmier dont s'enivrent les Guaraunes. Sous une enveloppe lisse et fraîche, les fruits du mauritia, pareils à des pommes de pin rougeâtres, contiennent, comme les bananes et presque tous les fruits qui viennent sous les tropiques, un aliment varié, selon qu'on attend le développement complet de la liqueur sucrée qu'elles renferment, ou bien qu'on les mange plus tôt, et lorsqu'ils sont farineux. C'est ainsi qu'en descendant au plus bas échelon de l'intelligence humaine, nous trouvons une tribu, comparable à l'insecte attaché à une fleur unique dont il ne peut dépasser les bornes, une tribu dont l'existence est liée à un seul arbre.

Anon.

SOLITUDES DE LA GUYANE.

HUMBOLDT.

Si la Steppe est un champ de bataille, où les tigres et les crocodiles combattent contre les chevaux et les bêtes à cornes, nous voyons sur la côte hérissée de forêts, dans les solitudes sauvages de la Guyane, l'homme éternellement armé contre l'homme. Une rage, qui révolte la nature, y pousse des peuplades entières à sucer, à boire le sang de leurs ennemis ; d'autres que l'on croirait sans armes, et qui n'en sont pas moins prêtes à donner la mort, se servent, pour égorger leurs victimes, d'un ongle empoisonné. Les hordes les plus faibles n'osent marcher sur un rivage sablonneux, sans effacer avec précaution et de leurs propres mains la trace de leurs pas timides.

Ainsi prenez l'homme au plus bas degré d'une grossièreté brutale, comme dans l'éclat apparent qui l'entoure au plus haut point de la civilisation : il travaille sans cesse à se faire de la vie un tourment. Ainsi, parcourez le globe dans sa vaste étendue ; voyagez sur terre et sur mer, ou passez en revue l'histoire de tous les siècles ; partout vous serez poursuivi par l'image désolante et uniforme de la discorde qui divise le genre humain.

Aussi l'homme qui, au milieu de la haine implacable des nations, soupire après la jouissance d'une paix intellectuelle, aime à plonger un regard curieux dans la vie si calme des plantes, et à contempler les secrètes opérations de la sainte nature ; ou bien, cédant à la force d'un penchant inné, d'une ardeur qui depuis des milliers d'années enflamme le cœur de l'homme, il porte sa vue, comme par un pressentiment de sa destinée future, vers les hautes régions où les astres, dans une harmonie que rien ne trouble, parcourent éternellement leur antique carrière.

ANON.

PENSÉES DU MATIN.

HALLER.

La lune se cache ; le voile grisâtre des brouillards ne couvre plus l'air et la terre ; l'éclat des étoiles disparaît ; le feu ardent du soleil arrache tous les êtres au repos.

Le ciel se colore de pourpre et de saphirs ; l'aurore matinale sourit, et l'éclat des roses qui ornent son front, fait fuir les pâles légions de la nuit.

Déjà s'ouvre la porte radieuse de l'Orient. Vers la voûte pure des étoiles s'avance, avec majesté, le flambeau resplendissant de l'univers ; les nuages rougeâtres brillent de rubis étincelants, et une couche d'or enflammée couvre les campagnes.

Les roses s'épanouissent, et le soleil se réfléchit dans les perles de leur fraîche rosée ; le parfum de l'ambre s'échappe des lis, et nous procure une douce jouissance, en animant le tendre satin de leurs feuilles grisâtres.

Le diligent laboureur s'empresse d'aller dans son champ, et conduit, plein de joie, sa pesante charrue : des légions d'oiseaux traversent d'un vol léger les airs et les forêts, qu'ils font retentir de leur chant matinal.

O Créateur, tout ce que je vois est l'ouvrage de ta toute-puissance; tu es l'âme de la nature; le cours et la lumière des étoiles, l'éclat et la force du soleil sont l'ouvrage de ta main et en portent l'empreinte.

Tu allumes le flambeau qui brille dans la lune; tu donnes des ailes aux vents; tu prêtes à la nuit la rosée dont elle nous rafraîchit; tu règles le mouvement et le repos des étoiles.

Tu as créé d'argile et de poussière les brillantes étoiles; tu as forgé de sable l'airain enfermé au sein de la terre; tu as élevé le firmament dans les cieux, et tu l'as enveloppé du voile des nuages.

Le poisson qui vomit des torrents, et dont la queue bouleverse les flots, c'est toi qui as creusé ses veines; tu as formé d'un peu de terre l'éléphant colossal; tu as animé l'énorme masse de ses os.

Les voûtes de saphir, qui couvrent le vaste espace des cieux, tu les as construites au milieu du vide; et l'univers qui ne connaît d'autres bornes que lui-même, ta seule parole l'a tiré du néant.

Mais, ô Dieu trois fois grand! une âme créée est bien trop faible pour embrasser tes œuvres; elles sont infiniment grandes, et pour les compter, il faut être infini comme Toi-même.

O Être incompréhensible! Je reste enfermé dans mes bornes; toi, soleil, tu éblouis mes yeux, et celui dont le ciel lui-même est l'ouvrage, n'a pas besoin des louanges d'un vermisseau.

Anon.

LE LEVER DU SOLEIL.

PYRKER.

Une lueur, faible encore, éclairait la porte de l'Orient; derrière cette porte, le soleil rajeuni s'élevait sur ses ailes; déployées, étendues, elles frappaient l'air, et faisaient monter vers le ciel les feux étincelants, qui entourent le Dieu du jour dans sa couche de roses. En même temps, elles éveillaient le vent du matin, dont la douce et caressante haleine apporte la fraîcheur. Du feuillage frémissant de la forêt voisine, ce vent souffla sur les prairies émaillées de fleurs, répandit à l'entour une odeur embaumée, et remplit de joie la nature à son réveil. Déjà l'hirondelle, qui avait suspendu son nid sous le bord du toit hospitalier, commençait à s'agiter, en gazouillant avec ses petits ; on entendait au loin la colombe roucouler dans sa volière ; le coq chantait d'une voix éclatante ; et déjà, dans les champs, dans les bois, le bruit toujours croissant s'élevait jusqu'à la route azurée.

Alors le soleil radieux, quittant sa couche de roses, paraissait à l'horizon ; il étendait comme un léger voile de pourpre sur la cime des montagnes, sur les maisons et les tours de la ville ; ici ses feux doraient les vitraux ; là, dans l'immense étendue des riantes prairies, ils faisaient étinceler les gouttes de rosée, comme autant de perles. Bientôt il s'élève dans toute sa magnificence ; pas un nuage n'obscurcit la voûte céleste, et sur la terre, inondée de lumière, retentissent des cris d'allégresse qui célèbrent le jour.

Anon.

LE MATIN.

TIEDGE.

Salut à toi, Aurore! Les flambeaux de ta première heure jettent leurs éclairs de pourpre à travers la porte du matin ; des souffles de vie s'ébattent dans les airs : un bruit s'élève, qui annonce que tout ressuscite du rêve de la nuit.

Les tendres fleurs s'inclinent : c'est le génie du chant qui a passé sur elles, comme un doux murmure ; du sein d'un vaste feuillage retentit l'hymme triomphant de la foi à l'éternelle nature.

Une grâce nouvelle cadence à l'ombre des rameaux rajeunis les pleurs du rossignol, tandis qu'à travers les espaces lumineux, les hirondelles, comme un essaim de songes enchantés, voltigent avec des cris de joie.

Les alouettes s'esjouissent dans les campagnes, et les bois mêlent à ces chœurs joyeux leurs voix puissantes et graves. Comme la flamme d'un sacrifice, la pointe des montagnes s'illumine, et leur feu descend se réfléchir dans la rosée du vallon.

Montez, flammes du sacrifice, montez ! Dans le grand temple de l'univers, le monde est un autel de consécration. Voyez ! La prêtresse, entourée d'une splendeur de fête, entrelace dans ses cheveux sa couronne de rayons.

Revêtue d'éclat et de fécondité, elle sort de l'obscurité silencieuse pour s'approcher de son autel. Les nuages, qu'a embrasés l'Orient, s'éparpillent comme des fleurs de pourpre, pour joncher son chemin.

Salut donc, Aurore ! Ton heure pourtant éveille le désespoir de son repos ! Fais au moins avec ta couronne de roses un signe d'espérance aux malheureux.

J. L.

LE VOYAGEUR DANS LES ALPES.

MATTHISSON.

Par un sentier étroit et rocailleux le voyageur monte, d'un pas mal assuré, à travers les branches enlacées de ces arbres sauvages, jusqu'au haut de la montagne couverte de pins. Comme il tremble, ce pont du torrent qui se précipite avec fracas à travers la forêt, et entraîne rapidement dans les abîmes les arbres et les rochers !

Maintenant la nuit fuit les hauteurs : éclairée par les rayons du soleil, une vallée verdoyante, une vallée enchantée se prolonge jusqu'aux sommets chargés de neige. Ici, frissonnant de plaisir, la muse de Haller lui-même resterait muette. Comme tout est grand ! Comme l'âme se sent élevée ! Ici est l'Élysée.

Ici un éther plus pur circule autour du divin bocage, et l'aurore verse une pourpre plus vermeille sur la verdure brillante ; ici la liberté habite dans les chaumières, à côté de la pieuse simplicité, et la force est la récompense des mœurs de l'âge d'or.

Ici les troupeaux agitent leurs sonnettes sur un gazon fleuri ; et de doux parfums sont répandus dans les airs par le zéphyr, qui caresse la montagne ; ici la gentiane et l'anémone étalent leurs vives couleurs, et, sur de soyeux tapis de verdure, la rose des Alpes fait briller son incarnat.

Ici l'âme plus forte déploie hardiment ses ailes, et croit planer au-dessus de la terre, au-dessus de sa prison ; plus pure et plus libre, elle s'arrache au monde des sens, et déjà, dans une enveloppe aérienne, elle salue religieusement les rives du Léthé.

Mais, hélas! le charme s'évanouit, comme les images du Dieu des songes ; l'étroit sentier s'enfonce au milieu des broussailles du rocher ; et l'œil contemple avec effroi ces masses sauvages, qu'éclaire faiblement le soleil du soir, ces ruines de montagnes écroulées, semblables aux ruines d'un monde.

Sur les hauteurs que sillonne l'éclair, je vois rouler des avalanches, et l'aigle fait entendre sa voix terrible dans la région des nuages. Un bruit sourd, un bruit de tonnerre, tel que les mugissements de l'enfer dans les cavernes de l'Etna, retentit sur les glaciers, près de la source du torrent : c'est le palais de glace qui éclate et s'entr'ouvre.

Ici une faible clarté pénètre l'obscurité des abimes, où Flore n'a jamais souri ; là, dans des gouffres horribles règne l'antique nuit du chaos ; et toujours plus rapide, plus effrayant, le sentier semble s'élancer vers la nue ; de pâles images de la mort sortent de toutes les crevasses des rochers.

Les froides horreurs du tombeau viennent saisir l'âme sous ces masses énormes de granit, qui s'avancent d'un air menaçant sur l'abîme ; des vagues furieuses se précipitent avec fracas bien au-dessous du pont fragile, et les vents du Groenland sifflent sur ces hauteurs, que couvre la neige entassée.

Le voyageur est raidi par le froid ; son haleine glacée se change en neige. Dans le lointain, près du lac des Alpes, une petite cloche frappe agréablement l'oreille de son sourd tintement ; le chemin creux descend rapidement vers l'abîme, et les rochers dentelés laissent apercevoir la sombre ardoise du couvent, ornée d'une croix blanche.

ANON.

LES SAISONS.

JEAN-PAUL RICHTER.

Quatre prêtres sont debout sous le vaste dôme de la nature, et prient aux autels de Dieu, les montagnes : — L'hiver au front chenu, avec son surplis de neige blanche. — L'automne thésauriseur, avec des gerbes sous le bras, qu'il dépose devant Dieu sur l'autel, et que les hommes peuvent glaner. — L'ardent adolescent, l'été, qui travaille jusqu'à la nuit, pour avoir à sacrifier. — Et le printemps enfin, délicat et gracieux, avec sa blanche étole de fleurs, qui, comme un enfant, présente ses fleurs et ses guirlandes au génie suprême, et à la prière duquel se mêle en priant tout ce qui l'entend prier. — Et pour les enfants des hommes, c'est le printemps qui est le prêtre le plus beau.

J. L.

LE TREMBLEMENT DE TERRE.

UZ.

La terre a tremblé ; son sein s'est entr'ouvert et a englouti la Reine sur le bord de la mer, et des malheurs plus affreux encore menacent notre globe infortuné par la bouche de prophètes fanatiques.

Ainsi, le hibou, lorsque la nuit enveloppe sa demeure de ses ombres effrayantes, quitte ses décombres couverts de mousse, pour voler sur des toits silencieux, où sa sombre mélancolie le tient éveillé, et où ses hurlements arrachent au sommeil le citadin épuisé de fatigues.

Étendue sur des plumes de cygnes, la Volupté écoute et tremble ; un frisson parcourt et agite ses membres. L'inquiète Avarice, qui ne goûta jamais les douceurs d'un sommeil bienfaisant, tremble aujourd'hui et recommencera demain à exercer l'usure.

Les prophètes fourmillent toujours, quand l'horizon se rembrunit; le peuple frivole les croit et frémit comme les feuilles sèches de l'automne ou comme la paille légère agitée par l'aile du zéphyr.

O muses, qui jadis, au printemps de mon âge, m'avez nourri d'ambroisie, lorsque dans votre bosquet, au milieu d'une sainte obscurité, vous m'avez enseigné la lyre allemande!

C'est à vous que je dois mon bonheur, c'est à vous que j'en rends grâces; vous entretenez dans mon cœur une joie toujours égale. Sans vous, votre paisible ami, guidé par la main de la folie, poursuivrait aussi de ses vœux ou de ses larmes, de futiles chimères.

Ah! permettez que mon front soit toujours serein! Qu'il le soit, non seulement dans les jours où brille le soleil, où la joie me cherche, où le luth et le vin chassent loin de moi les nuages!

Qu'il le soit non seulement dans le sombre bosquet et dans les lieux où le rossignol plane, en chantant, au-dessus de ma tête, ou soupire près d'une source, qui, plus pure que le cristal, coule en murmurant sur les cailloux!

Puisse briller sur mon front, lors même que la terre est ébranlée, cette pensée divine : que la vertu est heureuse, et que mon âme vivra au milieu des ruines de mondes entiers!

ANON.

CONTEMPLATION.

GŒTHE.

Un calme extraordinaire a rempli toute mon âme, semblable à ces douces matinées de printemps, dont j'aime tant à jouir. Me voilà seul, et tout entier au bonheur de vivre dans cette belle contrée, faite pour un cœur comme le mien. Je suis si content, mon cher, si absorbé dans la jouissance de ma tranquille existence, que mon talent en souffre infiniment. Je ne pourrais maintenant dessiner; je ne pourrais même former un seul trait, et jamais pourtant je ne fus meilleur peintre.

Quand cette charmante vallée exhale autour de moi ses vapeurs, quand l'astre du jour, arrivé au milieu de sa course, plane sur l'impénétrable et fraîche obscurité de mon bocage, et peut à peine çà et là lancer quelques rayons dans la profondeur de mon asile, mollement étendu sur l'herbe, près de la cascade d'un ruisseau, et par conséquent plus rapproché de la terre, j'admire l'immense variété de mille petites plantes ; en découvrant au milieu de leur faible tige tant de moucherons, tant d'innombrables et imperceptibles vermisseaux ; en sentant si près de mon cœur l'agitation de ce petit univers, je ressens la présence du Tout-Puissant, qui nous créa à son image, le souffle de cet Être incomparable qui, du sein de la félicité éternelle, nous anime et nous conserve. Cher ami, quand tout cela se confond à mes yeux, et que le ciel et la terre se concentrent et reposent dans mon âme, comme l'image d'une femme adorée, je soupire et je me dis : Ah ! si tu pouvais communiquer au papier ton ardente sensibilité, de manière qu'elle fût l'image de ton âme, comme ton âme est l'image de l'Être infini, mon cher ami ! — Mais il faut y renoncer ; je succombe sous le poids, sous la sublimité de ces prodiges.

ANON.

LES RUINES DE POMPÉI.

SPETH.

On éprouve en ce lieu une étrange impression, et l'âme y est saisie d'un sentiment particulier, impossible à décrire. On se voit transporté dans un monde habité par des ombres, dans un vaste tombeau. Quel lugubre silence ! Quelle sombre horreur ! Quelle affreuse solitude ! Comme environné de spectres invisibles, on tremble au bruit de ses propres pas, répété dans ces espaces vides ; on n'entend que soi, et jamais que soi ; nulle voix humaine ne vient frapper votre oreille ; personne ne vous accueille, en disant : Soyez le bienvenu. Ceux qui autrefois exercèrent ici une aimable hospitalité, ont depuis longtemps aban-

donné ces demeures; il y a déjà mille ans, il y a bien plus encore!...
Les uns ont été surpris par la catastrophe, et on trouve çà et là leurs
squelettes desséchés; les autres reposent encore dans leurs tombeaux,
que la cendre a recouverts, et sur lesquels s'élèvent de riants vignobles.

Ce qui donne à ces impressions singulières un nouveau degré de
force et de vivacité, ce sont mille accidents, qui s'offrent aux spectateurs; une étonnante illusion rapproche à ses yeux le moment où toute
une population vivait et s'agitait il y a plus de mille ans, dans cette
enceinte; et il semble que la ville vienne seulement d'être abandonnée.
Les traces des ornières sont encore aussi fraîches, que si la roue
bruyante des chars ne les avait que depuis un an imprimées dans la
lave. Ici l'œil plonge dans une boutique : immédiatement à l'entrée se
trouve une grande plaque de marbre, où sont enfoncés des pots, destinés à contenir les différents liquides qu'on y vendait. Sur cette plaque
on remarque encore l'empreinte d'autres vases : ce sont probablement
ceux que les acheteurs y avaient posés. Là, on entre dans la maison
d'un boulanger; tout près de la porte est encore le moulin à bras, avec
toutes les traces de l'usage qu'on en faisait, comme s'il y avait peu de
jours que l'esclave l'eût fait tourner. Dans le fond on aperçoit le four,
construit comme ceux d'aujourd'hui, et beaucoup au-dessus une tablette
scellée dans le mur avec cette inscription : *Hic habitat felicitas* (ici habite le bonheur)... Oui, avant cette épouvantable catastrophe.

ANON.

LA CHUTE DU RHIN.

LAVATER.

Qui me donnera un pinceau et des couleurs, pour te retracer ici,
grande pensée de la création? pour te peindre, majestueuse chute du
Rhin!... O ma harpe! Je sens maintenant la faiblesse de tes accords

pleins et sonores! Muse du chant, quels que soient tes élans, tu ne peux t'élever assez haut, pour peindre la fureur du torrent, roulant dans l'abime ses vagues écumantes et amoncelées! Flèches, qui fendez les airs, votre vol n'est pas assez rapide! Et vous aigles, dont les ailes agitées portent l'effroi dans l'âme, vous ne vous élevez avec effort que jusqu'aux flammes du soleil! Vous ne pouvez être pour moi l'image, non pas même la faible image de la rapidité de ce fougueux torrent; précipitant ses ondes réduites en poussière, bondissant à travers les rochers qu'il creuse, et faisant retentir les montagnes du tumulte de la tempête, et du fracas non interrompu du tonnerre! C'est avec horreur que je vous contemple, nuages de vagues, qui appelez le voyageur! A votre aspect, je ne respire plus, la parole expire sur mes lèvres. Superbe fleuve, sous toi la terre est ébranlée! Le rocher tremble! La nature semble se révolter! Magnifique spectacle! Qui mettra un frein au torrent? Qui opposera sa poitrine à l'impétuosité de ses vagues? Celui-là arrêterait les soleils! Il mettrait un frein aux comètes, lorsque le juge souverain les fait rouler dans l'espace pour aller embraser les mondes! D'un seul signe il éteindrait les tourbillons de flammes de la terre, dévorée par le feu, l'homme assez puissant pour mettre un frein à ce torrent qui toujours plus terrible bondit du haut des monts, dévore l'espace, roule sur les hauteurs et dans les abîmes, enveloppe sa magnificence d'un nuage blanchâtre et bouillonnant, et, du fond de cette mer bruyante d'écume, crie avec la voix de l'Océan au contemplateur stupéfait : Il existe un Dieu! Ce Dieu est magnifique! Il existe une Toute-Puissance! Mortel, sens ici ton néant!

ANON.

UN ORAGE VU DES HAUTEURS DE TERRACINE.

SPETH.

De cette hauteur la mer présente l'étendue la plus vaste, le coup d'œil le plus imposant. Aussi loin que la vue peut porter, on n'aperçoit que le ciel et l'onde... Alors le crépuscule commença à descendre silencieusement sur cette plaine immense : des nuages épais et menaçants, s'amoncelant à l'horizon lointain, annoncèrent une tempête terrible. L'aspect de la mer était sombre et redoutable ; chassés par un air agité, les flots, semblables à de légers flocons de neige, bondissaient au loin sur cette noire et affreuse surface, et, formant un vaste tourbillon, allaient se briser avec fracas sur les écueils voisins. L'air devenait toujours plus agité ; des éclairs déchiraient la nue et dans l'éloignement retentissait le sourd roulement du tonnerre.

Debout et en silence, j'avais les yeux attachés sur ce grand spectacle ; l'obscurité de plus en plus profonde, et la nuit qui s'approchait, nous conseillaient de quitter ce théâtre d'horreur.....

Cependant l'orage, chassé par l'ouragan, s'était rapproché, et il plana bientôt avec toutes ses horreurs sur la mer et sur la ville. Le voile de la nuit sillonné, déchiré par des traits de feu, s'entr'ouvrait et laissait voir un fond rougeâtre et embrasé par de brillants éclairs. Une affreuse obscurité tantôt couvrait la mer balayée par les vents, tantôt paraissait se dissiper en flamme ; car de grands torrents d'un feu bleuâtre comme celui du soufre se précipitaient du haut des nues avec un bruit affreux, pour s'ensevelir dans les vagues bouillonnantes. Ensuite éclatèrent les coups de la foudre, coups si épouvantables, qu'aucune expression ne pourrait en donner une idée ; le ciel et la terre en tremblèrent, et l'écho, roulant dans les montagnes, alla les répéter au loin. Les flots soulevés s'entre-choquaient avec fureur, et lançaient, en tournoyant, leur écume à travers les ombres de la nuit. Jamais je ne vis les deux plus terribles éléments se livrer un combat plus effroyable. On aurait cru que le dernier jour du monde était arrivé.

ANON.

LA VALLÉE DE SCHŒLLENEN PRÈS DU ST-GOTHARD.

FERNOW.

Vallée de la terreur ! Je te contemple dans les ombres de la nuit, et mon âme tremble et frissonne ; j'écoute, et le sang dans mes veines se glace d'effroi. Enfermé au milieu des ruines de ta destruction, le sentiment de mon existence se perd dans la nuit du chaos ; penché sur le bord de l'abîme, où l'œil craint de plonger, je frémis d'horreur, et je suis comme suspendu au-dessus des flots bruyants de la Reuss, dont la rage écrase les rochers. Ah, comme elle mugit ! Comme elle écume et bouillonne ! Avec quelle violence elle se soulève contre tout ce qui veut l'arrêter ! Avec quel bruit triomphal elle bondit, en se précipitant de rocher en rocher ! Avec quelle fureur, quelle impétuosité, elle roule ses flots tumultueux vers la chute rapide ! Avec quel bruit triomphal elle tombe, et se réduit en poussière ! J'élève un regard tremblant vers ce mur de rochers, qui s'élance, comme une tour, jusqu'au ciel : soudain, comme aveuglé par l'éclair, je détourne mon œil téméraire. Dieu ! Ils tombent ! Fuyons ! Ils tombent ! Qui les retiendra, ces énormes colosses ? Du haut des nuages, leur masse escarpée menace ma tête. Mon cœur se sent de plus en plus serré par l'horreur de la destruction qui m'environne : devant moi, au-dessus de moi, tout autour de moi, se forme le gouffre mugissant. Qui me montrera un sentier pour sortir de cet asile de la mort ? Des scories, des ruines, des rochers brisés, remplissent ce tombeau de la nature. Vois-tu cet arc aérien ? Le courage et l'audace helvétique l'ont jeté sur l'abîme en affrontant la mort. Là est la demeure de la terreur ; là s'agitent éternellement le trouble et les vertiges au milieu de l'affreux tumulte du gouffre épouvantable. A ce spectacle horrible, les sens sont frappés de mort. La vie terrestre est anéantie ; la tête la plus fière s'incline devant le courroux destructeur. Mais libre de crainte, mon esprit, recueillant ses forces immortelles, s'élève, triomphant, au milieu des tonnerres du torrent. Que tu es terrible, ô nature, dans les ruines de la destruction ! Que tu es terrible dans la chute du torrent, et le fracas des avalanches ! Mais tu es sublime et magnifique pour l'esprit, qui, porté sur les ailes de l'immortalité, plane au-dessus des ruines, des avalanches et de la mort. Vallée de la mort ! Tu réveilles dans l'âme les forces assoupies de la vie éternelle ; tu réveilles le dieu qui lui donne l'immortalité. Berceau des plus nobles sentiments ! Tu fais naître, tu nourris dans l'âme le germe de ses facultés ; tu lui imprimes cette noble hardiesse, qui brille dans nos actions. Liberté, courage, noble fierté, sublime mépris de la mort, voilà ce que ton majestueux tonnerre porte jusqu'au fond du cœur, qu'il enflamme, qu'il élève au-dessus de lui-même. La simplicité, l'innocence, le travail, habitent dans de paisibles chaumières autour de ton gouffre destructeur, qui jamais ne leur fut fatal. Il n'est fatal qu'au tyran, qui, agitant les chaînes de l'esclavage, vient briser contre vous, ô rochers sacrés! sa tête orgueilleuse. Vallée de la terreur! Je me suis approché de toi au milieu de la nuit, l'âme remplie d'horreur; pénétré d'un enthousiasme sublime, je te quitte avec ravissement.

Anon.

LA SALLE DU VIEUX CHATEAU.

HOFFMANN.

Je me trouvai donc seul dans la haute et vaste salle. La neige avait cessé de tomber, la tempête de mugir, et le disque de la lune brillait à travers les larges fenêtres cintrées, et éclairait d'une manière magique tous les sombres recoins de cette singulière construction, où ne pouvait pas pénétrer la clarté de ma bougie, et celle du foyer. Comme on le voit souvent dans les vieux châteaux, les murailles et le plafond de la salle étaient décorés, à l'ancienne manière, de peintures fantastiques et d'arabesques dorées. Au milieu de grands tableaux, représentant des chasses aux loups et aux ours, s'avançaient en relief des figures d'hommes et d'animaux, découpées en bois, et peintes de diverses couleurs, auxquelles le reflet du feu et celui de la lune donnaient une singulière vérité. Entre les tableaux, on avait placé les portraits de grandeur naturelle des anciens barons en costume de chasse. Tous ces ornements portaient la teinte sombre que donne le temps, et faisaient mieux ressortir la place blanche et nue qui se trouvait entre les deux portes. C'était évidemment aussi la place d'une porte qui avait été murée, et qu'on avait négligé de recouvrir de peintures et d'ornements.

Qui ne sait combien le séjour d'un lieu pittoresque éveille d'émotions, et saisit même l'âme la plus froide! Qui n'a éprouvé un sentiment inconnu au milieu d'une vallée entourée de rochers, dans les sombres murs d'une église! Qu'on songe maintenant que j'avais vingt ans, que les fumées du punch animaient ma pensée, et l'on comprendra facilement la disposition d'esprit où je me trouvais dans cette salle. Qu'on se peigne aussi le silence de la nuit, au milieu duquel le sourd murmure de la mer et les singuliers sifflements des vents retentissaient comme les sons d'un orgue immense, touché par des esprits ; les nuages qui passaient rapidement, et qui souvent, dans leur blancheur et leur éclat, semblaient des géants qui venaient me contempler par les immenses fenêtres : tout cela était bien fait pour me causer le léger frisson que j'éprouvais. Mais ce malaise était comme le saisissement qu'on éprouve au récit d'une histoire de revenants vivement contée, et qu'on ressent avec plaisir. Je pensai alors que je ne pouvais me trouver en meilleure disposition, pour lire le livre que j'avais apporté dans ma poche : c'était le *Visionnaire,* de Schiller. Je lus et je relus, et j'échauffai de plus en plus mon imagination.

Loève-Veimar.

PANORAMA DES ALPES VUES DU LAC MAJEUR.

JEAN-PAUL RICHTER.

Mon Dieu! fut le premier cri de cet aveugle, auquel on rendait la vue, et qui apercevait, enfin ouvertes, toutes les portes de ce nouveau ciel. Quel monde !... Les Alpes étaient là comme autant de géants, les bras entrelacés, opposant au soleil leurs boucliers de glace... Leurs corps étaient entourés de la ceinture bleue des forêts... A leurs pieds surgissaient des coteaux couverts de vignes... Le vent frais du matin jouait avec les cascades, comme avec autant de rubans, et ces rubans se reflétaient sur le miroir poli du lac... Albano se tourna lentement de tout côté. Ses yeux erraient des montagnes aux vallons, de la terre aux eaux du lac, du soleil aux fleurs ; partout la nature annonçait son majestueux réveil. Il semblait que la terre vint de naître, et qu'une nouvelle création eût jeté d'un côté des terres, de l'autre des mers, et là-bas des montagnes.

Ph. Chasles.

LE RIGI.

HEINSE.

Me voilà assis sur le sommet du Rigi, exposé aux premiers rayons de l'astre pompeux du jour, qui s'élance brillant de jeunesse au-dessus des montagnes de Glaris, et répand dans mon âme la joie et la volupté. Au-dessous de moi, dans un précipice effroyable, bordé de rochers escarpés et coupés à pic, la nuit étend encore ses sombres voiles sur les lacs paisibles, dont aucune vague ne vient battre la rive. Au loin, sur toute la terre, planent un épais brouillard et des nuages grisâtres, informes, et qui présentent l'aspect du chaos : telle on dépeint avec mille têtes la Nuit, cette mère féconde qui porte dans son sein une vie infinie, qui n'est pas encore parvenue à son terme. Au-dessus de toutes ces vapeurs confuses brillent les sommets neigeux de Schwitz et d'Unterwald, semblables à d'énormes masses de diamant. Bientôt on voit de petits nuages pourprés luire, étinceler et embellir de leur éclat les plaines azurées du ciel. Au couchant, le ciel et la terre se confondent, et le monde n'est qu'un vaste brouillard; mais à l'Orient, les rayons du soleil triomphent de ces vapeurs, qui s'abaissent et disparaissent. Les collines sont couvertes de rosée, et de tous côtés on voit des vaches paître dans les Alpes. La terre montre son visage gracieux ; autour de moi sourient agréablement des lacs, et les eaux, réfléchissant les rayons du soleil, suivent majestueusement leur route tortueuse, et vont ranimer les êtres.

Entouré d'une foule de sommets gigantesques, le front du Rigi s'élève majestueusement vers le ciel ; de tous côtés la montagne retentit du bruit des ruisseaux, qui se précipitent dans la vallée. On entend le murmure des sources qui jaillissent de dessous les rochers au milieu des ombrages touffus, et le fracas des torrents dont les échos répètent les mugissements. Ces eaux pleines de vie (car comment puis-je me les représenter autrement, moi voyageur souvent altéré?) ces eaux semblent s'indigner de ne rencontrer dans leur cours que des rochers, où la nature est morte, et de ne pouvoir animer aucune végétation. Sur cette première hauteur l'on trouve déjà une hôtellerie... En suivant la seconde, on voit à sa gauche deux grandes montagnes se séparer, et au delà de l'abîme, à travers lequel une rivière roule impétueusement ses eaux, on aperçoit des masses de rochers escarpés et coupés à pic, du haut desquels une multitude de cascades se précipitent dans la profondeur de la vallée ; et partout où un arbuste a pu prendre racine, croissent des pins que l'on voit çà et là abattus ou déracinés par le vent, et dispersés comme des pailles légères ; suspendus aux bords des précipices, ils pourrissent, parce que personne ne peut en approcher. Devant soi on voit s'élever dans les airs des rochers sourcilleux, semblables à d'énormes rangées de colonnes gothiques. Le ruisseau qui se précipite dans la vallée par mille bruyantes cascades, est bordé çà et là de hêtres, de pins et d'aunes.

Le Rigi en général est très fertile ; au pied de la montagne, ainsi qu'à son sommet, se trouvent de gras pâturages. Le haut est couronné d'un grand nombre de pins, et au bas on aperçoit des hêtres vigoureux. Les meilleurs bestiaux paissent de tous côtés. Le chemin, ou sentier, qui conduit au haut de la montagne, est extrêmement pénible ; il est souvent si étroit et si près des précipices, qu'on peut à peine le suivre. Les capucins et les vachers sont parvenus, avec des efforts inexprimables, à le mettre dans l'état où il est, sans quoi il aurait été absolument impraticable. On y trouve aussi dans beaucoup d'endroits de grands quartiers de rochers couverts de mousse et de plantes de diverses espèces. Sur les uns qui sont dans l'abîme, croissent des hêtres, la plupart assez grands ; les autres, qui sont placés sur les hauteurs, portent des pins et des broussailles. Je n'ai encore rencontré, entre les montagnes élevées, que fort peu de vallées qui ne fussent remplies de ces quartiers de rochers, sur la plupart desquels des arbres ont pris racine, et c'est là principalement ce qui donne au pays cet aspect pittoresque, qui n'appartient qu'à la Suisse.

Ce soir-là même je gravis encore jusqu'au point le plus élevé de la montagne, où je vis le soleil se coucher dans tout son éclat, tandis qu'en bas, non le crépuscule, mais une nuit fort sombre couvrait déjà les lacs ; ce qui formait un contraste ravissant. De là je reconnus tous les environs. On aperçoit d'abord au pied de la montagne tout le lac de Zug, ensuite la plus grande partie du lac irrégulier des quatre villes forestières, les lacs de Lowerz, de Sur, et, tout à fait dans le lointain, celui de Zurich, et encore quelques autres. On découvre aussi une grande étendue du cours de la Reuss, et une infinité de villes et villages, tels que Lucerne, Küssnacht, Zug, Arth, Schwitz, etc. De loin l'on prendrait les vaches, qui paissent dans les pâturages au pied de la montagne, et qui pour la plupart sont noires, pour de grosses taupes sorties de dessous terre. Tout autour s'étend le magnifique cercle de montagnes, dont les sommets neigeux semblent dominer le reste de la nature.

ANON.

UN ACCÈS D'ENTHOUSIASME.

JEAN-PAUL RICHTER.

Son cerveau fermentait ; il éprouvait les mêmes sensations tumultueuses qui avaient marqué ses premiers pas d'homme dans la vie ; il lui semblait que dans chaque membre battait un cœur ; son sang était lourd et brûlant, sa respiration embarrassée ; ses yeux se mouillaient, malgré lui ; tout son corps enfin était faible par surcroît de force... Pressé par le poids d'un nuage d'électricité, il éprouvait un désir immodéré de destruction : jeune, il aimait alors à faire rouler vers la plaine des fragments de roches, à lancer son cheval jusqu'à perdre la respiration, quelquefois même à éveiller avec la pointe de son canif le sentiment de la douleur, ou bien encore à ouvrir un passage avec le même instrument au sang qui le dévorait... Il était dans cette situation d'esprit, et marchait rapidement derrière le palais, lorsqu'un des jeux de son enfance lui revint en mémoire.

Souvent au mois de mai, il avait pris pour asile la cime d'un immense pommier, dont les branches étaient disposées comme un cabinet de verdure ; il aimait à se sentir bercé, tantôt mollement, tantôt par saccades violentes. Par moment la cime élevée qu'il occupait, frappée d'un tourbillon de vent, caressait l'herbe fraîche de la prairie, puis, se relevant avec force, reprenait sa place dans les nues... Cet arbre lui semblait celui de la vie éternelle ; ses racines touchaient aux régions infernales, sa tête superbe interrogeait les cieux ; et lui, l'innocent Albano, seul dans ce kiosque aérien, habitant d'un monde fantastique, créé par la baguette de son imagination, obéissait nonchalamment à la tempête qui poussait le toit de son palais, du jour dans la nuit, et de la nuit dans le jour.

Un cyprès géant s'offrit dans ce moment à sa vue : il grimpa dans ses branches pour s'y reposer. Quel univers nouveau se déroula à sa vue ! Que de montagnes, que d'îles, que de forêts ! Il voyait dans le lointain un nuage, gros de tempêtes, planant sur la ville aux sept collines, comme si de cette ombre immense devaient sortir les voix de ces vieux Romains, dont le fougueux génie comprimé par ces sept collines, comme par autant de Vésuves, s'était enfin frayé un passage au moyen d'une éruption de plusieurs siècles, tantôt ensevelissant des villes et des provinces sous les torrents de leur lave dévastatrice, tantôt répandant l'abondance et la fécondité, jusqu'au moment où n'ayant plus rien à détruire, ils se détruisirent eux-mêmes. La muraille des glaciers, cet immense miroir, était là comme son père, froide, malgré l'ardeur du soleil qui la rendait brillante sans l'échauffer, sans l'amollir... Du milieu des flots purs des lacs, s'élevaient les pointes des collines et des montagnes, qui semblaient autant de baigneuses sortant de l'eau... L'imagination d'Albano évoquait alors les grands hommes de l'antiquité ; ils apparaissaient à sa voix, et peuplaient le gigantesque paysage. Sous leurs pas invisibles se courbaient bien bas les arbres des forêts, tandis que les fleurs ne s'inclinaient qu'à peine... Il descendit, et promena sous les orangers ses vagues rêveries. Bientôt de tous côtés s'offrirent en foule les souvenirs de son enfance, de sa mère qu'il ne reverra plus. Ici une grotte, là une arcade, là un bosquet... Oh ! Il n'y avait pas à en douter, tout était resté dans le même ordre, comme s'il n'eût fait que sortir de l'île ; sans doute sa mère et sa sœur sont là derrière ce portique, qui le regardent, qui jouissent de sa surprise ; elles vont se montrer, lui ouvrir les bras... « Oh ! venez, venez !... » Rien que l'écho... Il est seul ! La sensation était trop forte ; son sang bouillonnait dans son cerveau. Il lui ouvrit une issue ; il se frappa.

Ph. Chasles.

LE SOIR.

SALIS.

Lorsque le soir répand sa fraîcheur bienfaisante dans les vallons et les forêts ; lorsqu'une pourpre plus brillante colore les nuages, et que le pasteur du village abreuve ses troupeaux à l'étang couvert de roseaux ;

Lorsque le lièvre timide broute le gazon et le chou humecté par la rosée ; lorsque le cerf sort du parc, et que le chevreuil s'arrêtant sur la route, porte autour de lui des regards pleins de confiance ;

Lorsque, le chapeau couronné de fleurs, portant sur leurs bras la faux et les rateaux, la troupe des faneurs et l'essaim des jeunes moissonneurs reviennent le soir au village aux sons joyeux de la vielle ;

Rêvant le plaisir, je m'arrête sur la chaussée, et je considère avec étonnement les environs ; mon cœur jouit de l'aspect riant et majestueux de la terre, et les douces larmes de mes yeux disent ce que ne peut exprimer aucune parole.

Joyeux et triste à la fois, j'écoute longtemps les sifflements du merle, le ramage des rossignols qui folâtrent dans le feuillage des aulnes, et le chant du vanneau qui attire les habitants du marécage ;

Jusqu'au moment où le grillon, silencieux jusqu'alors, fait entendre sa voix pendant que le scarabée voltige dans les airs, et que le villageois, profitant des derniers moments du crépuscule, aiguise sa faux dans sa cour, en fredonnant l'air des faucheurs ;

Jusqu'au moment où l'astre des rêveries nage pâle encore dans la pourpre du soir ; alors l'azur des cieux s'obscurcit, et d'innombrables étoiles brillent d'un doux éclat à la sublime voûte.

Anon.

LA POÉSIE ET L'ARGENT.

HOFFMANN.

Quelle misérable vie! s'écria-t-il, lorsqu'il se retrouva seul dans sa chambre. Dans les belles matinées dorées de notre magnifique printemps, lorsqu'une molle brise d'ouest pénètre jusqu'au fond de nos rues sombres, et semble raconter dans le doux langage de ses murmures, toutes les merveilles qu'elle a vu naître dans les prairies et dans les bois qu'elle a traversés, moi, je me glisse avec nonchalance entre les ais d'un comptoir enfumé. Là, sont assises de pâles figures devant d'informes pupitres noircis, et le bruit monotone des feuillets du registre, l'insolent cliquetis de l'argent qu'on amasse, interrompent seuls le silence que commande le travail. — Et quel travail! Pourquoi tant de méditations? Pourquoi tant d'écritures? Afin que les coffres se remplissent, afin que le crédit recueille et dévore la substance de millions de malheureux. Un artiste quitte joyeusement les cités ; il va respirer, la tête haute, les émanations parfumées du printemps ; il va se perdre au milieu des splendides tableaux que colorent les joyeux rayons du soleil de mai. Du fond des buissons obscurs s'avancent des apparitions gracieuses, que crée son esprit, et qui lui appartiennent à jamais, car en lui réside la mystérieuse magie des formes, du coloris, et de la lumière. — Qui m'empêche de m'arracher à cette vie odieuse? N'ai-je pas reconnu aujourd'hui ma mission, et ne puis-je à mon tour devenir un artiste? — Alors il se sentit saisi de désirs vagues et douloureux. Il ne put se résoudre à descendre dans le comptoir ; il sortit de la ville et monta sur le Carlsberg qui l'avoisine. De là ses regards se portèrent sur la mer écumante, et sur les nuages amoncelés qui formaient mille figures bizarres : c'était comme un miroir magique, où il s'efforçait de lire sa destinée future.

Loève-Veimar.

LE 24 FÉVRIER (EXTRAIT).

WERNER.

Écoute! — Ce soir en revenant de Lenk, je gagnais le défilé de la montagne, qui, s'élevant toujours, tourne en zigzag comme un serpent. — Tu le sais, je suis homme, et ne crains jamais rien, la honte exceptée. De plus, j'ai fait ce chemin plus de mille fois, tant de jour que de nuit. — Aujourd'hui pourtant, en descendant le long de ce mur de rochers, qui n'avait pas de fin, j'ai ressenti... comment dirai-je?... une inquiétude : toute ma vie se retraçait à moi comme une rangée d'écueils; c'était comme une de ces gorges des Alpes, dont sans cesse je cherchais l'issue, et ne la trouvais jamais. C'est ainsi qu'en rêve on fait péniblement beaucoup de pas, et l'on se retrouve couché. — C'est avec ce sentiment douloureux que je suis enfin parvenu au haut de la montagne. J'ai alors regardé dans la vallée : elle était sombre, comme ma conscience. — J'ai pris le sentier vers l'Orient, et levant les yeux, j'ai vu soudain, dans un nuage mat et floconneux, le glacier de Lammern tout près de moi, avec son front couronné de frimas ; il était, comme feu mon père, quand il était assis là... (*montrant le fauteuil*) il était mort et bleu !... Mon cœur s'est ressouvenu aussitôt du 24 février. J'ai senti comme une hache de bourreau s'appesantir sur ma tête. Le nuage s'est éclairci et entr'ouvert, tel qu'une fournaise, pour m'engloutir. Voilà comme je suis parvenu, en courant, jusqu'au Daubensée, que j'ai trouvé tout glacé... comme mon sang. Ma vie était presque consumée comme la lumière de ma lanterne. — Tout à coup, avec un cri bruyant, une corneille, de celles qui habitent les bords du lac, se jette sur ma lanterne, attirée sans doute par la flamme. Avec ses deux pattes elle se cramponne aux parois, en poussant des cris pareils à ceux de mon père, prêt à succomber au combat de la mort; puis avec son bec jaune, de la couleur du manche de ce couteau (*il montre le couteau suspendu près de la porte*), elle frappe le verre de la lanterne : c'était un sifflement pareil au bruit d'une faux qu'on aiguise... Femme, pour la première fois de ma vie, j'ai tremblé comme un enfant.

RÉMUSAT.

LE SAINT-GOTHARD.

HEINSE.

C'est du milieu des ruines de la création, des sombres horreurs de la nature dans sa décrépitude, que je vous écris, mon cher père Gleim ! Les ruines de Rome et de la Grèce sont à peine, en comparaison de celles-ci, des châteaux de cartes renversés, jouets des petits enfants.

Je porte mes pas de tous côtés, et je sens mon cœur vivement ému. Il est minuit : au sud on voit briller et étinceler dans le ciel serein Sirius et Orion, qui dardent leurs feux éternels ; j'entends mugir les sources du Tessin, et autour de moi s'agitent les froides ailes de Notus et de Borée qui viennent de l'Allemagne et de l'Italie s'embrasser fraternellement sur la cime de cette montagne. En un mot, je suis sur le sommet du Gothard, le patriarche des Alpes. Il m'entoure de ses pics et de ses glaciers, qui dominent sur l'Europe et sur la moitié du monde.

En sortant de Bâle, j'ai parcouru la Suisse en tous sens ; j'ai traversé maintes vallées agréables, franchi maintes montagnes et collines ravissantes, passé plus d'un torrent furieux, et plus d'un lac limpide, calme et verdâtre, et au sein de la liberté et du bonheur d'un peuple, qui, comme aux premiers jours du monde, ne connaît encore que les besoins de la nature, je suis arrivé le cœur plein des plus douces et des plus agréables émotions au pied du St-Gothard, et dans la journée d'hier, j'ai gravi par le plus beau temps du monde cette énorme montagne, au bruit des vents fougueux, qui grondent au-dessus des rochers écumants de la Reuss. Aucun nuage ne planait sur les vallées désertes ; mille cascades se précipitaient du haut des rochers escarpés dans la profondeur de la vallée. Leur écume, où venaient se réfléchir les rayons du soleil, semblait parsemée de perles, et offrait à l'œil mille couleurs variées. J'étais ébloui du pur éclat de la neige et de la glace amoncelées entre les hauteurs et sur les sommets de ces montagnes, où reposait le ciel azuré, comme un bon père qui appuie sa tête sur les épaules de ses fils.

Oui, cher ami, je trouve ici l'image d'un monde fini. Le mont Gothard est un véritable charnier de la nature, mais au lieu d'ossements de morts, on voit des chaînes énormes de montagnes pierreuses et désertes, et dans les profondes vallées des ruines de rocs entassés.

ANON.

LE LAOCOON.

WINKELMANN.

Une noble simplicité est surtout le caractère distinctif des chefs-d'œuvre des Grecs. Ainsi que le fond de la mer reste toujours en repos, quelque agitée que soit la surface, de même l'expression que les Grecs ont mise dans leurs figures fait voir dans toutes les passions une âme grande et tranquille. Cette grandeur, cette tranquillité, règnent au milieu des tourments les plus affreux. Le Laocoon en offre un bel exemple, lorsque la douleur se laisse apercevoir dans tous les muscles et dans tous les nerfs de son corps, au point qu'un spectateur un peu attentif ne peut presque pas s'empêcher de la sentir, en ne considérant même que la contraction du bas-ventre. Cette grande douleur ne se montre avec furie, ni dans le visage, ni dans l'attitude. Laocoon, prêtre d'Apollon et de Neptune, ne jette point de cris effroyables, comme nous l'a représenté Virgile. L'ouverture de la bouche ne l'indique pas, et son caractère aussi ferme qu'héroïque, ne souffre pas qu'on l'imagine. Il pousse plutôt des soupirs profonds, auxquels le comble du mal ne semble pas permettre un libre cours ; et c'est ainsi que le frère du fondateur de Troie a été dépeint par Sadolet. La douleur de son corps et la grandeur de son âme sont, pour ainsi dire, combinées la balance à la main, et répandues avec une force égale dans toute la configuration de la statue. Laocoon souffre beaucoup, mais il souffre comme le Philoctète de Sophocle ; son malheur nous pénètre jusqu'au fond de l'âme, mais nous souhaitons en même temps de pouvoir supporter le malheur comme ce grand homme le supporte. L'expression d'une âme si sublime surpasse de beaucoup la représentation de la nature. Il fallait que l'artiste de cette expression sentît en lui-même la force de courage qu'il voulait imprimer à son marbre. C'est encore un des avantages de l'ancienne Grèce, que d'avoir possédé des artistes et des philosophes dans les mêmes personnes. La sagesse prêtant la main à l'art, mettait, dans les figures, des âmes élevées au-dessus des âmes communes.

Si l'artiste eût donné une draperie à Laocoon parce qu'il était revêtu de la qualité de prêtre de Neptune, il nous aurait à peine rendu sensible la moitié de la douleur que souffre le malheureux frère d'Anchise ; de la façon au contraire dont il l'a représenté, l'expression est telle que Le Bernin prétendait découvrir dans le roidissement de l'une des cuisses de Laocoon le commencement de l'effet du venin du serpent. La douleur, exprimée toute seule dans cette statue de Laocoon, aurait été un défaut. Pour réunir ce qui caractérise l'âme et ce qui la rend noble, l'artiste a donné à ce chef-d'œuvre une action qui, dans l'excès de douleur, approche le plus de l'état du repos, sans que ce repos dégénère en indifférence, ou en une espèce de léthargie.

ANON.

LE CLOITRE.

MATTHISSON.

Les nuages du couchant laissent pâlir leurs franges de pourpre. La lune monte au-dessus des chênes sombres. Les vents tristes soupirent dans la bruyère. La danse des Esprits glisse à petit bruit sous les saules du marais.

Du phare qui s'enflamme sur le haut promontoire, la lumière brille incertaine dans la vapeur. Tour à tour inondés ou désertés par les flots, les rochers blancs de l'île paraissent et disparaissent semblables à des bandes de brouillards.

La tour de l'abbaye désolée s'élève comme un spectre au jour pâle de la nuit, immobile au milieu des broussailles sauvages de la baie, où les flots fatigués se brisent sourdement.

Là où des ormes répandent une ombre sainte, où le lierre s'allonge autour du portail du dôme, la mélancolie s'arrête à la clarté de la lune, appuyée, pensive sur les débris d'un tombeau.

A travers les cyprès s'aperçoit l'enclos à demi détruit des morts. Le chardon se balance sur le seuil gris du temple, qui depuis longtemps ne repousse plus le vol nocturne du hibou. L'hirondelle a bâti son nid sous les corniches sculptées du chœur.

A peine distingue-t-on, sous l'obscurité des ogives, les restes noircis des vitraux, et çà et là, entre les plombs des fenêtres qui subsistent encore, le fragile ornement des peintures gothiques.

L'autel, où bruit une herbe aride, les degrés usés par la prière, témoignent encore, comme autrefois quand le séraphin les écoutait, des soupirs brûlants qu'exhalait la dévotion.

Les vents seuls aujourd'hui soupirent sous le dôme désert. L'araignée file son crêpe dans le confessional en deuil. L'orgue ne roule plus sous les voûtes les flots majestueux de ses accords.

La joie solennelle des cantiques a cessé de retentir ; nulle image de marbre n'y brille plus, voilée d'un nuage odorant par l'encens du sacrifice, et les adorateurs sont ensevelis dans les caveaux.

Dans cette chapelle brûlait mélancoliquement la lampe mystique, quand, à minuit, le chœur des jeunes vierges venait chanter matines, pour étouffer par leurs concerts les souvenirs du monde.

Leur âme croyait alors, échappée à son enveloppe nébuleuse, élevée au-dessus de la douleur et des désirs, recevoir déjà dans le sein radieux de la divinité, la couronne de l'immortalité.

Le temple se taisait, quand au bruit sourd de la cloche, le vol des pensées retombait sur la terre, et que les pierres blanches des tombeaux disparaissaient sous la robe noire des vestales à genoux.

Le nautonier, quand l'orage menace, doit voir encore leurs ombres flotter sur le vieux dôme, et une faible lueur trembler sur le rocher, où leur voile ondoie comme un pâle météore.

Leurs ossements sommeillent au pied de la tour, que rase timidement l'aile paresseuse du chat-huant ; et, présage sinistre, au lieu de l'éclat des cierges consacrés, la flamme errante du feu follet court à la pointe des roseaux.

Souvent, disent les pâtres, on entend le soir dans les airs des voix semblables aux soupirs des anges. Les peintures de l'église brillent soudain d'un éclat mystérieux, et une vapeur dorée roule autour des tombeaux.

J. L.

UN RÊVE.

HOFFMANN.

Angélique avoua alors qu'au moment où son père lui avait dit que le comte l'aimait, un rêve affreux qu'elle avait fait dans la nuit du quatorzième anniversaire de sa naissance, s'était représenté dans toute sa force à sa mémoire, d'où il s'était effacé cette nuit même, sans qu'elle eût jamais pu se rappeler une seule de ses images. — Je me promenais dans un riant jardin, dit-elle; il s'y trouvait des arbustes rares et des fleurs étrangères. Tout à coup je m'arrêtai devant un arbre merveilleux dont les feuilles sombres, larges et odorantes, ressemblaient à celles d'un platane. Ses branches s'agitaient si doucement! Elles murmuraient mon nom et m'invitaient à me reposer à leur ombre. Irrésistiblement entraînée par une force invisible, je tombai sur le gazon au pied de l'arbre; alors il me sembla que j'entendais de singuliers gémissements dans les airs, et lorsqu'ils venaient, comme un souffle du vent, agiter le feuillage de l'arbre, il rendait de profonds soupirs. Une douleur inexprimable s'empara de moi, une vive compassion s'éleva dans mon sein, j'ignore à quel sujet; et tout à coup un éclair brûlant traversa mon cœur et le déchira! — Le cri que je voulus pousser ne put s'échapper de ma poitrine chargée d'un effroi sans nom : il se changea en un soupir profond. Mais l'éclair qui avait traversé mon cœur, s'était échappé de deux yeux humains fixés sur moi du fond d'une sombre feuillée. En cet instant, ces yeux étaient tout près de mon visage, et j'aperçus une main blanche comme la neige qui traçait des cercles autour de moi, et toujours, toujours les cercles devenaient plus étroits, et m'environnaient de leurs lignes de feu, jusqu'à ce qu'enfin je me trouvai enlacée dans une toile lumineuse, semblable à celle de l'araignée ; et en même temps, c'était comme si le regard de ces deux yeux terribles se fût emparé de tout mon être. Je ne tenais plus à moi-même et au monde que par un fil auquel il me semblait que j'étais suspendue, et cette pensée était pour moi un affreux martyre. L'arbre inclina vers moi ses branches, et la voix touchante d'un jeune homme s'en échappa. Elle me dit : Angélique, je te sauverai ! — Je te sauverai ! — Ah ! mon père ! mon père ! Les yeux horribles qui me brûlaient le sein de leurs regards, c'étaient les yeux du comte ! C'était sa main de spectre qui m'entourait de liens de feu ! — Mais cette voix de jeune homme qui m'appelait du milieu des fleurs, c'était Maurice.

Loève-Veimar.

UNE ANCIENNE ÉGLISE D'ALLEMAGNE.

GŒRRES.

On voit des figures de chevaliers à genoux sur un tombeau, les mains jointes ; au-dessus sont placées quelques raretés merveilleuses de l'Asie, qui semblent là pour attester, comme des témoins muets, les voyages du mort dans la Terre Sainte. Les arcades obscures de l'église couvrent de leur ombre ceux qui se reposent ; on se croirait au milieu d'une forêt dont la mort a pétrifié les branches et les feuilles, de manière qu'elles ne peuvent plus se balancer ni s'agiter, quand les siècles, comme les vents des nuits, s'engouffrent sous leurs voûtes prolongées. L'orgue fait entendre ses sons majestueux dans l'église ; des inscriptions en lettres de bronze, à demi détruites par l'humide vapeur du temps, indiquent confusément les grandes actions qui redeviennent de la fable, après avoir été si longtemps une éclatante vérité.

Mme de Stael.

LA CHASSE INFERNALE.

SCHULZE.

La campagne était plongée tout entière dans un silence plein d'horreur. Au ciel était suspendue la lune, à demi voilée par les nuages, et la forêt se tenait menaçante, hérissée de rameaux noirs. Sur mainte montagne apparaissait muet maint fantôme gigantesque, qui semblait tantôt jeter en bas un regard immobile, tantôt gravir les hauteurs ; le bruissement des vagues résonnait comme des sanglots et des gémissements, et le feuillage craintif murmurait aux souffles de la nuit.

Écoutez ! De loin retentissait un bruit à peine perceptible, et des montagnes descendait comme un brouillard nuageux, et il s'approchait de plus en plus avec un sifflement toujours plus sauvage ; puis des hurlements et des abois, des cris et des cliquetis d'armes commencèrent ; les branchages tremblaient d'une horreur mystérieuse. Les feuilles se collaient contre les feuilles, les tiges contre les tiges ; les flots écumants semblaient, saisis d'une épouvante furieuse, s'élancer des abîmes pour noyer la tête des arbres.

Et un mélange désordonné d'images se tissait dans l'air, semblables à ces tableaux rapides que, sous un ciel osbcur, ébauchent en courant les nuages. L'espace, dans sa vaste étendue, semble se peupler de monstres, qui tantôt se fuient, tantôt s'arrêtent ferme pour combattre. Celui-ci se roule, celui-là court ; l'un rampe, l'autre plane. Des formes ennemies s'accouplent hideusement. La tempête cependant les pousse en hurlant sur son large chemin, et emporte l'affreux essaim au delà des rivages et des mers.

Ainsi se presse au ciel un épais amas d'animaux à plusieurs têtes, à membres disparates. Le serpent se mêle et se marie au griffon ; le lion allonge au combat des serres d'aigle ; le sanglier emplumé galope armé des sabots du cheval ; l'ours orgueilleux se pavane sous une ramure menaçante; le loup, rejetant en arrière sa gueule ensanglantée, mord au lieu de sa queue le dragon tacheté de rouge.

Toute cette foule paraissait formée d'un air obscur et blanchâtre; chacune de ces nuageuses images pourtant, semblait pénétrée d'une vapeur de vie, approcher de l'existence, et chacune à part obéir au mouvement de ses propres forces ; et comme la tempête furibonde qui mugit avec mille voix, quand une gorge de rochers retient son souffle emprisonné, ainsi retentissaient aux alentours des hurlements et des beuglements de rage, des sanglots et des râles, des cris, des sifflements d'angoisse, des croassements.

Bientôt se précipitèrent, en tumulte, sur la route épaisse des nuages, la lance en arrêt, montés sur des coursiers qui crachaient le feu, revêtus de noires armures, et sous des formes gigantesques, les sombres compagnons de la chasse. Leurs fronts étaient labourés de farouches sillons, leurs joues creuses et livides, leur bouche béante et tordue, leurs yeux à demi fracassés, leurs cheveux hérissés, leur voix sourde et rauque, et leurs os nus craquetaient de froid avec un bruit hideux.

Les sons puissants du cor éclatèrent en mugissant : le claquement perçant des fouets, le cliquetis de la flèche et de l'arc, effrayaient les vallées de leur concert sauvage, et du front des montagnes les nuages volaient épouvantés vers la plaine. Les chiens aboyaient, le pied de corne des chevaux semblait vouloir défoncer la terre et l'air, les chevaux et les cavaliers haletaient. Les ordres, les fanfares, les rires, les menaces, les cris, tout se mêlait, et l'armée chantait sourdement à travers ce vacarme de tempête :

Hallo! Hallo! A la chasse! Hourrah, pâles enfants de brouillards! Elle siffle, la tempête! Elle hurle, la nuit! Le rocher tremble, le sapin craque, le torrent gronde dans les bois, les cavernes mugissent. Le règne des Esprits dure encore. En avant! N'attendons pas que le jour s'éveille, et fasse taire la joie hardie des ombres.

Sombres chasseurs, donnez du cor! Que les rochers d'alentour se fendent! A travers bois et bruyères, à travers les buissons et les ronces, courons! Comme le fouet du vent, comme l'éperon de l'éclair, en avant, les pâles guerriers qui n'ont pas de sang! Que l'orage crie, que l'orage frappe, allez! Derrière la nue, devant la nue, qu'on entende marcher les puissances de la nuit.

Ainsi chantait l'essaim sauvage qui désolait les airs, et il s'abaissait toujours de plus en plus vers la vallée ; et la tempête, de plus en plus frénétique, grondait autour des rochers et des antres, et fouettait d'une aile courroucée les forêts et les flots. La lune joûtait péniblement contre les assauts furieux des brouillards. Tantôt on apercevait sa lumière plaintive, tantôt elle disparaissait ; et pâle, décomposée, sinistre comme un sourire du désespoir, une lueur trouble éclairait à peine la nuit pleine d'horreur.

Les héros s'arrêtent stupéfaits, et attachent des yeux hagards sur le ciel, l'esprit et l'oreille assourdis, et le sang dans leur poitrine presque glacé par l'épouvante. Le chevalier alors s'arrache de ses pensées de crainte : Fuyez, esprits maudits, de l'enceinte de ces bois! Ainsi crie-t-il menaçant. Et il lève sa lance, il la brandit et la darde ; et à travers les grincements du vent, on entend la longue hampe siffler bruyamment dans les airs.

A la tête de l'armée nocturne s'avançait un audacieux géant, sur un cheval noir. Les sombres boucles de sa chevelure flottaient dans la tempête, à demi voilées par un casque, que surmontait un cercle ardent de flammes. Son arc démesuré était semblable au météore du pôle, sa lance au trait de l'éclair, son bouclier au nuage qui contient la foudre, et çà et là des étincelles rouges jaillissaient de la cotte de mailles noire, qui protégeait son corps.

L'arme du chevalier l'a frappé, la lance a volé en sifflant à travers le fantôme de brume, et s'est enfoncée dans le bois avec un tintement sonore ; et comme sur la vaste mer, on voit les vagues se ruer les unes sur les autres, et l'étrange chaos, qui se gonfle et s'abaisse, rouler tantôt par ci, tantôt par là, ainsi roule et se mêle l'armée aérienne des Esprits ; et bientôt chaque image, avec des hurlements hideux et sourds, commence à se démembrer, et à se partager en morceaux.

Ici un cavalier se dissipe en une blanche vapeur, là comme un flocon de nuage s'évanouit un énorme cheval. D'un côté se voit un tronc et de l'autre une tête. Plus loin un bras sans corps cherche à tendre un arc ; ailleurs, c'est un pied qui s'efforce de garder l'étrier, quand la cuisse, la poitrine, le corps se sont déjà déformés et dissous. Un nuage enfin dévore ces amas de prestiges, et vers les mers lointaines, il s'échappe en grondant à travers les airs.

Tout en fuyant, les puissances des ténèbres exercent encore leurs vieux privilèges, courroucées de ce nouvel affront : le rocher se brise, le chêne éclate, partout où l'orageux nuage pousse son vol désordonné. Cependant aussi, un calme, plein de grâces, suit le passage nocturne des spectres. Semblable au limpide balancement de la vague derrière l'impétueux vaisseau, et jetant de douces lueurs sur ces ruines récentes, la lune laisse tomber de son trône d'azur son pacifique et lumineux sourire.

J. L.

VI.

PHILOSOPHIE MORALE.

BONHEUR D'UN PASTEUR SUÉDOIS.

JEAN-PAUL RICHTER.

Je veux me faire une image bien grande de la félicité du pasteur suédois. Je n'omettrai rien ; je me supposerai moi-même à sa place, afin que si, dans un an, mes regards se portent sur ce tableau, je me sente rempli d'une chaleur nouvelle. Par son état même un prêtre est heureux, surtout en Suède. Là il jouit entièrement de l'été et de l'hiver, sans avoir à se plaindre de ces longues interruptions si désagréables sous d'autres climats. Dès que l'époque tardive du printemps est venue, les moindres traces de l'hiver disparaissent : c'est l'été qui commence ; il arrive chargé de fleurs et de fruits. Au milieu d'une nuit d'été, vous vous croiriez transporté dans le midi de l'Italie ; dans une nuit d'hiver, vous croiriez habiter la partie septentrionale du second continent.

Mais commençons par l'hiver, et supposons-nous au jour de Noël. Le pasteur, qui est né en Allemagne, et qui a été appelé d'Haslau dans un petit village situé près du pôle Nord, se lève, la sérénité dans l'âme, vers les sept heures du matin, à la lueur d'une petite bougie qui l'éclaire jusqu'à neuf heures et demie. A neuf heures on voit encore des étoiles au ciel, et la lune brille longtemps encore après qu'elles ont disparu. L'aspect de ces étoiles, qui décorent le firmament jusque bien avant dans la matinée, lui procure d'agréables sensations, parce qu'il est Allemand, et qu'il est surpris de voir si tard le ciel étoilé. Je vois ce bon prêtre se rendre au temple avec d'autres chrétiens à la clarté des lanternes ; toute la commune ressemble à une grande famille et le pasteur se croit encore aux jours de son enfance, à ces heures d'hiver, à ces messes de minuit, où chacun venait avec sa bougie. Debout dans sa chaire, il n'adresse à ses chers auditeurs que des paroles qu'il trouve écrites dans la Bible. Devant Dieu, dit-il, toute raison est anéantie ; il n'en est pas de même d'un cœur pur et sincère. Ensuite, plein d'une joie secrète, et charmé de voir ses enfants de si près, il s'approche de chacun, et comme on présente à un enfant le boire et le manger, il leur distribue à tous la nourriture sainte ; lui-même il partage avec eux ce bonheur chaque dimanche. Et pourquoi se priverait-il d'une volupté si pure ? Assis près de la table, il lui est bien permis de prendre part au festin d'amour.

Lorsqu'il sort du temple entouré de ses paroissiens chéris, le soleil du matin, le soleil du Christ, se lève dans toute sa splendeur, et dardant sur eux ses premiers rayons, colore du rouge de la jeunesse tous ces vieux Suédois. Dans ce moment, s'il portait ses regards sur la terre morte et sur le cimetière, où reposent ensevelis et les fleurs et les hommes, il s'écrierait, plein d'un feu poétique :

« Sur la mère morte reposent les enfants morts, dans un triste « silence. Enfin l'éternel soleil paraît, et la mère se relève ornée de « fleurs ; mais les enfants ne se relèvent que longtemps après elle. »

De retour à la maison, il se retire dans son cabinet d'étude. Là règne une chaleur bienfaisante, et les rayons du soleil vont en se prolongeant dorer sa bibliothèque.

Le pasteur passe agréablement l'après-midi. Mille plaisirs variés s'offrent à lui, il n'est embarrassé que du choix. Si c'est le saint jour de Noël, il prêche encore sur les belles contrées de l'Orient ou sur l'éternité. C'est l'heure du crépuscule ; tout est sombre dans le temple ; il n'est éclairé que par deux cierges placés sur l'autel ; de grandes ombres sont projetées dans l'église. Suspendu à la voûte, l'ange du baptême semble s'animer ; on dirait qu'il agite ses ailes ; à travers les vitraux pénètre la lumière de la lune et des étoiles. Debout dans sa chaire, et sans s'inquiéter de rien, le pasteur, brûlant du feu de l'enthousiasme, tonne au milieu des ténèbres. Des larmes coulent de ses yeux ; sa voix foudroyante entretient l'auditoire des mondes, des cieux, de tout ce qui peut émouvoir vivement le cœur de l'homme.

Je le vois descendre de sa chaire tout plein encore du feu qui l'animait. Il est quatre heures ; il peut aller jouir de l'aspect enchanté du ciel, que colore une aurore boréale. Ce phénomène est à ses yeux le reflet d'une aurore de l'éternel matin du Sud ; ou bien il croit voir autour du trône de Dieu une forêt de buissons ardents, comme celui qui apparut à Moïse.

Un autre jour, il reçoit chez lui une troupe d'aimables convives, accompagnés de leurs filles déjà grandes, et recommandables par leur sagesse. A l'exemple du grand monde, il dîne avec eux vers les deux heures après le coucher du soleil, et prend le café au clair de lune. Sa maison est comme un palais enchanté au moment du crépuscule. Quelquefois aussi il profite de l'après-midi pour aller visiter son maître d'école. Là, comme un bon grand-père, à la lueur d'une lampe il aime à s'entourer des enfants de sa paroisse, qu'on prendrait pour des anges ; il les amuse, il les instruit. Que si parfois de tels plaisirs lui sont refusés, il peut, dès les trois heures, retiré dans une chambre bien chaude, se promener au clair de la lune ; et là, savourant les doux sucs d'une orange, par la plus agréable illusion, se croire transporté dans les jardins délicieux de la belle Italie. En voyant la lune, ne peut-il pas penser que ce même disque argenté brille dans le même moment au milieu des bosquets de lauriers de l'Italie ? Ne peut-il pas se dire à lui-même : Les harpes éoliennes, les alouettes, la musique, les étoiles, les enfants sont les mêmes dans les pays chauds et dans les pays froids ? Si le courrier, qui revient d'Italie, traverse le village en donnant du cor, et fait entendre, en passant sous ses fenêtres, blanchies par la gelée, quelques sons qui lui rappellent les contrées fleuries ; s'il tient dans sa main quelques feuilles fanées de roses ou de lis, conservées depuis l'été dernier, ou même une plume d'oiseau de paradis dont on lui a fait présent ; si ces mots agréables : saison de la salade, saison des cerises, dimanche de la Trinité, saison des roses, fête de Marie, viennent émouvoir son cœur, à peine pourra-t-il se figurer qu'il est en Suède ; et lorsqu'on lui apportera de la lumière, il sera tout surpris de se retrouver dans son appartement. Et s'il veut pousser plus loin l'illusion, ne peut-il pas allumer un reste de cire, et durant toute la soirée porter ses regards dans le grand monde d'où il tient sa bougie? Car je pense qu'il en est à Stockholm comme partout ailleurs : pour de l'argent, on obtient des serviteurs attachés à la cour des bouts de cire qui ont brûlé sur des flambeaux d'argent.

La moitié de l'année est écoulée ; tout à coup quelque chose de plus beau que l'Italie, où le soleil se couche plus tôt qu'à Haslau, vient émouvoir son cœur ; les longs jours commencent, la terre reprend sa riche parure, et à une heure du matin, déjà le chant de l'alouette célèbre le retour de l'aurore. Un peu avant deux heures, c'est-à-dire quelques instants avant le lever du soleil, une société aussi aimable que variée, c'est celle dont nous avons parlé plus haut, arrive à la maison du pasteur. Ils sont convenus de faire aujourd'hui une petite partie de plaisir. Ils partent après deux heures, au moment où la rosée brille encore sur les fleurs et sur les feuilles des arbres. Le soleil commence à faire sentir sa chaleur ; mais on n'a à craindre ni pluie, ni orage, parce que l'un et l'autre sont également rares en Suède. Le grave pasteur porte comme tous ses compagnons de voyage le costume suédois, un court pourpoint avec une large écharpe, un manteau court, une barrette surmontée d'un panache flottant, des souliers ornés d'éclatants rubans. Vous les prendriez tous pour des chevaliers espagnols, pour des Provençaux, enfin pour des gens du Midi, surtout en les voyant folâtrer au milieu de la verdure et des fleurs, dont la campagne et les arbres se sont couverts dans l'espace de quelques semaines.

Qu'un si long jour s'écoule pour eux avec plus de rapidité que le jour le plus court, c'est ce qu'on n'aura pas de peine à concevoir : un beau soleil les éclaire, l'air est pur, la campagne est fleurie, la gaieté les accompagne. A huit heures du soir la société se dispose à partir ; le soleil répand une chaleur plus douce sur les fleurs, qui referment leurs calices et semblent sommeiller ; à neuf heures, il ne darde plus ses rayons et nage dans l'azur ; vers les dix heures l'on est de retour au village. Quoiqu'une légère teinte de pourpre colore encore les maisons, les fenêtres et le sommet des arbres, tout est déjà silencieux, tout est plongé dans le sommeil, l'homme sous son toit, l'oiseau sur la branche ; bientôt le soleil lui-même, fatigué de sa course, et semblable à l'astre solitaire des nuits, descendra sous l'horizon dans le silence de l'univers. D'étranges émotions pénètrent dans l'âme du pasteur attendri. Dans son vêtement romantique, il se croit transporté au milieu d'un monde enchanté, parsemé de roses, peuplé d'esprits et de fées, et il serait peu surpris si dans ces moments délicieux, dans cette heure du mystère, son frère qu'il a vu mourir à la fleur de l'âge venait tout à coup s'offrir à ses regards comme un être tombé de l'éclatante voûte des cieux.

Le pasteur ne permet pas à la société de partir. Restons dans le jardin, dit-il ; l'air est encore doux, et ceux qui voudront pourront jouir d'une heure de sommeil sous ce vert feuillage jusqu'au coucher du soleil.

Chacun y consent, et on se répand dans le jardin. Plus d'un beau couple ferme les yeux et fait semblant de sommeiller, mais en se tenant par la main. L'heureux pasteur se promène solitairement dans les allées. Quelques étoiles paraissent et ramènent la fraîcheur ; les violettes et les giroflées s'ouvrent, et embaument l'air de leurs doux parfums. Au pôle Nord, où règne un éternel matin, un brillant crépuscule dore les cieux. Le pasteur se souvient du village lointain, où il a passé son enfance ; il pense à la vie et aux désirs des hommes. Ces pensées le rendent silencieux, et son cœur est plein de tristes émotions. Dans ce moment le soleil du matin, brillant de jeunesse, reparaît sur l'horizon ; on voudrait le prendre pour le soleil du soir ; on referme les yeux ; mais l'alouette a chanté et la nature se réveille.

Avec la lumière l'allégresse se répand dans l'univers ; et je serais presque tenté de peindre ce nouveau jour, quoiqu'il ne diffère en rien des jours précédents.

ANON.

LE MOYEN AGE.

W. SCHLEGEL.

L'Europe était une dans ces grands siècles, et le sol de cette patrie universelle était fécond en généreuses pensées, qui peuvent servir de guide dans la vie et dans la mort. Une même chevalerie changeait les combattants en frères d'armes : c'était pour défendre une même foi qu'ils s'armaient; un même amour inspirait tous les cœurs, et la poésie, qui chantait cette alliance, exprimait le même sentiment dans les langages divers.

Ah! La noble énergie des âges anciens est perdue : notre siècle est l'inventeur d'une étroite sagesse, et ce que les hommes faibles ne sauraient concevoir, n'est à leurs yeux qu'une chimère ; toutefois, rien de divin ne peut réussir, entrepris avec un cœur profane. Hélas! Nos temps ne connaissent plus ni la foi, ni l'amour; comment pourrait-il leur rester l'espérance!

Mme DE STAEL.

CONTEMPLATION.

WITSCHEL.

La vie est un parterre, où l'on voit toujours une fleur nouvelle éclore à côté de celle qui se fane...

La beauté de la nature a été mille fois chantée par les poètes, et d'innombrables artistes ont fait tous leurs efforts pour imiter sa gloire et ses charmes ; mais aucun chantre n'a encore représenté l'éclat de l'aurore ; aucun peintre n'a encore reproduit sur la toile, les feux de pourpre qui, le soir, colorent l'Occident. Avant que le poète ait pu saisir sa lyre, la terre a changé de face; avant que le peintre ait pu prendre son pinceau, la scène qu'il veut reproduire a pour jamais disparu.

La nature est le miroir de l'Être invisible.... Comme le souffle de la nature pénètre tous les êtres, ainsi une heureuse sympathie pénètre les âmes des gens de bien, ainsi l'étoile de l'amour éternel éclaire l'homme droit et vertueux...

Souffle toujours, souffle vers moi du haut de tes tertres funéraires, haleine glacée de la mort! Un jour aussi, tu flétriras la fleur de mes jours. Mais je m'en réjouis : le printemps n'est pas loin. Je sens que je suis né pour de meilleurs mondes, pour être un jour un ange. Chaque fois que dans une nuit sereine j'aperçois au ciel la voie lactée, je me dis à moi-même : Voilà le chemin de la perfection.

ANON.

VERS CHANTÉS AU BERCEAU D'UNE PETITE FILLE.

JACOBI.

Dors, ma chère enfant, tu es encore petite, et tu ne connais ni l'éclat brillant du soleil, ni la vive lumière de l'aurore, ni les forêts et les fleurs ; dors, ma chère enfant, et grandis ; un jour, appuyée sur mon sein, tu verras toutes ces merveilles.

Tu jouiras de la beauté resplendissante du ciel ; de son sein tu verras sortir le soleil, qui, dans sa course, éclairera des prairies couvertes d'une fraîche verdure, où fleurissent les violettes bleues ; nous cueillerons alors ces petites fleurs, et je te presserai contre mon cœur maternel.

Caressée par les zéphyrs du matin, tu joues gaiement sur mon sein, chère enfant ; au-dessus de ta tête retentissent des cris d'allégresse, et autour de toi des hymnes, en actions de grâce ; un léger murmure se fait entendre dans le feuillage des arbres et dans les vagues du fleuve, et toi, tu reçois le baiser du matin.

Dors, ma chère enfant, et grandis : portée entre mes bras, tu verras le rouge ardent du soleil du soir ; et lorsque le repos planera sur la campagne et les prairies, tu verras briller partout l'or et la pourpre, pendant que le rossignol fera entendre son ramage.

Au milieu des chants du rossignol, la lune brillante monte sur l'horizon, et abaisse sur nous deux ses doux regards ; toutes les fleurs s'inclinent ; je te fais joindre tes petites mains : petit ange, Dieu est ici.

Dieu est là-haut, parmi ces brillantes étoiles, et ici, là-bas dans ces guirlandes de violettes. Il est là où tu entends chanter cet oiseau, et ici avec moi, qui te porte sur mon bras. Dis-toi dans chaque coin, chère enfant : Dieu est ici !

Anon.

THÉRAPEUTIQUE MORALE.

V. BENZEL-STEINAU.

La gaieté reste fidèle à l'homme, tant que l'homme se reste fidèle à lui-même ; et si les anciens ont représenté la joie avec une robe retroussée, ce n'était pas seulement parce qu'elle aime à danser, mais parce qu'elle aime à fréquenter des lieux où elle ne saurait marcher avec une robe de cour à queue traînante. La joie devrait être la propriété, le capital du genre humain, et malheureusement ce n'est d'ordinaire pour nous qu'une aumône. Heureux celui qui, par ses épargnes et à l'insu de ses semblables, a sauvé de ce capital quelques deniers qui lui appartiennent en propre !...

Les hommes devraient toujours prier le ciel d'exiger d'eux des efforts et des sacrifices, comme ils lui demandent du beau temps et de la pluie pour leur moisson ; et ils devraient se réjouir, quand ils sont obligés de lutter contre le sort, parce que c'est là un préservatif contre la paralysie morale...

La tête et le cœur sont, sous le rapport moral, deux jumeaux ; il faut empêcher que l'un des deux ne prospère aux dépens de l'autre.

Anon.

MÉDITATION DANS UN TREMBLEMENT DE TERRE.

OPITZ.

Mourir ! Que m'importe d'être inhumé par un homme, ou par la nature ! si mon corps est enseveli sous un peu de terre, ou sous une masse énorme ! Où fuyez-vous, mes frères, et pourquoi fuyez-vous ? Croyez-vous que la Campanie seule soit un lieu de désolation ! Non : aussi loin que votre œil porte, la mort y est. Votre corps, ce char poudreux de votre âme, cette prison que vous êtes obligé de tirer, n'est nulle part en sûreté. Le Vésuve est partout. Allez ! L'homme, ce ballon de la fortune, ce jouet du caprice des temps, n'a pas à attendre, pour périr, que l'Etna vomisse des flammes, que le tonnerre gronde, que des villes s'abîment. Hélas ! Nous craignons la mer, tandis qu'une seule goutte d'eau, détournée dans le gosier, peut nous étouffer. Pourquoi appréhender la terre ? Nous y rentrerons, infailliblement, quelque fortunés que nous soyons à sa surface. Dois-je m'embarrasser, si c'est elle-même qui s'entasse sur moi, ou si c'est un autre qui m'en couvre ? Qu'heureux est celui qui reçoit tout ce qui lui arrive, comme venant de la main du Très-Haut, avec constance et fermeté, et qui, tandis que le vulgaire est courbé d'épouvante, trouve dans son savoir et sa raison un bouclier contre la peur. Il ne faut pas craindre l'inévitable. Tout ici-bas commence pour périr, et périt pour recommencer. C'est la loi. Il faut se soumettre et adorer.

Z.

SENTIMENT INNÉ DE LA MORALE.

KANT.

Il existe dans notre âme quelque chose qui, si nous savons bien l'envisager, nous inspirera toujours la plus haute admiration, admiration légitime et qui agrandit l'âme : c'est cette disposition originelle pour la morale, qui se trouve généralement en nous. Quelle est, peut-on se demander à soi-même, cette force intérieure qui nous élève en idée au-dessus de la nature, nous, êtres continuellement assujettis à son pouvoir par tant de besoins ? Quelle est cette force qui nous la fait même dédaigner, et nous rend à nos propres yeux indignes de vivre, si nous devions nous abandonner à ses jouissances, qui seules cependant peuvent nous faire aimer la vie, au mépris d'une loi par laquelle notre raison commande en souveraine, sans employer ni promesses, ni menaces ? Quiconque a été instruit de la sainteté qui réside dans l'idée du devoir, doit sentir vivement tout le poids de cette question ; et l'incompréhensibilité même de cette disposition, qui révèle une origine divine, produira sur l'esprit un effet extraordinaire, un véritable enthousiasme, et lui donnera la force de faire tous les sacrifices que lui imposera le respect pour son devoir.

Anon.

LES ÉTOILES.

TIECK.

Au bruit du vent qui siffle dans la nuit solitaire, un voyageur là-bas chemine. Il soupire et il pleure. Il marche d'un pas lent, et s'adresse aux étoiles : Mon sein palpite, mon cœur est lourd ; mon muet isolement me pèse. A moi-même inconnu, ne sachant d'où je viens, ignorant où je vais, je traverse la joie et la souffrance. O vous, petites étoiles d'or, vous restez éternellement loin de moi, loin, bien loin ; et cependant, hélas ! je me confierais volontiers à vous.

Tout à coup un son léger frémit autour de lui, et la nuit devient plus claire ; déjà il ne sent plus son cœur si lourd, et il lui semble qu'il se réveille. O homme, tu es loin de nous, et près ; mais tu n'es pas isolé. Confie, comme l'ont fait souvent tes yeux, ton cœur à notre paisible lumière ; nous, petites étoiles d'or, ne sommes pas éternellement loin de toi. Volontiers, bien volontiers sois-en sûr, les étoiles pensent à toi.

J. L.

NE DÉSESPÉREZ PAS.

JEAN-PAUL RICHTER.

Le désespoir est le suicide du cœur ; et de même qu'en Silésie on ensevelit la face contre terre celui qui s'est suicidé, l'homme en proie au désespoir laisse retomber vers la terre, où il n'est pas encore, son visage qu'il devrait tourner vers le ciel qu'il a perdu, le ciel qui lui est et qui lui sera toujours ouvert. Lève-toi, ver terrestre ; porte tes regards, faible atôme, vers quelque chose de plus haut et de plus serein que ton séjour ! La sérénité et non le plaisir est un devoir pour nous : qu'elle soit constamment notre but ! Dans une âme pleine de tristesse et d'amertume, un air pesant et sombre étouffe toutes les fleurs intellectuelles et le développement moral. Que notre cœur s'ouvre à une douce mélancolie, et non au noir chagrin et à l'abattement, de même que la fleur qui s'épanouit à la rosée, et qui se ferme à la pluie.

De Lagrange.

LA MARCHE DU MALHEUR.

SCHILLER.

De tout côté le malheur parcourt les villes. Il erre en silence autour des habitations des hommes ; aujourd'hui c'est à celle-ci qu'il frappe, demain c'est à celle-là : aucune n'est épargnée. Le messager douloureux et funeste tôt ou tard passera le seuil de la porte où demeure un vivant. Quand les feuilles tombent dans la saison prescrite, quand les vieillards affaiblis descendent dans le tombeau, la nature obéit en paix à ses antiques lois, à son éternel usage, l'homme n'en est point effrayé ; mais sur cette terre, c'est le malheur imprévu qu'il faut craindre. Le meurtre d'une main violente brise les liens les plus sacrés, et la mort vient enlever dans la barque du Styx le jeune homme florissant. Quand les nuages amoncelés couvrent le ciel de deuil, quand le tonnerre retentit dans les abîmes, tous les cœurs sentent la force redoutable de la destinée ; mais la foudre enflammée peut partir des hauteurs sans nuages, et le malheur s'approche comme un ennemi rusé, au milieu des jours de fête.

N'attache donc point ton cœur à ces biens dont la vie passagère est ornée. Si tu jouis, apprends à perdre, et si la fortune est avec toi, songe à la douleur.

Mme DE STAEL.

PENSÉES DE LA MORT.

JEAN-PAUL RICHTER.

L'enfant ne comprend point la mort ; chaque minute de son existence joyeuse brille comme un feu follet au-dessus de son petit tombeau. — Les gens d'affaire et de plaisir ne comprennent guère mieux la mort, et il est désolant que des milliers d'hommes puissent dire avec tant de froideur : la vie est courte ! Il est désolant que l'on ne puisse entr'ouvrir les paupières à cette multitude enivrée dont le langage est un ronflement articulé. — Regardez, leur disait-on, à travers le petit nombre d'années qui vous restent à vivre, le lit où vous serez couchés ; représentez-vous vos mains mortes et pendantes, vos yeux blancs et immobiles comme le marbre ; écoutez dès aujourd'hui le délire fantastique de votre dernière nuit, de cette nuit solennelle qui s'avance toujours vers vous, qui, à chaque heure écoulée, se rapproche d'une heure, et qui s'appesantira certainement sur vous, êtres éphémères, soit que vous vous égariez maintenant aux rayons du soleil couchant, ou au crépuscule du soir ! — Mais les deux éternités s'élèvent aux deux extrémités de notre terre, comme les flèches d'un clocher, et nous continuons à ramper et à nous enfoncer dans notre ornière profonde, insensés, aveugles, sourds que nous sommes, nous blottissant et nous débattant, sans voir un chemin plus large que celui que nous sillonnons dans notre fange avec nos têtes d'escargot.

DE LAGRANGE.

BONHEUR DE LA RETRAITE.

SCHILLER.

Il doit être loué, comme heureux, celui qui dans le calme des champs, loin des tristes embarras de la vie, enfant de la nature, n'a point quitté son sein. Mon cœur est oppressé dans les palais des rois, lorsque je vois les plus grands et les meilleurs précipités en un clin d'œil du sommet de la prospérité.

Honneur aussi à celui qui s'est pieusement consacré au Seigneur; qui loin des vagues orageuses de la vie, attend en paix l'heure de la délivrance dans la paisible cellule d'un cloître. Il a rejeté l'ambitieuse recherche des honneurs et toutes les vaines prétentions. Les désirs et toutes les vaines exigences sont assoupis dans son âme tranquille. La force indomptée des passions ne peut venir le saisir loin du tumulte de la vie : jamais, dans le calme de son asile, il n'aperçoit le triste aspect de l'humanité. Le crime et l'adversité ne peuvent atteindre vers ces hautes demeures. De même que la contagion, fuyant les lieux élevés, se propage par les vapeurs des cités, de même la liberté vit sur les montagnes. Les exhalaisons de la tombe ne peuvent s'élever dans un air si pur. Partout où l'homme ne vient pas apporter ses misères, la nature est bienfaisante.

De Barante.

CONFIANCE EN DIEU.

GŒTHE.

Puisse celui-là mourir dans le désespoir, qui se rit d'un malade qui fait un long voyage pour aller chercher des eaux minérales éloignées, dont l'usage augmentera peut-être sa maladie, et rendra la fin de sa vie plus douloureuse; qui s'élève au-dessus de cet homme dont le cœur est serré par le remords, et qui pour s'en délivrer et mettre fin aux souffrances de son âme, entreprend le pèlerinage du Saint-Sépulcre! Chaque pas que son pied trace sur le chemin raboteux, est un trait de consolation pour son âme oppressée, et à chaque jour de marche, il se couche le cœur soulagé d'une partie du fardeau qui l'accable... Et vous osez appeler cela rêveries, vous autres bavards, qui couchez mollement sur des coussins! Rêveries!... O Dieu! tu vois mes larmes... Fallait-il, après avoir formé l'homme si pauvre, lui donner des frères qui le pillent encore dans sa pauvreté, et lui dérobent ce peu de confiance qu'il a en Toi, en Toi qui chéris toutes les créatures! En effet, sa confiance en une racine salutaire, dans les pleurs de la vigne, qu'est-ce, sinon la confiance en Toi qui as mis dans tout ce qui nous environne, la guérison et le soulagement dont nous avons besoin à toute heure! O père que je ne connais pas, père qui remplissais autrefois toute mon âme, et qui as depuis détourné ta face de dessus moi, appelle-moi vers Toi! Ne garde pas plus longtemps le silence : mon âme altérée ne pourra le soutenir...

ANON.

MISANTHROPIE.

FALK.

O heureux animaux! Vous ne portez pas les taches du crime. Vous vivez, sans les connaître, au milieu des forêts et des campagnes. La farouche panthère respecte son espèce et sa figure dans une autre panthère; jamais le vautour ne fond sur le vautour; l'aigle couve ses œufs, sans redouter les attaques de l'aigle. A-t-on jamais entendu dire que des lions sans nombre, parce qu'il régnait un Tibère dans le royaume des animaux, se fussent rassemblés en horde sur les montagnes de la Lybie, pour s'étrangler les uns les autres, et se battre, jusqu'à ce que la plaine bût des flots de sang et que le lion tombât mutilé sur le lion? L'homme seul lève des armées de guerre, et cherche sauvagement la gloire dans le carnage. C'est vainement qu'un Dieu, dont la grâce et l'amour embrassent cet univers, cacha le métal meurtrier dans les profondeurs ténébreuses de l'Érèbe. L'homme à travers la nuit a trouvé le chemin du crime. — Bientôt la hache creuse le bois en nacelle, frêle et perfide rempart, qui sépare la vie et la mort. Voyez! Les chênes, qui au printemps ombrageaient un promontoire, viennent le visiter en automne sous la forme de mâts et de frégates. Le Kamtchatka maintenant nous menace avec ses glaces, l'Arabie avec ses sables, Byzance avec la peste, le Vésuve avec ses fleuves de lave et ses brandons, le Belt avec ses rochers et ses écueils, l'Elbe avec ses jusants. Tout le globe terrestre ne paraît plus que le couvercle d'un grand sépulcre. Au lieu de la lampe des morts, la lune pâle se balance à l'horizon enveloppé du crêpe de minuit. Le vent d'ouest joue dans l'herbe, sur les pierres moussues des tombes, avec des nerfs qui ont tremblé devant la mort, des veines qu'elle a fait tressaillir. — Partout où je regarde, est la mort. Les générations font pousser leur pain dans la cendre de leurs pères. A chaque pulsation du pouls, des nations descendent, pour habiter l'abîme. La pelle du maçon remue des races entières. Les arrière-petits-enfants bâtissent sur leurs ancêtres des palais de marbre avec des colonnes corinthiennes. Ainsi nous marchons sur cette croûte funèbre du monde, et nous nous arrêtons devant chaque épitaphe, chaque pierre à cadavre. Ce tombeau renferme une fiancée, et celui-là, un père. C'est en vain que nous nous tordons les mains! Il n'y a pas de chagrin qui les ramène. La longue nuit est muette, et l'Orcus, est sourd, bien sourd! — Ce que l'homme mouille aujourd'hui de pleurs, il l'est demain : poussière. — Tandis qu'il pleure, la mort épie déjà sa proie de mille manières. Hélas! Follement téméraire, l'homme, pour la rendre plus horrible, l'a fondue avec ses bombes, forgée avec ses glaives, a dépouillé pour l'en armer l'enfer de son airain, le ciel de son tonnerre.

J. L.

LE TOMBEAU.

SALIS.

Le tombeau est profond et silencieux, et ses bords sont effrayants. Il cache avec son voile de terre un pays inconnu.

Le chant du rossignol ne résonne pas dans la nuit; les roses de l'amitié ne tombent que sur la mousse du tertre.

L'épouse abandonnée tord vainement ses mains meurtries; les plaintes de l'orphelin ne pénètrent pas dans le fond de la fosse.

Nulle autre part pourtant n'habite le repos si désiré : c'est par cette sombre porte seulement qu'on entre dans la patrie.

Le pauvre cœur ici-bas agité par tant d'orages, rencontre la véritable paix là seulement où il ne bat plus.

J. L.

HARMONIE DE L'UNIVERS.

FICHTE.

La nature est un grand tout dont les diverses parties se tiennent et se lient ; et de la sorte, il n'est pas un objet qui ne soit ce qu'il est, parce que la force qu'il exprime étant ce qu'elle est, et ayant agi au milieu des circonstances où elle a agi, il serait complètement impossible qu'il fût autre qu'il n'est, de l'épaisseur d'un cheveu ou d'un infiniment petit.

C'est ainsi qu'à chaque instant de sa durée l'univers se présente comme un tout harmonique. C'est ainsi qu'il n'est pas une seule de ses parties intégrantes qui, pour être ce qu'elle est, ne rende nécessaire que les autres soient ce qu'elles sont. De ces parties vous ne pourriez en déplacer une seule, fût-ce un grain de sable, sans que ce déplacement ne devînt aussitôt le centre d'une multitude d'autres déplacements de parties, insensibles peut-être pour vos yeux, mais n'en allant pas moins rayonner en tous sens à travers les espaces infinis. Ce n'est pas tout. Comme tout se tient dans le temps aussi bien que dans l'espace ; comme l'état de l'univers, à un instant donné de sa durée, est nécessairement déterminé par ce qu'il a été, et détermine non moins nécessairement ce qu'il doit être, au déplacement de ce grain de sable, il faudra que viennent se rattacher aussi deux autres séries d'altérations successives à l'ordre de l'univers : l'une qui remonterait à l'infini dans les temps écoulés, l'autre qui s'étendrait de même à l'infini dans les temps qui ne sont pas encore. Supposons en effet que ce grain de sable soit de quelques pas plus avant dans les terres qu'il ne l'est réellement; n'aurait-il pas fallu que la vague qui l'a porté où il est, l'eût poussé avec plus de force? Pour cela, que le vent qui a soulevé cette vague eût été plus violent? Et pour qu'il le fût, que la température de l'univers différât ce jour-là de ce qu'elle a été? Or, cette température ne pouvait être autre, à moins que celle de la veille ne fût autre aussi, à moins que ne fussent autres aussi celles des journées précédentes ; et l'on se trouve ainsi conduit à supposer dans notre atmosphère une succession de températures toujours différentes de ce qu'elles auront été effectivement. Les corps qui s'y trouvent exposés en auront reçu une influence tout autre. La terre s'en sera ressentie ; les hommes n'y auront point échappé. Qui le sait donc? Car si les mystères que la nature recèle dans son sein doivent nous demeurer cachés, peut-être ne nous est-il pas interdit d'essayer de soulever par la pensée un coin du voile qui les recouvre. Qui sait si par suite de ces températures de l'atmosphère que nous avons été forcés d'imaginer, toujours différentes de ce qu'elles ont vraiment été, pour soulever ce grain de sable l'espace de quelques pas, un de tes aïeux ne sera pas mort de faim, de froid, ou de chaud, avant d'avoir engendré celui de ses fils dont toi-même es né? Tu n'aurais donc pas été, et aucune des choses par lesquelles tu as manifesté jusqu'à ce jour ton existence dans le monde, aucune de celles pour lesquelles tu la manifesteras à l'avenir, n'aurait été : et pourquoi? Parce que ce grain de sable se trouverait à quelques pas du lieu où il se trouve en réalité.

BARCHON DE PENHOEN.

L'IDÉAL.

SCHILLER.

Veux-tu, sans fidélité, te séparer de moi avec tes gracieuses fantaisies, me fuir, inexorable, avec tes douleurs et tes joies, avec tout? Rien ne peut-il t'arrêter, fugitif, ô âge d'or de ma vie? Vaines prières ! Tes flots courent s'engloutir dans la mer de l'Éternité.

Ils sont éteints les astres purs, qui éclairaient les sentiers de ma jeunesse! Il s'est évanoui cet idéal, qui gonflait autrefois mon cœur enivré! Elles sont passées les douces croyances à des êtres qu'enfantaient mes rêves, comme s'ils les dérobaient à la triste réalité! Et ce qui était si beau, si divin, passé!

Comme autrefois Pygmalion embrassa la pierre avec une ardeur suppliante, jusqu'à ce que le feu du sentiment se répandît dans les froides joues du marbre : ainsi, aux jours de ma brûlante jeunesse, j'étreignis la nature de mes bras amoureux, jusqu'à ce qu'elle commençât à respirer, à s'échauffer sur mon sein de poète.

Partageant mes transports de flamme, la nature muette trouva un langage. Elle me rendit le baiser d'amour que je lui donnais, et comprit le battement de mon cœur. Alors vécut pour moi l'arbre, la rose ; la chute argentée du ruisseau prit de l'harmonie, et ce qui était sans âme sentit même le retentissement de ma vie.

Un monde se débattait, avec un effort créateur, dans mon sein trop étroit, impatient de se produire à la vie par des actions, par des paroles, par des images, par des sons ; je me figurais ce monde immense, quand il était encore caché dans son bourgeon. Mais, hélas! Il s'est épanoui, et que ce peu était maigre et mesquin!

Ailé de courage et de témérité, heureux dans l'illusion de ses songes, libre encore du frein des soucis, comme le jeune homme s'élança dans la route de la vie! Il n'était pas content qu'il n'eût atteint dans l'essor de ses projets les étoiles les plus pâles de l'éther! Rien de si haut, rien de si loin, où son vol ne le porta.

Comme il y était légèrement porté! Qu'y a-t-il de difficile pour celui qui est heureux? Quelle escorte aérienne dansait devant le char de sa vie! L'amour, avec ses douces récompenses, le bonheur avec sa guirlande dorée, la renommée avec sa couronne d'étoiles, la vérité dans l'éclat du soleil.

Mais hélas! à moitié du chemin ses compagnons s'étaient déjà perdus. Infidèles, ils avaient détourné leurs pas, et disparu l'un après l'autre. Le bonheur aux pieds ailés s'était envolé ; la soif de la science était demeurée inétanchée ; les sombres nuages du doute se traînaient autour de l'image rayonnante de la vérité.

Je vis les saintes couronnes de la gloire profanées sur des fronts vulgaires, hélas! et trop rapide, s'enfuir, après un court printemps, l'âge enchanté de l'amour. Je vis l'âpre sentier devenir de plus en plus muet, de plus en plus abandonné; et sur l'obscur chemin l'espérance jeter à peine une pâle lueur.

De tous ces bruyants compagnons, lequel, affectueux, est resté près de moi? Lequel demeure à mon côté pour me consoler, et me suivre jusqu'au sombre et dernier gîte? C'est toi, toi qui guéris toutes les blessures, Amitié, dont la main tendre et délicate prend dans notre vie sa part du fardeau; toi que j'ai cherchée de bonne heure, et trouvée.

C'est aussi toi, Étude, qui t'associes volontiers avec elle, qui comme elle conjures les orages de l'âme, qui ne te lasses jamais, qui crées lentement, mais ne détruis pas : qui n'apportes, il est vrai, qu'un grain de sable au monument de l'éternité, mais qui l'apportes ; toi qui sais dérober de la dette des temps les minutes, les jours, les années.

J. L.

MARCHE DE NOS SENSATIONS.

JEAN-PAUL RICHTER.

Aussi longtemps que l'homme ne s'est pas encore développé de ses tendres bourgeons, il prête l'infini, qui peut seul le satisfaire, aux objets étrangers de ses jouissances, dont il n'a pas encore eu le temps d'apercevoir les limites. C'est précisément parce que l'enfance ne voit pas dans l'avenir, qu'elle s'élance toujours au delà. Il n'est point de couronnes ni de lauriers qui puissent rendre à l'homme le ravissement que l'enfant a éprouvé en recevant ses étrennes. Les transports du jeune homme aux premières vérités et aux premières poésies, ou ceux qu'il a ressentis à la première gloire, ou à la perspective enivrante de l'avenir qui s'offrait à lui, toutes ces joies s'émoussent et perdent le charme de leur nouveauté dès que l'aurore de la jeunesse ne colore plus de son doux éclat les nuages de la vie, et que le soleil, à son midi, appesantit sur lui ses rayons enflammés. Aussitôt que l'homme est sorti des premiers lustres pendant lesquels il se développe, et qu'il reconnaît déjà que son imagination seule a embelli les objets de ses prestiges, il devient plus calme et plus indifférent ; il sait qu'il n'obtiendra aujourd'hui que ce qu'il a obtenu hier, que ses plaisirs seront semblables à ceux de la veille. La vie ne se peint aux vieillards que d'en haut ; et pour parler comme les peintres, ils n'en saisissent la perspective qu'à vol d'oiseau ; le charme des arrière-plans leur manque.

DE LAGRANGE.

FATALITÉ.

WERNER.

La vie de l'homme est une toile d'araignée. Le souffle passionné de l'âme... ne vient pas de lui : c'est la respiration de ce noir génie qui tourne invisible le long de ses fils. Ministre de l'éternelle destinée, il les purifie de cette poussière qui s'y colle, et en presse le réseau vers la terre. Mais le sort fait un signe : l'haleine du génie devient une tempête, et déchire en un clin d'œil la trame merveilleuse que nous croyions tissue pour l'éternité. — Chaque homme, dis-tu, se fait à lui-même sa destinée ! — Petite âme ! D'où le sais-tu ? Est-elle venue jusqu'à toi, l'histoire de la force et de la libre volition, qui, défiant les atomes corporels et l'annihilation, guide méthodiquement le char de la destinée ? Penses-tu, pauvre rien, que toi et tes semblables et ceux qui valent dix fois mieux que toi et moi, puissent diriger la roue du destin ; la détourner de l'épaisseur d'un cheveu de son imprescriptible sentier ? J'ai eu aussi de ces rêves-là : mais j'ai été terriblement secoué de mon sommeil ; et ils se sont enfuis !... Regarde notre ordre : a-t-il épargné les milliers de ses plus nobles vies, les victimes de ses desseins ? Et son but, l'a-t-il atteint ? Peut-il l'atteindre ? Regarde les cheveux blancs de notre noble Molay, le fruit de ses veilles nocturnes et de ses jours orageux, de son cœur brisé, mais toujours brûlant ! Ce cœur puissant ! Pendant soixante ans de batailles, il a battu de douleur pour rien. Sa création demeure la vision de sa grande âme : elle meurt avec lui ; et un jour, le voyageur demandera où repose sa cendre, et ne l'apprendra pas.

J. L.

LES LOIS DE PSAMMÈS.

WIELAND.

O mes enfants, dit Psammès, est-il un plaisir, une douce sensation, que je pourrais vouloir vous refuser? Non, je ne veux rien vous ôter de ce que la nature vous destine. Je ne suis point de ceux qui prétendent, vaine et ridicule tentative ! détruire l'homme de fond en comble, pour tirer un dieu de ses décombres. Je ne vous recommande la modération que pour une raison : c'est qu'elle est indispensable pour vous défendre de la douleur, pour vous maintenir capables des nobles voluptés. Ce n'est point par indulgence pour la fragilité de la nature que je vous permets d'écouter vos sens : c'est par respect pour ses lois que je vous le commande. J'abolis toute distinction fallacieuse entre l'utile et l'agréable. Sachez que rien ne mérite le nom de plaisir, de ce qui peut être acheté par la souffrance d'un autre, ou coûter plus tard un repentir. Rien n'est utile que ce qui nous préserve des mécomptes, et devient une source de satisfaction. J'abolis d'absurdes distinctions entre les différentes espèces de plaisir ; j'établis entre eux une éternelle compatibilité, en vous révélant la part que prend le cœur dans les jouissances des sens, et celle des sens dans le contentement intime du cœur. J'ai multiplié, raffiné, ennobli vos joies ! Que puis-je davantage? Une chose, et la plus importante de toutes ! Apprenez, mes enfants, l'art facile de reculer dans l'infini les bornes du bonheur ; le secret d'approcher aussi près que possible des délices du ciel ; et si vous me passez une pensée si hardie, d'imiter dans sa félicité l'auteur même du monde.

Étendez votre bienveillance sur toute la nature ; aimez tout ce qui partage avec vous le don le plus universel : l'existence.

Aimez partout où vous les verrez, les traces de l'humanité ; elle est respectable jusque dans ses ruines.

Réjouissez-vous avec tout ce qui réjouit ; essuyez les pleurs du remords des joues souffrantes de la folie ; tarissez avec un baiser les larmes de sympathie dans les yeux de l'innocence.

Multipliez votre existence en vous accoutumant à aimer dans tout homme une image de votre nature commune, et dans tout homme de bien, un autre vous-même.

Goûtez aussi souvent que vous pourrez le céleste plaisir de rendre vos frères plus heureux. Et toi, infortuné, dont le cœur ne palpite pas d'espoir à cette simple pensée, fuis ; fuis loin des demeures des enfants de la nature.

J. L.

CONSOLATION DANS LES LARMES.

GŒTHE.

— D'où vient que tu es si triste, quand tout paraît joyeux ? On le voit à tes yeux, certainement tu as pleuré.

— Si j'ai pleuré solitaire, c'est d'une douleur qui n'est qu'à moi ; et mes larmes coulent doucement ; elles soulagent mon cœur.

— De joyeux amis t'invitent ! ô viens, contre notre sein ! Et si tu as perdu quelque chose, confie-nous cette perte.

— Vous riez, vous faites du bruit, et ne soupçonnez pas ce qui, moi malheureux, me tourmente. Hélas non ! Je ne l'ai pas perdu, ce qui me manque tant.

— Secoue donc vite ton chagrin. Tu es un jeune sang ; à ton âge on a de la force et du courage pour acquérir.

— Hélas, non ! Je ne puis pas acquérir : le but est trop loin de moi ; il est aussi haut placé, il brille aussi pur que cette étoile là-bas.

— Les étoiles, on ne les désire pas : on se réjouit de leur éclat ; et l'on regarde le ciel avec ravissement, quand la nuit est sereine.

— Et je le regarde aussi avec ravissement, j'y passe volontiers les jours. Laissez-moi pleurer, les nuits, aussi longtemps que je puis pleurer.

J. L.

INUTILITÉ DE L'EXPÉRIENCE.

JEAN-PAUL RICHTER.

Oh! Quel malheur que nous n'acquérions notre expérience qu'en la puisant au fond de nos jours, de nos forces, de nos erreurs!... Oh, pourquoi l'homme, en présence de la nature qui chaque matin place à intérêts dans les fleurs chaque goutte de rosée, est-il forcé de rougir des milliers de larmes qu'il a versées, sans but, et sans profit? La puissante qu'elle est, des printemps elle tire des étés, des hivers des printemps; des forêts et des montagnes, des volcans... Et nous, enfants insensés, nous ne savons point tirer un avenir du passé. Inutiles que nous sommes! Le torrent des esprits supérieurs passe sur la terre sans la fertiliser, comme les eaux des hautes cataractes ne laissent sur le rivage qu'une humide fumée!

PH. CHASLES.

LE PEU QUE NOUS SOMMES.

HERDER.

Ce qu'il y a de certain, c'est que nous sommes surtout destinés à ramper comme des vers sur la surface de notre terre, à nous y développer nous-mêmes, et à y dépenser notre courte vie. Quelque grand que l'on fasse l'homme, la couche légère de terre végétale qui s'étend à ses pieds, nous montre combien son empire a de bornes. Quelques pas plus loin, il découvre des masses sans aucune trace de végétation, ou qui du moins demandent des années et des siècles pour produire seulement une herbe chétive. Plus loin encore, il trouve de nouveau, là où il ne le cherchait pas, le sol fertile qui fut un jour la surface de la terre, mais que la nature inconstante n'a point épargné dans ses périodes progressives. Des moules et des coquillages sont entassés sur des montagnes. On trouve des pétrifications d'animaux aquatiques et terrestres, des bois fossiles et des impressions de fleurs à près de quinze cents pieds de profondeur. Pauvre mortel! Tes pieds ne laissent pas une puissante empreinte sur la terre ; tu ne fais qu'effleurer le seuil de ta maison, qui sans doute a éprouvé plusieurs déluges, avant de devenir ce qu'elle est. Là croissent pour toi quelques brins d'herbes, quelque peu d'arbres ; le Créateur t'a entouré de choses périssables dont il te fait vivre, toi, vermisseau d'un jour.

Quinet.

DE LA FORCE D'AME.

ABBT.

Les grands génies paraissent plus faits pour le conseil, les âmes fortes pour l'exécution. Les premiers s'élèvent au-dessus du peuple sans obtenir toujours son assentiment ; le peuple s'abaisse devant les les secondes, sans murmurer. Les âmes fortes possèdent seules un droit naturel à l'empire ; elles ont une vertu magique, un charme irrésistible qui subjuguent les esprits d'un ordre inférieur. A leur aspect cessent les rassemblements, les émeutes, les clameurs d'une multitude furieuse ; une parole sortie de leur bouche est sacrée comme une loi. Qui pourrait déterminer jusqu'où va leur ascendant, leur puissance, leur domination ? Elles n'ont qu'à dire aux âmes communes : Venez, et l'on vient ; allez, et l'on va, sans jamais répliquer. Les fous eux-mêmes ne songent pas à leur résister. Elles ont reçu en partage le pouvoir de commander à la mer des passions humaines. L'âme forte paraît, et les flots s'apaisent en sa présence ; elle parle, et les vents se calment à sa voix.

On confond ordinairement la force d'âme avec sa constance à lutter contre les obstacles et contre l'adversité. Mais si cette constance en est inséparable, elle ne suffit pas seule pour la constituer. La force d'âme est un grand faisceau qui a besoin, pour être complet, d'être composé de plusieurs baguettes réunies. Ajoutons que la constance est susceptible d'être acquise, tandis que dans la force d'âme, la nature entre pour beaucoup. Nous devons donc décomposer cette force en ses éléments ; et lorsque nous les aurons étudiés les uns après les autres, alors il sera temps de rechercher dans leur ensemble ce qui constitue la force d'âme.

Anon.

LA RÉSIGNATION.

SCHILLER.

Moi aussi, je naquis dans l'Arcadie. Moi aussi, la nature me promit, à mon berceau, le bonheur. Moi aussi je naquis dans l'Arcadie, et cependant le court printemps ne m'a donné que des larmes.

Le mois de mai de la vie ne fleurit qu'une fois, et ne revient plus. Il est défleuri pour moi. Le dieu du repos — ô pleurez, mes frères ! — le dieu du repos a renversé mon flambeau ; et la clarté a disparu.

Me voilà déjà sur ton pont ténébreux, redoutable éternité ! Reçois ma lettre de crédit sur le bonheur. Je te la rapporte, sans l'avoir ouverte : je ne sais rien de la félicité.

J'élève mes plaintes devant ton trône, reine voilée. Sur cette planète un bruit consolateur a couru : que tu règnes dans la tienne avec les balances de la Justice, et que tu te nommes Rémunératrice.

Là, dit-on, la terreur attend le méchant ; et la joie, l'homme juste. Tu sais débrouiller les replis du cœur : tu m'expliqueras l'énigme de la Providence, et tu me tiendras compte des souffrances.

Là s'ouvre la patrie des bannis. Là finit la route épineuse de la douleur. Une fille de Dieu, qu'on a nommée la Vérité, que le plus grand nombre fuit, que peu connaissent, a tenu bien durement les rênes de ma vie.

Elle m'a dit : Je t'en payerai dans une autre vie : donne-moi ta jeunesse. Je ne puis rien te donner que cette créance! Je pris la créance sur l'autre vie, et je lui donnai ma jeunesse et ses joies.

Donne-moi la femme, si précieuse à ton cœur, donne-moi ta Laura. Au-delà du tombeau je payerai tes douleurs avec usure! Je l'arrachai saignante de mon cœur déchiré. Je pleurai haut, et je la lui donnai.

Va faire solder ta dette chez les morts, disait le sourire dédaigneux du monde. La trompeuse, gagée par les despotes, t'a offert l'ombre pour la vérité : tu n'auras plus rien, si l'illusion s'évanouit.

La troupe venimeuse des railleurs faisait librement de l'esprit : Trembles-tu donc devant une opinion que consacre sa seule antiquité? Que sont les dieux? Une invention adroite, que l'esprit de l'homme emprunte de la nécessité de l'homme, pour sauver le mauvais plan du monde.

Que signifie l'avenir que le tombeau nous cache? L'éternité, avec laquelle tu veux briller, toi périssable? Respectable seulement parce que des voiles nous la dérobent, ombre gigantesque de notre terre réfléchie dans le miroir concave des troubles de la conscience.

Une image mensongère des formes de la vie, la momie du temps, conservée par l'esprit balsamique de l'espérance dans sa froide demeure du sépulcre, voilà ce que le désir de ta fièvre nomme l'immortalité.

Quant à l'espérance!... La destruction lui donne un démenti. Et tu veux lui sacrifier des biens certains! Depuis six mille ans la mort se tait. S'est-il jamais relevé du cercueil un cadavre qui ait fait mention de ta Rémunératrice?

O Éternité! J'ai vu le temps s'enfuir vers tes rivages, la nature en fleurs demeurer derrière lui, et se dessécher en cadavre : aucun mort n'est sorti de sa tombe; et ferme, je me suis confié à tes divines promesses.

Je t'ai immolé toutes mes joies; maintenant, je me jette devant le trône de ta justice. J'ai d'un cœur courageux méprisé les railleries de la foule; je n'ai estimé grands que tes biens. Rémunératrice, je demande ma récompense.

— J'aime mes enfants d'un égal amour, cria un invisible Génie. Deux fleurs, cria-t-il ; (écoutez cela, enfants des hommes !) deux fleurs croissent pour le sage, qui les trouve : elles se nomment l'espérance et la jouissance.

Celui qui a cueilli une de ces fleurs ne doit pas exiger sa sœur. Qu'il jouisse, celui qui ne peut pas croire ! Cette doctrine est éternelle comme le monde. Celui qui ne peut pas croire, qu'il sacrifie ! L'histoire du monde est le jugement du monde.

Tu as espéré ! Tu as obtenu ta récompense. Ta croyance était la compensation de ton bonheur. Tu pouvais le demander à tes sages : ce qu'on refuse de la minute, l'éternité ne le rend pas.

J. L.

ÉLÉGIE SUR LE CHAMP DE BATAILLE DE KUNERSDORF.

TIEDGE.

La nuit enveloppe la forêt. Du haut de ces collines le jour est descendu vers le couchant : les fleurs sommeillent, et les étoiles réfléchissent leur tranquillité dans le lac. Laissez-moi ici dans la lugubre épaisseur de ce bois, où me cache l'ombre des pins ! Là mon âme solitaire gémira sur l'humanité, qu'égorge l'opinion. Pressez-vous autour de moi, arbres sombres ; voilez-moi, comme un profond tombeau. Que la voix plaintive de l'air souffle autour de moi, soupirant comme la respiration d'un rêve étouffant. Je vois d'ici sur la crête obscure de cette montagne une inquiète vapeur d'épouvante flotter comme une robe de fantôme. Ici, je veux ici, sur ce siège couvert de mousse, contempler cette scène jonchée de crânes.

Des poignards brillent au jour pâle de la lune, là où fut le champ de récolte de la mort ! Les ossements des égorgés sont, autour de l'autel du meurtre, couchés les uns sur les autres. Ici repose tranquillement, comme sur le sein d'un ami, une tête appuyée sur le sein d'un ennemi. Là un bras s'entrelace au bras d'un adversaire. Il n'y a que la vie qui haïsse : la mort réconcilie. O puissent-ils ne plus se maudire, ceux qui reposent ici. Ils reposent main contre main. Leurs âmes s'en sont allées ensemble, allées dans un pays de paix ; et là elles ont volontiers échangé ce qui inspire et entretient l'affection. C'est l'esprit seul des hommes qui se sont défraternisés, qui éloigne le ciel de ce monde. Cette vie qui court est bientôt au but ; un coin de terre où se balance un cyprès. Pourquoi ne pas vous tendre d'avance des mains que le tombeau doit réunir?

Mais ici, autour de ces ruines humaines, ici sur cette solitude vide, repose une malédiction. Sur cette plaine les rayons de la lune s'étendent comme un large et blanc linceul. Ils ont vu ce combat terrible, les ancêtres du hameau qui se cache là-bas parmi les saules. Oh ! Qu'ils dorment paisibles, et ne rêvent pas dans leurs tombeaux de cette nuit de flamme ! Au-dessus de ces cabanes, qui s'élèvent de la cendre, monte encore le vieux clocher, dont les murs cicatrisés se plaignent de son siècle à nos jours. Le village en feu s'est écroulé autour de lui : et impassible, comme la grande pensée de sa fondation, il a vu rouler autour de lui les vagues de la dévastation. Il regarde obscur, engrisonné par la nuit, et à demi éclairé par le regard de la lune, sur cette colline, et il contemple, comme un spectre sombre, le champ de cadavres.

O Printemps, comment ta beauté pourrait-elle sourire ici? Chaque coup de vent qui ébranle la forêt est un vaste soupir qui porte le râle des mourants à travers la solitude. Ce vieux sapin à barbe grise montre encore les blessures qu'il a reçues, et témoigne des jours où passa devant lui l'histoire sanglante de ces désastres. Quand grondait ici le farouche tonnerre des armes, il était encore feuillu de force et de jeunesse, et ses rameaux comme les mains de la nature, ont protégé une tête sacrée.

Ici Frédéric vit tomber ses guerriers. — Dominateur de ton siècle, tu fus bien grand ; mais hélas! ton lot fut le plus dur de tous : tu étais roi! Homme de la renommée, toutes les fleurs de cette guirlande qui a couronné ta tête, tous les hommages des muses ont-ils pu amender pour toi ce chemin tracé sur des cadavres ! Des hommes sont tombés, semblables à des épis moissonnés, hélas! tombés pour toi, grand homme!

Alors, ce fut alors que ton cœur dut couler en larmes sur tes lauriers trempés de sang.

Ici le lac, là les flots du torrent ont réfléchi le glaive de la mort. Ce ciel a vu saigner le sacrifice ; cette colline en fut l'autel. Ici, dans ce ruisseau, a coulé le sang humain ; où l'épi tremblant s'incline, aux lueurs de la lune, peut-être un œil à demi fermé a-t-il jeté en arrière un regard vers ses foyers. Là où la cigale, cachée dans la sombre vallée, fait retentir l'ormaie de ses cris nocturnes, là peut-être, pour la dernière fois se sont soupirés de tendres adieux ; et le voyageur silencieux, qui s'abandonne avec tristesse à contempler l'horreur de cette contrée, éprouve une émotion sinistre qui étouffe sa respiration.

Est-ce le bruit jaseur d'une source lointaine, qui a parlé si plaintivement à mon âme? Ou sont-ce des soupirs, qui planent sur chaque endroit où un cœur, un cœur plein d'amour, fut brisé? Est-ce la robe du Génie des pleurs, qui a fait frissonner la charmille du marécage, et qui maintenant se tait, qui, sombre et flottant comme un nuage, prête l'oreille aux murmures de la nuit? Est-ce toi qui passes là, pauvre âme de jeune fille, à qui la guerre a ravi ton fiancé? Est-ce toi qui planes sur le tombeau des morts, mêlant l'ombre de ton deuil aux horreurs de la nuit?

Mais silence! Qu'est-ce qui brille à travers les rameaux comme un fantôme blanc et voilé de clarté? Que les bruits rauques de la solitude se taisent! Cette place est sacrée : c'est ici que Kleist est tombé! C'est ici, à cette place, ombragée par des ormes, que le chantre du printemps est tombé dans la poussière! Je voudrais solenniser cette place déjà sainte, et je ne puis, hélas! que la joncher de feuilles. Oh! qu'une source argentée s'y déroule! Promène tes plus douces journées de fleurs, ô gracieux printemps, sur cette terre sauvage, où ton noble poète s'est couché sanglant! Du milieu de ces buissons incultes, où le guerrier allemand a rougi l'herbe, que l'ombre d'un chêne se balance, protectrice d'un jeune plant de myrtes! Dans la sombre verdure des feuillages du chêne, qu'une tourterelle au plumage d'argent roucoule, quand reviendra le printemps, une hymne gémissante au chantre de Lalagé! Mais que dans les branches touffues du myrte s'arrête l'enthousiasme mélancolique du rossignol, et que le souffle des bois accompagne ses rêves mélodieux, comme le bruit d'une cascade qui se débat doucement contre ses chaînes! Que ses accents glissent légèrement dans les bouquets d'arbres de cette terre vénérée, comme un écho musical des concerts du poète, un écho plus durable que sa vie ! Que la nuit enfin, dans un deuil adouci par la blancheur de la lune, s'approche religieusement de ce sanctuaire ; et qu'en le consacrant, sa pluie lumineuse y pénètre comme un saint rêve de la mémoire !

Rien ne peut, il est vrai, nous rendre ce génie, aujourd'hui si loin. Il ne s'est cependant pas, pour nos yeux, éclipsé tout entier. L'homme divin projette encore de l'Élysée son ombre jusqu'à nous. Beaucoup de nobles hommes sont tombés ; mais, Kleist, ton nom marche en avant. Il marche le premier, et s'élève, plus sacré que les autres, au-dessus de l'océan des âges. Ici, plus d'un jeune soldat, qui cherchait courageusement un nom, a trouvé une tombe muette ; ici la mort a arraché, sanglante, plus d'une espérance à l'idole dorée de l'avenir.

Dites-moi ce qu'est, ce que vaut une vie d'homme ; ce que vaut l'humanité devant l'esprit des mondes, quand la mort sauvage déchire ainsi les fils du tissu de l'existence ? Que de fils ici ont été coupés ! Et que regretter quand il n'y a qu'une seule tête qui tombe ! Nous sommes ici dans les ténèbres, et derrière ce rideau se tient le haut génie de l'univers.

Les tempêtes s'échappent du sein de la paix, et le temps, entouré de la désolation des débris, compte sur le rivage du large fleuve de la vie, chaque goutte que le sable engloutit. Nous errons en chancelant dans une orageuse obscurité. La mort capricieuse gouverne cette sombre nuit. Elle dérobe un épi pour le donner au ver, et ce qu'elle ôte au ver, elle le donne à l'épi.

Le feuillage aéré de l'orme se joue légèrement aux frais rameaux qui entourent sa tige. Ce qui se meut dans cet arbre, c'est peut-être un reste du rêve qui nageait autrefois dans le fluide nerveux d'un homme ! La pensée habitait autrefois cette tête ; son front était pour être orgueilleux et sombre ; un ver ténébreux rampe maintenant à travers, et sa cervelle a nourri quelques herbes sauvages. Cette poudre du chemin enveloppait peut-être une âme. Où je marche, un cœur peut-être est en poussière, ô Dieu ! et de ces orbites vides, le regard de la douleur montait se fixer sur toi.

Quel spectacle ! — Ici, conducteur de peuples, ici sur ces ossements vermoulus, jure d'être un guide humain pour tes sujets, d'être un

Dieu de paix pour ton siècle. Regarde ici, si tu as soif de renommée. Compte ces crânes, pasteur d'hommes, en présence du destin qui couchera dans le même silence ta tête déroyalisée. Qu'un rêve fasse gémir autour de toi toute ta vie qui s'est éteinte ici dans une immobile horreur. Est-il donc si séduisant de se bâtir, avec des débris, un monument dans l'histoire du monde ?

Dédaigner une couronne de lauriers, c'est noble! Le bonheur de l'humanité vaut mieux que le renom de héros. Une tête enguirlandée ne deviendra qu'un crâne décharné, et ses lauriers pourris feront croître du gazon. César tomba de la vie au milieu d'un orage, comme une feuille abattue par le vent. Frédéric est serré dans un étroit sarcophage; Alexandre est un peu de terre. Il est petit maintenant, ce grand trouble-monde, dont le pas, bruyant comme la foudre, s'est dissipé comme elle. Il y a longtemps que les vers se sont partagé sa dépouille, comme ses satrapes son royaume.

La vie a beau s'échapper d'une source, qui coule à travers des jours brillants et couronnés, toujours quelque part se rencontre l'endroit sombre où cette vie s'arrête en silence et pense. Les actions à lauriers de Catherine pourraient bien descendre voilées le torrent du Léthé : de meilleures sauvent heureusement sa tombe, et déposent sur son cercueil des couronnes plus douces que la sienne.

Là-bas, là-bas, où arrivé à son dernier coude, le chemin de la vie se brisera comme un rayon, une voix solennelle retentit qui dit sourdement au voyageur : Ce qui n'est pas pur disparaîtra dans la nuit. Les étoiles se dégageront des nuages ; les vices trembleront sous leurs diadèmes, et l'homme se trouvera face à face avec la vérité.

J. L.

CHANT DU SOIR DE L'ÉTRANGER.

WERNER.

Je descends de la montagne. Il y a du repos dans le vallon, et du bruit sur la mer. Je marche silencieux et peu content, et mes soupirs ont toujours demandé : Où ?

Le soleil ici me semble froid, les fleurs fanées, la vie vieille, et ce qu'on dit, un vain bruit. Je suis un étranger partout.

Où es-tu, mon pays bien-aimé, cherché, pressenti, et jamais connu, pays si beau et si vert d'espérance, pays où mes roses fleurissent?

Où mes rêves voyagent, où mes morts ressuscitent? Le pays qui parle ma langue, qui a tout ce qui me manque, où est-il?

Je marche silencieux et peu content, et mes soupirs ont toujours demandé : Où? L'air repousse ma prière et me dit : Où tu n'es pas, là fleurit le bonheur.

J. L.

TRISTESSE.

SCHULZE.

A travers les arbres verts, qui portent comme des fleurs les reflets pourprés du couchant, j'entends glisser tout bas un langoureux murmure. On dirait que les bois rêvent de leurs chansons. Il semble que, transformée en molle mélodie, la vie embaumée des plantes s'élève tranquillement sur ses ailes vaporeuses, pour envelopper la terre et l'air d'un réseau d'harmonie, pour secouer, en chantant, un frais sommeil sur ces cœurs fatigués qui flottent entre le doute et l'espérance, entre la joie et la douleur.

Semblables à de pures étoiles, elles m'apparaissent, ces voix magiques qui nagent à travers les cieux, comme de sveltes messagères portant d'heureuses nouvelles des pays inconnus. Mais de même que ces sons se déroulent autour de moi en ondulations légères, puis tremblants, se perdent, s'évaporent : ainsi s'approche et fuit, ainsi s'évanouit le songe de mes désirs. Comment mon cœur pourrait-il s'assoupir, si toujours dans de nouveaux rêves, les anciennes souffrances viennent à regermer plus fraîches?

C'est bien avec la douleur qu'il doit payer aux Dieux leurs faveurs, le mortel, à qui ils prêtent les plus purs rayons de la lumière, vie périssable jetée dans un cœur faible. Ainsi me suit partout où je me tourne, ma souffrance sous mille formes fantastiques. Dans les parfums, dans l'éclat du soleil, dans les soupirs gracieux de la lyre, dans les tièdes haleines, dans les ruisseaux, et dans les fleurs, s'éveillent pour moi toutes les ombres précieuses des jours flétris, et de ces plaisirs lointains, dont je gémis éternellement.

J. L.

L'AMITIÉ.

HAMANN.

Quel mystère, quelle jouissance, qui ne se laisse pas sonder, repose dans l'union confiante des âmes! On se trouve, pour ainsi dire, chez soi, dans le cœur d'un autre. Tes penchants deviennent pour moi mes passions, et tes impressions, les interprètes de mon esprit. Nous nous rencontrons là même où nous ne nous reconnaissons ni l'un ni l'autre. Nous nous échangeons dans la ressemblance de nos pensées et de nos sentiments. Combien souvent un ami s'entend, et se lit lui-même dans un autre, avec ce tressaillement de plaisir d'un Indien, qui se verrait pour la première fois dans un miroir!

J. L.

IMPUISSANCE DU MÉDECIN.

MÜLLNER.

Benvolio! Mon nom indique la route de ma vie! Je veux ce qui est bien. — Mais cela suffit-il? — Si la course du temps était comme celle du sang qui se révèle au pouce qui l'interroge ; si le temps avait une forme, une couleur ; s'il y avait des exhalaisons d'avenir, et qu'on pût avant l'éruption reconnaître son mal aux symptômes ; si les médicaments qui conviennent aux états valétudinaires, aux cours malades, aux royautés infirmes, se laissaient peser par grain et par scrupule ; si on pouvait les mêler, et, grâce à quelque doux ingrédient, les rendre savoureux au palais dégoûté ; s'il y avait dans nos pharmacies pour la défaillance ou la roideur de la volonté, pour l'inflammation fiévreuse des passions et les crampes de la conscience, des boissons, des pillules, des poudres, des électuaires ! qu'il serait aisé au bon vouloir de devenir bonne action ! Qu'il serait facile d'injecter de vigueur et de santé ce monde qui a souvent tant de peine à se tenir sur ses jambes !

J. L.

LA LIBERTÉ DE L'HOMME.

HEIDENREICH.

En serait-il donc ainsi ! Ne serions-nous que les esclaves d'une même chaîne, nous tous qui vivons, depuis le polype qui dort dans le lit du torrent, jusqu'au plus hardi penseur ? Tous ces anneaux de fer ont-ils été forgés depuis que le temps, dont l'essor ne se fatigue jamais, s'est levé sur la jeune terre de Dieu !

Oui, le voile tombe devant mes yeux. La chaîne du destin se déploie devant moi dans tout l'effroi de son infinité. Comme le sommet de l'arbre frappé par la foudre, mon orgueil est précipité de la hauteur qu'il occupait, dans la poussière où le ver se replie.

Rien donc n'est à moi des actions de ma vie ! Aucun pas ne m'appartient sur le sentier de mon voyage ; aucun mouvement du cœur non plus ! Je ne suis pas plus que la plante muette, qui, sans le savoir, nourrit ses belles fleurs pour la couronne du moissonneur.

Ce n'était donc qu'un accès de folie de mon aveugle jeunesse, quand j'avais une soif enflammée de la vertu, quand j'aspirais à une sympathie plus pure, quand, brûlé du désir dévorant d'embrasser la patrie de mon amour, le cœur me battait en feu dans le sein !

Ce n'était qu'un rêve d'enfant, quand, m'arrachant à cette humble demeure, mon esprit, sur des ailes brillantes de victoire s'élançait jusqu'aux plus lointains soleils! Quand, avec la conscience joyeuse, je me sentais assez pur pour saluer la divinité, pour m'approcher du trône du grand Esprit!

Mite, qui es ma sœur, pardonne tout à ce dieu détruit, qui avec une amère raillerie te regardait jadis du haut de sa grandeur; ne t'irrite pas contre ton frère, petit ciron, parce qu'avec l'œil du mépris, il t'a vu voltiger autour de la couche de son sommeil.

Ne tremble pas, pécheur, devant ta récompense; marche, le regard libre, au trône de Dieu; que ton ombre se confonde sur le même chemin avec celle de la vertu. Abordez sa présence, marionnettes du ciel, qu'on appelle des hommes, et jouez la parade du vice ou de l'innocence : c'est la même.

Adieu, pensée rafraîchissante, qui, comme la jeune vigne autour de son soutien, s'était, fidèle, et forte, attachée à mon âme! Elle a pâli ta fleur si belle, que le ciel enflammait de jeunesse et d'éclat! Tout ton charme est passé, immortalité.

Être éternel, faut-il, jamais libre du joug, être toujours tourmenté du pur amour de la liberté, et la conscience de sa force? O horreur! L'éternité dans les chaînes! Ah! néant, tu peux seul me sauver de cet esclavage sans bornes.

Et cependant, écoute! Écoute les tristes voix de la misère. Vois des milliers d'êtres se replier sous l'éternel tourment de leurs douleurs; des milliers faire débauche au banquet de la vie, et des milliers, quand les coupes sont vides, implorer un sauveur du fond de leur tombeau.

Non, il n'en est point ainsi! Affranchi de l'aveugle hasard, je vois, liberté, ta généreuse et féconde bannière flotter devant le vaste temple de l'humanité! Salut! Sauvé du dédale de l'erreur, je n'entends plus autour de moi, le retentissement des chaînes. Une voix triomphante me crie : Ame, tu es libre!

Comme affranchi par la douce lumière du matin de l'effroi des visions nocturnes, mon œil promène partout des regards sereins. Je te salue, monde, dans ta beauté! Je te salue, soleil, fils libre d'un père, et non d'un tyran!

Dans les États les plus vastes, les plus riches, chaque citoyen doit être l'artisan, le créateur de ses œuvres. Dans les détours multipliés de cette route, tous doivent tendre vers ce rocher, où Dieu suspend la palme de la perfection.

Il a donné à chacun la force nécessaire pour son voyage ; et pour qu'il persévère sur son rude sentier, il lui a montré de loin la grandeur du but. Voyageur, ne tremble pas d'une chute ; tout le monde peut s'approcher de ce but, et ceux qui tombent, et ceux qui ne sont jamais tombés.

Mais honte à qui d'un pas de limaçon, en dépit des coups d'éperon de la conscience, a parcouru le chemin du perfectionnement ! Honte à qui, l'accompagnant sur ce chemin, se sera reposé longtemps de sa course, et aura rêvé comme lui, quand il restait à marcher !

Salut ! Les ténèbres qui m'environnaient se sont enfuies. O vertu, ton empire est assuré ! Ta fleur est vivante, ô immortalité ! La liberté, voilà mon lot ! Plus de liens ! Avance, pélerin, d'un pas ferme et confiant vers le pays lointain, où la perfection et le repos t'attendent.

J. L.

LE VOYAGEUR.

GŒTHE.

LE VOYAGEUR.

Dieu te bénisse, jeune femme, toi et l'enfant que tu allaites de ton sein. Laisse-moi ici, contre ce mur de rochers, à l'ombre de ces ormes, déposer mon fardeau et me reposer près de toi.

LA FEMME.

Quel métier t'oblige à braver la chaleur du jour et la poussière des chemins ? Portes-tu dans le pays voisin des marchandises de la ville ? Tu souris, ami étranger, de ma demande !

LE VOYAGEUR.

Je ne porte point de marchandises de la ville. Si le jour est chaud, voici le soir qui nous rafraîchit. Indique-moi la source dont tu bois, bonne jeune femme.

LA FEMME.

C'est là en haut de ce sentier qui monte dans les rochers. Va devant! A travers les broussailles, ce chemin mène à la cabane que j'habite, et à la source dont je bois.

LE VOYAGEUR.

Des traces de l'industrie humaine entre ces buissons! Ces pierres, ce n'est pas toi qui les assemblas, nature, toi qui disperses tes richesses.

LA FEMME.

Plus loin! Plus haut!

LE VOYAGEUR.

Une architrave couverte de mousse! Je te reconnais, génie de la sculpture. Tu as imprimé ton cachet sur cette pierre.

LA FEMME.

Plus loin, étranger!

LE VOYAGEUR.

Une inscription, sur laquelle je marche! Elle n'est plus lisible. Vous êtes effacées, paroles du passé, enfoncées dans l'oubli, comme votre auteur, dont vous deviez montrer la pensée à des milliers de descendants.

LA FEMME.

Tu t'étonnes, étranger, devant ces pierres. Il y en a beaucoup là autour de ma cabane.

LE VOYAGEUR.

Là-haut?

LA FEMME.

Et aussi à gauche; là, à travers ces ronces.

LE VOYAGEUR.

O muses! O grâces!

LA FEMME.

C'est ma cabane.

LE VOYAGEUR.

Les ruines d'un temple!

LA FEMME.

Là, un peu plus bas, sur le côté, coule la source dont je bois.

LE VOYAGEUR.

O Génie, tu planes brillant sur ton tombeau! Sur toi s'est écroulé ton chef-d'œuvre; mais tu restes immortel.

LA FEMME.

Attends que je t'aille chercher la coupe pour boire.

LE VOYAGEUR.

Le lierre a revêtu l'élégance de tes célestes créations. Comme il s'élève au-dessus des décombres ce couple de colonnes! Et là, plus loin, vous leur compagne solitaire, la tête couronnée d'une mousse obscure, comme vous regardez, à vos pieds, dans une majestueuse affliction, dormir, toutes mutilées, vos sœurs. A l'ombre des mûriers sauvages, la terre et le limon les couvrent, et les grandes herbes se balancent sur leurs débris. Est-ce ainsi que tu estimes, ô nature, le chef-d'œuvre de ton chef-d'œuvre! Détruis-tu, sans pitié, ton sanctuaire pour y semer du chardon?

LA FEMME.

Comme cet enfant sommeille! Veux-tu te reposer dans la cabane, ami étranger? Aimes-tu mieux rester à l'air? Il est frais. Tiens, prends cet enfant, que j'aille puiser de l'eau! Dors, mon petit, dors.

LE VOYAGEUR.

Le doux sommeil! Comme il nage dans les flots d'une santé céleste, et y respire paisiblement! Né sur les débris sacrés de l'antiquité, son génie repose sur toi. Celui qu'il couvre de ses ailes jouira du jour en sympathie avec les dieux. Fleuris, tige féconde, parure souveraine de l'opulent printemps, et brille entre tes compagnons! Et quand ton voile de fleurs se fanera, qu'il sorte un fruit généreux de ton sein, et que le soleil le mûrisse!

LA FEMME.

Dieu soit béni! — Il dort encore! — Je n'ai rien à t'offrir avec cette eau fraîche, rien de plus qu'un morceau de pain.

LE VOYAGEUR.

Je te remercie. Comme tout fleurit magnifiquement autour de vous et verdit!

LA FEMME.

Mon mari est aux champs. Il reviendra bientôt à la maison. O demeure, homme, demeure! et mange avec nous le pain du soir.

LE VOYAGEUR.

Vous habitez ici?

LA FEMME.

Oui, là, entre ces murailles. Mon père a bâti cette chaumière avec les briques et les pierres des décombres. C'est là que nous habitons. Il m'a donnée à un laboureur, et il est mort dans nos bras. — As-tu bien dormi, mon cher cœur? — Comme il est éveillé! comme il a envie de jouer, le fripon!

LE VOYAGEUR.

O Nature! Éternellement féconde, tu crées chacun de nous pour jouir de la vie. Tu as, toute maternelle, donné à tes enfants une part de ton héritage, une cabane. L'hirondelle suspend son nid aux corniches d'un palais, sans se douter des ornements qu'elle nous cache. La chenille file autour de sa branche dorée une retraite d'hiver pour sa couvée ; et toi, tu te maçonnes, au milieu des restes sublimes du passé, une chaumière pour tes besoins. O homme! tu jouis sur des tombeaux! Adieu, heureuse femme.

LA FEMME.

Tu ne veux pas rester!

LE VOYAGEUR.

Dieu vous garde, et bénisse votre enfant.

LA FEMME.

Le bonheur soit sur ton chemin!

LE VOYAGEUR.

Où me conduit le sentier que je vois là sur la montagne?

LA FEMME.

A Cumes.

LE VOYAGEUR.

A combien est-ce d'ici?

LA FEMME.

Trois bons milles.

LE VOYAGEUR.

Adieu! Guide-moi sur la route, ô Nature! Protège l'étranger qui voyage sur les tombeaux de la sainte antiquité. Conduis-le dans quelque lieu propice, abrité du nord, et qu'un bois de peupliers défende du midi ; et quand je reviendrai le soir à ma cabane, dorée des derniers rayons du soleil, qu'une pareille femme me reçoive, un enfant sur ses bras.

J. L.

CONSEILS D'ÉDUCATION.

Jean-Paul Richter.

Combien de fois, après avoir passé de l'in-octavo à l'in-quarto, de l'in-quarto à l'in-folio, le jeune homme étendait ses bras vers d'autres livres, vers d'autres maîtres! Tant mieux! La faim digère, mais l'amour féconde. Ces désirs ardents de l'âme sont la vivifiante *aura seminalis* de l'œuf orphéen des sciences. Vous ne voyez pas cela, vous, enseigneurs à courte vue, qui donnez à boire à vos élèves avant qu'ils n'aient soif, et qui, comme certains fleuristes, versez dans la tige fendue de vos fleurs du vernis colorant, du musc dans leurs calices, au lieu de leur donner du soleil et une bonne terre. Insensés! Vous les jetez, faibles qu'ils sont, avec des organes incomplets, dans le grand empire des vérités et des beautés, de même que nous entrons, avec des sens voilés et en rampant, dans la nature, pour nous émousser contre elle; et vous ne vous inquiétez pas si vous pourrez jamais leur rendre ces belles et fructueuses années, dont ils auraient joui, si vous les aviez introduits, nobles Adams à la croissance achevée, à la sève nourricière, aux sens ardents mais développés, dans cet admirable univers intellectuel, où leurs mouvements n'eussent point été gênés par les langes de l'inexpérience ou les lisières des préjugés! Ils ressemblent, vos élèves, à ces allées de jardins qui, au printemps, se tapissent les premières de verdure, mais qui jaunissent bientôt sous les pieds qui les foulent, tandis qu'autour d'elles les parterres et les plates-bandes sont en pleine végétation.

Ph. Chasles.

IL EXISTE UN AUTRE MONDE.

FICHTE.

Ce n'est pas d'aujourd'hui qu'existe en moi cette conviction. Longtemps avant que la conscience n'eût parlé avec son irrésistible autorité, je ne pouvais contempler un instant le monde actuel, sans que je ne sentisse surgir en moi, dirai-je l'espérance? dirai-je le désir? non, mieux que cela, plus que cela, l'irréfragable certitude d'un autre monde. A chaque coup d'œil que je laissais tomber sur les hommes ou sur la nature, à toute réflexion que faisait naître dans mon esprit le contraste bizarre de l'immensité des désirs de l'homme et de sa misère actuelle, une voix intérieure s'élevait en moi pour me dire : Oh! rien de tout cela n'est, ne peut être éternel! Sois-en bien convaincu : un autre monde existe, un monde autre et meilleur.

S'il n'en était pas ainsi, si cette terre, au lieu de n'être pour l'homme qu'un lieu de passage, devait renfermer toute sa destinée; si la condition actuelle de l'humanité, au lieu de n'être qu'un échelon dans l'enchaînement progressif des destinées humaines, devait être éternelle, le monde au milieu duquel je vis ne semblerait plus qu'une bizarre illusion dont je serais condamné à être la dupe et la victime; mon existence terrestre ne serait plus pour moi qu'une sorte de jeu tout à la fois douloureux et puéril auquel m'aurait voué une main inconnue. Et où trouverais-je alors, grand Dieu! assez de courage pour en supporter le fardeau? Dans quelle pensée puiserais-je la résignation d'en traîner longtemps les fatigues et les misères? Dans quel lieu pourrais-je reposer un instant ma tête à l'abri du mécompte et de la douleur? Ma vie entière serait-elle autre chose qu'un long effort plein d'amertume et d'angoisses vers un avenir mystérieux et terrible?

Je mange et je bois, afin d'avoir encore faim et soif pour boire et manger de nouveau. La tombe sans cesse entr'ouverte saisit enfin sa proie : j'y descends pour devenir la pâture des vers, et je laisse derrière moi des êtres semblables à moi, afin qu'ils boivent, mangent aussi, jusqu'à ce qu'ils meurent, remplacés eux-mêmes par d'autres êtres semblables à eux, qui à leur tour viendront aux mêmes lieux faire les mêmes choses. Voilà ma vie! Voilà le monde! C'est une courbe qui revient éternellement sur elle-même. C'est un fantastique spectacle où tout naît pour mourir, et meurt pour renaître. C'est une hydre aux innombrables têtes, ne se lassant jamais de se dévorer pour se reproduire, et de se reproduire pour se dévorer encore.

Croirais-je donc que c'est dans le cercle de ces éternelles et monstrueuses vicissitudes que doivent se consumer en efforts inutiles toutes les forces de l'humanité? Ne croirais-je pas plutôt que si l'humanité les subit, c'est momentanément, dans le but d'arriver à un état qui demeurera définitif, pour parvenir enfin à un lieu de repos, où, se remettant de tant de fatigues, elle demeurera immobile, pendant l'éternité, au-dessus des flots agités de l'océan des âges?

Barchon de Penhoen.

A CHRISTOPHE COLOMB.

SCHILLER.

Courage, hardi navigateur... de prétendus sages peuvent se rire de ton entreprise et les bras de tes rameurs tomber de fatigue : n'en poursuis pas moins ta course vers les plaines du couchant. Il apparaîtra enfin à tes yeux, le rivage que tu as deviné. Plein de confiance dans le Dieu qui te guide, sillonne cette mer silencieuse... N'eût-il pas encore été créé, ce nouveau monde que tu cherches, il va sortir des flots... Il est une secrète alliance entre la nature et le génie. L'une accorde aux hommes ce que l'autre leur promet.

C. J.

LA CHARITÉ.

LAVATER.

Ne pas opprimer les faibles, souffrir et oublier les offenses ; supposer dans les autres franchise et amour de la vérité, lorsqu'ils pensent autrement que nous ; ne pas juger leurs intentions, ne pas condamner leur cœur ; chercher les causes de leur erreur dans leur position, dans leur manière d'envisager les choses et dans leur éducation plutôt que dans l'ignorance de leur esprit et la méchanceté de leur cœur ; ne jamais cependant déroger à la vérité ; ne trahir sa conviction ni par ses actions, ni par ses paroles, ni par son silence, sans douter pour cela de la sincérité de celui qui sérieusement se prétend convaincu du contraire, et qui laisse entrevoir qu'il a le sentiment du calme de sa probité : voilà, mon ami, quelques traits de vraie tolérance, ou, ce qui revient au même, de charité chrétienne. Puissent-ils être goûtés de nous deux, ainsi que de tous les prétendus amis et ennemis de la vérité! C'est un vœu que je forme tous les jours avec une nouvelle ardeur.

Anon.

COMPARAISON DE L'HOMME AVEC LES VÉGÉTAUX.

HERDER.

Il est évident que la vie humaine, autant qu'elle est une végétation, a la destinée des plantes. Comme elles, l'homme et les animaux sont produits d'un germe, qui, de même que le germe d'un arbre futur, a besoin d'une place préparée pour son développement. Semblable à une plante, ses premières formes se déploient dans le sein qui le porte, et après cela, la structure de nos fibres, dans leurs premières fonctions et leur première efflorescence, ne ressemble-t-elle pas à celle des fibres de la sensitive ? Nos âges aussi sont comme les âges d'une plante : naître, croître, fleurir, se faner, et mourir ! Nous venons au jour sans notre consentement ; il n'est demandé à aucun de nous de quel sexe il voudra être, de quels parents il veut descendre, ou par quelle cause interne ou externe il veut arriver à sa fin. Dans tout cela, il faut que l'homme obéisse à des lois supérieures, sur lesquelles il n'a pas plus de pouvoir qu'une plante, et que même ses penchants les plus impérieux subissent presque contre sa volonté. Aussi longtemps que l'homme croît et que la sève s'élève en lui, combien le monde lui paraît spacieux et grand ! Il étend ses branches, et il s'imagine que sa tête touchera les cieux. C'est ainsi que la nature l'introduit dans la vie, jusqu'à ce qu'avec des pouvoirs agrandis et des efforts plus efficaces, il ait acquis dans ce champ, où il a été planté de sa main, tout le développement qu'elle lui avait assigné. A peine a-t-il accompli ses desseins, qu'elle l'abandonne, dans la fleur de l'enfance et de la jeunesse. De quelles richesses la nature n'abonde-t-elle pas en tous lieux ! L'homme croit que ce monde de fleurs produira le germe d'une création nouvelle ; cependant, après quelques mois, combien la scène est changée ! Presque toutes les fleurs sont tombées, et quelques fruits, encore verts, leur succèdent. L'arbre s'efforce de les porter à leur maturité, et aussitôt après les feuilles se fanent ; il jette ses tristes regards sur ces enfants chéris qui l'ont quitté : il reste défeuillé. L'orage le sépare de ses branches mortes, jusqu'à ce qu'à la fin il tombe sur le sol, et rende à l'âme de la nature le peu de phlogistique qu'il contenait.

En est-il autrement de l'homme considéré comme plante ? Quelles vastes espérances, quels spectacles, quels motifs d'action frappent par des impressions, ou distinctes ou obscures, son âme pleine de jeunesse ! Il se confie en chaque chose, et pendant qu'il se confie, il réussit ; car le succès est compagnon de la jeunesse. Après quelques années, tout est changé autour de lui, uniquement parce qu'il n'est plus le même ; il n'a achevé que la moindre partie des choses qu'il se proposait de faire, et il faut se réjouir, s'il ne désire plus accomplir ce que le temps ne permet plus d'exécuter, mais s'il se résigne à vieillir en paix. Aux yeux d'un être supérieur, les superbes entreprises de l'homme sur la terre n'ont peut-être pas une valeur plus réelle, ou au moins sans aucun doute, sont-elles aussi déterminées et aussi circonscrites que les actions et que les entreprises d'un arbre. Il développe tout ce qu'il peut développer, et se rend maître de tout ce qu'il est en son pouvoir de posséder. Il pousse des boutons et des feuilles ; il produit des fruits et donne l'être à de jeunes arbres ; mais jamais il ne quitte la place que la nature lui a assignée, jamais il n'acquiert un seul pouvoir dont la nature ne lui ait fourni le germe.

Quinet.

EXHORTATION A LA JOIE.

SALIS.

Voyez comme le soleil brille, comme les jours sont beaux ! Le ciel est d'azur ; la campagne est verdoyante. Une plainte est discordante dans le chœur harmonieux des sphères. Eh quoi ! la création est-elle revêtue d'une robe de deuil ? O vous dont les regards s'inclinent avec tristesse, levez les yeux. Que de beautés dans la nature ! La vertu elle-même nous engage à la joie : la joie est le but et la récompense de la sagesse.

Ouvrez votre âme aux rayons de la joie. Écoutez : c'est la joie qu'exprime le chant de la linotte. Respirez : ce parfum des roses, c'est son haleine. Sentez : elle se joue dans le courant du ruisseau. Goûtez : pour nous elle mêle un feu généreux au suc du raisin ; pour nous, elle assaisonne les fruits qui ornent le festin champêtre. Regardez : elle se pare de la verdure des plantes et des arbres ; pour nous, elle peint de couleurs variées le vallon émaillé de fleurs.

Amis, pourquoi ces pleurs de la faiblesse qui altèrent l'incarnat de vos joues ? Un homme doit-il avoir de lâches désirs ? Découragés, voudriez-vous être la proie des reptiles de la tombe ? Notre plus noble destination ici-bas n'est pas encore remplie : que de bien il nous reste à faire ! La sérénité de l'âme couronne le devoir accompli ; le repos ombrage la borne de la carrière.

Oui, bien des soucis, bien des douleurs nous tourmentent par notre propre faute. L'espérance est le baume d'un cœur ulcéré ; la patience et la résignation fortifient celui qui sait souffrir. Lorsque la mélancolie vous enveloppe de son voile grisâtre, élevez vers les étoiles votre courage chancelant ; armez-vous d'une confiance sublime et héroïque : l'homme de bien arrive toujours à bon port.

Livrons-nous à la joie en contemplant la création ; la nature, ouvrage de Dieu, offre un spectacle majestueux et ravissant.

Mais, si les pleurs de l'indigence coulent en secret, souvenons-nous que les plaisirs de la bienfaisance sont plus ravissants encore. Aimez : l'amour est le plus beau des penchants ; ne consacrez qu'à l'innocence cette sainte flamme ; mais alors aimez du plus pur amour tout ce qui est noble, beau et bon.

Agissez ! C'est par les actions que se montre le sage ; gloire, immortalité, voilà la récompense ; marquez de vos actions l'ornière fugitive que la roue du temps trace dans sa fuite rapide. Je répands le bonheur sur tout ce qui m'entoure ; j'emploie tous mes moyens pour être utile. Oh ! comme cette pensée remplit l'âme d'un paisible ravissement ! Comme elle dissipe les nuages des jours les plus sombres !

Courage ! Les souffrances mêmes, lorsqu'une fois elles sont passées, réjouissent l'âme, comme la pluie rafraîchit la plaine. Bientôt la fleur paisible du souvenir colore d'azur les tombeaux qu'entoure le funèbre cyprès. Amis, réjouissons-nous, nous le devons ; livrons-nous à la joie, telle est la volonté sublime du père de tous les hommes ; la joie de l'innocence ne laisse aucun repentir ; elle sourit à travers les roses à la mort qui approche.

ANON.

L'AMOUR.

SCHILLER.

L'amour, le plus beau phénomène de la création animée, l'aimant tout-puissant du monde spirituel, la source de la dévotion et des vertus les plus sublimes, l'amour n'est que le reflet de cette force unique répandue dans tout l'univers ; c'est une vertu, attractive de tout ce qui est excellent, fondée sur un échange momentané de la personnalité, sur une permutation des êtres.

Si je hais, je m'enlève quelque chose ; si j'aime, je m'enrichis de l'objet que j'aime. Pardonner, c'est recouvrer une propriété aliénée. La misanthropie est un suicide prolongé ; l'égoïsme est le dernier degré de pauvreté dans un être créé.

Il est des moments dans la vie, où nous sommes disposés à serrer sur notre cœur chaque fleur et chaque astre éloigné, chaque ver de terre, et chaque esprit supérieur dont nous avons l'idée. Nous voudrions embrasser la nature entière, comme si c'était notre bien-aimée.

L'homme qui est parvenu à recueillir tout ce que la nature offre de beau, de grand et d'excellent dans son ensemble et dans ses détails, et à trouver la grande unité dans cette variété infinie, a fait un grand pas vers la divinité. Toute la création va se fondre dans sa personnalité. Si chaque homme aimait tous les hommes, chaque individu posséderait le monde entier.

L'égoïsme et l'amour partagent l'humanité en deux races absolument différentes, dont les limites ne se confondent jamais. L'égoïsme établit son centre en lui-même ; l'amour fixe le sien en dehors de lui dans l'axe du Tout éternel. L'amour tend à l'unité, l'égoïsme à l'isolement. L'amour est citoyen d'un état libre et florissant, où il participe à la souveraineté ; l'égoïsme est un despote dans une création dévastée.

Anon.

HYMNE A L'AMOUR.

KOSEGARTEN.

O amour, lumière de la vie, source de la noble énergie, aiguillon de l'héroïsme qui couve les grandes actions, frénésie sacrée, palladium de la vertu, religion des jeunes cœurs, bain magique qui rajeunit la vieillesse, ne nous abandonne pas, ne nous abandonne jamais.

Lumière de l'Éden, éclaire devant nous le désert de la terre. Apaise par ta douce sévérité les discordes qui nous désunissent. Si je marche faible et languissant sur le chemin de la vie, amour, que ton vin généreux vienne aider ma faiblesse.

Explique-nous les chiffres mystérieux qui se déroulent sous nos pas ; traduis-nous les chiffres d'or du firmament, le sanscrit de la nature. Dans les formes, les couleurs et les sons, dans le bien, dans le vrai, dans le beau, dévoile-nous, complaisant et propice, les traces du Génie créateur.

Donne-nous l'élévation du cœur pour mépriser ce que profane notre dignité ; donne-nous la sagesse, pour semer un froment qui réussisse ; donne-nous la confiance pour nous conduire, pour souffrir, pour travailler. Dis-nous comment Dieu habite dans le sein des hommes, et comment on le supplie, en faisant son devoir.

Si le souffle de l'orage serre le cœur inquiet ; si la vapeur étouffante du soufre suffoque le voyageur ; si les voûtes des palais tremblent autour de nous ; si les colonnes de la terre s'ébranlent, laisse-nous sourire en paix, appuyé sur ton bâton.

Si, un jour, des hauts lieux que cherche notre pèlerinage, nous abaissons les yeux sur la colline défleurie, sur la vallée couverte de neige, et que, voyant parmi les ruines et les décombres se traîner lentement quelques ombres chéries, une secrète horreur nous oppresse, bannis de nous cette horreur.

Si, du bord de ce pays inculte où nous passons, nous apercevons dans nos désirs un pays de félicité, souris-nous, lumière de l'Éden, et à travers nos landes épineuses, guide-nous, ivres d'un saint pressentiment, vers ces contrées lointaines.

Guide-nous vers ces lieux où des voiles de chair n'enveloppent pas la liberté, où il n'est point d'élément qui enchaîne la pensée, où de froids et factices devoirs n'enlacent pas, pour les courber, les nobles penchants et les nobles plaisirs, où l'ardent ravissement ne se fonde que sur la vertu.

Jamais, amour, bien des biens, magnétisme sublime entre le corps et l'âme, non, jamais tu ne taris. Qui retient arrondi le globe du monde ? Quel est le lien de tous les esprits ? Toi, toi seul, source de l'attraction et de la sympathie.

C'est l'amour qui fait battre le pouls de l'imperceptible embryon. L'amour est le cri universel de la jubilation. C'est par lui que dans des cercles toujours plus étroits et toujours plus brûlants, les soleils, les lunes, les terres, gravitent autour de l'inexprimable unité, quelle qu'elle soit.

C'est la main puissante d'un père qui soutient tous les mondes, qui donne un cœur tendre et brûlant à notre poussière divine, un foyer de flamme à la terre. Mystérieux inconnu, sublime être sans nom, tout l'univers repose comme un enfant dans tes bras.

Quelque chose pourrait-il échapper, sans but, du sein de ta fécondité? Quelque chose pourrait-il retomber dans le néant, une feuille, un brin d'herbe, une mousse? Libre de toute barrière, la pensée, sœur de Dieu, pourrait-elle s'éteindre, comme l'éclair qui brille dans les ténèbres, et passe?

Que le germe pourrisse dans la terre, la fleur n'en est pas moins belle; que la chrysalide meure, le papillon s'élance; que le cœur aussi tombe en lambeaux, l'âme incorruptible prend son vol, et monte radieuse à sa patrie.

Ici peut périr une humble violette, là un Éden se défleurir, ici s'éteindre une lampe, là une étoile disparaître! La vapeur des fleuves expirés, la substance des mondes trépassés, abîme de l'éternel amour, tu la connais, tu la recueilles.

J. L.

SUR LE SENTIMENT DU SUBLIME.

SCHILLER.

Le sentiment du sublime est un sentiment mixte : c'est un mélange de mal-être qui, parvenu à son plus haut degré, ressemble à de l'effroi, et de bien-être qui peut s'élever jusqu'au ravissement, et qui sans être proprement un plaisir, est cependant préféré à tous les plaisirs par les âmes délicates. Cette réunion de deux sensations opposées dans un même sentiment nous montre d'une manière irrésistible notre indépendance morale. Car s'il est absolument impossible que le même objet se trouve dans deux rapports opposés relativement à nous, concluons que c'est nous-mêmes qui nous trouvons dans deux rapports différents relativement à cet objet, et que par une conséquence nécessaire, nous réunissons en nous deux natures opposées qui, en présence de cet objet, se trouvent intéressées d'une manière tout à fait contraire. Ainsi nous apprenons par le sentiment du sublime que l'état de notre esprit ne dépend pas nécessairement de l'état de nos sens, que les lois de la nature ne sont pas nécessairement les nôtres ; et qu'enfin nous portons en nous-mêmes un principe libre, indépendant de toutes les impressions faites sur nos sens.

L'objet sublime peut s'envisager de deux manières : ou bien nous le rapportons à notre force de conception, et en voulant nous en faire une image, une idée, nous succombons sous l'effort ; ou bien nous le rapportons à notre force vitale, et alors nous le considérons comme une puissance en présence de laquelle la nôtre se trouve anéantie. Mais quoique dans l'un comme dans l'autre cas, nous éprouvions le sentiment pénible de notre fin, nous ne fuyons pas cependant le sublime ; au contraire, il nous attire avec une force irrésistible. En serait-il de la sorte, si notre imagination avait les mêmes bornes que notre conception ? Aimerions-nous qu'on nous rappelât la toute-puissance des forces de la nature, si nous ne conservions quelque chose qui ne pût devenir sa proie ? L'infini sensible nous ravit, parce que notre pensée peut s'occuper de ce que les sens ne peuvent embrasser et de ce que l'intelligence ne peut saisir. Le terrible nous remplit d'enthousiasme, parce que nous pouvons vouloir ce que nos penchants repoussent avec horreur, et rejeter ce qu'ils demandent. Nous laissons sans peine notre imagination chercher son maître dans l'empire des phénomènes ; car après tout, ce n'est qu'une force sensible qui triomphe d'une autre force sensible ; mais pour ce qui est absolument grand en nous, la nature elle-même, malgré son immensité, ne peut y atteindre. Nous soumettons sans peine notre bien-être et notre existence à la nécessité physique, parce que cela nous rappelle que cette nécessité n'a aucun pouvoir sur nos principes fondamentaux. Je suis dans la main de la nécessité ; mais ma volonté est dans la mienne.

ANON.

L'ÉTUDE DE LA NATURE.

OPITZ.

L'homme sage se fait une habitude d'employer à mille travaux le temps, ce court espace de la vie, et son esprit s'applique aux plus beaux arts. Mais veut-il prouver sa supériorité sur les êtres qui habitent avec lui le sol nourricier du monde! qu'il exerce son âme à contempler, depuis les fondements jusqu'au faîte, le vaste édifice de l'univers. Il n'est jamais plus grand que quand il ouvre les yeux de son intelligence sur les ouvrages de son Créateur, pour y voir éclater partout la sagesse et la bonté, quand il examine et l'essence et les lois de la nature.

Il remonte d'abord vers les lieux d'où il est descendu ; il s'élève jusqu'au ciel, d'où il tient cette particule de divinité qui est en lui. Il observe que tout est uniforme sous cette voûte immense et si simple dans sa structure, uniforme et cependant varié. Les compas de la terre échappent de ses mains : là tout est illimité, complet, sans alliage et sans changement. Même forme, même impulsion, même puissance et même éclat sur tous les points des cieux. Il y voit des étoiles, ornements de nos nuits, former une cour respectueuse autour du trône de l'Éternel.

Descend-il du haut spectacle des astres à celui qu'ils éclairent, l'air et le feu, l'eau et la terre ne sont pas moins dignes de son attention. Il voit ce que deviennent dans leurs diverses combinaisons les éléments et les êtres qu'ils entretiennent. Il apprend à connaître par quel admirable travail les couleurs se peignent à nos yeux; quelles sont les causes du goût, des sons et des parfums, de tout ce qui chatouille nos sens. Il distingue les créatures qui sont douées d'une âme, et celles qui n'ont que la vie. Mais parmi tant d'êtres différents, l'homme ne saurait rien trouver de plus noble que lui-même. Plus il étudie, plus il sent sa prééminence naturelle sur tout ce qui habite la terre, sur tout ce que nourrit l'air, sur tout ce qu'enferme l'océan.

Oui, le grand livre du monde, qui nous parle à chaque page de Celui qui créa l'univers et y verse si constamment ses divines influences, est le plus digne objet de nos études! Eh! Sans ces connaissances, que nous servirait d'exister? Sommes-nous sur la terre pour y chercher de l'or et de l'argent, pour courir avidement après la pompe et les honneurs? Avons-nous reçu la vie pour l'user nuit et jour dans les festins, pour n'obéir qu'aux sales besoins du corps?

Non, l'homme n'est véritablement homme que quand la noble ardeur de la science justifie ses prérogatives; quand il pénètre, pour l'expliquer, dans le sein de la nature. Porté jusqu'au firmament, tantôt il rit des palais que nous élevons, des vaines richesses que nous tirons des entrailles du monde, tantôt même de toute la terre. Lorsque des hauteurs du ciel il vient à contempler ce petit globe que la mer couvre en partie et dont l'autre moitié est à demi déserte, qui n'est ici que sable et solitude et là que bruyères mal défrichées, couvert d'un côté de neiges éternelles, écorché de l'autre par le soleil : Ah! dit-il en lui-même, est-ce là ce grand habitacle où ne règne jamais le repos, si le fer et le feu ne s'en mêlent? où l'on ne respire que la guerre? Insensés que nous sommes! Voici jusqu'où vont les limites des Germains! un pas de plus nous empiétons sur l'empire des Français! Ce point imperceptible, c'est l'Espagne, et cet autre, l'Italie! — Le sage regarde, d'un œil tranquille et serein, tout ce qu'on prend aujourd'hui pour le rendre demain. Il est content lorsque les sciences le conduisent, sinon à connaître, du moins à présumer, les causes de ce qu'il voit. Savoir, c'est triompher de la mort et de l'envie.

Z.

DE LA LIBERTÉ DE L'AME EN PRÉSENCE DE LA NATURE.

SCHILLER.

Aussi longtemps que l'homme ne fut qu'esclave de la nécessité physique, aussi longtemps qu'il ne put sortir du cercle étroit de ses besoins, et qu'il ne pressentit pas dans son cœur la noble liberté de l'âme, la nature infinie ne pouvait que lui rappeler les bornes de son imagination, et la nature destructive son impuissance physique. Ainsi il devait fuir découragé devant la première, et rouler d'effroi devant la seconde. Mais aussitôt qu'une libre contemplation lui a permis de lutter contre les efforts aveugles de la nature, aussitôt qu'au milieu de cet océan de phénomènes, il découvre quelque chose de stable dans son propre être, les grandes masses de la nature sauvage commencent à parler à son cœur un autre langage, et le grand *relatif* qui est hors de lui est le miroir dans lequel il aime à contempler le grand *absolu* qu'il renferme en lui-même. Alors, sans effroi, mais avec un plaisir qui le fait frissonner, il s'approche de ces épouvantails de l'imagination, et emploie à dessein toute la force de cette faculté pour se représenter l'infini sensible, et sentir plus vivement, s'il lui faut succomber sous l'effort, la supériorité de ses idées sur ce que la sensibilité peut offrir de plus élevé. Le spectacle d'un éloignement sans bornes, des hauteurs à perte de vue, le vaste océan à ses pieds, un océan plus vaste encore au-dessus de lui, arrachent son esprit à l'étroite sphère du réel et aux chaînes accablantes de la vie physique. Alors sa vue s'étend, la simple majesté de la nature agrandit l'échelle de ses conceptions, et entourée de ces grands tableaux, sa pensée ne peut plus supporter rien de petit. Qui sait combien d'idées lumineuses, de résolutions héroïques, qui n'auraient jamais pu naître dans une prison d'étude, ou au sein de la société des salons, sont nées de cette lutte généreuse de l'esprit contre le grand génie de la nature dans les sentiers d'une promenade? Qui sait si ce n'est pas en partie parce qu'ils fréquentent trop rarement ce grand génie, que le caractère des habitants de la ville est si passionné pour les minuties, si resserré, si dégradé, tandis que le sentiment du nomade reste toujours ouvert et libre, comme le firmament sous lequel il couche.

Anon.

SPECTACLE DE LA NATURE.

SCHILLER.

Combien on est plus satisfait, lorsque renonçant à vouloir expliquer la nature, on fait de son incompréhensibilité même la base de ses jugements ! Le spectacle de la nature considérée en grand, méprisant toutes les règles que notre intelligence voudrait lui prescrire, précipitant également dans la poussière les créations de la sagesse et du hasard qu'elle rencontre dans sa marche libre et capricieuse ; emportant dans sa course et jetant dans un même abîme ce qui est grand comme ce qui est petit, ce qui est remarquable comme ce qui est commun ; ici conservant un peuple de fourmis, là serrant dans ses bras gigantesques la plus noble des créatures, l'homme, et l'écrasant ; quelquefois anéantissant dans un moment d'oubli ce qu'elle n'avait produit qu'avec de pénibles efforts ; quelquefois travaillant des siècles entiers à un ouvrage de folie ; en un mot, rejetant dans son ensemble toutes les règles de la science, auxquelles est soumis chacun de ses phénomènes pris en particulier ; un tel spectacle nous montre l'impossibilité absolue d'expliquer la nature par les lois de la nature, d'appliquer à son empire des règles prises dans son empire même ; et l'esprit cédant à une force irrésistible se trouve transporté de la sphère phénoménale dans la sphère idéale, du conditionnel dans l'inconditionnel.

ANON.

LA MORT.

GRONECK.

O monde, qu'es-tu? Un théâtre trompeur. Que sont les différents états de l'homme? Des rôles que la Providence lui a distribués, comme pour l'éprouver. Heureux celui qui a su s'acquitter du sien! La mort tire le rideau : un nouveau théâtre nous attend, où joueront les plus grands rôles, ceux qui sur la scène de ce monde ont rempli dignement les plus petits.

Créés pour la tristesse et pour les larmes, nous errons ici-bas au milieu des ombres, dans une nuit sans étoiles. C'est au delà du tombeau que le jour luit. A quoi donnes-tu le nom de plaisir, ô malheureux mortel? Observe de près les scènes éblouissantes de la vie, tu ne verras qu'une toile sur laquelle l'erreur a jeté des couleurs sans éclat. L'insensé l'admire, le sage la considère de sang-froid; quelquefois elle l'amuse, mais elle ne le trompe jamais.

Anon.

VII.

INSPIRATIONS RELIGIEUSES.

DIEU.

HENNINGS.

L'Être infini réside dans le sein de l'infini. Il est seul et éternel. L'Éternité parle par des œuvres impérissables ; et moi mortel, j'oserai lever la voix ; je l'oserai, pour dire aux mortels comment mon âme la sent et la conçoit. La pensée de la divinité n'est que le pressentiment d'une pensée plus vaste, d'une pensée lointaine que nous n'avons point encore. Quand l'âme plonge, étonnée, dans l'océan sans limite de ce profond sentiment, et aspire à une plus haute existence, c'est alors seulement qu'elle conçoit sa destination, qu'elle entrevoit dans l'avenir des jours, où, devenue plus pure, elle ira au fond de cette grande idée qu'elle soupçonne avec amour, et que sa robe de poussière lui défend de sonder. J'oserai, faible que je suis, parler le langage suprême, le parler avec des mots mortels. Plus légère que le bruit du vent dans les fleurs du vallon, la voix qui annonce l'existence de Dieu s'élève, quand la réflexion solitaire s'arrête sur l'Éternel, s'élève des humbles bouquets de nos prairies jusqu'au trône de la Toute-Puissance, jusqu'aux globes roulants qui pavent le firmament.

Hommes, c'est pour vous que je parle, que je traduis en paroles d'homme les paroles du Très-Haut. Écoutez, et recevez-les dans la poussière. Que si vous voulez entendre de plus près cette voix du Roi des rois, qui résonne près du trône de son infinité, écoutez-la dans le sanctuaire de votre âme, et montez ainsi du limon qui vous environne jusqu'à la pensée qui n'a ni borne, ni mesure!

Et voici ce qu'elle dit, cette voix que j'interprète! Dieu est éternel et seul, simple, invariable, toujours semblable à lui, infini, tout-puissant, simple dans son essence, invariable dans sa volonté, toujours semblable à lui dans l'existence, infini dans son action, tout-puissant pour créer et pour conserver. Ce qui l'entoure est comme aimanté de sa nature, infini et éternel, au-dessus des bornes de l'espace et du temps qu'il a déterminées; ce qu'il a commencé, il l'a commencé de toute éternité, et achevé dans l'éternité. Il n'y a avec lui ni changement, ni correction. Ses lois demeurent comme des colonnes, telles qu'il les a posées, et de ces lois, immuables et sans terme, découlent toutes les variations de l'univers. Ces lois sont l'expression de son omnipotence. Elles l'expriment, et la renferment.

Quand Dieu, dans son séjour impénétrable, se fut soumis le plan de la création, qu'il voulut créer et créa, alors, comme une âme vivifiante, se répandit dans l'immensité un ordre aussi majestueux que Lui, un ordre fixe et incommutable. Le tout alors fut accompli. Dans cette mer de clartés qui n'a pas de rivages, reposent les étoiles, armée lumineuse, qui soutient dans le tourbillon flottant de ses rayons les terres; les terres qui s'élancent dans leur vol circulaire, plus rapides que nos pensées dans leur essor le plus hardi, chacune solitaire, et toutes fraternelles. Ainsi voguent sur l'océan, près des bords où l'horizon s'enfonce dans les nuages, deux vaisseaux à mille lieues l'un de l'autre, obéissant au même vent. Ces myriades de soleils ne se rencontrent jamais. Leur disque radieux déchire les plis de l'obscurité, car au séjour des flamboyantes constellations habite la nuit voilée. C'est là qu'à peine visibles, tant ils sont loin, brillent cernés de pâles vapeurs, et semblables à des nuages laiteux et transparents, des soleils entassés sur des soleils, des bataillons de mondes embrasés; et guidé par eux, le voyageur de la terre voit à peine à leur lueur le sentier qu'il parcourt. Ces puissances du ciel n'ont pour lui qu'un jour crépusculaire, semblables au réveil de l'aurore, quand la lune, disparaissant derrière les bois, se cache dans les nues, et que l'étoile du matin n'est pas encore éteinte. L'ombre de la terre doit-elle voiler ses pensées? Doit-il à la faiblesse de ses yeux mesurer l'immensité? Son esprit ne doit-il pas s'élancer plus haut, admirer l'ensemble de l'univers, et dans l'univers le Dieu qui le conserve après l'avoir créé? Dieu est l'âme des astres et des mondes. Le réseau de sa toute-puissance retient leur foule dans des systèmes sans nombre, et l'ordre de la création maintient à leurs places, et ces soleils étincelants, et ces grains de poussière qui semblent nager sur leurs rayons.

La création se déploya enfin sans voiles devant son auteur. Il y laissa tomber son regard souverain, et trouva que tout était bien. L'œil qui voit tout pénétra dans l'éternité, et devant ce regard céleste parut la perfection dans toute sa majesté, et cette perfection n'eut que lui pour témoin. Ce n'était pas un œil mortel qui pouvait contempler tant de grandeur, un œil qui salue le matin et se ferme le soir! Mais elle est pure et sublime, la vue qui saisit Dieu sous la voûte étoilée, la porte de l'infini.

C'est de là que s'abaisse sur la terre, à travers tous les cieux, l'éternelle vérité, éternel sujet de recherche, que l'esprit peut scruter sans jamais trouver le fond. Qu'il est grand et magnifique, ce spectacle! Mais que celui qui se cache dans d'invisibles profondeurs est plus sublime encore! Si les périssables humains pouvaient, éclairés par le crépuscule d'une âme immortelle, s'élancer vers des formes intelligibles; s'ils pouvaient élever leur esprit à la hauteur du Tout, embrasser dans sa circonférence l'œuvre de la divinité, cette œuvre de la toute-puissance assise sur la base de l'éternité; oh! alors la foule solitaire de nos pensées terrestres s'abîmerait dans cette contemplation, comme des gouttes de rosée dans les vagues de l'océan!

Dieu est Dieu! Que ces mots retentissent comme la foudre dans le fond de vos pensées! Dieu est Dieu! Et les mondes, comme une graine échappée de ses mains, sont dispersés, incalculables, dans l'espace sans mesure. Comme le bruit des épis dans le champ de la moisson, il entend le bruit des mondes, de leurs mille milliards de bataillons. Toi habitant de la terre, toi habitant de la plus grande étoile, citoyens des mondes flottants que ses mains ont semés, prosternez-vous, et priez! Confessez-le dans le silence de l'extase et de l'admiration! Dieu est Dieu!

Réjouissez-vous de l'omni-présence, vous, âmes créées pour elle! Vous ne serez nulle part abandonnées; partout la voix divine plane autour de vous, et parle le dialecte brûlant des âmes. Reposez dans les bras de l'Éternel avec la joie et l'espérance, et ne croyez pas être plus ou moins près de votre Protecteur : il est partout. S'il pouvait, seulement une fois, pénétrer dans votre sein, le sentiment profond de la marche souveraine des choses; si vous pouviez savoir comment avec plus d'accord qu'en nos concerts, vains échos de ceux du ciel, un hymne universel de joie célèbre la création, qui roule triomphante au sein de l'éternité avec une éclatante harmonie : oh! qu'avec joie alors vos chants accompagneraient le vol mélodieux des sphères, heureux de suivre l'ordre divin, jusque dans vos humbles vallons!

Quelque bas que nous regardions, les lois de Dieu y sont. Qui les reconnaît, le connaît et suit le sentier d'or de la vérité. Les lois de Dieu ont disposé les forces et assigné leurs limites; tout ce qui est, obéit à ses lois. Avec la lumière de son trône, il a, au jour de l'origine, répandu sa volonté à travers les cieux des cieux, et le fleuve inextinguible, coulant de monde en monde, a, dans le cours souverain de ses flots immortels, promené depuis l'empire des astres jusqu'aux plus petits rameaux nerveux de la création, la révélation de cette sainte volonté. Sur nos montagnes, comme sur les hauteurs de ces fourmilières de planètes, soleils roulant au-dessus des soleils, univers planant sur des univers, dans l'humide fracas des flots, comme dans les vagues sablonneuses du désert, dans le silence rampant du ver, dans l'invisible mobilité de la plante qui germe, partout, la parole de l'Éternel retentit telle qu'il l'a prononcée lui-même. Tout ce qui est l'entend. La raison, l'instinct, le mouvement, ne sont que les organes qui la transmettent aux mondes, toujours plus claire, plus explicable à mesure qu'on avance, toujours visible dans ses œuvres. L'homme règne et règnera dans un espace de temps limité; mais Dieu, dans aucun point du temps, n'a gouverné ses royaumes d'une main plus savante, plus visible, plus forte, plus généreuse, plus grande; jamais il ne s'est montré plus près; jamais il n'a mieux manifesté sa divinité, que dans le livre irréfutable de la création, dans ce livre comble des divines paroles qu'il a prononcées de toute éternité et que l'éternité répète.

Le pécheur qui hors de la voie tracée transgresse l'ordre divin, qui suit dans ses pénibles détours la route solitaire que son égarement s'est frayée, le pécheur qui n'imprime pas sur le sentier du temps des vestiges tournés vers l'éternité, se perd, triste et fatigué, de tourments en tourments, de soucis en soucis. De quelque côté que son œil se tourne, il ne rencontre que vide et délabrements, plaintes, révolte, débris, désespoir, pourriture; et une voix intérieure lui crie, avec les cris de fer d'un repentir qui s'éveille en sursaut : Tremble, tu es le révolté ! Comme le corps, dans le libre exercice des forces qui le vivifient, a la conscience nette et joyeuse de son être, l'âme aussi a la conscience intime de sa paisible joie, quand elle marche dans la voie que la nature lui désigne. Une élévation tranquille, une dignité ascendante, la maturité de la grandeur, portent l'âme vers sa source ; et les vertus, qui la sanctifient, secouent leurs trésors infatigables sur chaque scène de la vie, semblables au printemps qui, des rayons du soleil, descend sur la terre nue et frileuse, et secoue sur son aridité l'or tiède de ses ailes.

Comme l'ouragan qui, dans son vol dévastateur, renverse le sapin des forêts et la hutte du bûcheron, et laisse sur son passage une longue ligne de misères, le coupable traverse le rêve de la vie ; mais il s'éveillera. Le bandeau de plomb qui lui charge les yeux fondra avec la nuit de la terre devant l'éclat du jour, et l'aurore l'appellera de la couche de l'erreur à comparaître devant la Vérité. Comme il s'étonnera ! Comme il tremblera, quand son esprit s'approchera du rideau tombant des temps ! Quand il sentira combien il s'est égaré dans cette voie fugitive, où il aura marché solitaire ! Quand il pèsera nos années si rapides au poids de l'éternité, et l'erreur passagère avec la sagesse perpétuelle ! Qu'il rougira du gaspillage insensé du temps ! Que sa vie lui semblera stérile et vide, quand le vaste tableau de la création se déroulera sous ses regards ! Dieu ne le jugera pas : ce sont ses lois qui le jugeront ; il est jugé dès l'éternité. Ainsi parle Jéhovah : Le juste et l'injuste sont éternels, je ne puis ni ne veux le changer.

Mais les voies du retour ne sont pas fermées au coupable. Elles se rouvrent à lui, quand la fatigue de l'égarement l'avertit, quand le poids de l'erreur et les chaînes du crime le pressent à la terre. Dieu ne doit-il pas rendre heureux tout ce qui cherche à l'être? Et celui qui veut revenir ne doit-il pas, dans les larges trésors de son pouvoir, trouver quelque ressource qui favorise son retour?

Si les mondes en débris, se succédant dans leurs chutes, doivent tomber comme les gouttes de la pluie, et se précipiter de la haute voûte des cieux comme les feuilles des arbres secoués par les vents d'automne : si les soleils, détachés du tronc puissant des mondes, doivent s'engloutir dans l'immense tombeau des terres, ils doivent en relever leur tête, plus radieuse, et recommencer en rois leur course lumineuse, comme le printemps qui reparaît chaque année sous sa forme nouvelle. Ce n'est pas sa colère, c'est sa sagesse qui les régit, et ce sont ses lois qui destinent aux mondes, après la paix solennelle du soir, le retour majestueux de l'aurore.

Dans ce vaste accord des sphères, dans leur sainte harmonie, réside la vertu céleste, fille rayonnante de la divinité. Elle est céleste dans le ciel, terrestre sur la terre, là éternelle et invariable, ici changeante et périssable, et toujours cependant consonnante avec le temps, comme avec l'ordre éternel.

Pèlerin des sentiers de la terre, quand tout change et périt, l'homme reconnaît que l'ordre est éternel ; les temps n'ont qu'une voix pour le proclamer. Périssables et changeantes, les vertus terrestres que tu exerces, passent dans le domaine de l'infini et arrivent à la vertu céleste.

Ce n'est pas hors de la terre, ce n'est pas dans les rêves de l'esprit, dans l'attente douloureuse de l'avenir qu'est la vertu humaine. Vois, elle s'offre à chaque pas, complaisante et sans art ; les plaisirs l'environnent d'un chœur florissant. Il n'est point de lieux où elle ne soit répandue, et son temple est partout. Salut à celui qu'elle rend heureux, qui sent sa dignité! L'orage peut gronder autour de lui, l'ouragan mugir dans l'écho des rochers, les sapins trembler sur les montagnes, ou des airs plus doux, chargés du parfum des roses, murmurer autour de sa tête, frissonner dans les buissons : quelles que soient les actions qui l'appellent, les grandeurs qui lui sourient, les vertus qui l'attirent, sa vie reste conforme au but, à la fin pour laquelle il a reçu l'être. Il vit toujours dans la loi de Dieu ; il rend son existence douce et grande, aussi heureuse qu'elle peut l'être sur la terre. Il cherche à adoucir aux autres le sentier qu'il s'est rendu facile, à les admettre dans son bonheur. Dieu l'en récompensera. Son esprit immortel plongera dans l'océan de la félicité, se perdra dans la grandeur de la divinité qui embrasse tout, de la toute-puissance qui sent tout ; et en harmonie avec elle, en harmonie avec la pensée de la création, il verra Dieu aplanir devant lui l'infini et l'éternité.   Z.

PRIÈRE UNIVERSELLE.

RAMLER.

C'est vers toi que s'élève mon cantique, ô source éternelle de la vie ! O toi, que les lèvres reconnaissantes des sages ont salué du nom de Jéhovah, d'Ormuzd, et de Dieu ! également grand dans la goutte de rosée qui tombe du brin d'herbe, et dans le soleil, qui, sans s'arrêter jamais, fait tourner autour de lui des mondes fortunés retenus par des chaînes d'or ; également grand dans le ver qui, rampant sous la poussière, ne vit qu'un jour d'été, et dans le chérubin, qui, depuis l'époque immémoriale de sa jeunesse, approfondit toutes les natures, et voit un grand nombre d'anneaux attachés à la chaîne des êtres, dont lui-même est le premier chaînon. Cependant ta grandeur, ô toi que je ne saurais nommer dans la langue des mortels aux enfants de la terre, ta grandeur absorbe la plénitude vivifiante répandue dans ton univers infini. Mon esprit s'y plonge avec un effroi religieux, quand je me trouve dans les temples des forêts, sur les rochers dont les sommets touchent aux nues, ou sur les bords des abîmes mugissants. Oh ! comme la joie terrestre s'évanouit alors dans mon cœur ! Comme tous mes désirs s'ennoblissent ! Génie du monde, me voilà seul, égaré sur un grain de poussière du grand Tout ; j'étends mes bras vers toi. Si un jour, en brisant la fragile enveloppe de mon corps, tu conserves la plus noble partie de moi-même, t'admirer sera mon occupation, mon éternel cantique.

ANON.

L'ATHÉE.

JEAN-PAUL RICHTER.

Personne, dans l'univers, n'est seul comme le nieur de Dieu. Il pleure avec un cœur orphelin, qui a perdu le père suprême, près du cadavre illimité de la nature, qu'aucun esprit régulateur ne dirige et n'entretient; et il tourne autour de la tombe, il s'afflige, jusqu'à ce que lui-même se détache de ce cadavre. Le monde entier repose devant lui, comme, à moitié couché dans le sable égyptien, le grand sphinx de pierre ; et l'univers est le froid masque de fer de l'informe éternité.

J. L.

TROUBLE DU GRAND-PRÊTRE CAIPHE.

KLOPSTOCK.

Le grand-prêtre Caïphe était agité sans relâche sur sa couche somptueuse, par la sombre vision de Satan. S'il s'endort un moment, il se réveille aussitôt en sursaut, rempli de pensées inquiétantes ; il se roule sur son lit, comme un athée mourant sur le champ de bataille. L'approche du vainqueur, le cabrement du cheval, le cliquetis des armures, les cris, la rage des mourants, la foudre du ciel, tout accable l'athée, qui, engourdi, la tête blessée, privé de la faculté pensante, étendu parmi les morts, semble déjà être de ce nombre ; mais il reprend ses esprits, réexiste, pense, maudit son existence, et de ses mains livides, fait rejaillir son sang jusqu'au ciel, en blasphémant le Dieu qu'il voudrait encore pouvoir renier. Dans un étourdissement pareil de ses sens, Caïphe se lève, et fait appeler promptement les prêtres et les anciens du peuple.

Mme DE KOURZROCK.

LA SÉRÉNADE.

UHLAND.

— Qui m'éveille de mon sommeil, avec ces sons harmonieux? O mère, Voyez ! Voyez qui ce peut être à cette heure : il est si tard !

— Je n'entends rien ; je ne vois rien. Continue à dormir doucement : on ne te donne pas maintenant de sérénade ; toi, pauvre enfant malade !

— Ce n'est point une musique terrestre qui me rend ainsi joyeux ; ce sont les anges qui m'appellent avec leurs chants : ô mère, bonsoir !

J. L.

DIEU.

TIEDGE.

Il n'est pas de Dieu !... Luttant contre mille maux, en proie à mille tourments, l'homme tombe et roule dans l'abîme du néant ; le temps muet, se balançant dans les airs d'une aile incertaine, s'envole au-delà d'un large et profond tombeau. Il n'est pas de Dieu ! — La voix lamentable du désespoir, perçant les caveaux souterrains, pousse ce cri funèbre qui va se répéter sous la voûte du temple de la nature.

Il est un Dieu !... Déjà les nuages se sont dispersés à l'aspect de ce soleil radieux ; un grand jour de vie, un jour de résurrection s'est répandu dans ces lieux où régnait la nuit avec toute son horreur, la nuit escortée des génies de la mort. O homme, renonce à cette croyance et vois ce que tu ôtes à la plus noble partie de ton être. Tu prives la raison même de son flambeau. Il est un Dieu, puisqu'il est une vertu.

La vertu est pour nous un guide sûr là où nous égarent les subtilités d'une vaine philosophie ; elle nous conduit à travers ce labyrinthe, où mille détours trompeurs se croisent et embarrassent nos pas ; elle atteste l'existence de Dieu, malgré tous les maux de la terre, dont la foule ne sert qu'à relever la pompe de sa marche triomphale. La félicité et la sainteté sont deux flammes sorties d'un même foyer ; elles montent à travers l'espace du temps, s'inclinent éternellement dans l'infini, et s'y confondent dans un esprit unique. Cet esprit, c'est Dieu, ce ne peut être que Dieu. Aucun être fini ne peut s'élever à cette hauteur. La félicité parfaite, la vie spirituelle la plus pure ne constituent en elles-mêmes et par elles-mêmes, qu'une seule chose ; et elles ne se trouvent réunies qu'en Dieu seul.

Serait-elle une chimère, serait-elle un songe, cette idée que j'embrasse avec tant de chaleur, qui se dévoile aux regards de l'esprit avec cette clarté douteuse, qui pénètre si profondément dans mon âme et remplit avec tant de pureté ce que j'ai de plus pur en moi, l'intelligence?

Non : cet univers n'est qu'une masse énorme de matière, derrière laquelle se cache un monde, le monde des esprits. Ce monde spirituel, c'est l'âme sublime, la pensée du grand Tout, où respirent partout Dieu et une céleste intelligence. Tout ce qui est divin appartient à cette grande âme, qui se manifeste à la secrète inspiration du pressentiment. Tu ne peux te soustraire à ce pressentiment ; ton doute même te révèle une trace légère de cette âme universelle ; par la voix de la nature elle parle à la foi, et la foi parle d'elle à la nature.

ANON.

ABBADONA.

KLOPSTOCK.

Sous les marches du trône infernal, seul, sombre et chagrin, était Abdiel-Abbadona. Ses réflexions sur le passé et sur l'avenir portaient l'angoisse dans son cœur. Sa vue obscurcie par les ténèbres de l'affliction, et voilée par la pesante mélancolie, ne voyait que tourments sur tourments entassés pour l'éternité. Il se rappelle avec amertume son innocence, son amitié pour le sublime Abdiel, qui déserta noblement la révolte, pour se ranger du côté de Dieu. Abbadona suivant le séraphin magnanime, était déjà loin des rebelles, hors de la portée de leurs regards ; mais le char orgueilleux de Satan qui roulait autour d'eux pour les ramener en triomphe à son parti, le son de la trompette guerrière qui les appelait impérieusement, l'appareil d'une troupe brillante enivrée de sa divinité, maîtrisèrent le cœur du faible, et il fut violemment emporté vers eux. Son ami chercha à le ramener d'un regard plein de cette affection qui menace avec des pleurs ; mais ébloui de l'espoir d'être un dieu à son tour, Abbadona méconnut le regard autrefois si puissant de son ami, et il revint à Satan.

Il ne pense qu'avec des larmes et une douleur concentrée à cet événement, à l'aurore de sa création, et à sa brillante jeunesse. Le ciel avait vu naître en même temps ces deux anges, Abdiel et Abbadona. Ils s'aimèrent en se voyant. Des nuées argentées les soulevèrent tous deux en même temps jusqu'à l'Éternel. Ils le virent ensemble et l'appelèrent Créateur. Ces souvenirs martyrisaient l'apostat; et des flots de larmes découlaient de ses yeux, comme le sang des innocents des montagnes de Bethléem..................................
....

Étranger au dernier complot de Satan contre le Messie, Abbadona inébranlable n'avait point partagé l'agitation des conjurés, et il les suivait de loin, ou pour les retenir dans leurs projets ou pour être témoin de la fin de ces monstres. Il s'approcha ensuite à pas lents des anges qui gardaient la porte infernale. Que devins-tu, Abbadona, en y reconnaissant l'invincible Abdiel! Il baisse les yeux en soupirant; il veut reculer en arrière, avancer, puis fuir dans l'immensité déserte; cependant, absorbé dans une douleur craintive, il reste immobile. Enfin recueillant ses esprits, il s'avance tout à coup vers Abdiel. — Son cœur palpitait avec violence : on voyait sur son visage qu'il pleurait intérieurement. De tous les replis de son cœur s'élevait une angoisse inconnue même aux mourants, qui attérait sa marche. Cependant le regard tranquillement lumineux d'Abdiel se porte vers le monde du Créateur, auquel il est resté fidèle, et non vers son ancien ami. Le séraphin brillait de l'éclat du printemps, de l'éclat d'un soleil nouvellement créé, qui jette ses rayons sur un globe naissant. Abbadona n'avait vu que son ami, et non pas sa splendeur, et il se retira, disant d'une voix entrecoupée de soupirs : « Abdiel! mon frère! Tu veux donc t'arracher éternellement à moi! me délaisser toujours dans un abandon solitaire! Pleurez, enfants de lumière, pleurez sur moi : il ne m'aime plus! Il ne m'aimera plus jamais! Abdiel, mon frère, n'existe plus pour moi; pleurez! »

Ainsi en se détournant, gémissait Abbadona. Lorsqu'il entra dans les espaces où circulent les globes, il fut effrayé par le bruit des ailes du tonnerre, par l'éclat que semblaient lancer contre lui les étoiles mouvantes d'Orion. Toujours absorbé par sa mélancolie, enfoncé dans la solitude, il n'avait pas vu les mondes depuis bien des siècles. Inspiré par la méditation, il s'écria : Avenue sacrée ! ah si j'osais pénétrer par toi dans les mondes du Créateur, pour ne retourner jamais dans le sombre empire de la réprobation ! Soleils, enfants innombrables de la création ! N'étais-je pas plus brillant que vous, lorsqu'à la voix de l'Éternel, vous sortîtes, lumineux, des entrailles fécondées du chaos ! Et maintenant réprouvé, éclipsé, je suis en horreur à ce magnifique univers ! Et toi, ô ciel ! c'est en te regardant que je commence surtout à tressaillir. Ce fut là que je devins pécheur ! là que je me soulevai contre l'Éternel ! Repos inaltérable, mon compagnon dans ces vallées de paix, qu'êtes-vous devenu ? Hélas ! à peine mon juge me laisse-t-il la capacité d'un triste étonnement devant ses ouvrages. Ah ! si j'osais, en me prosternant, l'appeler Créateur ; je ne songerais pas à usurper le bonheur de l'appeler mon Père, comme le nomment filialement les fidèles. Hélas ! juge de l'univers, je n'ose pas seulement t'implorer, renégat que je suis, pour que tu jettes un seul regard sur moi dans l'abîme. Pensée terrible ! Source de tourments et de désespoir. Oh ! comme il me torture avec férocité, le désespoir ! Que je suis malheureux ! Pourquoi suis-je né, pourquoi devais-je exister ! Maudit le jour où le créant a dit : Sois ! Oui je te maudis, jour fatal, où les nouveaux immortels s'écrièrent : Voici un nouveau frère ! Et ce frère, pourquoi l'as-tu fait naître, éternité, mère de supplices sans fin et sans mesure ? Et s'il devait exister, que n'a-t-il toujours été sombre et triste, semblable à la nuit éternelle, qui gonflée par l'orage et la mort, marche comme la malédiction divine à travers les tourbillons effrayés de la matière viable... Contre qui te soulèves-tu, blasphémateur ! Ici, aux regards de toute la création, soleils, tombez sur moi ! Étoiles, couvrez-moi, en vous écroulant, du courroux de mon juge ; écrasez-moi des vengeances dont il m'épouvante comme juge et comme ennemi. O toi qui es inflexible et implacable dans tes jugements, n'y a-t-il donc pas dans toute ton éternité un reste d'espérance pour moi ? Créateur ! Père miséricordieux !... Et maintenant je désespère de nouveau, car j'ai blasphémé Jéhovah ! Je le blasphème en l'invoquant. Je souille, en les prononçant, tous ses saints noms de mon crime... Fuyons... fuyons... un tonnerre inévitable et tout-puissant va m'atteindre dans l'immensité. Mais où fuir ? s'écriait-il en fuyant. — Bientôt il regarde avec vertige dans l'abîme du vide. Dieu destructeur ! Dieu terrible dans tes arrêts! Ne peux-tu faire jaillir du néant quelque flamme exterminatrice, qui consume l'immortalité! Mais il l'implore en vain, l'incendie exterminateur ne vient pas. Alors retournant en arrière, il revole vers les mondes. Il s'arrête fatigué sur un soleil élevé, d'où il regarde dans les profondeurs. De là il voit les étoiles se pressant l'une l'autre, comme des lacs de phosphore. Un globe errant s'avançait déjà fumant et mûri pour son jugement. Abbadona s'y précipite pour périr avec lui; cependant il n'y périt pas. Il s'abat lentement vers la terre; engourdi par sa continuelle affliction, il n'y descend pas, il y tombe, comme une montagne, antique champ de carnage, une montagne toute blanche d'ossements, qui s'éboule dans un tremblement de terre.

Z.

LE MYSTÈRE DE LA RÉDEMPTION.

CRAMER.

Êtres, abaissez-vous et frémissez! Restez, pour adorer, prosternés dans la poussière! Soyez brisés par l'affliction et la douleur! Que l'horreur de la mort, que son silence vous saisisse! Que la plénitude de l'épouvante se répande dans vos cœurs! Lamentez-vous et pleurez! Courbez-vous! Plus bas, encore plus bas! Dieu paraît, Dieu qui doit vous juger! Nul juge n'est comparable à ce Juge.

Les cieux, déchirés sous ses pieds, gémissent! Une nuit sombre et inquiète s'étend autour de l'univers. Il vient! Dieu vient pour rendre à chacun selon ses œuvres. Les mondes, abîmés sous cette nuit nouvelle, s'arrêtent dans leur course. L'harmonie des constellations se tait. Les astres, qui célébraient les louanges du Seigneur, s'enfuient en oubliant leurs cantiques.

Quel silence! Quelle pause profonde! C'en est fait des merveilles de la création! Le soleil troublé s'obscurcit! Qu'avez-vous, ô sphères, pour ne pas chanter la gloire de votre maître? D'où vient votre silence, et d'où vient ton voile, ô soleil? Malheur, ah! malheur à la race des prévaricateurs! Dieu paraît pour juger les réprouvés, Dieu l'arbitre et l'ennemi des méchants.

Dieu se prépare à entrer en jugement. Le trône terrible du Justicier est tout embrasé. Il tient encore la terre dans sa main, de peur qu'elle ne soit anéantie : et déjà cependant le souffle de la destruction la menace. Les sept tonnerres de Jéhovah grondent à travers les cieux consternés et une voix formidable se fait entendre : Qui veut réconcilier le pécheur avec moi qui suis son juge?

L'empyrée se contriste. Les chérubins arrachent et jettent loin d'eux leurs couronnes. Les chérubins se prosternent autour du trône pour adorer. Leur face voilée s'incline profondément et ils se taisent, parce que nul d'entre eux ne peut tenter la réconciliation. Les sept tonnerres de Jéhovah grondent encore une fois à travers les cieux, et la voix formidable se fait encore entendre : Qui veut réconcilier le pécheur avec moi qui suis son juge?

Alors, d'un ton lugubre, les chœurs célestes font retentir un : Trois fois Saint! Toutes les milices du ciel frissonnent! Personne ne s'écrie : Je le veux! L'abîme ouvre ses barrières, ses feux s'élancent avec fureur, et aucun être créé ne s'écrie : Je le veux! et les sept tonnerres de Jéhovah poussent à travers les cieux des roulements plus terribles, et la voix se fait entendre : Personne ne veut donc réconcilier le pécheur avec moi qui suis son juge!

Personne ne veut donc être notre caution! Personne dans le ciel et sur la terre, personne ne peut ou ne veut nous sauver! Mais qu'entends-je!... Pécheurs, retirez-vous! Adorez, mortels, adorez de toutes vos forces! J'entends résonner une voix d'homme des hauteurs du Golgotha : Je veux le réconcilier, dit-elle. Me voici pour me livrer à toutes les vengeances de ta justice.

Moi-même, je l'ai désiré de toute éternité. Je t'ai toujours glorifié, ô mon père, je veux te glorifier encore! Abîmé dans la douleur, j'ai déjà bu plus d'un calice. Ah! comme ta main s'appesantit sur moi! Mais je veux réconcilier les pécheurs avec toi. Qu'ils se reposent dans les plaies dont tu m'as frappé! Pardonne, ô mon père, pardonne-leur, car ils ne savent ce qu'ils font!

Les souffrances que j'éprouve sont infinies ; mais fait pour expier les péchés des hommes, j'accomplis avec joie ta volonté... Je suis confondu par ta colère, je suis épandu comme l'eau !... Arrête, arrête, ô colère du Seigneur ! Je veux tout accomplir : je veux mourir leur caution ! Dieu, je veux mourir ton holocauste ! mais ne permets pas que le pécheur périsse ; sauve-le par ma mort.

Cieux qui l'avez vu, ne sauriez-vous me dire qui a supporté la colère de notre Juge, qui a pu nous réconcilier avec lui ? Quel est-il cet homme de douleur, que nous lui donnions notre amour ! Cieux, répétez son nom, afin que nous le connaissions ! Ce saint ne peut pas être un enfant de la terre ! Parlez, quel est cet homme qui a foulé le pressoir ? — C'est... c'est le fils de votre Juge !

Les chœurs célestes font retentir à sa gloire un nouveau *Trois fois saint!* Bientôt ils célèbrent la fête de la seconde création. L'abîme se referme : ses feux s'éteignent ; car elles saignent, les plaies dont notre garant s'est laissé frapper. Les sept tonnerres de Jéhovah reposent et ne grondent plus à travers les cieux. La voix formidable ne demande plus : Qui veut réconcilier le pécheur avec moi ? Le Seigneur, le fils de Dieu accepte.

Les anges tremblants sont encore prosternés d'adoration et tout à coup de nouveaux trônes s'élèvent autour du trône du Fils. Pour qui ? Pour les pécheurs ; c'est pour ces nouveaux enfants de Dieu que ces trônes sortent de son sanctuaire. Plus prompte que l'éclair, plus rapide que les soleils, une splendeur inattendue se répand dans les cieux, et, comme un astre intarissable, les illumine au loin de sa magnificence.

Cependant au Golgotha l'obscurité s'accroît : une nuit mille fois plus sombre que les nuits ordinaires se couche sur la nature et répand la terreur. Combien ne faut-il pas que Dieu haïsse le péché, puisqu'il inflige de si grands tourments à notre réconciliateur, trop grands pour être supportés par aucune puissance créée ! Le trône de la croix porte le jugement du monde : il gémit sous son fardeau, car il n'est point d'homme, il n'est qu'un Dieu qui puisse réconcilier le Juge irrité !

Oh ! comme ils mugissent tous les flots de la colère de Jéhovah ! Comme elles saignent les plaies du Fils ! Ses forces s'évanouissent ! Ah ! quelles tortures, exposé sur le Golgotha, le Juste endure pour vous, race coupable, pour vous !... Embrassez, pécheurs, embrassez Golgotha, ce nouveau trône de grâces; Jéhovah désormais est armé de toute sa vengeance contre son propre Fils.

Il soupire ce Fils; il s'écrie : Je suis abandonné! Mon Dieu, mon Dieu, je suis abandonné de toi! Je supporte toutes tes malédictions, tous tes jugements!... Le tonnerre gronde!... O Jésus, ne nous abandonne pas à la mort! O Jésus, abandonné de Dieu, ne nous abandonne pas dans le jugement! Aie pitié de nous!... Sa tête se penche! Il s'écrie : Tout est accompli!... Il meurt... Les cieux font retentir : Tout est accompli! accompli!

Z.

LA TOUTE-PUISSANCE DE DIEU.

KLEIST.

Être infini, père et souverain de l'univers, c'est par toi, que tout ce qui est bon existe. Ta magnificence éclate dans l'oiseau qui voltige sur le buisson et l'aubépine, comme dans l'immensité des cieux ; dans l'insecte vil et rampant, comme dans le chérubin, tout brillant de lumière. Océan sans rivage et sans fond, tout découle, tout émane de toi ; toi seul ne reçois rien de rien. Les mers enflammées des astres ne sont que les reflets des gouttes de la lumière dans le sein de laquelle tu reposes... Tu menaces les tempêtes, et les tempêtes se taisent! Tu touches les montagnes, et les montagnes se dissipent en fumée ! Les mugissements de la mer, lorsque dans son courroux elle entr'ouvre son sein et laisse voir le fond de ses abîmes, sont autant de cantiques de ta grandeur et de ta magnificence. Le tonnerre porté sur des ailes de feu, annonce d'une voix formidable ton pouvoir et ta gloire. Les forêts frémissent de respect et répètent en tremblant tes louanges. Des armées de constellations célèbrent par mille chants harmonieux, qui ne se font entendre qu'à l'esprit, et étendent d'un pôle à l'autre, ta gloire et ta puissance. Mais qui peut compter le nombre de tes merveilles? Qui pourra jamais pénétrer tes profondeurs, ô Être créateur des êtres? Esprits finis, quand même vous emprunteriez les ailes des vents, et les traits des éclairs pour parcourir à travers mille âges du monde, l'abîme immense de la divinité, vous ne seriez pas d'un seul point plus rapprochés, à la fin, de ce principe universel et infini. Taisez-vous donc, lyre trop faible, taisez-vous! Votre silence exaltera plus dignement le Seigneur.

ANON.

L'INCRÉDULITÉ ET LA FOI.

KLINGEMANN.

Un péché mortel! Qu'est-ce qu'un péché mortel ou une vertu sans tache? Des mots! Rien que des mots! Un bavardage d'échos dans le désert! Au loin ces illusions! Tout sur la terre n'est qu'un jeu désordonné du hasard : celui qui s'imagine qu'un Dieu dans sa sagesse a médité le plan du monde, et que des lois immuables nous gouvernent, il ne lui faut qu'un moment pour voir s'évanouir dans l'air la chère fumée de ses visions. Mon existence, à moi, qu'est-ce autre chose que mes pensées? Que leur courant s'arrête, tout est perdu. Ce qui tombe, doit tomber, et une fois tombé, tout est dit.

— Insensé! Tes paroles sont entendues d'une oreille que tu crois sourde. Le ciel, que tu nies, est sur ta tête, regarde-le! Est-ce bien dans son temple que tu oses nier le pouvoir de Dieu? Regarde autour de toi. Vois ces emblèmes innombrables qui se pressent sur son éternel autel. Explique-nous d'où vient la splendeur matinale du soleil, d'où vient l'éclat de tous ces mondes qui défient le calcul, dont l'or radieux fourmille dans les mines nocturnes du firmament. Traduis-nous, si tu peux, le roulement du tonnerre, la douce et suave mélodie du rossignol, la voix du tremblement de terre ou du feuillage qui frissonne. Interprète la poussière où rampe le ver, et la tienne, soit qu'elle tende à descendre ou aspire à monter : et si tu ne peux, tremble et agenouille-toi devant le plus humble brin d'herbe qu'ait façonné la puissance divine. Cela vaut mieux que de vouloir juger les lois de ce miraculeux univers, où tu ne cherches qu'à doubler la mort par le néant.

J. L.

UN SONGE.

JEAN-PAUL RICHTER.

Quand on entend raconter dans l'enfance, qu'à minuit, à l'heure où le sommeil nous atteint jusqu'à l'âme, et rembrunit nos songes mêmes, les morts se lèvent de leurs tombeaux, et contrefont dans les églises les pieuses cérémonies des vivants : alors à cause des morts, on recule effrayé devant la mort ; et dans la solitude des ténèbres, on détourne ses regards des longues fenêtres de la chapelle, n'osant pas s'informer si la lueur qui tremble sur les vitraux est le reflet de la lune. L'enfance, et plus encore ses terreurs que ses plaisirs, reprennent en songe leurs ailes chatoyantes, et se jouent comme des lucioles dans la nuit légère de l'âme. N'éteignez pas ces volantes étincelles ! Laissez-nous nos rêves douloureux et sombres, ces demi-teintes qui font saillir la réalité. Et avec quoi voudrait-on nous dédommager de ces songes, qui du fracas de la cataracte nous ramènent sur ces hauteurs tranquilles de l'enfance, d'où le fleuve de la vie encore loin de sa chute coule silencieux dans ses étroites plaines, et réfléchit le ciel ?

J'étais couché un soir d'été sur une colline, vis-à-vis le couchant, et je m'y endormis. Je songeai que je m'éveillais dans le cimetière. Le bruit des rouages de l'horloge qui sonnait onze heures m'avait réveillé. Je cherchai le soleil dans le vide des ténèbres, parce que je le croyais éclipsé par le passage de la lune. Toutes les tombes étaient entr'ouvertes, et les portes d'airain de la chapelle funéraire se remuaient, agitées sous des mains invisibles ; le long des murs fuyaient des ombres que personne n'y jetait, et d'autres ombres marchaient, qui se dressaient dans l'air livide. Dans les bières ouvertes, il ne dormait que des enfants Un nuage étouffant et grisâtre pendait à larges plis de la voûte des cieux ; et un fantôme colossal le pliait, le déployait, comme un filet qui s'approchait toujours. J'entendais sur ma tête la chute lointaine des avalanches, et sous mes pieds les premières commotions d'un tremblement de terre immense. L'église vacillait de côté et d'autre, poussée par des souffles qui se combattaient entre eux, et dont les voix intarissables cherchaient vainement à se réunir dans un accord. De temps en temps une lueur sombre jaillissait contre les fenêtres, et sous cette lueur brûlante, le fer et le plomb coulaient fondus le long des vitres. Le filet de nuages et la terre chancelante me poussaient dans ce temple redoutable, devant les portes duquel, sentinelles empoisonnées, deux basilics étincelants couvaient leurs venins. Je m'avançai à travers des ombres inconnues, marquées du sceau des vieux siècles.

Toutes les ombres se pressaient autour de l'autel vide, et toutes frémissaient, et leurs poitrines se soulevaient, quoiqu'il n'y eût pas de cœur. Un mort seul, récemment enterré dans l'église, était encore couché dans son linceul. Son sein ne tremblait pas, et sur son visage souriant flottait un songe heureux, mais à l'approche d'un vivant, il s'éveilla et ne sourit plus. Il chercha à ouvrir ses paupières pesantes, mais il n'y avait plus d'œil sous ces paupières, et dans sa poitrine pantelante, il y avait, au lieu de cœur, une blessure. Il souleva les mains et les joignit pour prier; mais les bras s'allongèrent, se détachèrent du corps et les mains tombèrent jointes sur la terre. Au haut de la voûte de l'église était le cadran de l'éternité : on n'y voyait point de chiffres, et il tournait sans aiguilles, mais un doigt noir l'indiquait aux morts, qui s'efforçaient d'y lire le temps.

Alors descendit d'en haut sur l'autel une figure noble, élevée, pleine d'une impérissable douleur ; et tous les morts s'écrièrent : Christ, n'y a-t-il point de Dieu? Il répondit : Il n'y en a pas.

Toutes les ombres de ces morts se prirent à trembler, et ce n'était pas seulement leur poitrine qui palpitait, c'était elles tout entières ; et elles commencèrent l'une après l'autre à se dissoudre de terreur.

Le Christ continua : J'ai parcouru les mondes, je suis monté dans les soleils, j'ai traversé les déserts lactés du ciel : mais il n'y a point de Dieu. Je suis descendu aussi bas, aussi loin que l'existence peut jeter son ombre ; j'ai regardé dans l'abîme, et je me suis écrié : Père, où es-tu? Mais je n'ai entendu que l'éternel orage que personne ne gouverne, et un arc-en-ciel étrange, qui ne devait point sa naissance au soleil, se courbait sur l'abîme et y dégouttait en pluie. Dans ce monde incommensurable, je cherchais l'œil de Dieu, et je n'ai vu qu'un orbite vide, noir, sans corps. L'éternité reposait sur le chaos, et le rongeait, et se dévorait elle-même. Criez, discordantes tempêtes ; ombres, criez ; car Il n'est pas.

Les ombres décolorées s'évanouirent, comme ces vapeurs blanchâtres, condensées par le froid, disparaissent sous une tiède haleine, et tout fut vide. Alors, spectacle affreux pour le cœur! alors accoururent dans le temple les enfants morts qui s'étaient éveillés dans le cimetière ; et ils se prosternèrent devant la figure majestueuse, qui était sur l'autel et ils dirent : Jésus, n'avons-nous pas de père? et il répondit avec des flots de larmes : Nous sommes tous orphelins, vous et moi ; nous n'avons pas de père.

Alors des vents plus aigus sifflèrent : les murailles ébranlées du temple se poussèrent l'une sur l'autre ; le temple s'écroula sur les enfants ; la terre et le soleil s'engloutirent, et tout l'édifice du monde s'abîma devant moi dans son immensité. Seul sur la cime de l'incommensurable nature, le Christ était debout, contemplant les décombres du monde et les éclats dispersés des milliers de soleils, et ses regards plongeaient dans l'éternelle nuit comme dans une mine, où les soleils se croisaient comme des filons de lumière, et les voies lactées comme des veines d'argent.

Quand le Christ vit la foule des mondes qui se broyaient, les débris lumineux des sphères sautiller dans les cieux comme les flammeroles des marais, et les cœurs saignants des êtres, pressés les uns contre les autres comme des bancs de corail ; quand il vit les univers verser à leur tour leurs âmes brillantes dans l'océan des morts, et des lumières errantes surnager sur ces vagues ; alors grand, comme le plus grand des êtres, il leva ses regards dans le néant, et les promenant dans l'immensité vide, il dit : Immobile, muet néant! froide, éternelle nécessité! hasard insensé! Qui sait d'entre vous, quand sera détruit cet édifice et moi? Hasard, sais-tu, toi-même, ce que tu fais, où tu vas, quand avec les ouragans tu marches à travers la neige morte des astres ; quand un soleil se heurte contre un soleil ; quand s'éteint sous tes pas la rosée incendiaire des étoiles? Pourquoi suis-je seul debout sur le vaste sépulcre de tout? Je suis seul avec moi! — O mon Père, mon Père! Où est ton sein immortel, que je puisse y reposer? Hélas! si c'est moi, qui suis mon propre père, mon propre créateur, pourquoi ne puis-je pas être aussi mon ange exterminateur!

Est-ce encore un homme qui est là près de moi? Malheureux! Votre vie exiguë est un souffle de la nature, ou seulement son écho. Un miroir concave pénètre de ses rayons les nuages de poudre qui sortent des cendres mortes de la terre, et en fait sortir, en trébuchant, ces images nébuleuses. Regarde en bas dans l'abîme! Vois-tu s'y traîner ces nappes de cendres? une nuée, chargée d'univers, s'élève de l'océan du trépas; l'avenir est une nuée qui monte, et le présent une nuée qui tombe, reconnais-tu la terre?

Ici le Christ regarda dans l'abîme, et ses yeux se remplirent de larmes. Il dit : C'est là que j'habitais! Alors j'étais heureux : j'avais encore un père : je regardais, encore joyeux, de la montagne dans l'infini du ciel, et mon sein douloureux se réfugiait vers cette image consolante; et je disais encore dans l'amertume de la mort : Mon père, retire ton fils de ces voiles sanglants, et presse-le sur ton cœur.... Hélas! heureux habitants de la terre, vous croyez encore en lui! Peut-être en ce moment votre soleil se retire : et au milieu des fleurs, des larmes, de l'éclat du couchant, vous tombez à genoux, vous levez vos heureuses mains vers le ciel entr'ouvert, et l'invoquez avec des pleurs de joie! Être infini, dites-vous, tu me connais, tu connais mes blessures : après la mort tu me recevras dans tes bras, tu les fermeras toutes! — Malheureux! après la mort, elles ne seront pas fermées! Si l'infortune se couche sur la terre, le dos blessé, et s'endort dans l'attente d'une aurore de vérité, de vertu et de joie, elle se réveillera dans la tourmente du chaos, dans l'éternelle nuit. Il ne viendra point d'aurore; il ne viendra point de main salutaire pour te guérir : il ne viendra point de père. Mortel, qui es près de moi, si tu vis encore, supplie-le! autrement tu l'as perdu pour l'éternité.

Alors, je me prosternai, et jetai les yeux sur l'édifice resplendissant du monde. Alors je vis se lever pour s'enlacer autour de l'univers, le serpent gigantesque de l'éternité. Je vis le cercle se former et se doubler autour du grand Tout. Puis il se plia mille fois autour de la nature, et froissa tous les mondes les uns contre les autres; et pulvérisant tout, il réduisit bientôt le temple de l'universalité, à n'être plus que l'église d'un cimetière. Tout était étroit, sombre et triste. — Se levant avec lenteur, le marteau d'une cloche immense allait sonner la dernière heure du temps, et la destruction de l'univers...... quand je m'éveillai.

Je pleurais de joie dans mon âme de pouvoir encore prier Dieu : et ma joie, ces pleurs, ma croyance en lui, étaient toute ma prière. Quand je me levai, le soleil laissait tomber sur les épis la pourpre lumineuse de ses adieux. Il prêtait le reflet vermeil du couchant au disque ami de la lune, qui se levait à l'Orient sans aurore. Entre le ciel et la terre un peuple léger et périssable balançait ses ailes rallenties, et vivait comme moi en présence d'un père infini. Il s'échappait autour de moi des sons ravissants de toute la nature, comme des cloches du soir, dans le lointain.

J. L.

ALEXIS A DION.
ÉPITRE D'UN MORT A UN VIVANT.

WIELAND.

Ami, l'affection qui nous a unis dans la vie terrestre, ma mort l'a augmentée. Comment pourrais-je te cacher plus longtemps mon bonheur du ciel, lorsque autrefois toute joie nous était commune? Il est juste que je t'offre, que je consacre à ta sainte amitié, les prémices des fruits célestes que je cueille avec les Séraphins. Mais tu en jouis déjà, puisqu'ils sont le partage d'un ami qui n'en jouit que par toi. Quelle divine volupté, elle doit exalter dans ton être, la conscience d'avoir formé un ange! Ainsi récompense la sagesse. Tu sais comme la mort me trouva joyeux de la suivre. Oui, elle m'eût trouvé tout à fait sans larmes, si mon Dion ne m'eût retenu, lui et les gémissements d'une tendre sœur. — J'espérais du trépas ce que m'avait refusé une vie de ténèbres, écoutant d'une oreille attentive, si j'entendrais venir l'ange du tombeau, que je suppliais d'accourir. Il vint : sa froidissante haleine frissonna doucement dans mes veines, semblable aux caresses de la brise;

la voix seule de l'amitié en pleurs émouvait mes sens, puis je tombai dans un mol assoupissement, aussi suave que celui du soir, quand il tombe au milieu des fleurs dans les bras de la nuit. Lorsque je m'éveillai, ô merveille! je planais, délivré des chaînes du corps, enveloppé d'un éclat éthéré, au dessus de la couche où j'avais laissé ma robe de poussière, et autour de laquelle, vous vous teniez immobilisés et sans voix.

Inquiet, je jetais autour de moi des regards mal assurés, pleins d'une joyeuse surprise, et mes yeux encore inaccoutumés à la clarté se refermaient à chaque instant, bien que le midi de la terre ne soit guère, pour un œil éthéré, qu'un pâle et faible crépuscule. — Une figure divine sortit du cercle entr'ouvert de la lumière, majestueusement, et elle effaça de mon âme les images plus obscures de la beauté terrestre, comme le soleil, quand il s'élève, dissipe rapidement les nuées du matin, et l'argent fugitif de l'aube, et inonde au loin les cieux de sa pompe triomphale. Ma vue trop jeune put à peine un moment supporter celle de l'ange. Doucement étourdi, je tombai dans ses bras tendrement ouverts, mais l'air céleste, qu'agitait le vent de son aile embaumée, ne tarda pas à réveiller mes sens endormis. Revêtu de moins vives couleurs, il avait adouci l'excès divin de sa magnificence. Je le contemplai alors plus hardiment, et bientôt je ne me détournai plus. L'amour que versait en moi son sourire, fortifia mon œil contre l'éclat surnaturel du sien. Il m'ordonna de le suivre ; mon regard se fondit d'éblouissement, en plongeant dans l'espace. L'immesurable infini n'était encore pour moi qu'un brillant chaos, mon œil émerveillé se perdait dans les plaines de l'air. Là, tout autour de moi, flamboyaient dans des champs sans limites d'innombrables étoiles. Les unes lançaient comme des éclairs sous ma paupière aveuglée, les autres, semblables à l'astre du soir, exhalaient une lumière plus humble. Dans des cercles lointains et plus purs reposaient les soleils, étincelants d'une splendeur divine, et dans leur vol circulaire des terres sans nombre se pressaient autour de ces foyers qui leur donnaient l'âme. Trois fois dans mon ravissement, je prosternai ma face : de sublimes pensées bouillonnaient dans mon âme, et s'efforçaient d'atteindre dans le ciel à cette divine lumière, d'où je voyais jaillir des essaims d'étincelles. L'ange aussi, bien qu'accoutumé à ce divin spectacle, partageait mon extase, et d'un œil pensif tantôt plongeait dans les profondeurs étoilées, tantôt regardait mon visage, qu'animait un plus vif éclat. Alors je me détournai en tremblant pour regarder dans le brillant abîme, je respirai avidement l'air céleste, et je sentis, ô Dieu, que c'était là ma patrie. Nous volâmes plus loin. La joie de ma nouvelle vie donnait à mon vol la rapidité de la lumière. L'océan constellé du ciel fuyait sous le sillon de nos ailes ; déjà mon œil plus fort, plus exercé osait interroger les vagues de l'éther. Combien je tressaillis d'une nouvelle surprise, quand je vis tout peuplé d'êtres, ce que je prenais pour un désert. Je devais, ami, m'étonner encore davantage. Pourrais-je cependant, avec des paroles de la terre, te peindre ce que j'ai vu ! Le langage de l'ange lui-même est trop pauvre, pour nommer les merveilles du Créateur. Mon guide vit que mon esprit était plongé dans l'admiration, quoique je me tusse. Il dit : Comme il te ravit justement l'aspect de ces créations nouvelles pour toi ! Tu crois voir la divinité, qu'auparavant tu ne faisais que soupçonner. Tu la sens plus près de toi et tu savoures silencieusement en toi-même la félicité de cette grande pensée : qu'il t'aime celui qui a jeté d'un souffle la vie dans tous ces cieux. Ici, c'est ici que grandissent les ailes de l'âme, l'amour divin, l'amour pour l'être unique auquel tous les cœurs appartiennent. Seulement l'homme animal, enfoncé dans la boue de la matière, n'a point d'yeux pour voir la lumière qui le pénètre, n'a point d'oreilles pour entendre ce que lui annonce chaque son dans la création, ce que lui révèle le puissant concert de tous les mondes.

Tandis que mon guide parlait ainsi, la sphère que j'habite se découvrit enfin à mon œil qui la cherchait ! Du milieu de cent étoiles rayonnait sa magnificence. D'un essor trois fois plus rapide, nous nous élançâmes de ce côté : des tourbillons tremblants d'une douce lumière s'en échappaient, une volupté jamais encore sentie, pénétrait tout mon être. Je sentis que le corps dont mon céleste génie protecteur m'avait revêtu dans la mort, créé pour cette sphère, respirait son air natal ; il me parut plus pur et plus léger. Sept lunes de saphir cadencent autour d'elle leurs pas harmonieux. Au doux crépuscule du plus lointain de ces satellites, nous entrâmes dans le plus beau des mondes. — Ici, Dion, se taisent toutes les conceptions humaines ; ce que j'ai senti et vu, tu ne le sentiras et tu ne le verras jamais, que si, unique espérance qui soit sur la terre permise à la vertu, la mort te conduit près de moi. La région que j'habite est le séjour de la beauté. Le reste des soleils ne paraît que son ombre. Un ange voyageur d'un millier d'Olympes s'arrête là ; son pied demeure comme attaché à l'azur de nos collines, et il oublie bientôt dans la contemplation le but sublime de son vol. — Ici règne la sagesse, libre d'ombre, simple, divine, créatrice de l'éternelle volupté. Chaque regard est vérité ; dans chaque sentiment est le ciel ; chaque minute s'élance, chargée des louanges de la divinité, vers le dôme voisin des cieux des cieux. Les esprits saints, qui habitent ces lieux, m'embrassent, moi terrestre étranger, aussi tendrement qu'ils s'embrassent entre eux. Je repose près de la source éternelle de la joie la plus pure ; je prie, inondé de ravissement, l'Être infini, celui qui, m'initiant aux profondeurs de son amour, m'a rendu si heureux. — O ami, par qui mon cœur au milieu de ces joies se sent attiré vers la terre, toi, l'ami qui me ressembles le plus, quand viendras-tu cueillir avec moi les fruits de la vertu sur l'arbre de vie ? Quand te reverrai-je, pour partager avec toi le bonheur dont je te rends grâce ?

J. L.

THÉODICÉE.

J.-P. UZ.

Le visage enflammé d'une pourpre lumineuse, je m'élance vers la divinité ! Un rayon de sa splendeur brille sur les cordes de ma lyre, qui n'a jamais retenti plus sublime. A travers quels accords roule mon chant sacré ! Comme un torrent qui tombe d'un roc inaccessible, il se précipite, en bouillonnant de mes lèvres.

Je veux terrasser l'impiété qui ose, ô Créateur, te traduire devant son impudence. Que l'univers proclame la gloire de la sagesse suprême ! Leibnitz m'ouvre le sanctuaire du destin. Il a marché sur une route de lumière, comme le soleil quand il s'élance des bords de l'Orient.

Qu'elle s'éloigne de moi cette obscurité sombre, qui des marais de l'Achéron, des déserts du Styx monte en mon chemin comme un brouillard glacé, sur ce chemin où court à pleine folie un essaim d'orgueilleux insensés, sur ce chemin où le sage lui-même ne marche qu'avec crainte, souvent s'arrête en silence, et souvent glisse sur les écueils.

Je vois à nu devant moi tous les plans qui étaient sous les yeux de la divinité, quand la divinité créa. L'univers, avec une pompe toujours nouvelle, se retourne dans des milliers de projets spécieux, qui n'ont besoin que d'un signe pour exister et disparaître.

Le Sextus d'un meilleur monde n'y contraint pas Lucrèce à s'immortaliser par le suicide. Son chaste sang ne s'y refroidit pas sur la lame d'un poignard. La Rome jonchée de cadavres, la Rome des Domitiens, le théâtre de leur rage fiévreuse et brutale, se dresse sur un plan sublime, et règne indestructible.

Un jour douteux, de froides ombres passent sur des systèmes de monde qui m'avaient ravi. Le Créateur ne les a point choisis. Il a jeté le nôtre dans l'espace, pour être la demeure des tyrans, qui sont la honte de l'humanité et l'instrument de ses souffrances, pour être le séjour d'où les héros passent rayonnants dans l'éternelle histoire.

Avant que les étoiles du matin célébrassent ses louanges, avant que sa parole créatrice secouât les profondeurs du chaos, le Sage des Sages avait arrêté le plan qui s'exécute, et nos yeux de taupe osent se lever contre sa création! Notre orgueilleuse cécité ose faire le procès de Dieu : et du sein de sa nuit l'homme veut régir l'univers.

De quel soleil sont partis les rayons qui dissipent mes ténèbres? Quand le voyageur matinal s'élance du marécage sur la pente d'une montagne, un nouveau monde se déploie soudainement à ses yeux. L'enchantement décore les vastes plaines, où son regard se perd, plein d'une joie céleste.

Les campagnes inondées du parfum des fleurs, le chant des oiseaux dans les vallées, les prairies couvertes de troupeaux : là le cristal d'une source couronnée de la verdure des bois, là l'or lointain des tours qui brille dans les nuages, tout le ravit; partout où il jette la vue, un spectacle divin lui répond; semblable à ce voyageur, mon esprit, en s'élevant, vole de conquête en conquête.

J'ai pris mon essor vers le ciel! Comme l'univers s'élargit devant moi! La terre fuit, évanouie. Elle n'est plus pour moi le centre de la création. Quelle petite portion de ce grand Tout est la terne demeure de l'antique Rhéa! Et vous, hommes, quel petit troupeau vous êtes sur cette petite Terre!

Accordez sur notre globe les mêmes privilèges aux créatures d'une autre espèce. Leur auteur les aime toutes. La Sagesse éternelle a esquissé elle-même le bonheur du plus petit insecte. Son sort est déterminé aussi bien que le sort de Rome, aussi bien que l'existence d'un soleil, qui règne avec splendeur dans des régions de délices.

Voyez dans l'étendue sans limites, comme Orion et son escorte, son cortège d'étoiles habitées, se rangent dans un ordre lumineux devant leur créateur! Lui seul voit comment les soleils s'enchaînent aux soleils; lui seul voit comment un mal, qui nous fait blasphémer dans notre poussière, concourt souvent au bien de tous les mondes.

Il voit avec un saint contentement, jusques sur notre sphère, toutes les parties se lier, et s'engrener entre elles, et l'ordre régner partout, même où la vertu pleure. S'il interroge du regard le tissu éclatant de son ouvrage, il saisit la raison de ce qui nous paraît funeste et obscur; il trouve que ce qui arrive, arrive toujours pour le mieux.

Que l'épouse de Collatin souffre avec un courage qui l'illustre! Il germe de son sang la liberté d'un peuple qui produira Caton; une liberté qui durera, jusqu'à ce que la tyrannie, allaitée par le crime, venge la vertu abandonnée, et que Rome, punie par Rome, se venge elle-même, en se punissant.

Énervée dans les fers qu'elle a mérités, comment Rome se défendra-t-elle du joug de l'étranger? Voyez! Le Latium châtié tombe enseveli sous ses décombres. Le nord glacé vomit un peuple de sauvages, que le destin fait vaincre: et le sauvage, assis dans les ténèbres du vaincu, y trouve la lumière et la vérité.

Vous qui séparez une partie de ce Tout, de ce Tout que vous ne connaissez que par le coin où vous êtes, vous blâmez, téméraires, ce que le sage lui-même ne comprend pas. Oh, si nous pouvions saisir l'ensemble de l'univers, quel éclat sublime et imprévu, ferait disparaître à nos yeux ces prétendues taches qui les blessent!

Le mal devait-il être absent du monde? — Il fallait alors que le souffle de la divinité n'eût jamais donné d'âme à la poussière, car le mal ne surgit que du cœur de l'homme. Il fallait que l'homme ne fût pas. Quelle perte plus grande! Toute la création eût été en deuil : et la vertu fugitive eût pleuré son ami.

Vous sages, qui ornez plus l'univers que cent soleils, vous ne fussiez point nés pour enthousiasmer l'avenir, et l'ordre n'eût pas régné dans la nature, qui ne marche pas par bonds, qui ne monte que par degrés l'échelle d'or dont l'homme occupe le centre.

L'homme également loin du ver qui se traîne affamé dans la boue, et de l'ange sublime, est parent de tous les deux. Sa libre volonté le trahit : sa raison céleste ne peut franchir les bornes de sa sphère. Il est toujours enchaîné par le fardeau du corps.

Des railleries bourdonnent autour de mon oreille, qui les méprisent. Les clameurs des faux sages refusent aux malheureux mortels la liberté de la volonté. Serfs, qui méconnaissent les dons d'une prévoyante bonté, les prérogatives de l'espèce humaine, et se ravalent de plein gré au niveau de la brute!

Flattez vos passions! Bientôt elles dominent, elles ne vous quittent plus. Une chaîne de diamant les noue à votre cœur. Ce n'est pas sans douleur que l'esprit né libre se voit végéter dans ces vieux fers ; mais il n'a pas su résister : il est esclave.

Dans l'ordre des choses que Dieu vit comme possible, l'intelligence de l'homme était comptée pour peu. L'homme était toujours l'homme, plein, comme il l'est, de petitesse et d'imperfection. C'est par la vertu qu'il doit sortir de son obscure bassesse, s'élever à un état qu'il ignore, être immortel après une courte vie.

Mon sort d'ici-bas n'est qu'un commencement de mes destins, ma vie de ce monde n'est qu'un crépuscule. Mon âme se prépare à des jours plus brillants ; qu'elle ne grommelle donc pas contre celui qui m'a fait de poussière, mais qui m'aime dans ma poussière, et ne me refuse pas un plus noble rang : il ne fait que le différer.

J. L.

SUR L'ÉTERNITÉ.

HALLER.

Forêts, dont les noirs sapins n'entr'ouvent point leurs branches à la lumière, où dans chaque retraite se peint la nuit du tombeau ; rochers caverneux, où gémit dans les broussailles un triste essaim d'oiseaux solitaires ; sources, qui fuyez lentement dans d'arides pâturages, pour vous perdre en torrents dans la bourbe des marais ; champs desséchés, terres de désolation, présentez-moi dans vos sombres couleurs un mirage de la mort, nourrissez ma souffrance d'une froide horreur, d'une noire tristesse, soyez pour moi une image de l'éternité.

Redoutable océan de l'austère éternité ! antique berceau des mondes et des temps, et des temps et des mondes sépulcre sans mesure ; royaume immuable du présent ! la cendre du passé est pour toi un germe d'avenir. Infini, qui est-ce qui t'échappe ! Les mondes sont pour toi comme des jours, et les hommes comme des moments. Peut-être maintenant des milliers de soleils circulent, et des milliers s'arrêtent ; que t'importe ? Semblable à une horloge animée par un poids, un soleil lancé par la force de Dieu, roule pour marquer une heure. Son mouvement s'éteint, et en voilà un second qui s'éveille. Toi tu demeures, et ne les comptes pas.

La tranquille majesté des étoiles qui semblent pour nous les bornes invariables du firmament, se flétrit devant toi comme l'herbe desséchée par le soleil d'été. Comme les fleurs, jeunes à midi, vieilles et fanées avant le soir, tu vois passer tes constellations.

Quand l'existence naissante luttait contre le néant, et que le monde s'élançait ébauché de l'abîme ; avant que la pesanteur eût appris aux corps à tomber ; avant que sur la nuit de l'antique chaos les premiers flots de la lumière eussent commencé à se répandre, tu étais déjà aussi loin de ta source qu'à présent. Et quand un second chaos engloutira les mondes, quand il ne restera de l'univers que la place, quand de nouveaux cieux, éclairés par d'autres astres auront achevé leur course, tu seras aussi jeune qu'à présent : tu seras également loin de mourir, tu auras encore un avenir aussi illimité qu'aujourd'hui.

L'essor rapide de la pensée, près duquel le temps, le son, le vent, la lumière même, n'ont que de lentes ailes, se fatigue à vouloir t'atteindre, et ne peut espérer une barrière qui l'arrête. En vain, j'entasserai des milliers de montagnes ; en vain je roulerai siècles sur siècles, mondes sur mondes ; quand je serai monté aux confins de l'infini, si de cette formidable hauteur, je veux te chercher, en dépit des vertiges, il faudra reconnaître que toute cette puissance des nombres, mille fois multipliés, n'est encore, n'est pas même une portion de toi-même. Je l'efface, et tu restes devant moi tout entière.

O Dieu, tu es l'ensemble de tout ! Soleil immaculé dont le nôtre est une ombre, tu es la mesure des temps qui n'en ont pas, ta force est toujours la même, tu es toujours à ton midi. Tu ne t'affaibliras jamais, tu ne périras pas, tu ne fais qu'un avec l'éternité. Si la vigueur qui t'anime, se retirait de toi, bientôt dans son large gouffre, un néant général dévorerait l'empire universel de l'être, le temps et l'éternité, aussi facilement que l'océan engloutit une goutte d'eau.

J. L.

VIII.

MORCEAUX ORATOIRES.

ADIEUX DE JEANNE D'ARC A SON VILLAGE.

SCHILLER.

Adieu, vous, contrées qui me fûtes si chères ; vous, montagnes ; tranquilles et fidèles vallées, adieu ! Jeanne d'Arc ne viendra plus parcourir vos riantes prairies. Vous, fleurs que j'ai plantées, prospérez loin de moi ! Je vous quitte, grottes sombres, fontaines rafraîchissantes. Écho, toi, la voix pure de la vallée, qui répondais à mes chants, jamais ces lieux ne me reverront. Vous, l'asile de toutes mes innocentes joies, je vous laisse pour toujours. Que mes agneaux se dispersent dans les bruyères ; un autre troupeau me réclame : l'Esprit-Saint m'appelle à la sanglante carrière du péril.

Ce n'est point un désir vaniteux ni terrestre qui m'attire, c'est la voix de celui qui s'est montré à Moïse dans le buisson ardent du mont Horeb, et lui a commandé de résister à Pharaon. C'est lui qui, toujours favorable aux bergers, appela le jeune David pour combattre le géant. Il m'a dit aussi : — Pars et rends témoignage à mon nom sur la terre. Tes membres doivent être renfermés dans le rude airain, le fer doit couvrir ton sein délicat. Aucun homme ne doit faire éprouver à ton cœur les flammes de l'amour. La couronne de l'hyménée n'ornera jamais ta chevelure. Aucun enfant chéri ne reposera sur ton sein ; mais parmi toutes les femmes de la terre, tu recevras seule en partage les lauriers des combats. Quand les plus courageux se lassent, quand l'heure fatale de la France semble approcher, c'est toi qui porteras mon oriflamme, et tu abattras les orgueilleux conquérants, comme les épis tombent au jour de la moisson. Tes exploits changeront la roue de la fortune : tu vas apporter le salut aux héros de la France, et dans Reims délivré, placer la couronne sur la tête de ton roi.

C'est ainsi que le ciel s'est fait entendre à moi. Il m'a envoyé le casque, comme un signe de sa volonté. La trempe miraculeuse de ce fer me communique sa force, et l'ardeur des anges guerriers m'enflamme : je vais me précipiter dans le tourbillon des combats ; il m'entraîne avec l'impétuosité de l'orage. J'entends la voix des héros qui m'appelle. Le cheval belliqueux frappe la terre, et la trompette résonne !

Mme DE STAEL.

JEAN HALLWYT A SES TROUPES AVANT LA BATAILLE DE MORAT.

JEAN MULLER.

A la vue des Bourguignons, Hallwyt fit faire halte ; son armée se rangea autour de lui. Ce chef, sur le visage duquel étaient peintes la joie et la gravité, parla en ces termes : « Braves guerriers, confédérés et alliés, les voilà devant vous ceux qui ont massacré vos frères à Granson et à Brie, ceux qui à Lausanne ont tiré au sort votre patrie, vos femmes et vos enfants. Vous avez demandé à vous venger ! eh bien, les voilà devant vous ! Ils sont en grand nombre : songez, Confédérés, combien nos pères ont fait tomber d'ennemis à la journée de Laupen, il y a cent trente-sept ans, à pareil jour. Le même Dieu vit encore, et le même courage existe encore en vous ; que chacun combatte, comme s'il tenait seul entre ses mains le succès de cette journée, le bonheur commun des Confédérés, et celui de tous les objets qui lui sont chers. Camarades, afin que Celui qui a secouru nos pères, soit aujourd'hui aussi avec nous, recueillez-vous, priez! » Ils tombèrent à genoux, les bras étendus. Pendant qu'ils priaient, le soleil perça les nuages, et se montra dans toute sa splendeur. A l'instant même le général se lève, brandit son épée au-dessus de sa tête, et s'écrie : « Braves guerriers! Dieu daigne nous éclairer : levez-vous! Époux, pensez à vos femmes et à vos enfants. En marche ! »

ANON.

LA BÉNÉDICTION NUPTIALE D'UN PÈRE.

VOSS.

Ma fille, lui dit-il, avec une voix émue, que la bénédiction de Dieu soit avec toi! Aimable et vertueuse enfant, que la bénédiction de Dieu t'accompagne sur la terre et dans le ciel! J'ai été jeune, et je suis devenu vieux, et dans cette vie incertaine le Tout-Puissant m'a envoyé beaucoup de joie et de douleur ; qu'il soit béni pour toutes deux! Je vais bientôt reposer sans regret ma tête blanchie dans le tombeau de mes pères, car ma fille est heureuse; elle l'est, par ce qu'elle sait qu'un Dieu paternel soigne notre âme par la douleur comme par le plaisir. Quel spectacle plus touchant que celui de cette jeune et belle fiancée! Dans la simplicité de son cœur, elle s'appuie sur la main de l'ami qui doit la conduire dans le sentier de la vie : c'est avec lui, dans une intimité sainte, qu'elle partagera le bonheur et l'infortune ; c'est elle qui, si Dieu le veut, doit essuyer la dernière sueur sur le front de son époux mortel. Mon âme était aussi remplie de pressentiments, lorsque, le jour de mes noces, j'amenai dans ces lieux ma timide compagne : content, mais sérieux, je lui montrai de loin la borne de nos champs, la tour de l'église, et l'habitation du pasteur, où nous avons éprouvé tant de biens et de maux. Mon unique enfant, car il ne me reste que toi : d'autres à qui j'avais donné la vie dorment là-bas sous le gazon du cimetière; mon unique enfant, tu vas t'en aller en suivant la route par laquelle je suis venu. La chambre de ma fille sera déserte ; sa place à notre table ne sera plus occupée ; c'est en vain que je prêterai l'oreille à ses pas, à sa voix. Oui, quand ton époux t'emmènera loin de moi, des sanglots m'échapperont ; et mes yeux mouillés de pleurs te suivront longtemps encore ; car je suis homme, et père, et j'aime avec tendresse cette fille qui m'aime aussi sincèrement. Mais bientôt réprimant mes larmes, j'élèverai vers le ciel mes mains suppliantes, et je me prosternerai devant la volonté de Dieu, qui commande à la femme de quitter sa mère et son père, pour suivre son époux. Va donc en paix, mon enfant, abandonne ta famille et la maison paternelle ; suis le jeune homme, qui maintenant te tiendra lieu de ceux à qui tu dois le jour ; sois dans sa maison comme une vigne féconde, entoure-la de précieux rejetons. Un mariage religieux est la plus belle des félicités terrestres ; mais si le Seigneur ne fonde pas lui-même l'édifice de l'homme, qu'importent ses vains travaux ?

Mme DE STAEL.

TALBOT DEMANDE A ÉLISABETH LA GRACE DE MARIE STUART.

SCHILLER.

On vous répète que le peuple demande sa mort ; on croit vous plaire par cette feinte violence ; on croit vous déterminer à ce que vous souhaitez : mais prononcez que vous voulez la sauver, et dans l'instant vous verrez la prétendue nécessité de sa mort s'évanouir ; ce qu'on trouvait juste passera pour injuste, et les mêmes hommes qui l'accusent prendraient hautement sa défense. Vous la craignez vivante ! Ah, craignez-la surtout, quand elle ne sera plus ; c'est alors qu'elle sera vraiment redoutable ; elle renaîtra de son tombeau, comme la déesse de la discorde, comme l'esprit de la vengeance, pour détourner de vous les cœurs de vos sujets. Ils ne verront plus en elle l'ennemie de leur croyance, mais la petite-fille de leurs rois. Le peuple appelle avec fureur cette résolution sanglante ; mais il ne la jugera qu'après l'événement. Traversez alors les rues de Londres, et vous y verrez régner le silence de la terreur; vous y verrez un autre peuple, une autre Angleterre. Ce ne seront plus ces transports de joie, qui célébraient la sainte équité dont votre trône était environné ; mais la crainte, cette sombre compagne de la tyrannie, ne vous quittera plus; les rues seront désertes à votre passage; vous aurez fait ce qu'il y a de plus fou, de plus redoutable. Quel homme sera sûr de sa propre vie, quand la tête royale de Marie n'aura point été respectée?

Mme DE STAEL.

JEANNE D'ARC AU DUC DE BOURGOGNE POUR LE RAMENER A SON ROI.

SCHILLER.

Que prétends-tu? Quel est donc l'ennemi que cherche ton regard meurtrier? Ce prince que tu veux attaquer est comme toi de la race royale ; tu fus son compagnon d'armes. Son pays est le tien : moi-même ne suis-je pas une fille de ta patrie? Nous tous que tu veux anéantir, ne sommes-nous pas tes amis? Nos bras sont prêts à s'ouvrir pour te recevoir, nos genoux à se plier humblement devant toi. Notre épée est sans pointe contre ton cœur. Ton aspect nous intimide, et sous un casque ennemi, nous respectons encore dans tes traits ta ressemblance avec nos rois...

Ce n'est point la nécessité qui me courbe à tes pieds, je n'y viens point comme une suppliante. Regarde autour de toi. Le camp des Anglais est en cendres, et vos morts couvrent le champ de bataille. Tu entends de toutes parts les trompettes guerrières des Français : Dieu a décidé, la victoire est à nous ; nous voulons partager avec notre ami les lauriers que nous avons conquis. Oh! viens avec nous, noble transfuge : viens, c'est avec nous que tu trouveras la justice et la victoire ; moi, l'envoyée de Dieu, je tends vers toi ma main de sœur. Je veux, en te sauvant, t'attirer de notre côté. Le ciel est pour la France : des anges que tu ne vois pas combattent pour notre Roi ; ils sont tous parés de lis. L'étendard de notre noble cause est blanc aussi comme le lis, et la Vierge pure est son chaste symbole...

Tu m'accuses de magie! Tu crois voir en moi les artifices de l'enfer! Fonder la paix, réconcilier les haines, est-ce donc là l'œuvre de l'enfer? La concorde viendrait-elle du séjour des damnés ? Qu'y a-t-il d'innocent, de sacré, d'humainement bon, si ce n'est de se dévouer pour sa patrie? Depuis quand la nature est-elle si fort en combat avec elle-même, que le ciel abandonne la bonne cause, et que le démon la défende ? Si ce que je te dis est vrai, dans quelle source l'ai-je puisé? Qui fut la compagne de ma vie pastorale? Qui donc instruisit la simple fille d'un berger dans les choses royales? Jamais je ne m'étais présentée devant les souverains. L'art de la parole m'est étranger ; mais à présent que j'ai besoin de t'émouvoir, une pénétration profonde m'éclaire, je m'élève aux pensées les plus hautes : la destinée des empires et des rois apparaît lumineuse à mes regards, et à peine sortie de l'enfance, je puis diriger la foudre du ciel contre ton cœur !

Mme DE STAEL.

ORGUEIL ET DÉSESPOIR DE FAUST.

GŒTHE.

Hélas! J'avais cru saisir le miroir de l'éternelle vérité. Moi, l'image de Dieu, j'avais cru pouvoir jouir de tout mon être ; et, dépouillant mon enveloppe mortelle, me baigner dans les flots de la lumière céleste. Supérieur aux chérubins, ma puissance sans limites pénétrait dans le sein de la nature. J'osais espérer de vivre de la vie des dieux, d'usurper leur force créatrice. Que j'ai payé cher ces ambitieuses espérances! une seule parole m'a frappé comme le tonnerre.

Je ne suis point semblable à toi, esprit céleste : j'ai eu la force de t'attirer ; que n'ai-je eu celle de te retenir! Dans l'heureux moment où j'étais en ta présence, je me sentais à la fois si grand, et si petit! Tu m'as repoussé rudement dans les ténèbres de la vie. Qui m'instruira désormais? Que dois-je fuir? Faut-il céder au désir qui me presse? Hélas! et nos actions, et nos souffrances arrêtent également notre essor pendant la vie.

Vainement l'esprit conçoit les plus sublimes pensées : il reste enchaîné dans les entraves de la matière qui refuse de le suivre. Contents des biens vulgaires de ce monde, nous traitons de chimères et d'illusions les biens d'un ordre supérieur, et nous laissons engourdir dans le sein d'un monde grossier les nobles inspirations qui peuvent nous conduire à la vie véritable.

L'imagination qui, d'abord pleine d'espérance, osait déployer ses ailes et s'élever jusqu'à l'Éternel, découragée par les mécomptes de la vie, se renferme dans le plus petit espace, dans son inquiète et perpétuelle agitation, source des peines secrètes; elle trouble la paix, empoisonne le plaisir; elle prend mille masques divers; elle apparaît sous la forme d'une femme, d'un enfant, d'un palais, d'une chaumière; le feu et l'eau, le poignard, le poison lui obéissent, et poursuivi par ce nouveau Protée, l'homme tremble pour des dangers qui ne peuvent l'atteindre; il pleure des biens qu'il n'a pas perdus. Non, je ne ressemble pas aux esprits célestes. Hélas! je ne le sens que trop : je ressemble au reptile qui se traîne dans la poussière; le pied du voyageur l'écrase et l'ensevelit.

Tout ce qui m'entoure ici, tout ce qui, distribué sur cent tablettes, tapisse ces hautes murailles, qu'est-ce autre chose que de la poussière? Vaine friperie sous mille formes diverses, digne nourriture des vers, est-ce ici que je trouverai ce qui manque à mon cœur? Qu'apprendrai-je dans tant de volumes? Que toujours les hommes ont été ingénieux pour leur supplice; qu'à peine dans le cours des siècles, on pourrait citer un heureux!

Il s'adresse à une tête de mort. Que me diras-tu, toi, hideux emblème de la mort? Que ton cerveau comme le mien, fut jadis troublé dans ses pensées : que tu as vainement cherché la clarté du jour, et que tu as avec effort poursuivi la vérité qui s'échappait dans les ténèbres. Et ces instruments, avec ces roues, ces dents, ces cylindres ne semblent-ils pas insulter à mes efforts?

J'étais à la porte de la science : je croyais qu'ils m'en ouvriraient l'entrée, mais toute leur puissance n'a pu soulever ses verrous : la nature pleine de mystère ne se laisse pas produire au grand jour; elle ne souffre pas qu'on lui enlève son voile. Ce qu'elle ne révèle pas volontairement à ton âme, tu ne le lui arracheras pas avec des vis et des poulies. Vieux et inutile mobilier, vous êtes ici, parce que mon père vous y a placé ; depuis qu'une lampe brûle sur ce pupitre, vous vous noircissez à sa fumée. J'aurais bien mieux fait sans doute de dissiper ce chétif patrimoine, que d'en demeurer chargé, et de suer sous son poids. L'héritage de nos pères ne nous est vraiment acquis que quand nous savons nous en servir. Tout ce qui ne nous sert pas, nous accable.

Mais pourquoi mes regards s'attachent-ils de ce côté? Cette fiole est-elle un aimant pour mes yeux? *Il prend une fiole dans sa main.*

D'où vient cette douce clarté qui m'entoure comme un clair de lune dans une sombre forêt ? Je te salue, précieux breuvage ; je te tiens dans mes mains avec respect ; j'honore en toi la puissance du génie et de l'industrie de l'homme : je t'ai formé du suc de toutes les plantes qui donnent un doux sommeil. Je t'ai formé de toutes les puissances qui donnent la mort : viens aujourd'hui me payer de mes peines! A ta vue, mes souffrances s'adoucissent ; quand je te saisis, mon agitation se calme ; les tempêtes de mon cœur s'apaisent ; une mer immense se déroule doucement à mes pieds ; un nouveau jour m'appelle vers de nouveaux rivages.

Un char de feu, porté sur des ailes légères, descend auprès de moi ; je veux commencer une nouvelle carrière, me diriger à travers l'espace vers ces sphères, où règne une éternelle activité. Vie de délices ! Joie du ciel ! un chétif insecte tel que moi mérite-t-il de vous goûter? Oui, fuyons sans regret l'aimable soleil du monde ; osons franchir les portes devant lesquelles le vulgaire s'arrête timidement ; prouvons dans ce moment que le courage de l'homme ne le cède pas à la majesté des dieux ; ne tremblons pas devant ce sombre abîme que l'imagination peuple, pour son supplice, d'épouvantables fantômes ; marchons hardiment vers cette entrée qui vomit les flammes de l'enfer ; partons avec gaîté pour ce voyage, au hasard d'y rencontrer le néant.

Viens aussi, coupe d'un pur cristal ! Sors de l'état où depuis tant d'années tu restais oubliée ! Jadis tu brillais aux fêtes de famille, tu égayais les plus graves convives, lorsqu'ils te passaient de main en main. C'était pour chacun d'eux un devoir d'expliquer en vers les images dont tu es ornée, puis de te vider d'un seul trait. Tu me rappelles les soirées joyeuses de ma jeunesse ! Aujourd'hui, je ne te passerai pas à mon voisin ; je n'exercerai pas mon esprit sur ta belle sculpture : voici un breuvage qui donne une ivresse mystérieuse ; que ses flots noirs te remplissent jusqu'au bord. Je l'ai préparé, je l'ai choisi; qu'il soit mon dernier breuvage : mon âme toute entière salue l'aurore d'un jour nouveau. *Il porte la coupe à ses lèvres; on entend le son des cloches de Pâques, et le chœur des anges chanter :*

Le Seigneur est ressuscité ! Joie sur la terre à l'homme que fatigue un triste héritage de désirs grossiers et pervers !

Saint-Aulaire.

MÉDITATION D'OTTOKAR AVANT SA DERNIÈRE BATAILLE.

GRILLPARZER.

Je ne me suis pas conduit sagement dans ton monde, Dieu grand, qui l'as fait, et qui le juges ! J'ai, comme l'orage et la tempête, traversé le beau jardin de la création, pour le ravager. C'est à toi qu'il appartient de ravager, car c'est toi seul qui peux guérir. Le mal n'était pas mon but, et cependant je l'ai fait, pauvre vermisseau qui osai contrefaire le souverain des mondes, et chercher à travers le mal une route vers le bien.

L'homme mon frère, délégué ici comme son représentant, véritable monde habitant d'un monde... C'est peut-être, ô Seigneur, ton plus merveilleux ouvrage, que l'homme, avec ce front large où se révèle la pensée, et ce regard tourné du côté de tes astres... Tu l'as revêtu de beauté, et jeté comme une merveille au milieu de tes prodiges. Il entend pour t'écouter, il voit pour te contempler, il sent pour te comprendre. Tu lui as donné des joies et des peines. Il recueille dans les aliments que tu lui envoies, de nouvelles forces pour te prier, des germes d'intelligence qui se développent dans le sanctuaire caché du cerveau, et font de lui le temple vivant de ta gloire. Il n'est pas d'édifice royal comparable au corps de l'homme, et qu'en ai-je fait? Je me suis joué des hommes ; je les ai, dans mes caprices, poussés du pied par milliers comme des ordures qu'on rejette à sa porte. Et de ceux que j'ai fait tuer, il n'en est aucun qui n'eût une mère, une mère qui le pressait sur son cœur avec autant d'enthousiasme qu'elle avait eu de douleur à le porter : aucun qui n'eût un père, un père qui l'avait béni comme son orgueil, qui l'avait, de longues années, choyé, veillé, nourri. La moindre égratignure au doigt les eût mis en émoi, et de courir à lui, les yeux inquiets, de pleurer sur sa blessure, de la panser avec des caresses, de la soigner jusqu'à ce qu'elle fût guérie ! Ce n'était cependant qu'une égratignure, un peu de peau déchirée. Et ces êtres tant aimés, je les ai foulés par monceaux, je les ai jetés sous le glaive par bataillons, j'ai appris au fer à s'ouvrir un chemin jusqu'à leur cœur. O Dieu, juge-moi, je l'ai bien mérité, mais épargne mon peuple qui souffre, et qui ne le mérite pas.

J. L.

UN VIEUX SOLDAT DÉFEND LE PRINCE DE HOMBOURG.

HENRI DE KLEIST.

Mon maître, il n'y a pas que ta volonté, qui gouverne un cœur de soldat. — Il y a en lui quelque chose qui parle encore plus haut : son amour pour une patrie qui est la tienne! Cette loi les vaut toutes : c'est la meilleure et la plus noble. — Et pourquoi disputer de nos mouvements sur le théâtre du combat, si les ennemis sont écrasés, les trophées certains! Voudrais-tu que tes généraux, passionnés pour ta cause, dévoués à ta couronne, ne fussent plus que des outils comme leur sabre, aussi dépourvus de jugement que d'intention. — Prudence à courte vue, politique rampante, que tu méprises dans le fond ! — Car si ces chauds mouvements du cœur ont fait quelquefois du mal, l'histoire vous citera mille occasions, où la destruction d'une armée ne fut et ne pouvait être détournée que par eux. — Penses-tu que dans le combat mon sang coulerait pour une récompense stipulée, pour un salaire à me compter en or, en honneur, ou en grade? — Vraiment non. — La vie la moins précieuse vaut encore mieux que cela. Je n'en suis payé que par une satisfaction indépendante, — un peu plus noble que toutes vos richesses — par la conviction que j'ai bien servi mon pays, que mes efforts ont contribué à son bonheur, et à ta gloire. Le prix est élevé, et c'est le seul qui puisse compenser nos travaux. La victoire, dis-tu, a été gagnée par hasard, et contre mes ordres ! Le vainqueur n'a droit à rien qu'à une sentence de mort ! Mais si dès demain, sur le champ de bataille je voyais la fortune du jour fléchir, et que mon épée pût la relever : par le ciel, je me croirais un traître, si je me retenais d'agir comme notre généreux prince de Hombourg ! Et si pour cela, tu me disais, te réclamant de la loi : Kotwitz, tu paieras ce forfait de ta tête ! — le vieux soldat te répondrait : Mon maître, je le sais bien, mais quand j'ai juré d'être ton fidèle et loyal serviteur, d'être dévoué, cœur et main, à ta cause, je n'ai point excepté ma tête du marché : — prends donc ce qui t'appartient.

J. L.

STAUFFACHER AUX CONJURÉS DU RUTLI.

SCHILLER.

Si l'empereur nous refuse justice, ont dit nos pères, nous pourrons facilement dans nos montagnes rompre tous nos liens avec l'empire! Et nous, supporterons-nous la honte d'un nouveau joug? Souffrirons-nous d'un vassal étranger ce qu'aucun empereur dans toute sa puissance n'a osé exiger de nous? Nous avons conquis ce sol par le travail de nos mains; nous avons transformé en habitations humaines les antiques forêts, qui servaient seulement de repaire aux ours féroces;

nous avons exterminé les dragons venimeux que nourrissaient les marécages ; nous avons dissipé les brouillards qui jadis étaient toujours tristement répandus sur ces solitudes ; nous avons brisé les rochers, et tracé près des abîmes des sentiers pour les voyageurs : enfin ce sol nous le possédons depuis mille années. Et des vassaux étrangers oseraient essayer de nous soumettre à leurs chaînes, et de répandre l'opprobre sur notre patrie ! N'est-il donc aucune ressource contre une telle oppression ? Non, la tyrannie a des bornes. Quand l'opprimé ne peut obtenir justice nulle part, quand il est accablé d'un poids insupportable, alors il demande au ciel du courage et des consolations ; il implore cette justice éternelle qui habite là-haut, immuable et inébranlable comme les astres mêmes : alors chacun retourne à l'ancien état de nature où l'homme avait à se défendre de l'homme ; et pour dernière ressource, quand on n'en peut trouver aucune autre, on a recours à son épée. Nous saurons défendre contre la force nos biens les plus précieux. Nous combattrons pour notre pays ; nous combattrons pour nos femmes et nos enfants.

DE BARANTE.

JASON A MÉDÉE QU'IL ABANDONNE.

KLINGER.

Ce n'est pas l'effroi qui me conseille. Médée dont le regard perce à travers le rempart qui dérobe notre cœur aux yeux des mortels, n'ignore pas de quelle nature et de quelle trempe est le cœur de Jason. Je ne te crains point, et je te déclare, avec la franchise qui convient à un homme, qu'entraîné par toi hors de l'humanité, j'ai résolu de rentrer dans son sein. Je veux espérer, craindre, souffrir, et jouir, ainsi que mes semblables. Je ne veux pas que ton pouvoir magique me protège plus longtemps contre les coups du sort ; je ne veux pas, stérile admirateur de ta puissance, languir à l'ombre de ton nom. Là, où les hommes sont sensibles à la douleur, j'y veux être sensible. Pourquoi serais-je plus étranger qu'eux aux catastrophes, aux maladies, aux privations? Je veux partager leurs maux pour ressentir aussi leur bonheur. La force et la violence n'ont de charme que pour l'imagination, n'ont de charme que pour ceux qui se sont séparés de la chaîne des êtres, et qui trouvent leur jouissance dans l'orgueilleuse contemplation de leur moi. Telle est ta condition, fille du soleil : telle ne fut jamais la mienne. Que tes regards plongent dans l'abîme, qu'ils s'élèvent jusqu'aux cieux! Les miens cherchent une créature, dont les efforts tendent à pénétrer plus avant dans la chaîne à laquelle nous sommes tous attachés ici-bas.

Je me sépare de toi, pour être homme par moi-même. Le suis-je, quand je dépends de toi, quand ma gloire est l'ouvrage de tes enchantements? Plein de confiance en ma propre énergie, je veux éprouver jusqu'où va la force de mon âme, et repousser loin de moi un reproche, qui sort souvent de la bouche des Grecs, et qui me blesse; je cache, dit-on, ma lâcheté sous ta puissance, et j'approuve tes crimes, parce qu'ils servent mes intérêts... et ne prends pas ces raisons pour des détours! Forts ou faibles, ce sont les sentiments de mon cœur. Ils ne contredisent pas ce que tu vois, ce que tu entends. Je m'arrache à tes liens, parce que c'est une lâcheté de ne pas essayer ce qu'on peut valoir par soi-même; parce que je veux appartenir tout entier aux créatures parmi lesquelles il a plu à la nature que je fusse compté. Tu ne peux m'inspirer qu'un froid étonnement, et l'homme engendré sur la terre, vivant des productions de la terre, ne trouvera jamais dans ce sentiment de quoi le rendre heureux.

Anon.

ARMINIUS A UN CENTURION PRISONNIER.

KLOPSTOCK.

Vous me reprochez de me laisser trop entraîner à l'ardeur de ma victoire! Vous voudriez que je n'en parlasse qu'avec l'orgueil de vos triomphateurs : je veux dire froidement, et par monosyllabes. Avant de combattre, je ne parle jamais; mais après la bataille, je m'abandonne à toute l'effusion de mon cœur. Nommez-moi donc un peuple qui vous ait vaincus, comme nous avons fait aujourd'hui? Sont-ce les Parthes? Oui, toute mon âme remercie les généreux Parthes de cette bataille, mais ils sont loin d'avoir combattu comme nous aujourd'hui. Épuisés de soif, Crassus et ses légions périrent dans les sables du désert. Ils n'eurent que la peine de vous achever, ces Parthes, qui frappaient de loin, hors de la portée du trait, et qui lorsque vos légions exténuées les pressaient, volaient sur leurs coursiers rapides, et vous perçaient même en fuyant! Mais je veux encore ne compter ni le désert, ni la soif, ni la flèche décochée en arrière... Qu'étaient donc les légions de Crassus comparées à celles qui dorment en cet instant dans les vallées de Teutoburg? Par tes ancêtres, Valérius! Eûtes-vous, César lui-même eut-il jamais des légions aussi formidables par la discipline, l'art et l'expérience des combats?... Réponds-moi, si tu le peux. Vas-tu m'objecter nos forêts épaisses, et nos vallées marécageuses? Mais nos bois n'avaient-ils aucune issue? et ne pénétrâtes-vous pas hier par une de ces issues? et vos lances sanglantes n'ont-elles pas hérissé un champ de bataille où vous pouviez vous développer? Dites-le, si nous vous y souffrîmes longtemps! Ne vous fallut-il pas rebrousser chemin précipitamment à l'abri de nos chênes? Et à quelles armes devons-nous cet exploit? Que sont-elles au prix des vôtres? Si jamais ma nation se rend à mes vœux, nos armes seront autres désormais. Regardez ces lances courtes, et ces boucliers légers et bigarrés : ils furent façonnés dans nos bois et non point tirés de la roche métallique. Si vous n'eussiez appris à savoir qui nous sommes, vous croiriez que ces lances ne sont faites que pour nos danses guerrières ; mais jadis, vous commençâtes à nous connaître, et vous avez fini par le faire parfaitement. Et maintenant puisque tu aimes mieux parler du futur que du présent, réponds-moi : comment Auguste recevra-t-il les messagers de Teutoburg? Lui entonnerez-vous cette nouvelle guerrière aux accords de la flûte lydienne, au moment du nectar? ou bien lui confierez-vous à l'oreille le revers inattendu près des pénates les plus secrets de l'auguste Livie! — Il décrétera sans doute la destruction des séditieux Germains! Je l'espère. J'espère surtout qu'il viendra l'exécuter, lui-même, en personne... Écoute, descendant des Valérius, amène-nous le sublime empereur au milieu de nos forêts, et je te promets la récompense que nous accordons si rarement. Tu porteras un bouclier de fleurs dans nos sacrifices; tu seras placé auprès de l'autel, et les chants des bardes retentiront de ton nom. Tu entends! je n'ai plus rien à dire : Guerriers, emmenez ces captifs.

Cramer.

LE CORRÈGE DÉCOURAGÉ PAR UN MOT DE MICHEL-ANGE, SEUL DEVANT SON DERNIER TABLEAU.

ŒHLENSCHLAEGER.

Maintenant il ne manque plus que le vernis, mais le voile qui enveloppe ce tableau est trop transparent. Si je pouvais seulement le dérober aux yeux du monde! Pourquoi donc le besoin m'oblige-t-il de le vendre? N'est-ce pas une trahison de recevoir une si grande somme pour un si mauvais ouvrage? Cependant c'est celui qui l'a vu qui m'en a offert cette somme, et je lui ai même dit que c'était trop. Je veux encore peindre ici une hyacinthe dans le gazon; c'est la fleur que l'on jette sur le tombeau des jeunes filles. Hélas! mon espérance était belle comme une jeune fille, et elle est morte. Eh bien! je veux lui consacrer cette fleur; et alors... alors... comment vivrai-je, si je ne peins plus? La peinture m'était nécessaire autant que l'air que je respire. Mais non... je travaillerai comme ouvrier, toute la semaine, pour ma femme et mon enfant, et le dimanche après-midi m'appartiendra. Alors la riante Iris, avec ses couleurs diaphanes, reviendra me visiter; et ma joie sera de dessiner, de peindre, de composer; c'est pourtant une joie assez innocente. Je suspendrai mes petits tableaux dans ma chaumière pour en décorer les murailles; Marie les aime, et mon enfant aussi. Puis, quand je serai mort, si un pèlerin s'égare de ce côté et voit ces ouvrages, il se sentira ému peut-être, car tous les hommes ne sont pas aussi durs que ce Michel-Ange; et ce pèlerin dira peut-être : Celui qui a peint ces tableaux avait du moins une bonne volonté, et nourrissait un grand amour pour l'art.

Marmier.

LE RETOUR DU CROISÉ.

KOTZEBUE.

Le voilà donc enfin! Voilà Wolfingen! Je vous salue, antique château, noble séjour de mes pères! J'étais dans la force de l'âge, quand je vous quittai, et je suis maintenant un vieillard : suivi de cent valeureux compagnons, je sortis par cette porte; le glaive des Sarrazins les a tous moissonnés, et je reviens seul aujourd'hui. Tout est encore comme je l'ai laissé; point de pierres rompues, point d'arbres abattus, et en croirais-je mes yeux? Le même nid d'hirondelles attaché à la muraille. Là sous un chêne, je pressai pour la dernière fois contre mon sein, ma femme en pleurs, et je bénis mon fils, encore enfant, embrassant mes genoux. Ah! une foule de sentiments assoupis depuis vingt-trois ans dans le fonds de mon cœur, s'y réveillent en ce moment. Je te rends grâce, ô Dieu! de ce que ton ange m'a ramené, à travers mille dangers à la demeure de mes ancêtres, ne fût-ce que pour y réunir ma dépouille à leurs ossements blanchis. Comme le cœur me bat! Il était bien moins agité à l'assaut de Ptolomaïs. Je suis tenté de demander à chaque arbre, à chaque pierre : Mon épouse vit-elle encore? Mon fils voit-il encore le jour? Les fenêtres du château sont désertes, les ponts-levis abaissés, point de moissonneurs dans les champs; ou la plus profonde paix règne dans ces lieux, ou la peste y a exercé ses ravages. Ange protecteur de mes vieux jours! dis-moi s'il peut y avoir encore quelque joie pour moi dans ce château, ou dois-je retourner en Palestine, pour y chercher un morceau de terre, où le pèlerin fatigué puisse enfin trouver le repos?

ANON.

REGRETS DU COMTE DE BOROTIN.

GRILLPARZER.

Eh bien! que ce qui doit arriver, arrive! Je vois tomber branche sur branche! A peine si le tronc vermoulu tient encore! Encore une secousse, il tombera aussi, et il gira dans la poussière le chêne, qui étendait au loin la richesse de ses larges rameaux. Les siècles qui l'auront vu croître et périr, périront comme lui. Aucune trace ne demeurera de ce qu'ont fait les aïeux, de leurs combats, de leurs efforts ; encore cinquante ans, et il n'y aura pas une âme qui sache qu'il a vécu un Borotin. — Une effrayante nuit, froide et obscure comme le tombeau! Les vents déchaînés gémissent dans l'air, comme des spectres nocturnes. La neige, aussi loin que porte l'œil, couvre les collines, les montagnes, les arbres, les champs. La terre est couchée comme un mort dans le linceul de l'hiver : et le ciel sans étoiles n'attache que des yeux éteints et vides sur ce hideux sépulcre. — Comme le temps se traîne! — Quelle est l'heure qui sonne? — Sept heures! Et déjà nuit close! — Hélas! L'année est devenue vieille! Ses jours deviennent courts, les battements de son pouls s'engourdissent et elle chancelle au bord du tombeau. — Mais le gracieux mai reviendra..... L'année se renouvellera, ces champs reverdiront, ces ruisseaux se remettront à courir, les fleurs, maintenant flétries, s'éveilleront d'un long sommeil, et relèveront leur jolie tête d'enfant, penchée sous les blancs baisers de la neige, et elles ouvriront leurs yeux clairs, en souriant amicalement, comme auparavant. — L'arbre qui maintenant dans la tempête élève vers le ciel, ses bras nus et décharnés, comme pour implorer assistance, s'habillera d'une verdure nouvelle. Tout ce qui vit et se meurt dans le domaine de la nature, tout dans les bois, dans les plaines s'esjouira d'une fraîche existence, tout se renouvellera au printemps : Borotin ne se renouvellera jamais. Heureux, heureux, je nomme celui pour qui la dernière heure de son être sonne au milieu de ses enfants. Une telle séparation ne s'appelle pas mourir, car il vit dans la mémoire des siens; il vit dans le fruit de ses travaux, il vit dans les actions de ses fils, il vit dans les entretiens de ses descendants. Oh, il est si beau, quand on s'en va, de confier à des mains chères les semences éparses de ses œuvres, à des mains qui soigneront religieusement ces plantes, et jouiront de leurs fruits tardifs, qui éprouveront, en les goûtant, le double bonheur de la possession et de la gratitude! Oh, il est si doux, si rafraîchissant, de rendre à ses enfants, ce que nous ont donné nos pères et de se survivre à soi-même!...... — Je suis donc le dernier rejeton de cette illustre famille, qui va bientôt s'éteindre avec moi! Hélas! aucun fils ne suivra mon cercueil. Triste et seul, le héraut des funérailles conduira ma dépouille, et déposera à côté de moi dans ma tombe l'écu blasonné de ma maison, qui s'est si souvent montré sur le champ de bataille, et cette noble épée qui n'a pas manqué d'emploi. Il y a une vieille légende, transmise jusqu'à nous, de bouche en bouche, que l'aïeule de notre maison, en punition de quelques crimes, doit errer sans repos, jusqu'à ce que le dernier rejeton de l'arbre qu'elle a planté, soit arraché de la terre. Eh bien! maintenant, elle peut se réjouir, car le but n'est pas loin.

J. L.

IX.

CARACTÈRES — PORTRAITS

MOÏSE.

J. DE MULLER.

Les Israélites gémissaient dans l'oppression, lorsque Moïse vint au monde. Dès sa naissance, il fut exposé comme Cyrus, comme Romulus, et cet événement le fit connaître à la fille du roi ; elle prit soin de le faire instruire dans toutes les sciences de l'Égypte. Si l'on en croit certains écrivains de l'antiquité, Moïse aurait combattu dans les armées égyptiennes, et combattu vaillamment contre les Éthiopiens à Méroé ; mais lui-même répudie cette gloire. La cour ne lui fit jamais oublier la liberté de ses ancêtres, l'innocence de leurs mœurs, la simplicité du culte qu'ils rendaient au vrai Dieu, leur unique maître, le bonheur et la dignité de la vie patriarcale. Un jour il sortit, et vit un Égyptien maltraiter un Hébreu, ce qui arrivait souvent. Irrité de l'injustice de l'agresseur, il le tua, prit la fuite, et se retira au pied du mont Sinaï, où pendant plusieurs années, il garda les troupeaux d'un Arabe distingué.

Ce pâtre réduit à chercher un asile dans le désert, à soigner les brebis d'un étranger, a laissé des lois et un nom, a fait des choses, qui sont encore, après quatre mille ans, un objet de vénération pour tous les peuples des bords du Tage jusqu'à l'Indoustan, des mers glacées de la Scandinavie jusqu'au pays de l'encens. Seul, fort de l'appui de son Dieu fort de son courage et de ses lumières, double secours qui lui venaient de Dieu, il contraint le roi à laisser les Israélites s'affranchir de la domination égyptienne, et sortir de l'Égypte. Ce roi s'imagine que Moïse a dû s'égarer dans le désert; il le poursuit en aveugle, et Moïse le conduit à l'extrémité du golfe Arabique dans un lieu qui, témoin du sort de ce prince, en conserva longtemps le nom de contrée malheureuse; c'est dans cet endroit mentionné par Agatharchide, que Pharaon reçut le prix de son imprudence et de sa tyrannie. Mais ce qui distingue Moïse des grands hommes qui ont été comme lui les libérateurs de leurs peuples, c'est qu'il apprit au sien à connaître la liberté, c'est qu'il voulut la fonder sur une législation tout à fait particulière à Israël.

Moïse n'employa ni nombres mystérieux, ni carrés magiques, ni lignes symboliques pour cacher la vérité; peut-être bien pensait-il que l'enchaînement et l'interprétation de ces allégories présenteraient trop de difficultés, prêteraient trop à l'arbitraire, et qu'elles auraient une sécheresse rebutante pour un peuple aussi esclave des sens que le sien. Il ne se servit pas non plus d'hiéroglyphes; les mortels auraient trop aisément confondu le signe avec le sens caché, l'image avec l'objet même offert à leur adoration. Le culte que Moïse institua était une grande allégorie mise toute entière en action; la loi fondamentale qu'il établit ne contenait qu'une simple confirmation de la croyance de ses ancêtres, accompagnée de quelques menaces; les cérémonies qu'il prescrivit frappaient l'imagination du peuple, et satisfaisaient en l'occupant sans cesse, au besoin de ces esprits, quelles que fussent leur inquiétude et leur légèreté. Que Moïse ait donné l'explication des usages qu'il introduisait, que cette explication se soit conservée dans les premiers siècles par voie de tradition, c'est une opinion qui ne manque pas de vraisemblance; mais il pouvait prévoir que même sans être expliqué, le sens allégorique, dans ce qu'il y avait d'essentiel, n'échapperait point à la pénétration des hommes éclairés.

Ce grand homme ne prescrivit rien à son peuple relativement aux formes variables de la constitution politique. Nous avons une double preuve de la mission divine de Moïse dans le soin qu'il prit de rendre l'objet principal de sa législation indépendant des accessoires moins essentiels, et dans cette prévoyance avec laquelle, bien loin de compter sur l'éternelle durée de ses établissements religieux, il annonçait à son peuple qu'un jour paraîtrait un prophète semblable à lui, recommandant à Israël d'écouter la voix de cet autre interprète de la vérité. Doué d'une faculté de lire dans l'avenir bien supérieure à cette espèce de divination que Cicéron attribue à tous les grands hommes, il voyait d'avance l'accomplissement des temps où l'on pourrait se passer de l'échafaudage dont il avait entouré la vérité pour lui servir de rempart contre les envahissements de la superstition, et contre tous les genres de fourberie. Il savait qu'un autre s'emparerait de l'esprit même de sa législation pour mieux contribuer au bonheur des hommes. Ainsi Moïse portait sa vue bien au delà du pays de Chanaan.

Moïse écrivit le Pentateuque dans les déserts de l'Arabie 750 ans avant le Tschon-King des Chinois, et 1,000 ans avant le plus ancien historien des Grecs. Strabon loue sa législation ; Longin admire la sublimité de son génie ; toutes les nations qui ont connu ses écrits, ont été frappées de la majesté dont ils portent l'empreinte. Trente-quatre siècles se sont écoulés depuis que Moïse âgé de 120 ans monta sur une montagne, et alla rejoindre ses pères, après avoir soustrait par un dernier acte de sa volonté sa dépouille mortelle à un culte superstitieux ; et depuis trente-quatre siècles l'Orient adore sa mémoire, l'Occident et le Nord lui rendent un hommage respectueux.

ANON.

ALEXANDRE.

HERDER.

A peine âgé de vingt ans quand il monta sur le trône, passionné pour une gloire inconnue, le jeune Alexandre commence à exécuter le plan qui avait coûté tant de préparatifs à son père. Il passe en Asie, et envahit les états du monarque des Perses. Toutes les expéditions de ces derniers contre la Grèce avaient été dirigées par terre à travers le pays des Thraces et des Macédoniens. De là la haine invétérée de ces deux peuples contre les Barbares d'Orient. Leur faiblesse même n'était plus un secret, non seulement depuis les anciennes batailles de Marathon et de Platée, mais surtout depuis la retraite de Xénophon et des dix mille. Souverain de la Grèce, chef supérieur des forces de terre et de mer, vers quelle contrée le Macédonien aurait-il dirigé ses armées, et conduit ses phalanges, si ce n'est contre cette monarchie chancelante qui depuis un siècle ne faisait que dépérir? Le jeune héros livre trois batailles, et l'Asie Mineure, la Syrie, la Phénicie, l'Égypte, la Lybie, la Perse et l'Inde reconnaissent ses lois. Si les Macédoniens, plus prudents que lui, ne l'eussent forcé à revenir sur ses pas, il se serait avancé jusqu'aux rivages de l'Océan. Pas plus que ses triomphes, sa mort à Babylone ne fut l'effet d'un prodige, ou l'œuvre du destin. Qu'il est grand d'avoir conçu le projet de régner du sein de Babylone sur le monde! Un monde qui de l'Indus devait s'étendre jusqu'à la Lybie, et du fond de l'Illyrie jusqu'aux bords de la mer Icare! Gloire à celui qui de cette foule de nations diverses voulut former un peuple unique, grec par la langue, les mœurs, les actes, le commerce; et des colonies de Bactres, de Suse et d'Alexandrie, autant d'Athènes nouvelles! Et c'est alors que la vie du conquérant a été tarie dans sa source! Depuis lui plus d'espérance de voir jamais un monde grec sortir d'une seconde création! Si un homme adressait de pareilles paroles au destin, il recevrait pour réponse : Que Babylone ou Pella soit le séjour d'Alexandre, que les Bactriens parlent la langue du Grec ou du Parthe, le fils d'un homme veut-il accomplir des projets, qu'il soit sobre, et ne s'enivre pas jusqu'à la mort! S'il suivit ce conseil, on le sait, et son empire s'écroula. Ce qu'il y a d'étonnant n'est pas qu'il se soit perdu lui-même, mais que vaincu depuis si longtemps par sa bonne fortune, il n'ait pas plutôt succombé sous le poids.

E. Quinet.

SAINT JEAN-BAPTISTE.

FORSTER.

Nous le connaissons cet auguste jeune homme. Le livre du sort qui attend un monde corrompu, se déroulait à ses yeux. Éclairée, épurée par l'abstinence et par le renoncement de soi-même, sa vue perçante, sondait les profondeurs de l'avenir dans le désert. Dans ce lieu sauvage et inhabité, il songe au grand besoin du siècle. Trop noble, trop grand pour son peuple dégénéré, il s'en était séparé ; il l'avait puni par l'exemple de ses austérités : il l'avait châtié hardiment par de sanglants reproches. Il sent maintenant, ce grave censeur, il sent profondément que ces moyens ne fructifient pas ; il faut que le plus noble ferment se mêle avec la masse la plus impure, pour opérer la division et la séparation de ses parties les plus grossières. Un esprit de sacrifice, une patience, un amour, portés à un degré qui surpasse l'intelligence des mortels, que ne conçoit pas même encore sa rigide vertu, voilà les remèdes qu'exige la dépravation universelle du sentiment moral. Il essaie en ce moment de se figurer l'assemblage de ces qualités, de former dans son esprit l'idéal d'un homme qui les posséderait dans toute leur perfection ; mais bientôt il lui semble que ce modèle n'est pas uniquement le produit de l'imagination, qu'il se dessine sous des traits qui ne lui sont pas inconnus, que dis-je! qu'il connaît le jeune homme divin qui porte en lui-même le salut des habitants de la terre. Ce sont les doux frémissements causés par cette intime conviction, que nous révèle ce regard baissé vers la terre, et qui se perd dans une contemplation intérieure. Qui maintenant soupçonnerait les torrents d'une éloquence enflammée qui s'échappaient de ses lèvres, renversaient tous les obstacles et entraînaient les cœurs flottants! Ses lèvres émues, domptées, se reposent dans une douce confiance qui n'a point de bornes. Voilà saint Jean-Baptiste.

Anon.

WALLENSTEIN.

SCHILLER.

Le projet de Wallenstein n'était rien moins que de rester inactif, lorsqu'il rentra dans le silence de la vie privée. La pompe d'un monarque l'entourait au milieu de cette solitude et semblait insulter à l'arrêt de son humiliation. Six portes conduisaient au palais qu'il habitait à Prague, et cent maisons furent abattues pour dégager la place du château. Il construisit de semblables palais dans ses nombreux domaines. Des gentilshommes des meilleures maisons se disputaient l'honneur de le servir, et l'on vit des chambellans de l'empereur remettre la clef d'or, pour exercer cette même charge auprès de Wallenstein. Il entretenait soixante pages instruits par les meilleurs maîtres ; cinquante trabans occupaient continuellement son antichambre ; sa table ordinaire n'était jamais au-dessous de cent couverts, et il avait pour maître d'hôtel un homme de la première qualité. Dans les voyages, ses bagages et sa suite étaient portés sur cent voitures à quatre et six chevaux ; sa cour l'accompagnait dans soixante carrosses, avec cinquante chevaux de main. Le luxe des livrées, l'éclat des équipages, la richesse des appartements répondaient à cette magnificence. Six barons, autant de chevaliers, devaient se tenir constamment auprès de sa personne pour obéir au moindre signe du maître. Douze patrouilles faisaient la ronde autour du château et empêchaient jusqu'au bruit le plus léger : le silence était nécessaire à sa tête toujours en travail. Aucun roulement de voiture ne devait se faire entendre auprès de sa demeure ; et il arrivait fréquemment que l'on fermait les rues avec des chaînes. Sa société était morne, comme les avenues qui conduisaient à lui. Sombre, taciturne, impénétrable, il était plus économe de ses paroles que de son or, et proférait d'un ton repoussant le peu de mots qui sortaient de sa bouche. Il ne riait jamais ; la froideur de son sang résistait aux attraits du plaisir. Toujours occupé, toujours agité par de vastes projets, il se refusait à toutes ces vaines dissipations au milieu desquelles d'autres prodiguent une vie précieuse. Il soignait lui-même une correspondance répandue par toute l'Europe, et écrivait de sa propre main la plupart de ses mémoires, afin de se confier aussi peu que possible à la discrétion des autres. Il était maigre, d'une haute stature ; il avait le teint jaunâtre, les cheveux roux et courts, les yeux petits et étincelants. Une austérité effrayante siégeait sur son front, et l'excès de ses récompenses pouvait seul retenir la troupe tremblante de ses serviteurs.

Dans cette pompeuse obscurité, Wallenstein, toujours actif, attendait en silence le moment de reparaître avec éclat et de se venger. Bientôt le cours rapide des victoires de Gustave-Adolphe lui apporta le pressentiment de cet heureux jour. Il ne renonça à aucun de ses plans audacieux. L'inquiétude de l'empereur avait délivré son ambition d'un frein qui lui était à charge ; l'éclat éblouissant de sa vie privée trahissait l'essor orgueilleux de ses projets : et, prodigue comme un monarque, il semblait déjà compter parmi ses possessions les biens que lui montraient ses espérances...

Les sommes énormes, que cet homme terrible levait sur les pays allemands, n'entraient pas dans le trésor impérial ; il les employait à payer ses soldats, et le surplus du prix du sang fit de Wallenstein le plus riche des hommes. De brigadier, un élan vigoureux l'éleva promptement au rang de général, revêtu d'un pouvoir sans bornes ; et l'Empereur pour combler la mesure de la reconnaissance, le créa prince de l'empire et duc de Friedland, nom d'une petite ville du Wallenstein dans la principauté de Schweidnitz.

Anon.

GUILLAUME D'ORANGE.

SCHILLER.

Parmi les grands des Pays-Bas, qui pouvaient prétendre au stathoudérat, les espérances et les vœux de la nation se partageaient entre le comte d'Egmont et le prince d'Orange.

Le prince d'Orange était du nombre de ces hommes maigres et pâles, comme disait César, qui ne dorment pas la nuit, qui pensent trop, et devant lesquels a hésité l'âme la plus intrépide. Le calme inaltérable d'une physionomie toujours la même cachait une âme active et ardente, qui ne remuait pas même le voile derrière lequel elle agissait, et qui était également inaccessible à la ruse et à l'amour ; il cachait aussi un génie fécond, terrible, infatigable, assez flexible, assez souple pour prendre successivement toutes les formes, assez sûr de lui pour ne se perdre dans aucune, assez ferme pour soutenir tous les coups du sort. Personne ne posséda mieux que Guillaume l'art de pénétrer les hommes et de gagner les cœurs ; non pas qu'à la manière des courtisans, il fît professer à ses lèvres une servitude, que démentait la fierté de son cœur, mais parce qu'il n'était ni avare, ni prodigue des témoignages de sa faveur et de son respect, et que par un emploi bien entendu de ce qui gagne les hommes, il savait multiplier les ressources qu'il avait pour obtenir leur affection. Autant son esprit était lent à produire, autant ses fruits étaient excellents ; et s'il mettait beaucoup de temps à mûrir ses projets, il était ferme et inébranlable dans leur exécution. Lorsqu'une fois il s'était arrêté à un plan, il ne se laissait pas rebuter par les obstacles, ni déconcerter par les accidents qui pouvaient survenir ; avant qu'ils se présentassent réellement, ils s'étaient tous offerts à la vue perçante de son génie. Autant son âme était supérieure à la terreur et à la joie, autant elle était soumise à la crainte : mais chez lui la crainte précédait toujours le danger, et il était calme au milieu des alarmes, parce qu'il avait tremblé dans le calme. Guillaume dépensait son or avec profusion ; mais il était avare du temps. L'heure des repas était son unique heure de loisir ; mais aussi la consacrait-il toute entière aux affections de son cœur, à sa famille et à l'amitié ; c'était là le seul larcin qu'il fît à la patrie. — Il avait un train de maison magnifique : l'éclat d'un nombreux domestique, la foule et la distinction de ceux qui entouraient sa personne, donnaient à son habitation l'air d'une cour souveraine. Une brillante hospitalité, ce ressort magique dont se servent les démagogues, était la déesse adorée dans son palais. Les princes et les ambassadeurs des cours étrangères y trouvaient une réception et un traitement, qui surpassait tout ce que pouvaient leur offrir la voluptueuse Belgique. Une humble soumission envers le gouvernement étouffait les reproches et les soupçons que cette dépense pouvait faire naître contre ses vues, mais ses prodigalités relevaient encore l'éclat de son nom aux yeux du peuple, dont rien ne flatte plus l'orgueil que de voir les trésors de la patrie exposés aux regards des étrangers ; et le faîte du bonheur, où on le voyait élevé, rehaussait le prix de l'affabilité à laquelle il descendait. Personne n'était mieux fait par la nature, pour être à la tête d'une conjuration, que Guillaume le Discret : un regard perçant et sûr, qui embrassait le passé, le présent et l'avenir ; le talent de saisir promptement l'occasion, un grand ascendant sur tous les esprits, des projets gigantesques, qui ne présentent de formes et de proportions qu'au spectateur placé dans l'éloignement ; de hardis calculs, qui suivent la longue chaîne de l'avenir, tous ces moyens puissants obéissaient à la direction d'une vertu éclairée et libre, qui marche d'un pas ferme, même sur les limites qu'elle ne doit pas franchir.

Un homme tel que celui-ci pouvait rester impénétrable à tous ses contemporains, mais non pas à l'esprit le plus défiant de son siècle. Philippe II sut d'un coup d'œil rapide pénétrer à fond un caractère qui se rapprochait du sien plus que celui de tout autre homme vertueux. S'il ne l'avait pas aussi parfaitement approfondi, il serait impossible d'expliquer comment il n'aurait pas donné sa confiance à un homme, qui réunissait presque toutes les qualités qu'il estimait au plus haut degré, et qu'il pouvait le mieux apprécier. Mais Guillaume avait encore, avec Philippe II, un autre point de contact plus important : il avait appris sa politique à l'école du même maître ; et, comme c'était à craindre, il avait fait dans cette science de plus grands progrès. Ce n'était pas pour avoir fait son étude du prince de Machiavel, mais pour avoir assisté aux leçons vivantes d'un monarque qui en mettait les principes en pratique, qu'il s'était familiarisé avec les arts dangereux qui élèvent et renversent les trônes. Philippe avait à lutter contre un adversaire qui était préparé à sa politique, et qui, pour défendre une bonne cause, avait aussi à sa disposition les moyens par lesquels on en soutient une mauvaise. Et c'est précisément cette dernière circonstance qui nous explique pourquoi, de tous ses contemporains, il n'en avait pas de plus odieux que Guillaume, et pourquoi il le redoutait d'une manière si extraordinaire.

Anon.

LE COMTE D'EGMONT.

SCHILLER.

Lamoral, comte d'Egmont et prince de Gaure, d'une origine aussi illustre que Guillaume, était un rejeton des ducs de Gueldre, dont la valeur guerrière avait fatigué les armes de la maison d'Autriche. Sa famille brillait dans les annales du pays : un de ses ancêtres avait déjà été Stathouder de Hollande sous Maximilien. Le mariage du comte d'Egmont avec la duchesse Sabine de Bavière releva encore l'éclat de sa naissance, et le rendit puissant par des liaisons importantes. Charles-Quint l'avait armé en 1546, à Utrecht, chevalier de la Toison d'Or. Les guerres de ce prince le virent préluder à sa gloire future, et les batailles de Saint-Quentin et de Gravelines en firent le héros de son siècle. Chaque bienfait de la paix, qu'apprécient avec le plus de reconnaissance les peuples commerçants, rappelait le souvenir de la victoire qui l'avait accélérée, et la Flandre, comme une mère fière de sa famille, s'enorgueillissait de cet illustre fils, qui remplissait toute l'Europe d'admiration. Neuf enfants, qui croissaient sous les yeux de ses concitoyens, multipliaient et resserraient les liens qui existaient entre lui et la patrie ; et l'affection, que tout le monde avait pour lui, s'augmentait encore à la vue des objets qui lui étaient le plus chers. Chaque fois qu'Egmont paraissait en public, sa marche était un triomphe : dans tous les yeux, avidement fixés sur lui, on lisait la gloire de sa vie ; les récits pompeux de ses compagnons d'armes étaient tous pleins de ses hauts faits ; les mères l'avaient montré à leurs fils dans les tournois. La courtoisie, la grâce unie à la noblesse et l'affabilité, ces aimables vertus de la chevalerie, embellissaient son mérite, et lui donnaient du charme. Sur un front ouvert brillait son âme libre et ouverte. Sa franchise était aussi prodigue de ses secrets que sa bienfaisance l'était de ses biens, et une pensée appartenait à tous, dès qu'elle était à lui. Sa religion était douce et humaine, mais peu éclairée, parce qu'elle recevait sa lumière de son cœur et non de sa raison. Egmont avait plus de conscience que de principes ; les lois, qui dirigeaient sa conduite, n'étaient pas le fruit de ses propres réflexions, mais de l'instruction qu'il avait reçue ; aussi le nom seul d'une action suffisait-il pour l'empêcher de la faire. Les hommes, d'après sa manière de les considérer, étaient bons ou méchants, et n'avaient rien de bon ou de mauvais ; sa morale n'admettait pas de milieu entre le vice et la vertu ; aussi chez lui un seul bon côté décidait souvent du mérite de l'homme. Egmont réunissait tous les avantages qui constituent le héros : il était meilleur soldat que le prince d'Orange ; mais il lui était bien inférieur, comme homme d'État ; Guillaume voyait le monde comme il était réellement; Egmont le voyait dans le miroir magique d'une imagination brillante. Des hommes, à qui le hasard est venu tout à coup offrir une récompense dont ils ne trouvent aucune raison naturelle dans leurs actions, sont aisément tentés d'oublier la liaison nécessaire de l'effet avec la cause, et de faire entrer dans la suite naturelle des choses cette force supérieure, cette puissance merveilleuse, à laquelle ils finissent par se fier aveuglément, comme César à sa fortune. Du nombre de ces hommes était Egmont; enivré par des services que la reconnaissance avait exagérés, il se laissait aller au gré de pensées flatteuses, comme dans un monde d'agréables songes. Il ne craignait rien, parce qu'il se fiait sur le gage incertain que le destin lui avait donné dans l'amour universel de ses concitoyens, et croyait à la justice, parce qu'il était heureux. La terrible expérience qu'il fit de la perfidie espagnole, ne put même dans la suite bannir la confiance de son cœur, et jusque sur l'échafaud l'espoir fut son dernier sentiment. Une tendre inquiétude pour sa famille retint l'élan de son patriotisme, en l'enchaînant à de petits devoirs. Comme il avait à trembler pour ses propriétés et pour sa vie, il ne pouvait risquer beaucoup pour la République. Guillaume d'Orange rompit avec la couronne, parce que le pouvoir arbitraire révoltait son orgueil; Egmont était vain, aussi attachait-il du prix aux faveurs du monarque. Guillaume fut un citoyen du monde; Egmont n'a jamais été qu'un Flamand.

ANON.

LE DUC D'ALBE.

GŒTHE.

Conviens-en, Machiavel : dans toutes les nuances dont je pourrais charger mon pinceau, il n'est point de ton d'un jaune aussi brun, d'un noir de bile aussi foncé que la couleur du visage du duc d'Albe, et que celle dont lui-même il sait peindre. Tout homme est devant lui un blasphémateur, un criminel de lèse-majesté, attendu que sur ce chef on peut également rouer, empaler, écarteler, brûler tout le monde.

Le bien que j'ai fait ici paraît certainement de loin comme rien, uniquement parce que c'est du bien. Il s'accroche au moindre délit déjà bien loin de nous : il rappelle jusqu'au moindre trouble, déjà calmé : et cela fait aux yeux du roi tant de séditions, de révoltes et d'attentats, qu'il se figure qu'ils sont ici à se dévorer les uns les autres, tandis qu'il ne s'agit que d'un désordre fortuit et passager, ouvrage d'un peuple grossier et pour nous dès longtemps oublié. Alors il conçoit une haine profonde contre ces pauvres gens ; ils lui apparaissent comme des bêtes sauvages, comme des monstres : il cherche autour de lui le fer et le feu, et s'imagine que c'est ainsi qu'on dompte les hommes. — Dur, inaccessible, c'est une tour d'airain sans portes, dont il faut que la garnison ait des ailes. Depuis qu'il est ici tout est devenu plus tranquille! Si quelqu'un remue encore c'est pour s'enfuir : mais je pense que dans peu, il barrera aussi le chemin à ceux qui s'enfuient.

ANON.

FRÈRE NICOLAS.

J. DE MULLER.

Frère Nicolas descendait d'une bonne famille, celle des Lœwenbrügger : quant à lui, il s'appelait de Flue. Habitant du village de Saxeln dans la vallée d'Oberwalden, où il administrait son bien avec ses parents et ses enfants, il avait, pendant les cinquante premières années de sa vie, exactement rempli tous ses devoirs sociaux. Sa jeunesse avait été laborieuse et irréprochable ; époux, il avait élevé dix enfants ; guerrier, à Ragatz et dans la guerre de Thurgovie, il avait uni la valeur à l'humanité ; conseiller de canton, il avait fait preuve d'une rare habileté à terminer heureusement les affaires les plus délicates. Le cœur de cet homme nourrissait un sentiment d'amour profond, extraordinaire, pour le premier principe de toutes choses, pour l'être des êtres, l'Éternel. Ce n'était le fruit de la lecture d'aucun livre (il ne savait pas lire), ni autant qu'on le sache, de la société d'aucun homme ; c'était une émanation de la divinité qui habitait en lui. Il était pieux sans tristesse ; il y avait bien peu à expier dans une vie si innocente ; sans orgueil et sans dédain, sa religion consistait dans la soumission et la charité. Ne connaissant pas de jouissance plus délicieuse que la contemplation, il sut toujours éloigner de lui les impressions des objets sensibles, qui ne peuvent que troubler un semblable plaisir ; aussi s'habitua-t-il à une tempérance inconcevable. Il ne voulut pas être Landamtmann ; le cours des affaires ordinaires de la vie ne lui paraissait pas mériter une pareille abnégation de soi-même.

Après avoir vécu un demi siècle pour sa patrie et pour sa famille, son épouse consentit à ce qu'il se séparât d'elle. Il se retira d'abord à l'extrémité la plus reculée du Jura ; ne trouvant pas là ce qu'il cherchait, il se choisit un asile dans une montagne solitaire de Alpes ; enfin, il fixa pour toujours sa retraite dans un lieu qui avait eu des charmes pour lui dans sa jeunesse ; c'était un désert, situé au bord d'un précipice profond, qu'animait la chute bruyante des eaux de la Melch. C'est là que des chasseurs le découvrirent un jour sous un mélèze ; alors les habitants d'Unterwalden, à qui sa prudence et sa vertu avaient été tant de fois utiles, lui bâtirent une cellule aussi simple, aussi petite qu'il voulut, et bientôt après une chapelle. Une particularité, qu'on a soumise, même de son vivant, à un sévère examen, qu'on a publiée partout, que ses contemporains ont transmise à la postérité, et à laquelle, même après la réformation, on a ajouté foi comme à un fait authentique, c'est que dans cette solitude, il vécut durant vingt ans sans prendre d'autre nourriture que celle qu'il recevait une fois par mois dans le Saint-Sacrement. Les traditions l'expliquent d'une manière trop positive, l'étonnement était trop grand pour croire que le solitaire se bornât à s'abstenir de mets cuits et de viandes ; lui-même, il parlait de cette abstinence, non comme d'un mérite, mais comme de l'effet d'une complexion particulière. Des exemples semblent prouver qu'une pareille privation n'est pas au-dessus des forces de la nature humaine. Dans Nicolas de Flue, la constitution de son corps, le calme de son esprit, une longue pratique de la tempérance expliquent en quelque sorte comment avaient diminué en lui les causes du besoin de nourriture. C'est ainsi qu'il vivait dans une continuelle contemplation de la souveraine perfection, occupé à réfléchir et à s'exercer au moyen d'élever au-dessus d'elle-même notre nature bornée et notre existence passagère. Toutefois il ne faisait nullement aux autres une loi d'imiter ses austérités. Pour comprendre les hautes conceptions de son esprit, et suivre la poésie de ces regards qu'il plongeait dans le monde invisible répandu autour de nous (où nous nous réveillerons un jour du songe de la vie), pour saisir toute la force de ses paroles, il faudrait lui ressembler, et c'est ce que personne ne peut se donner. Depuis le soir jusqu'au lendemain midi, il restait dans sa cellule : une pierre lui servait d'oreiller, et quelques planches formaient son lit. Il visitait de temps en temps les églises des environs ; il avait si peu d'orgueil qu'il ne dédaignait pas de s'entretenir avec les prêtres les moins éclairés : « que la source de vie coule à travers du plomb ou de l'or, les eaux en sont toujours salutaires ». Pour les questions savantes touchant l'Écriture, il renvoyait ordinairement au curé de Stanz, et à d'autres prêtres d'une profonde instruction ; car pour lui, dans son âme, il portait son Dieu, dont la voix n'avait pas besoin de ces interprétations pour lesquelles les livres sont nécessaires. Après midi, il avait coutume de se promener dans le désert, et visitait souvent son ami, un gentilhomme allemand, qui, retiré dans ce lieu par amitié pour lui, habitait un rocher, et suivait le même genre de vie, excepté pourtant qu'il ne se privait pas de nourriture. Du reste, au bord du précipice du pieux solitaire se rendait tout ce qui dans Unterwalden, dans la Suisse entière, avait besoin de conseils ou de consolations, tout ce qui, des pays éloignés, venait adorer Notre-Dame-des-Hermites : Otton, évêque de Constance, des envoyés de l'archiduc Sigismond et de l'empereur Frédéric, beaucoup de députés de la diète, blanchis par l'âge, des héros, et de grands personnages. La gravité de son maintien, la douceur, la sérénité inaltérable de son caractère, un langage entraînant, des expressions toujours concises et énergiques attiraient tous les cœurs vers l'homme aux pensées profondes, à la vue pénétrante, vers le Frère Nicolas.

Anon.

BÉLÉLIEL.

KLOPSTOCK.

Béléliel parut ensuite : il venait dans un morne silence, des forêts et des plaines, d'où les ruisseaux de la mort, découlant de sources fangeuses, roulaient vers le trône de Satan. C'est en vain, éternellement en vain, qu'il s'efforce de rendre la terre de malédiction qu'il habite semblable aux productions du Créateur. Avec un sourire sublime, Éternel! tu vois Béléliel se fatiguer stérilement pour transformer l'aquilon en zéphyr, pour assoupir dans ses tristes détours le murmure et le tremblement du ruisseau. L'ouragan furieux brise ses barrières avec impétuosité, portant sur ses ailes ravageantes le poids de la colère divine, et un désastre informe se renouvelle continuellement dans l'abîme, sous les pas de Béléliel : le souvenir du printemps perpétuel, qui, comme la jeunesse séraphique, sourit sans cesse sur les campagnes célestes, outrage sa mémoire. Il gémit de ne pouvoir l'imiter dans les plaines obscures de l'enfer. Il est furieux de trouver toujours ses créations si loin de leur modèle, de voir éternellement ces champs de ténèbres, ces immenses contrées sulfureuses, ces sauvages déserts où règne la désolation : il en soupire convulsivement, et dans cette agitation, il arrive jusqu'à Satan, dont il brûle de se venger : c'est lui, qui a causé sa chute, c'est lui, qui des contrées célestes l'a entraîné jusqu'à ce séjour d'horreur, plus affreux de siècle en siècle.

Mme DE KOURZROCK.

HOMÈRE.

FR. STOLLBERG.

Salut, ô Homère! En lisant tes chefs-d'œuvre, le plaisir palpite sur les lèvres, le feu brille dans les yeux, les larmes de la reconnaissance tombent, comme des gouttes de rosée, dans le torrent sacré de ta poésie.

Ce torrent c'est la nature, mère des hommes, qui le fit descendre du sommet consacré de l'Ida ; elle se plut à voir cette source impétueuse, briller d'un reflet divin, comme la ceinture de la nuit parsemée de soleils, et avec un concert d'harmonies célestes, rouler ses flots dans la vallée retentissante.

La nature tressaillit de joie ; elle appela les filles à la chevelure dorée : la vérité et la beauté se penchèrent sur le torrent, et reconnurent avec surprise leur image réfléchie dans chacun de ses flots.

L'auguste nature t'aima de bonne heure. Lorsque ta mère t'enfanta dans la vallée où le Simoïs s'épanche dans le Scamandre, et qu'épuisée elle te laissa tomber au milieu des fleurs humides de rosée, le soleil, à son coucher, vint des montagnes glacées de la Thrace, à travers les flots de pourpre de l'Hellespont, saluer ta naissance. Animé déjà du sentiment des poètes, tu fixas ton regard sur son visage enflammé et levant tes jeunes mains, rougies par l'éclat de ses rayons, tu t'efforças de le saisir. Alors la nature sourit ; elle te consacra, et te nourrit de son lait. Comme elle a formé le ciel, comme elle a formé la rose, et la rosée, qui du ciel tombe goutte à goutte sur la reine des fleurs ; ainsi, elle forma de sa main soigneuse, et ton esprit et ta jeunesse. Elle te donna, ce qu'elle n'accorde qu'à ses enfants, les larmes de chaque sentiment, celles qui, jaillissant avec force, mouillent des joues brûlantes et celles qui, plus douces, coulent d'une paupière tremblante sur un visage où règne la pâleur. Elle donna à ton âme la simplicité de la colombe et la force de l'aigle ; et ton âme se peint dans ta poésie, tantôt douce et tranquille comme la source éclairée des rayons de la lune, tantôt forte et tonnante, comme la chute bruyante de la cataracte.

Anon.

IMMANUEL KANT.

HERDER.

J'ai eu le bonheur de connaître un philosophe, dont j'ai été l'élève. Dans ses plus brillantes années, il avait la franche gaîté d'un jeune homme, et elle l'accompagna jusqu'à sa dernière vieillesse. Sur son front ouvert, et fait pour la méditation, brillait une sérénité, une joie inaltérable ; la grâce, une élégance naturelle ne l'abandonnait jamais, et rien n'attachait comme ses savantes leçons. Le même génie qui soumettait à son examen Leibnitz, Wolf, Baumgarten, Crusius, Hume, qui développait les lois naturelles de Képler, de Newton et de la physique générale, recueillait avidement les ouvrages, alors nouveaux, de Rousseau, sa *Julie*, son *Emile*, toutes les découvertes des sciences naturelles, sans jamais perdre de vue les lois de l'homme moral. Histoires des peuples, de la nature, sciences positives, mathématiques, expériences, il répandait dans son enseignement toutes ces sources de vie. Rien ne lui était indifférent : point de cabales, point de sectes, point de préjugés. Jamais l'ambition d'un nom n'eut pour lui la moindre valeur, mis en balance avec les intérêts de la vérité ; les joies de la pensée étaient tout le fruit de ses travaux, et rien ne demeura plus étranger que le despotisme à son esprit tolérant. Cet homme que je nomme ici avec la plus profonde reconnaissance, et le plus haut respect, est Immanuel Kant. Son image restera précieusement dans mon cœur. Je ne graverai pas sur sa tombe l'inscription barbare qu'un philosophe très peu digne de ce nom lui a jadis consacrée : il m'est plus doux de l'appeler un Socrate, et d'espérer avec lui, qu'après que les épines des sophistes auront été arrachées, sa philosophie accélérera de nouveau le progrès de la raison, de l'intelligence, de la loi morale dans son auguste pureté, non point par l'oppression d'une doctrine absolue, mais par le principe de la liberté intérieure.

Edgar Quinet.

ESCHYLE.

G. SCHLEGEL.

Eschyle peut être considéré comme le créateur de la tragédie ; elle s'élança toute armée de son cerveau, comme Pallas de la tête de Jupiter. Melpomène reçut de lui l'élégance sévère du costume, et un théâtre convenable à sa dignité. Il fut l'inventeur de la pompe scénique : et non seulement il forma les chœurs aux arts du chant et de la danse, mais il les instruisit par son exemple, en se mêlant aux auteurs. Il fut le premier qui donna du développement au dialogue, et des bornes à la partie lyrique du drame, qui tient cependant encore trop de place dans ses pièces. Il lui suffit pour dessiner ses caractères de quelques traits hardis et fortement marqués. Ses plans sont simples à l'extrême. Il ne connaissait pas l'art d'enrichir une action en en variant les formes, d'en diviser et d'en balancer les situations, de mesurer ainsi graduellement l'intérêt jusqu'à la catastrophe. De là souvent l'immobilité de son action, immobilité d'autant plus saillante qu'il donne plus d'extension aux hymnes de ses chœurs. Mais toute sa poésie trahit un esprit sublime et sérieux : ce n'est pas son élément que les affections douces, c'est la terreur ; il tient toujours dans ses mains la tête de Méduse, pour pétrifier ses spectateurs. Sa manière de traiter le destin est austère et terrible ; il le suspend sur la tête des mortels, dans toute sa sombre majesté. Le cothurne d'Eschyle a pour ainsi dire un talon de fer ; il ne fait passer sous nos yeux que des figures gigantesques : on dirait que c'est une condescendance de sa part, et une condescendance qui lui coûte, que de nous peindre de simples hommes. Il se complaît dans la représentation des dieux, et semble surtout se délecter à nous montrer les Titans, ces antiques divinités de la terre, ces vieux types des sombres pouvoirs de la nature primitive, pour qui le monde avait, en se régularisant, ouvert depuis des siècles, les abîmes du Tartare. Il s'efforce de gonfler son langage jusqu'à une gigantesque sublimité, et de le mettre ainsi en harmonie avec la hauteur des caractères ; de là une foule de combinaisons dures, d'épithètes outrées. Les parties lyriques sont souvent d'une excessive obscurité, le sens se perd dans les circonvolutions de la phrase. Il ressemble à Dante et à Shakspeare par l'originalité de ses images, la sève et le jet de l'expression ; ses peintures ne manquent jamais de ces grâces terribles que presque tous les écrivains de l'antiquité ont loué dans Eschyle. Il florissait, quand la liberté grecque était dans sa première vigueur ; il fut témoin oculaire de la défaite, de l'anéantissement des armées persanes, sous Xerxès et sous Darius, et dans une de ses pièces, les Perses, il peint des couleurs les plus vives et les plus éclatantes la bataille de Salamine.

J. L.

ROQUAIROL.

JEAN-PAUL RICHTER.

Roquairol est un enfant et une victime de notre siècle. De nos jours, on couvre de si bonne heure les jeunes gentilshommes des roses du plaisir, que, semblables aux habitants des îles Philippines, qui, nés au milieu des épices, n'en sentent plus l'odeur, ils ne les trouvent plus bonnes qu'à en faire des matelas comme les Sybarites : on leur fait boire du sirop de rose, on les baigne dans l'huile de rose, et bientôt blasés de cet enivrant parfum, ils ont besoin des épines pour réveiller leur goût. Les professeurs lancent trop tôt leurs élèves dans les branches élevées de l'arbre de la science ; après le miel, ils veulent des boissons douces, puis des boissons fortes, puis de la flamme, et si, comme Roquairol, leur imagination a fait de la vie un plancher de naphte sur lequel on ne peut poser le pied sans en tirer du feu, l'incendie que les sciences ont allumé redouble d'intensité, et dévore l'édifice. Pour ces brûlés de la vie, il n'existe plus de nouveaux plaisirs, ni de nouvelles vérités ; ils n'ont même plus d'anciens plaisirs, ni d'anciennes vérités qui soient pures et entières... un avenir d'orgueil, de dégoût de l'existence, d'incrédulité et de contradiction s'ouvre devant eux, heureux encore quand les ailes de l'imagination tirent un coin de leur linceul. — Pauvre jeune homme ! tu fis plus encore ; en outre des vérités, tu as encore escompté le sentiment : tu as traversé ces champs féconds de la nature, de l'amour et de l'amitié, sans en rien rapporter avec toi.

Ph. Chasles.

L'HOMME UTILE.

RABENER.

Claes Horn était fils du riche Jean Horn, et petit-fils du célèbre savant Elrich Horn. Je rappelle les noms de ses pères, parce que le sien n'est pas très connu. Il avait une horreur naturelle pour toute espèce de travail; ses vertus consistaient en dix mille thalers de revenu; si la sage Providence ne lui eût accordé cet avantage, il eût été à charge à sa patrie. Sa vocation était de se lever et de se recoucher. Il vécut ainsi cinquante-neuf ans; mais si on en retranche le temps qu'il a dormi, il n'avait pas dépassé dix-neuf ans. On doit lui rendre la justice de dire qu'il reconnaissait combien il avait peu contribué à cette fortune que ses ancêtres seuls avaient acquise par leur activité; aussi ne se considérait-il que comme un administrateur de biens étrangers, dont il aurait un jour à rendre compte; il en prenait ce qu'exigeaient ses besoins les plus pressants, et rien de plus. S'il lui eût fallu distraire une partie de ses biens pour venir au secours d'un ami dans la détresse, il eût regardé cette action comme un empiètement sur la propriété d'autrui. Enfin il mourut, et laissa ses trésors à un cousin qui lui ferma les yeux, avec bien de la joie. Une de ses dernières volontés fut qu'on lui érigerait une tombe, où une inscription rappellerait ce qu'il avait fait de louable pendant sa vie; aussi n'y lit-on que ces mots : CLAES HORN EST MORT.

ANONYME.

LE MARCHAND CAPITALISTE.

PLATNER.

Son but, c'est l'argent. La règle de sa conduite, c'est une idée qu'il n'a jamais approfondie, qu'il a adoptée sans réflexion, et la voici : l'argent est le seul objet essentiel de la vie humaine. Excepté la science du gain, et quelques autres connaissances d'amateur, manque total de principes, de lumières et d'opinions; ignorance complète de tous les avantages humains, qui ne rapportent pas d'argent : lourde insensibilité à l'égard de la morale et de la satire, logique embrouillée, goût corrompu, esprit toujours occupé de pensées qui ont rapport à l'argent, entretiens qui roulent continuellement sur cette matière; véritable considération pour les capitalistes ; opinion favorable de gens moins aisés, mais qui promettent de devenir riches ; liaisons d'amitié qu'il ne contracte, alliance de famille qu'il ne permet qu'avec des personnes riches ; indifférence pour leurs plus grands vices, qu'il n'aperçoit pas ou qu'il excuse ; morale sévère à l'égard de gens sans fortune ; sottes railleries sur leurs embarras et leurs soucis ; plus de vanité que d'orgueil ; point d'ambition, si ce n'est celle de l'argent ; et celle-ci, dirigée plutôt vers les richesses mêmes, que vers la considération qu'elles procurent ; indifférence pour le rang ; nulle ostentation dans les paroles, si ce n'est l'habitude de parler continuellement de grosses sommes, comme de bagatelles ; de temps en temps, une plaisanterie ironique sur son manque d'argent, et la baisse de son crédit ; magnificence glorieuse dans les présents, les récompenses et les dons gratuits ; petites dettes remises avec dédain ; contentement intérieur que lui inspirent ses richesses ; ridicule prétention à une indépendance totale, et despotisme illimité dans sa famille ; règlement sommaire fait par lui seul, concernant l'ordre de sa maison ; manière d'être sans façon et pleine d'exigence ; prétention aux égards, à la soumission de sa famille et de ses amis, obligés de se contraindre en sa présence ; insouciance absolue dans ses procédés ; plaisanterie impolie ; hospitalité grossière ; emportement regardé comme la marque d'un grand caractère, avec l'idée que l'argent peut réparer les plus grandes injustices de la colère ; jugements absurdes et téméraires sur les ouvrages de l'esprit et de l'art, sur des affaires d'administration publique, surtout lorsqu'il se croit autorisé par quelques avances et quelques payements qu'il a faits ; fierté et mépris pour ceux du même rang qui ne sont pas riches ; compliments affectés envers les personnes de qualité et les savants sans fortune, accompagnés d'une joie secrète de les voir dans le besoin ; inflexibilité à l'égard de ses enfants, lorsqu'ils sollicitent le consentement paternel pour des mariages désintéressés, et cela dans la crainte de s'abaisser ; bienfaisance dédaigneuse envers les pauvres.

Anon.

TABLE DES MATIÈRES.

	Pages.
Préface	1

I. — NARRATIONS HISTORIQUES.

La mort de Thraséas (Fessler)	119
La défaite de Varus (Luden)	120
Charlemagne dans son école (Heinsius)	121
Prise de Jérusalem par les croisés (Haken)	122
Le serment du Rütli (J. de Müller)	123
Guillaume Tell (J. de Müller)	125
La mort des enfants d'Édouard (Weisse)	126
Le songe du parricide (Schiller)	128
Oreste raconte son crime à Iphigénie (Gœthe)	129
Vision de Wallenstein (Schiller)	131
Le songe de Galilée (Engel)	132
Charles XII à Stralsund (Steffel)	137
Le Gant (Schiller)	138
Le Juif errant raconte ses misères (Klingemann)	139

II. — NARRATIONS LYRIQUES.

Lénore (Bürger)	141
Le plongeur (Schiller)	145
Le roi des Aulnes (Gœthe)	149
L'Organiste (Hell)	150
Le Cimetière (Pfeffel)	152
Le Lion (Kind)	154
Christophe Colomb (Louise Brachmann)	156
Le Chasseur forcené (Bürger)	158
Le père Martin (Mahlmann)	163

	Pages.
Un juif qui ne meurt pas (Schubart).	164
La belle Sieglinde (Uhland).	166

III. — FABLES ET APOLOGUES.

Le loup au lit de mort (Lessing).	168
La montagne et le poète (Hagedorn).	168
La linotte (Lichtwer).	169
Jupiter et le cheval (Lessing).	170
Le métaphysicien (Schiller).	171
La chenille et le papillon (Nicolaï).	171
Le serpent d'eau (Lessing).	172
La ronce (Lessing).	172
Ésope et l'âne (Lessing).	173
L'écrevisse (Pfeffel).	173
Le paysan et son fils (Gellert).	174
Les hommes singuliers (Lichtwer).	175
Le cheval et l'âne (Gleim).	176
Les degrés de l'échelle (Pfeffel).	177
L'aigle et le pigeon (Gœthe).	177

IV. — PARABOLES ET ALLÉGORIES.

L'enfant de la peine (Herder).	179
Adam et le Séraphin (Krummacher).	180
Le partage de la terre (Schiller).	181
La peine et la récompense (Rochlitz).	182
La mort du chrétien (Lavater).	182
La nuit du nouvel an d'un malheureux (Jean-Paul Richter).	183
La statue voilée (Schiller).	185
Hamet et Raschid (Liebeskind).	187
Les trois anneaux (Lessing).	188
Le chercheur de trésors (Gœthe).	191
L'amitié (Krummacher).	192
La vision d'Arsenius (Kosegarten).	193

V. — DESCRIPTIONS ET TABLEAUX.

Canzone (L. Schulze).	195
Les Steppes (Humboldt).	197
Sécheresse dans les steppes (Humboldt).	198

	Pages.
La saison des pluies (Humboldt)	200
Combat des chevaux et des anguilles (Humboldt)	201
Le mauritia et les Guaraunes (Humboldt)	203
Solitudes de la Guyane (Humboldt)	204
Pensées du matin (Haller)	205
Le lever du soleil (Pyrker)	206
Le matin (Tiedge)	207
Le voyageur dans les Alpes (Mathisson)	208
Les saisons (Jean-Paul Richter)	210
Le tremblement de terre (Uz)	210
Contemplation (Gœthe)	211
Les ruines de Pompéi (Speth)	212
La chute du Rhin (Lavater)	213
Un orage vu des hauteurs de Terracine (Speth)	214
La vallée de Schœllenen près du Saint-Gothard (Fernow)	215
La salle du vieux château (Hoffmann)	217
Panorama des Alpes vues du Lac Majeur (Jean-Paul Richter)	218
Le Rigi (Heinse)	219
Un accès d'enthousiasme (Jean-Paul Richter)	221
Le soir (Salis)	223
La poésie et l'argent (Hoffmann)	224
Le 24 février (extrait) (Werner)	225
Le Saint-Gothard (Heinse)	226
Le Laocoon (Winkelmann)	227
Le Cloître (Matthisson)	228
Un rêve (Hoffmann)	230
Une ancienne église d'Allemagne (Gœrres)	231
La chasse infernale (Schulze)	232

VI. — PHILOSOPHIE MORALE.

Bonheur d'un pasteur suédois (Jean-Paul Richter)	236
Le moyen âge (W. Schlegel)	240
Contemplation (Witschel)	241
Vers chantés au berceau d'une petite fille (Jacobi)	242
Thérapeutique morale (V. Bentzel-Steinau)	243
Méditation dans un tremblement de terre (Opitz)	243
Sentiment inné de la morale (Kant)	244
Les étoiles (Tieck)	245
Ne désespérez pas (Jean-Paul Richter)	245
La marche du malheur (Schiller)	246

Pages.

Pensées de la mort (Jean-Paul Richter)............ 247
Bonheur de la retraite (Schiller)................. 247
Confiance en Dieu (Gœthe)...................... 248
Misanthropie (Falk)............................. 249
Le tombeau (Salis).............................. 250
Harmonie de l'univers (Fichte)................... 251
L'idéal (Schiller)................................ 252
Marche de nos sensations (Jean-Paul Richter)..... 254
Fatalité (Werner)............................... 255
Les lois de Psammès (Wieland).................. 256
Consolation dans les larmes (Gœthe)............. 257
Inutilité de l'expérience (Jean-Paul Richter)..... 258
Le peu que nous sommes (Herder)............... 258
De la force d'âme (Abbt)........................ 259
La résignation (Schiller)........................ 260
Élégie sur le champ de bataille de Kunersdorf (Tiedge)............... 262
Chant du soir de l'étranger (Werner)............. 266
Tristesse (Schulze)............................. 267
L'amitié (Hamann).............................. 268
Impuissance du médecin (Müllner)............... 268
La liberté de l'homme (Heidenreich).............. 269
Le voyageur (Gœthe)........................... 271
Conseils d'éducation (Jean-Paul Richter)......... 275
Il existe un autre monde (Fichte)................ 276
A Christophe Colomb (Schiller).................. 277
La charité (Lavater)............................. 278
Comparaison de l'homme avec les végétaux (Herder)............ 278
Exhortation à la joie (Salis).................... 280
L'amour (Schiller).............................. 281
Hymne à l'amour (Kosegarten).................. 282
Sur le sentiment du sublime (Schiller)........... 284
L'étude de la nature (Opitz).................... 286
De la liberté de l'âme en présence de la nature (Schiller)........ 287
Spectacle de la nature (Schiller)................. 289
La mort (Groneck).............................. 289

VII. — INSPIRATIONS RELIGIEUSES.

Dieu (Hennings)................................ 291
Prière universelle (Ramler)...................... 297
L'athée (Jean-Paul Richter)..................... 297

	Pages.
Trouble du grand-prêtre Caïphe (Klopstock)	298
La sérénade (Uhland)	298
Dieu (Tiedge)	299
Abbadona (Klopstock)	300
Le mystère de la Rédemption (Cramer)	303
La toute-puissance de Dieu (Kleist)	306
L'Incrédulité et la Foi (Klingemann)	307
Un songe (Jean-Paul Richter)	308
Alexis à Dion. Épître d'un mort à un vivant (Wieland)	312
Théodicée (J.-P. Uz)	315
Sur l'éternité (Haller)	319

VIII. — MORCEAUX ORATOIRES.

Adieux de Jeanne d'Arc à son village (Schiller)	321
Jean Hallwyt à ses troupes avant la bataille de Morat (Jean Müller)	322
La bénédiction nuptiale d'un père (Voss)	323
Talbot demande à Élisabeth la grâce de Marie Stuart (Schiller)	324
Jeanne d'Arc au duc de Bourgogne pour le ramener à son roi (Schiller)	325
Orgueil et désespoir de Faust (Gœthe)	326
Méditation d'Ottokar avant sa dernière bataille (Grillparzer)	329
Un vieux soldat défend le prince de Hombourg (Henri de Kleist)	330
Stauffacher aux conjurés du Rütli (Schiller)	331
Jason à Médée qu'il abandonne (Klinger)	332
Arminius à un centurion prisonnier (Klopstock)	333
Le Corrège découragé par un mot de Michel-Ange, seul devant son dernier tableau (Œhlenschläger)	335
Le retour du Croisé (Kotzebue)	336
Regrets du comte de Borotin (Grillparzer)	337

IX. — CARACTÈRES. — PORTRAITS.

Moïse (J. de Müller)	339
Alexandre (Herder)	341
Saint Jean-Baptiste (Forster)	342
Wallenstein (Schiller)	343
Guillaume d'Orange (Schiller)	345
Le comte d'Egmont (Schiller)	347
Le duc d'Albe (Gœthe)	349
Frère Nicolas (J. de Müller)	350
Béléliel (Klopstock)	353

	Pages
Homère (Fr. Stollberg)	353
Immanuel Kant (Herder)	354
Eschyle (G. Schlegel)	355
Roquairol (Jean-Paul Richter)	357
L'homme utile (Rabener)	357
Le marchand capitaliste (Platner)	358

TABLE DES AUTEURS.

	Pages
ABBT. — De la force d'âme	259
BENTZEL-STEINAU. — Thérapeutique morale	243
BRACHMANN (Louise). — Christophe Colomb	156
BÜRGER. — Lénore	141
Le chasseur forcené	158
CRAMER. — Le mystère de la rédemption	303
ENGEL. — Le songe de Galilée	132
FALK. — Misanthropie	249
FERNOW. — La vallée de Schœllenen, près du Saint-Gothrad	215
FESSLER. — La mort de Thraséas	119
FICHTE. — Harmonie de l'univers	251
Il existe un autre monde	276
FORSTER. — Saint Jean-Baptiste	342
GELLERT. — Le paysan et son fils	174
GLEIM. — Le cheval et l'âne	176
GŒRRES. — Une ancienne église d'Allemagne	231
GŒTHE. — Oreste raconte son crime à Iphigénie	129
Le roi des Aulnes	149
L'aigle et le pigeon	177
Le chercheur de trésors	191
Contemplation	211
Confiance en Dieu	248
Consolation dans les larmes	257
Le voyageur	271
Orgueil et désespoir de Faust	326
Le duc d'Albe	349
GRILLPARZER. — Méditation d'Ottokar avant sa dernière bataille	329
Regrets du comte de Borotin	337
GRONECK. — La mort	289
HAGEDORN. — La montagne et le poète.	168
HAKEN — Prise de Jérusalem par les croisés	122
HALLER. — Pensées du matin	205
Sur l'éternité	319
HAMANN. — L'amitié	268
HEIDENREICH. — La liberté de l'homme.	269
HEINSE. — Le Rigi	219
Le Saint-Gothard	226
HEINSIUS. — Charlemagne dans son école	121
HELL. — L'organiste	150
HENNINGS. — Dieu	291
HERDER. — L'enfant de la peine	179
Le peu que nous sommes	258
Comparaison de l'homme avec les végétaux	278
Alexandre	341
Immanuel Kant	354
HOFFMANN. — La salle du vieux château	217
La poésie et l'argent	224
Un rêve	230
HUMBOLDT. — Les steppes	197
Sécheresse dans les steppes	198
La saison des pluies	200

	Pages
Combat des chevaux et des anguilles.	201
Le mauritia et les Guaraunes.	203
Solitude de la Guyane.	204
JACOBI. — Vers chantés au berceau d'une petite fille.	242
KANT. — Sentiment inné de la morale.	244
KIND. — Le Lion.	154
KLEIST. — La toute-puissance de Dieu.	306
Un vieux soldat défend le prince de Hombourg.	330
KLINGEMANN. — Le Juif-Errant raconte ses misères.	139
L'Incrédulité et la Foi.	307
KLINGER. — Jason à Médée qu'il abandonne.	332
KLOPSTOCK. — Trouble du grand prêtre Caïphe.	298
Abbadona.	300
Arminius à un centurion prisonnier.	333
Béléliel.	358
KOSEGARTEN. — La vision d'Arsénius.	193
Hymne à l'amour.	282
KOTZEBUE. — Le retour du croisé.	336
KRUMMACHER. — L'enfant et le Séraphin.	180
L'amitié.	192
LAVATER. — La mort du chrétien.	182
La chute du Rhin.	213
La charité.	278
LESSING. — Le loup au lit de mort.	168
Jupiter et le cheval.	170
Le serpent d'eau.	172
La ronce.	172
Ésope et l'âne.	173
Les trois anneaux.	188
Les saisons.	210
LICHTWER. — La linotte.	169
Les hommes singuliers.	175
LIEBESKIND. — Hamet et Raschid.	178
LUDEN. — La défaite de Varus.	120
MAHLMANN. — Le père Martin.	168
MATHISSON. — Le voyageur dans les Alpes.	208
Le cloître.	228
MÜLLER (Jean de). — Le serment du Rütli.	123
Guillaume Tell.	125
Jean Hallwyt à ses troupes avant la bataille de Morat.	332
Moïse.	339
Frère Nicolas.	350
MÜLLNER. — Impuissance du médecin.	268
NICOLAÏ. — La chenille et le papillon.	711
OEHLENSCHLAEGER. — Le Corrège, découragé par un mot de Michel-Ange, seul devant son dernier tableau.	335
OPITZ. — Méditation dans un tremblement de terre.	243
L'étude de la nature.	286
PFEFFEL. — Le cimetière.	152
L'écrevisse.	173
Les degrés de l'échelle.	177
PLATNER. — Le marchand capitaliste.	358
PYRKER. — Le lever du soleil.	206
RABENER. — L'homme utile.	357
RAMLER. — Prière universelle.	297
RICHTER (Jean-Paul). — La nuit du nouvel an d'un malheureux.	183
Panorama des Alpes vu du Lac Majeur.	218
Un accès d'enthousiasme.	221
Bonheur d'un pasteur suédois.	236
Ne désespérez pas.	245
Pensées de la mort.	247
Marche de nos sensations.	254
Inutilité de l'expérience.	258
Conseils d'éducation.	275
L'athée.	297
Un songe.	308
Roquairol.	357
ROCHLITZ. — La peine et la récompense.	182
SALIS. — Le soir.	223
Le tombeau.	250
Exhortation à la joie.	286
SCHILLER. — Le songe du parricide.	128
Vision de Wallenstein.	131
Le gant.	138
Le plongeur.	145
Le métaphysicien.	171
Le partage de la terre.	181
La statue voilée.	185
La marche du malheur.	246
Bonheur de la retraite.	247
L'idéal.	252
La résignation.	260
A Christophe Colomb.	277
L'amour.	281
Sur le sentiment du sublime.	284
De la liberté de l'âme en présence de la nature.	287
Spectacle de la nature.	289
Adieux de Jeanne d'Arc à son village.	321

	Pages.
Talbot demande à Élisabeth la grâce de Marie Stuart	324
Jeanne d'Arc au duc de Bourgogne pour le ramener à son roi	325
Stauffacher aux conjurés du Rütli	331
Wallenstein	343
Guillaume d'Orange	345
Le comte d'Egmont	347
SCHLEGEL (G.). — Eschyle	355
SCHLEGEL (W.). — Le moyen âge	240
SCHULZE. — Canzone	195
La chasse infernale	232
Tristesse	267
SCHUBART. — Un juif qui ne meurt pas	164
SPETH. — Les ruines de Pompéi	212
Un orage vu des hauteurs de Terracine	214
STEFFEL. — Charles XII à Stralsund	137
STOLLBERG. — Homère	353
TIECK. — Les étoiles	245

	Pages.
TIEDGE. — Le matin	207
Élégie sur le champ de bataille de Künersdorf	262
Dieu	299
UHLAND. — La belle Sieglinde	166
La sérénade	298
UZ. — Le tremblement de terre	210
Théodicée	315
VOSS. — La bénédiction nuptiale d'un père	323
WEISSE. — La mort des enfants d'Édouard	125
WERNER. — Le 24 février (Extrait)	225
Fatalité	255
Chant du soir de l'étranger	266
WIELAND. — Les lois de Psammès	256
Alexis à Dion. Épître d'un mort à un vivant	312
WINKELMANN. — Le Laocoon	227
WISTCHEL. — Contemplation	241

www.ingramcontent.com/pod-product-compliance
Lightning Source LLC
Chambersburg PA
CBHW060555170426
4320ICB00009B/783